実践
財務捜査

清野 憲一 著

立花書房

本書は，企業会計指針の策定・改訂や税法の改正等に応じ，
増刷の際に頁の変更を伴わない範囲で内容を改訂しています。

推薦のことば

　このたび，さいたま地方検察庁公判部長の清野憲一検事によって，「実践・財務捜査」が立花書房から出版されることとなった。
　清野検事は，東京，大阪両地方検察庁の特捜部における勤務をはじめとして20年以上の実務経験を有し，また，平成21年から23年にかけて警察庁の暴力団排除対策官として勤務するなど行政官としても幅広い知見を持っておられる。

　当時，私が警察庁の暴力団対策課長として同じ職場で仕事をさせてもらった際には，いわゆる暴力団排除活動の新たな地平として，民間取引からの暴力団排除に先陣を切って取り組まれ，金融，証券等企業の資金調達の要となる業界はもとより，不動産，生命保険等暴力団が資金獲得等のため接近するおそれのある様々な業界における暴力団排除の仕組みの構築を図られた。こうした取組は，暴力団関係企業等を通じて水面下での資金獲得を志向しつつあった各暴力団組織に打撃を与えるとともに，社会全体の暴力団排除機運の高揚に大きく寄与することとなった。この清野検事の功績は，暴力団を許さないという強い正義感に裏打ちされたものであることは言うまでもないが，それまでの検事としての豊富な経験により培われた企業経営の実務に関する深い理解によるところが極めて大きいと思われる。

　本書は，清野検事がこれまで手掛けられた幾多の事件における財務捜査経験を元に書かれたものであり，豊富な不正会計の事例を紹介しつつ，その動機，手口，隠蔽手段等をそれぞれの具体例に即して解説している。また，そうした不正を解明するために不可欠な財務諸表の分析手法について詳細に論じられているほか，この種事案の捜査の重要な要素である銀行捜査，物読み，関係者の取り調べ，国際捜査等を行うに当たっての留意事項についても述べられている。

さらに，企業会計の分野は，近時，会社法や金融商品取引法等各種法令の改正や国際財務報告基準（IFRS）への統合等により大きな変化が生じているところであるが，本書ではそうした最新動向までカバーされており，こうした書はこれまでに類例がないところである。

　したがって，本書は，詐欺，横領，背任，贈収賄，会社法違反，金融商品取引法違反，政治資金規正法違反等の会計知識を求められる犯罪の捜査に従事する者にとっては，まさに必携の書であると言えよう。さらに，清野検事が自ら実践されたように，知能暴力犯罪や会社・証券市場を食い物にする犯罪を多数敢行している暴力団を取り締まる組織犯罪対策部門においても，非常に有用であると考える。

　本書が，部門を問わず，企業に係る犯罪の取り締まりに従事する諸氏に広く読まれることを望む次第である。

　平成28年1月

　　　　　　　　　　　　　　　埼玉県警察本部長　貴志　浩平

はじめに

　「実践・財務捜査」と銘打った本書は，知能犯事件や生活経済事件等の捜査に現に携わり，または携わることを志す全ての警察官を読者として想定している。
　本書は，読者に，帳簿の読み方，伝票や証憑書類を見るときの着眼点，勘定科目分析の手法，貸借対照表や損益計算書の読み方，不正会計に気付く方法，銀行捜査，捜索押収，証拠物分析，取調べ，国際捜査の手法等に関する実践的な知識を提供することを目的とする。そして，実は，このような知識は，知能犯捜査班に属する警察官だけではなく，およそ犯罪捜査に携わる全ての警察官に求められる知識でもある。

　反社会的勢力は知能暴力の色彩をますます強めており，組織犯罪対策部門においては，財務捜査の知識は複雑で大規模な事件の掘り起こし，資金源を断つにはむしろ必須といってよい。
　また，強行犯や盗犯部門においても，時として財務捜査の知識が有益である。筆者が近時東京地検公判部副部長として携わったある殺人事件は，内妻殺しの事件であったが，内妻が経営していた小料理店の経営状況が悪化していたため同人から殺して欲しいと頼まれて殺した旨被告人から主張された。そして，同小料理店の貸借対照表や損益計算書を分析し，その経営が順調であったことを裁判員裁判において分かりやすく立証することにより，被告人の嘱託殺人の弁解は排斥されたのであった。

　他方，このような財務捜査の知識・能力は，全ての捜査官にとって必須ないしは有用であるにもかかわらず，いざ事件捜査を開始した後に付け焼き刃的に学べるようなものではない。結局，捜査開始時点で財務捜査能力があると目されている捜査官が財務捜査を担当し，更に財務捜査の経験を積んで実力を伸ばしていくことになる。

簿記・会計の知識の外延は広くて深く，かつ，頻繁な法改正や会計基準の変更の影響を受ける。その全てを随時フォローし，マスターすることは我々捜査官にとって不可能であるし，そこまでの知識を必ずしも持っていなければならないわけではない。また，そのような知識を持っていたとしても，それだけで財務捜査ができるようになるわけではない。財務捜査を遂行するためには，不正会計がどのような科目について，どのような手段で行われやすいか，そして，それはどのような不自然な数字となって帳簿や財務諸表に現れるかを理解しておくことの方がはるかに有益である。

　そこで，本書においては，まず第1編（基礎編）において，証憑書類（第1章），会計帳簿（第2章），財務諸表（第3章），有価証券報告書（第4章）について概観し，帳簿や決算書類等の仕組みや作成原則に関する基礎的な知識を身に付けた上で，本書の中核をなす第2編（財務分析）に移っていきたい。

　第2編は3章からなる。第1章（財務分析の基本的視点）においては，疑問を持つこと，帳簿の内容面及び形式面に着目すること，5W1Hに着目すること，突合分析に触れる。第2章（勘定科目分析）においては，資産，負債，純資産，売上高，売上・製造原価，販売費及び一般管理費，営業外収益・費用，特別損益に属する各勘定科目について，その意義や不正会計に使用される場合の手口，不正会計発見のポイント，不正会計事例に触れる。不正会計事例の紹介に当たっては，不正会計を行うに至った経緯，不正の具体的手口等についても煩瑣(はんさ)を厭わず記載する。読者の方々は，一口に不正会計といってもそれが如何に手の込んだものであるか，不正会計を行う動機がどのようなものであるかを知るであろう。第3章（決算書の分析）においては，財政経済捜査を有効かつ効率的に進める上で有益な経営分析手法（第1節），キャッシュフロー分析手法（第2節），内部統制システムの検討（第3節），会計監査手法（第4節），企業評価手法（第5節）について説明する。そして，第6節においては，このような経営分析手法を実際に不正会計を行っていた企業に適用した場合に，不正会計の糸口や捜査のポイントを正しく発見できるのかについて検証する。

財務捜査は，単なる帳簿捜査にとどまらない。財務捜査は，有能な捜査主任官の下で他の捜査手法と有機的に結び付いて初めて螺旋階段を上るように進展するのである。

　第3編においては，そのような意味で重要な，銀行捜査（第2章），物読み（第3章），取調べ（第4章），国際捜査（第5章）の進め方について，解説する。

　ところで，財務捜査の観点から以上のような事項について触れた公刊物は案外と少なく，筆者の手元には浅井孝作『帳簿の捜査（改訂版）』（昭和44年）があるのみである。そのため，多くの財務捜査官は簿記論，会計学，監査論，経営分析，税法，会社法，金融商品取引法等の書物を読みながら財務捜査能力の涵養に努めているのが実情と思われる。
　筆者としても，捜査官のための財務捜査に関する書物の必要性を認識していたところ，たまたま，立花書房出版部の馬場野武課長から「警察学論集」への寄稿を依頼され，財務捜査については検事任官以来少なからぬ関心を抱きつつ執務に当たってきたこともあり，浅学菲才の身を省みず財務捜査に関する論文の執筆を思い立った。いざ執筆し始めてみると，あれもこれもと取り上げたい事項が増えてしまい，思わぬ大部のものとなり，一冊の本として刊行する栄誉を得るに至った次第である。

　読者の皆様が本書の最終章まで辛抱強くお付き合いくだされば，財務捜査の基本について必要十分な知識を獲得することができるものと思う。そして，そのような捜査官が，この知識を捜査の実地に応用すれば，これまで見過ごされてきた複雑困難な知能犯事件を捜査官の財務捜査能力の高さによって掘り起こし，証拠を適切に収集し，適正かつ有効に取調べを行い，事件を的確に構築することができるようになることと思う。そして，そのような努力の積み重ねによって，この種事犯の犯罪者を的確に処罰することにより，市民が犯罪に怯えることのない社会を実現することに本書がいささかなりとも貢献することができれば，筆者の喜びはこれに過ぎるものはない。

末筆ながら，当職が警察庁に暴力団排除対策官として出向中，暴力団対策課長として2年間にわたりご指導を受け，奇しくも当職がさいたま地方検察庁に着任後，この度埼玉県警察本部長となられた貴志浩平氏に，身に余る推薦のおことばをいただいたこと，立花書房出版部の馬場野武課長をはじめとした，本山進也参与，秋山寛和氏，金山洋史氏，菊島一氏等，出版部の皆様には本書の企画から校正に至るまで，献身的なご努力をいただいたことに，心からのお礼を申し上げる。

　平成28年1月

　　　　　　　　さいたま地方検察庁公判部長　清野　憲一

凡例

〈参考文献（書籍）〉
（【　】内は本書での引用略称である。）

【青木他】	青木寿幸・井岡亮「最新投資組合の基本と仕組みがよ〜くわかる本」（平成20年）秀和システム
【赤坂】	税理士法人赤坂共同事務所「リース取引の会計と税務」（平成20年）中央経済社
【浅井】	浅井孝作「帳簿の捜査（改訂版）」（昭和44年）東京法令出版社
【浅枝他】	監査法人トーマツ・浅枝芳隆他「コンテンツビジネスマネジメント」（平成15年）日本経済新聞社
【あずさ】	あずさ監査法人・KPMG「国際財務報告基準の適用ガイドブック（第3版）」（平成20年）中央経済社
【あずさ・佐藤】	あずさ監査法人（佐藤正典）「会社法決算の実務（第4版）」（平成22年）中央経済社
【池尾】	池尾和人編「エコノミクス　入門金融論」（平成16年）ダイヤモンド社
【石川】	石川純治「揺れる現代会計：ハイブリッド構造とその矛盾」（平成26年）日本評論社
【井手・高橋】	井手正介・高橋文郎「ビジネス・ゼミナール　経営財務入門」（平成18年）日本経済新聞社
【伊藤】	伊藤邦雄「ゼミナール現代会計入門（第7版）」（平成20年）日本経済新聞社
【井端】	井端一夫「最近の粉飾－その実態と発見法－（第2版）」（平成20年）税務経理協会
【岩森】	岩森龍夫「現代経営学の再構築：普遍経営学への小歩」（平成14年）東京電機大学出版局
【上原】	上原昌雄「実践・粉飾分析」（昭和61年）商事法務研究会
【碓氷】	碓氷悟史「新会計基準による金融実務者のためのキャッシュフロー計算書の読み方」（平成17年）近代セールス社

【大垣】	大垣尚司「電子債権-経済インフラに革命が起きる」(平成17年)日本経済新聞社
【太田】	監査法人太田昭和センチュリー「店頭登録実務マニュアル」(平成12年)税務経理協会
【大野他】	大野敏男・牧野明弘「財務分析のための実践財務諸表の見方(新4版)」(平成19年)経済法令研究会
【大村】	大村大次郎「脱税のススメ(改訂版)」(平成21年)彩図社
【梶野】	梶野研二編「土地評価の実務:相続税, 贈与税 平成22年版」(平成22年)大蔵財務協会
【勝間】	勝間和代「決算書の暗号を解け:ダメ株を見破る投資のルール」(平成19年)ランダムハウス講談社
【加藤】	新日本有限責任監査法人・加藤義孝「3つの視点で会社がわかる「有報」の読み方」(平成25年)中央経済社
【金子】	金子誠一「証券アナリストのための数学再入門」(平成16年)ときわ総合サービス
【刈屋他】	刈屋武昭・小暮厚之「金融工学入門」(平成14年)東洋経済新報社
【川口】	川口有一郎「入門不動産金融工学」(平成13年)ダイヤモンド社
【河崎他】	河崎照行他「財務会計論 Ⅱ応用論点編」(平成19年)中央経済社
【川田】	川田剛「国際課税の基礎知識(6訂版)」(平成16年)税務経理協会
【川村】	川村眞一 ① 「現代の実践的内部監査(改訂版)」(平成19年)同文館出版 ② 「これだけは知っておきたい内部監査の基本(5訂版)」(平成26年)同文館出版
【川村他】	川村正幸「金融商品取引法(第2版)」(平成21年)中央経済社
【北地他】	北地達明他編「最新版 M&A実務の全て」(平成20年)日本実業出版社
【木村】	木村一夫「組合事業の会計・税務」(平成18年)中央経済社

【清野】	清野憲一

① 「暴力団排除条項のフロンティア」(平成23年) MS&AD基礎研REVIEW 第10号
② 「英国における供述弱者の取調べ」(平成25年) 捜査研究62巻1～3号
③ 「海外の刑事政策のいま 第15回汚職防止刑事司法支援研修の概要：アジ研国際研修レポート（2）」(平成25年) 罪と罰50巻2号

【草野】	草野耕一「金融課税法講義（補訂版）」(平成22年) 商事法務
【工藤】	工藤貴矢「セール・アンド・リースバック（SLB）取引の会計処理について：経済的実態からのアプローチ」(平成23年) 北海学園大学大学院経営学研究科研究論集（9）1-13
【検査】	検査マニュアル研究会「金融機関の信用リスク・資産査定管理態勢 平成22年度版」(平成22年) 金融財政事情研究会
【小池】	小池正明「図解消費税の実務ができる本」(平成16年) 日本実業出版社
【小谷他】	小谷融・内山正次共編「金融商品取引法におけるディスクロージャー制度：企業内容等開示制度・公開買付制度・大量保有報告制度」(平成19年) 税務研究会出版局
【小林】	小林守男「財務諸表の総合判断（第3版）」(昭和58年) 金融財政事情研究会
【根田他】	根田正樹・須山伸一・明石一秀「詳説新会社法の実務」(平成17年) 財経詳報社
【近藤他】	近藤光男・吉原和志・黒沼悦郎「金融商品取引法入門」(平成21年) 商事法務
【桜井】	桜井久勝「財務会計講義（第15版）」(平成26年) 中央経済社
【佐藤】	佐藤一雄「不動産証券化の実践：使いやすいノウハウと豊富な事例分析」(平成16年) ダイヤモンド社
【GMI】	グロービス・マネジメント・インスティテュート「MBAファイナンス」(平成11年) ダイヤモンド社
【重泉】	重泉良徳「監査役監査のすすめ方（10訂版）」(平成23年) 税務経理協会

【柴山他】	柴山政行・山本天眼「最新減価償却の基本と仕組みがよ～くわかる本（第2版）」（平成22年）秀和システム
【シリット】	ハワード・シリット（菊田良治・訳）「会計トリックはこう見抜け」（平成14年）日経BP社
【杉本他】	杉本浩一・福島良治・若林公子「スワップ取引のすべて（第3版）」（平成19年）金融財政事情研究会
【鈴木】	鈴木啓之「やさしい建設業簿記と経理実務（5訂版）」（平成27年）日本法令
【鈴木他】	鈴木義行編「M＆A実務ハンドブック：会計・財務・企業評価と買収契約の進め方（第2版）」（平成15年）中央経済社
【須田他】	須田一幸他編著「会計操作－その実態と識別法，株価への影響」（平成17年）ダイヤモンド社
【スチュワート】	G. ベネット・スチュワート（日興リサーチセンター・訳）「EVA（経済的付加価値）創造の経営」（平成10年）東洋経済新報社
【関沢他】	関沢正彦・中原利明「融資契約」（平成18年）金融財政事情研究会
【大和証券】	大和証券エスビーキャピタル・マーケッツ「エクイティファイナンスの実際」（平成9年）日本経済新聞社
【高田】	高田直芳「本当にわかる経営分析」（平成14年）PHPエディターズ・グループ
【高橋他】	法律・税金・経営を学ぶ会（高橋安志・田中美光共編）「身近な法律・税金　知らずに損してませんか」（平成24年）明日香出版社
【宝印刷】	宝印刷株式会社総合ディスクロージャー研究所「内部統制制度の運用と課題：会社法と金融商品取引法の相互関係の再検討」（平成21年）中央経済社
【近澤】	近澤弘治 ①　「会計上の不正問題」（昭和32年）税務経理協会 ②　「粉飾経理（改訂版）－その事例と発見・防止法」（昭和49年）税務経理協会
【田井】	田井良夫「国際的二重課税の排除の研究：外国子会社配当免除制度への転換の検討を中心として」（平成22年）税務経理協会

【中央】	中央クーパース・アンド・ライブランド・アドバイザーズ「ストックオプション実務ハンドブック」(平成11年) 中央経済社
【土田】	土田義憲「これからの内部監査部門の仕事:「内部統制の有効性評価」を実践するための監査マニュアル」(平成23年) 中央経済社
【津森】	津森信也「入門企業財務:理論と実践 (第2版)」(平成14年) 東洋経済新報社
【トーマツ】	監査法人トーマツトータルサービス部「M＆A実務のすべて:プロセス,メカニズムから会計・税務の取扱いまでが図解でわかる」(平成17年)(日本実業出版社)
【都井】	都井清史「コツさえわかればすぐに使える粉飾決算の見分け方 (第3版)」(平成23年) 金融財政事情研究会
【土肥】	土肥一史「知的財産法入門 (第12版)」(平成22年) 中央経済社
【中尾他】	東京国際会計編著「IFRS初度適用の実務」(平成22年) 中央経済社
【永沢他】	さくら綜合事務所編著「SPC＆匿名組合の法律・会計税務と評価:投資スキームの実際例と実務上の問題点」(平成17年) 清文社
【中島他】	中島真志・宿輪純一「決済システムのすべて」(平成12年) 東洋経済新報社
【中田他】	中田謙司・谷本真一「国際税務入門 (第2版)」(平成18年) 日本経済新聞社
【中村】	中村直人「M＆A取引等のための金融商品取引法」(平成20年) 商事法務
【中村他】	商事法務「株主総会ハンドブック」(平成20年) 商事法務
【奈良他】	奈良輝久他編著「M＆A法制の羅針盤:TOB,三角合併,金融商品取引法施行を踏まえたM＆A手法と防衛策」(平成19年) 青林書院
【新堀】	新堀聰「実践貿易取引:最新基礎理論と実務のポイント」(平成10年) 日本経済新聞社
【西野】	西野克一編「回答事例による所得税質疑応答集 (平成22年2月改訂)」(平成22年) 大蔵財務協会
【西山】	西山茂「企業分析シナリオ」(平成13年) 東洋経済新報社

【日銀金融研究所】	日本銀行金融研究所編「新しい日本銀行：その機能と業務」（平成 16 年）有斐閣
【萩原】	萩原壽治「図解見てわかるキャッシュ・フロー」（平成 12 年）池田書店
【箱田他】	箱田順哉「内部監査実践ガイド　新国際内部監査基準対応（第 2 版）」（平成 23 年）東洋経済新報社
【長谷川他】	金融機関コンプライアンス研究会「金融機関の法令等遵守態勢　平成 23 年度版」（平成 23 年）金融財政事情研究会
【浜田】	浜田康「会計不正：会社の「常識」監査人の「理論」」（平成 20 年）日本経済新聞社
【浜口他】	浜口厚子他「内部統制－会社法と金融商品取引法－」（平成 21 年）中央経済社
【原他】	原義則他「実務金融商品取引法」（平成 20 年）商事法務
【パレプ他】	K. G. パレプ他著・斎藤静樹他訳「企業分析入門」（平成 11 年）東京大学出版会
【平林】	平林亮子「財務諸表分析入門（改訂版）」（平成 24 年）アスキー・メディアワークス
【廣上】	廣上克洋編「令状請求ハンドブック」（平成 26 年）立花書房
【藤永】	藤永幸治「シリーズ捜査実務全書 4・会社犯罪」（平成 6 年）東京法令出版
【藤縄】	長島・大野・常松法律事務所・藤縄憲一「アドバンス新会社法」（平成 18 年）商事法務
【藤原】	森・濱田松本法律事務所・藤原総一郎「企業再生の法務：実践的リーガルプロセスのすべて」（平成 15 年）金融財政事情研究会
【古海】	古海建一「外国為替入門」（平成 7 年）日本経済新聞社
【古川他】	古川浩一他「基礎からのコーポレート・ファイナンス（第 3 版）」（平成 18 年）中央経済社
【古田】	古田清和他「基礎からわかる管理会計の実務」（平成 21 年）商事法務
【松井】	松井隆幸「内部監査（5 訂版）」（平成 23 年）同文館出版
【松本】	松本貞夫「改訂銀行取引法概論」（平成 19 年）経済法令研究会

【三菱】	三菱UFJ信託銀行不動産コンサルティング部「図解不動産証券化の全て」（平成18年）東洋経済新報社
【緑川他】	緑川正博他「企業組織再編の実務：新会社法対応：法務・会計・税務」（平成19年）新日本法規出版
【三宅】	三宅茂久「資本・株式の会計・税務」（平成18年）中央経済社
【三好】	三好康之「ITエンジニアのための『業務知識』がわかる本」（平成19年）翔泳社
【茂木】	日本公認会計士協会東京会編・茂木誠陸著「経理不正行為の見つけ方・防ぎ方：横領・着服を中心として」（昭和48年）中央経済社
【山口】	山口揚平「企業分析力養成講座：デューデリジェンスのプロが教える」（平成20年）日本実業出版社
【山田】	税理士法人山田＆パートナーズ他「新株予約権の税・会計・法律の実務Q＆A」（平成15年）中央経済社
【山根】	山根節「ビジネス・アカウンティング　MBAの会計管理」（平成13年）中央経済社
【由比】	由比祝生編「税務相談事例集：各税目の視点から回答　平成19年版」（平成19年）大蔵財務協会
【吉田①～③】	吉田公一 ①　「文書鑑定の基礎と実際」（昭和58年）立花書房 ②　「捜査のための実務文書鑑定」（昭和63年）令文社 ③　「ポイント解説・筆跡・印章鑑定の実務」（平成16年）東京法令出版
【渡辺裕】	渡辺裕泰「ファイナンス課税」（平成18年）有斐閣
【渡辺章】	渡辺章博「Ｍ＆Ａのグローバル実務：プロセス重視の企業買収・売却のすすめ方」（平成10年）中央経済社
【渡辺淑】	渡辺淑夫「法人税法－その理論と実務（平成20年度版）」（平成20年）中央経済社

〈参考文献（web ページ）〉

（【　】内は本書での引用略称である。）

【アクティベート】　アクティベートジャパン税理士法人・アクティベートジャパン公認会計士事務所「業種別目標経営指標一覧表」 http://www.activatejapan.jp/info/H2業種別目標経営指標一覧表.pdf

【石原】　石原誠一郎「銀行のキャッシュカードと通帳について」（平成17年）　http://cocolog.7senior.com/itrev/2005/04/post_e655.html

【磯貝】　磯貝明「銀行業における税効果会計の影響－繰延税金資産の評価－」（平成15年）人間環境大学人間環境学部紀要7（2003）人間環境論集3　http://uhe.repo.nii.ac.jp/index.php?action=pages_view_main&active_action=repository_action_common_download&item_id=62&item_no=1&attribute_id=22&file_no=1&page_id=13&block_id=17

【板垣】　板垣尚仁「不正リスク管理－ケーススタディと管理態勢の整備ポイント」（平成22年）　http://www.ffr-plus.jp/material/pdf/100908/iia.pdf

【一ノ宮】　一ノ宮士郎「税効果会計と利益操作－倒産企業における実証分析－」（平成18年）経済経営研究25巻6号　http://www.dbj.jp/ricf/pdf/research/DBJ_EconomicsToday_25_06.pdf

【大倉】　大倉雄次郎「企業の不祥事と内部統制」　http://www.kansai-u.ac.jp/Keiseiken/books/seminar07/seminar07_176-1.pdf

【大城】　大城直人「不正会計の早期発見に関する海外調査・研究報告書」（平成26年）金融庁金融研究センター　http://www.fsa.go.jp/frtc/seika/discussion/2014/06.pdf

【経営分析】　「経営分析のススメ」　http://www.keieibunseki.com/index.html

【会計学】　「会計学を学ぼう」　http://financial.mook.to/

【会計や】　「会計やさんのメモ帳」　http://www.k3.dion.ne.jp/~afujico/index.htm

【金子基】　金子基史「査察調査における国外証拠収集について」（平成22年）　税大論叢66号　http://www.nta.go.jp/ntc/kenkyu/ronsou/66/13/pdf/013.pdf

【清成】	清成淳子「証憑書類の整理と保存」（平成24年） http://www.mizuki-consulting.com/pdf/1.pdf
【ケース】	社団法人日本監査役協会ケース・スタディ委員会「企業不祥事の防止と監査役」（平成21年） http://www.kansa.or.jp/support/el007_091009a.pdf
【久保田】	久保田隆「マネーロンダリング問題を巡って」（平成21年）早稲田法学84巻2号 http://dspace.wul.waseda.ac.jp/dspace/bitstream/2065/29780/1/WasedaHougaku_84_02_Kubota.pdf#page=3&zoom=auto,-13,517
【財務分析】	「決算書の読み方・財務分析のしかた」 http://fsreading.net/
【佐藤web】	Takenori Sato「収益還元法による収益価格の計算方法」 http://www.daigakuseiooya.com/realestate/fudousankanteihyouka/371/
【シグマ】	シグマベイズキャピタル「不動産評価入門コース」 http://www.sigmabase.co.jp/correspondence/sample/FH.pdf
【ジャス】	ジャスネットコミュニケーションズ株式会社「仕訳コーナー」 http://www.jusnet.co.jp/business/siwake.html
【柴田】	柴田英樹「最新の粉飾決算から学ぶ不正の手口と法制度の有用性」（平成21年）弘前大学人文社会論叢 社会科学篇2009年21号 http://repository.ul.hirosaki-u.ac.jp/dspace/bitstream/10129/1930/1/JinbunShakaiRonso_S21_29.pdf
【商工】	東京商工リサーチ　メールマガジン http://www.tsr-net.co.jp/mailmagazine/index.html
【証取委①～③】	証券取引等監視委員会 ① 「金融商品取引法における課徴金事例集～開示規制違反編～」（平成26年） http://www.fsa.go.jp/sesc/jirei/kaiji/20140829/01.pdf ② 「金融商品取引法における課徴金事例集～開示規制違反編～」（平成25年） http://www.fsa.go.jp/sesc/news/c_2013/2013/20130626-1/01.pdf ③ 「最近の証券取引等監視委員会の活動から」（平成24年） http://www.fsa.go.jp/sesc/kouen/kouenkai/24/20120510-1.pdf

【情報処理】	独立行政法人情報処理推進機構「組織内部者の不正行為によるインシデント調査－調査報告書－」（平成24年） http://www.ipa.go.jp/files/000014169.pdf
【新日本web】	新日本有限責任監査法人「リスクアドバイザリーコラム」 http://www.shinnihon.or.jp/services/advisory/risk-advisory/column/
【杉山】	杉山茂「杉山公認会計士・税理士事務所のホームページ」 http://www.sugimotocpa.com/index.htm
【税効果】	「税効果会計」 http://zeikouka.net/
【税務大学校】	税務大学校税大講本 http://www.nta.go.jp/ntc/kouhon/index.htm
【土屋】	土屋進「平成22年度消費税改正の概要」 http://www.fukuroi-cci.or.jp/NHP/kigaru-30.pdf
【寺本】	寺本久夫「減損会計の概要」 http://www16.plala.or.jp/terakan/reports/genson_gaiyo.pdf
【内部監査】	社団法人日本内部監査協会「最近の企業不正事例にみるコーポレート・ガバナンスのあり方」（月刊監査研究439号。平成22年） http://www.iiajapan.com/pdf/kenkyu/forum/0310003.pdf
【中里】	中里会計事務所「不正事例研究会」 http://fuseijirei.jimdo.com/
【西迫】	西迫論「建設業会計について」 http://www.office-nishisako.com/kyoka/kensetugyou/kensetukaikei/kensetukaikei2.php
【西向】	西向隆夫 「不動産投資の消費税還付スキーム」（平成26年） http://www.e-zeirisi.com/shohizei-kanpu-6286.html
【西村】	西村勝彦「キャッシュフロー計算書の見方」（平成19年） http://homepage3.nifty.com/kno/kyasshufuro.html
【袴田】	袴田竹二「平成22年度税制改正　消費税編」 http://www.hakamatakaikei.jp/zeimu/2010_02_03.html
【林】	林隆一「消費税の課税事業者を巡る問題について」（平成22年）愛知大学経営総合科学研究所経営総合科学95号 http://leo.aichi-u.ac.jp/~keisoken/research/journal/no95/a/95_03.pdf

【ビズ】	日本ビズアップ株式会社 ① 「内部統制システムの確立で社内不正防止の仕組み作り」 http://www.bizup.jp/member/netjarnal/repo_k38.pdf ② 「企業の成長阻害排除部署別不正防止対策」 http://www.bizup.jp/solution_kakushin/kaizen_navi_pdfdata/fusei_bousi_03.pdf
【福山】	福山伊吹「引当金に関する論点整理について」(平成22年) http://www.shinnihon.or.jp/corporate-accounting/commentary/reserve/2010-03-04.html
【ふるて】	ふるて「投資学&経営学研究室」 http://www.nsspirit-cashf.com/
【前田】	前田勝昭「内部統制チェックリスト」 http://www.maeda-cpa.com/pdf_file/check_list.pdf
【宮入】	宮入勇二「経営シミュレーション研修による人材教育」 http://homepage3.nifty.com/domex/index.htm
【三輪】	三輪厚二「仕訳勘定科目.com」 http://www.kanjyoukamoku.com/miwa.html
【八木】	八木寛志「証券不公正取引と不動産鑑定士」(平成24年) http://www.fsa.go.jp/sesc/kouen/kouenkai/24/20120803-1.pdf
【矢野】	矢野千寿「具体的ルールで進める『不正防止』-経理部門編」 http://www.pl-bs.com/dishonesty_2.html
【山根E】	山根純　EDIUNET http://industry.ediunet.jp/
【脇本】	脇本利紀「消費税受還付罪に関する一考察」(平成19年) 税大ジャーナル5号　http://www.nta.go.jp/ntc/kenkyu/backnumber/journal/05/pdf/05.pdf
【渡邉】	渡邉勲「回転期間」(平成23年)　http://www.wbslabo.jp/article/14065751.html

【CPA ①～③】　　　日本公認会計士協会
　　　　　　　　　① 「上場会社の不正調査に関する公表事例の分析」（平成 22 年）経営研究調査会研究報告第 40 号　http://www.hp.jicpa.or.jp/specialized_field/pdf/2-3-40-3-20100419.pdf
　　　　　　　　　② 「不正調査ガイドライン」（平成 25 年）経営研究調査会研究報告第 51 号　http://www.hp.jicpa.or.jp/specialized_field/files/2-3-51-2-20130920.pdf
　　　　　　　　　③ 「我が国の引当金に関する研究資料」（平成 25 年）会計制度委員会研究資料第 3 号　http://www.hp.jicpa.or.jp/specialized_field/files/2-11-3-2-20130625_1.pdf
【PwC】　　　　　PwC アドバイザリー株式会社・岸和田剛「企業の不正に対する意識と防止・発見対策及び対応について」（平成 20 年）http://www.pwc.com/jp/ja/advisory/research-insights-report/assets/pdf/grc_0801_01.pdf

目 次

推薦のことば
はじめに
凡 例

第1編　基礎編

第1章　証憑書類とは —————————————— 3
1　証憑書類の意義 ………………………………………… 3
2　証憑書類の完全偽装の困難性 ………………………… 4

第2章　会計帳簿に関する基礎知識 ———————— 7
1　会計帳簿の意義 ………………………………………… 7
2　会計帳簿の種類 ………………………………………… 7
　(1)　主要簿　7
　(2)　補助簿　8
3　仕訳について ………………………………………… 8
4　収益や費用の計上（認識）基準 …………………… 12
5　企業会計に関する諸原則 …………………………… 17
　(1)　一般原則　18
　(2)　損益計算書原則　19
　(3)　貸借対照表原則　19

第3章　財務諸表とは ————————————— 21
第1節　貸借対照表 ……………………………………… 22
　1　資産の部 …………………………………………… 22
　2　負債の部 …………………………………………… 24
　3　純資産の部 ………………………………………… 25

4　貸借対照表の各期比較について ………………………… 26
　第2節　損益計算書 ……………………………………………… 27
　　　1　意　義 …………………………………………………… 27
　　　2　捜査上のポイント ……………………………………… 29
　第3節　キャッシュフロー計算書 ……………………………… 30

第4章　上場企業の有価証券報告書 ──────────── 32

第2編	財務分析

第1章　財務分析の基本的視点 ──────────── 39
　第1節　疑問を持つこと ………………………………………… 39
　第2節　帳簿の内容面だけではなく形式面にも着目すること …… 40
　第3節　5W1Hに着目すること ………………………………… 46
　　第1　だれが（Who）？ ……………………………………… 46
　　　1　財務捜査において「誰が」を分析する意味 …………… 46
　　　2　会社内部の指示者・加担者 …………………………… 47
　　　3　会社外部の加担者 ……………………………………… 50
　　　4　加担者の解明方法 ……………………………………… 53
　　　　(1)　金の流れの検討　53
　　　　(2)　証拠物の精査　53
　　　　(3)　メモ等の作成者の検討　54
　　　　(4)　証憑書類の作成者・決裁者の検討　55
　　　　(5)　取調べ　55
　　第2　いつ（When）？ ……………………………………… 55
　　第3　どこで（Where）？ …………………………………… 58
　　第4　なぜ（Why）？ ………………………………………… 59
　　第5　何を（What），どのようにして（How）？ ………… 68
　第4節　突合分析 ………………………………………………… 78

第2章　勘定科目分析 ──────────────────── 81
　第1節　資産科目 ……………………………………………………… 81
　　A　流動資産 ……………………………………………………… 81
　　　1　現　金 ……………………………………………………… 82
　　　　(1)　総　説　82
　　　　(2)　現金に関する捜査のポイント　83
　　　　(3)　現金をめぐる不正会計事例　84
　　　2　預　金 ……………………………………………………… 86
　　　　(1)　総　説　86
　　　　(2)　預金に関する捜査のポイント　88
　　　　(3)　預金をめぐる不正会計事例　88
　　　3　売掛金 ……………………………………………………… 91
　　　　(1)　総　説　91
　　　　(2)　売掛金・売上に関する捜査のポイント　92
　　　　　ア　取引の正当性　92
　　　　　イ　取引の相手方　93
　　　　　ウ　売掛金の回収　94
　　　　　エ　帳簿と証憑書類，現物との突合　95
　　　　　オ　経営分析手法の適用　95
　　　　(3)　不正会計に用いられやすい取引　96
　　　　　ア　押し込み販売・売上戻り　96
　　　　　イ　売上値引　98
　　　　　ウ　売上割戻し（リベート）　99
　　　　　エ　セール・アンド・リースバック取引　101
　　　　　オ　委託販売　106
　　　　(4)　売掛金・売上に関する主要な不正会計手法　108
　　　　　ア　循環取引　108
　　　　　イ　売掛金・売上の期ずれ計上　112
　　　　　ウ　売掛金・売上の過大・架空計上　115
　　　　　エ　架空・不良債権の正常債権仮装　121

オ　回収売掛金の着服横領　124
　4　受取手形 …………………………………………………… 126
　　⑴　手形とは　126
　　⑵　手形に関する仕訳　128
　　⑶　受取手形をめぐる不正会計事例　130
　5　有価証券 …………………………………………………… 132
　　⑴　総　説　132
　　⑵　有価証券・投資有価証券をめぐる不正会計事例　136
　6　棚卸資産（商品，製品，原材料，仕掛品等） ………… 140
　　⑴　総　説　140
　　⑵　棚卸資産に関する捜査のポイント　142
　　⑶　棚卸資産をめぐる不正会計事例　143
　　　ア　主として利益額の粉飾を目的とする不正会計事例　143
　　　イ　主として在庫を横流しして，売却代金を横領する目的による不正会計事例　147
　7　前払金・前払費用 ………………………………………… 148
　　⑴　総　説　148
　　⑵　前払金・前払費用に関する捜査のポイント　149
　　⑶　前払金・前払費用をめぐる不正会計事例　150
　8　貸付金 ……………………………………………………… 151
　　⑴　総　説　151
　　⑵　貸付金に関する捜査のポイント　151
　　⑶　貸付金をめぐる不正会計事例　153
　　　ア　貸付金が売上高水増し等の利益操作に用いられた事例　153
　　　イ　貸付金が企業の目的に照らして不相当な支出に用いられた事例　154
　　　ウ　貸付金が実質的な利益供与と見られる事例　155
　9　仮払金 ……………………………………………………… 156
　　⑴　総　説　156
　　⑵　仮払金に関する捜査のポイント　156

(3) 仮払金をめぐる不正会計事例　157
　10　繰延税金資産 …………………………………………………… 159
　　(1) 総　説　159
　　(2) 繰延税金資産に関する捜査のポイント　161
　　(3) 繰延税金資産をめぐる不正会計事例　162
　11　貸倒引当金 ……………………………………………………… 163
　　(1) 引当金総説　163
　　(2) 貸倒引当金に関する捜査のポイント　167
　　(3) 貸倒引当金をめぐる不正会計事例　167
B　有形固定資産 ………………………………………………………… 170
　1　土地・建物 ……………………………………………………… 170
　　(1) 総　説　170
　　(2) 土地に関する仕訳　171
　　(3) 建物に関する仕訳　173
　　(4) 不動産価格の評価方法　174
　　　ア　総　説　174
　　　イ　原価法　174
　　　ウ　取引事例比較法　175
　　　エ　収益還元法　175
　　　オ　実勢価格，公示地価，路線価，固定資産税評価額　177
　　　カ　不動産評価額についての留意点　177
　　(5) 土地・建物をめぐる不正会計事例　179
　2　工具，器具・備品 ……………………………………………… 184
　　(1) 総　説　184
　　(2) 工具，器具・備品をめぐる不正会計事例　184
　3　建設仮勘定 ……………………………………………………… 186
　　(1) 総　説　186
　　(2) 建設仮勘定に関する捜査のポイント　187
　　(3) 建設仮勘定をめぐる不正会計事例　187

C　無形固定資産 …………………………………………… 189
　　　1　ソフトウェア ………………………………………… 189
　　　　(1)　総　説　189
　　　　(2)　ソフトウェアの企業会計上の処理　190
　　　　　ア　市場販売目的のソフトウェア　191
　　　　　イ　自社利用目的のソフトウェア　191
　　　　　ウ　受注制作のソフトウェア　192
　　　　(3)　ソフトウェアに関する税法上の処理　193
　　　　(4)　ソフトウェアに関する捜査のポイント　194
　　　　(5)　ソフトウェアをめぐる不正会計事例　195
　　　　　ア　ソフトウェアについて不正な勘定科目で処理していた事
　　　　　　　例　195
　　　　　イ　ソフトウェアを架空売上・架空資産の計上等に利用した
　　　　　　　事例　196
　　　　　ウ　ソフトウェアに関する支出を第三者への利益供与に利用
　　　　　　　した事例　199
　　　　　エ　ソフトウェアを過大請求の手段に用いた事例　200
　　　2　のれん ………………………………………………… 200
　　　　(1)　総　説　200
　　　　(2)　買収における被買収企業の企業価値評価　203
　　　　(3)　のれんをめぐる不正会計事例　205
　　　3　無体財産権 …………………………………………… 208
　　D　投資その他資産 ………………………………………… 210
　　E　繰延資産 ………………………………………………… 210
　　　1　総　説 ………………………………………………… 210
　　　2　繰延資産の企業会計上及び税法上の取扱いの相違点 … 212
　　　3　繰延資産をめぐる不正会計事例 …………………… 214
　第2節　負債科目 …………………………………………… 214
　　A　流動負債 ………………………………………………… 216
　　　1　買掛金 ………………………………………………… 216

(1)　総　説　216
　　(2)　買掛金に関する捜査のポイント　219
　　(3)　買掛金をめぐる不正会計事例　222
　　　ア　買掛金過少・期ずれ計上　222
　　　イ　売上・売掛金の不正操作に伴う仕入・買掛金の不正会計　222
　　　ウ　在庫の不正操作に伴う買掛金の不正会計　223
　　　エ　従業員の横領・背任に関する不正会計　224
 2　支払手形 ·· 224
　　(1)　総　説　224
　　(2)　支払手形に関する捜査のポイント　226
　　(3)　支払手形をめぐる不正会計事例　226
 3　借入金 ·· 226
　　(1)　総　説　226
　　(2)　借入金に関する捜査のポイント　227
　　(3)　借入金をめぐる不正会計事例　228
 4　未払金・未払費用等 ·· 230
　　(1)　総　説　230
　　(2)　未払金・未払費用に関する捜査のポイント　231
　　(3)　未払金・未払費用をめぐる不正会計事例　232
 5　負債性引当金 ·· 233
　　(1)　総　説　233
　　(2)　負債性引当金をめぐる不正会計事例　234
 6　仮受消費税 ··· 235
　　(1)　総　説　235
　　(2)　消費税をめぐる不正会計事例　238
　　　ア　輸出取引をめぐる消費税の不正受還付　238
　　　イ　非課税取引や不課税取引を課税取引と偽っての消費税脱税，不正受還付　240
　　　ウ　設備投資等の水増しによる消費税脱税，不正受還付　240

　　　　エ　課税売上水増し・架空計上による消費税脱税，不正受還
　　　　　付　240
　　　　オ　事業開始後2年間の免税期間や免税点を悪用した消費税
　　　　　脱税　241
　　　　カ　法人税，所得税脱税に伴う消費税脱税　242
　　B　固定負債 …………………………………………………… 242
　　　1　社　債 …………………………………………………… 242
　　　(1)　総　説　242
　　　(2)　社債をめぐる不正会計事例　245
　　　　ア　総　説　245
　　　　イ　のれんを過大計上した有価証券報告書に基づいて社債を
　　　　　発行した事例　247
　　　　ウ　社債を発行したのに有価証券届出書を提出しなかった事
　　　　　例　247
　　　　エ　転換価格修正条項付転換社債型新株予約権付社債
　　　　　（MSCB）をめぐる不正資金調達事例　247
　　　　オ　オプション及びワラントを利用した簿外損失処理事例　248
第3節　純資産 ……………………………………………………… 248
　1　総　説 ……………………………………………………… 248
　2　純資産に関する捜査のポイント ………………………… 250
　　(1)　見せ金による会社設立・増資　250
　　(2)　デット・エクイティ・スワップ（DES）　252
　　(3)　粉飾決算の結果としての純資産額に関する虚偽表示　253
第4節　営業収益 …………………………………………………… 253
　1　売　上 ……………………………………………………… 254
　　(1)　総　説　254
　　(2)　売上に関する捜査のポイント　255
　　　ア　売上高の推移に着目　255
　　　イ　対象企業の業績予測に関する情報収集　256
　　　ウ　従業員，企業経営者の評価及び報酬支払に関する規程や

実態を知ること　257
2　売上原価 ……………………………………………… 257
3　製造原価 ……………………………………………… 258
　(1)　総　説　258
　(2)　製造原価をめぐる不正会計事例　262
　　ア　製造原価の期ずれ計上や原価の付け替え　263
　　イ　原材料や仕掛品の数量の不正操作　269
　　ウ　架空の原価の計上による過大支払分の領得　269
4　販売費及び一般管理費 ………………………………… 270
　(1)　総　説　270
　(2)　販売費及び一般管理費をめぐる不正会計事例　272
　　ア　経費の架空・過大計上による詐取・横領・裏金拠出　272
　　イ　経費の架空・過大計上による利益供与　273
　　ウ　費用の期ずれ計上　273
　　エ　費用の不正な資産化　274
　(3)　勘定科目別の留意点　275
　　ア　役員報酬・役員賞与・役員退職金　275
　　イ　給与手当・雑給・賞与・退職金・賞与引当金繰入・退職
　　　給付引当金繰入・法定福利費　276
　　　a　総　説　276
　　　b　給与等に関する捜査のポイント　278
　　ウ　福利厚生費　279
　　エ　外注費　280
　　　a　総　説　280
　　　b　外注費に関する捜査のポイント　281
　　　c　外注費をめぐる不正会計事例　281
　　オ　販売手数料・販売促進費　285
　　カ　広告宣伝費　286
　　　a　総　説　286
　　　b　広告宣伝費をめぐる不正会計事例　286

キ　旅費交通費　287

ク　会議費　288

ケ　交際費　288

　　a　総　説　288

　　b　交際費に関する捜査のポイント　289

コ　通信費・事務用品費・消耗品費　290

サ　租税公課　290

シ　寄付金　291

ス　修繕費　292

セ　地代家賃・賃借料・リース料　293

ソ　減価償却費・繰延資産償却費　293

タ　支払手数料・支払報酬　295

チ　研究開発費　295

　　a　総　説　295

　　b　研究開発費をめぐる不正会計事例　295

ツ　貸倒損失・貸倒引当金繰入　296

テ　使途秘匿金等　296

第5節　経常利益（損失）………………………………………… 298

　1　営業外収益 ……………………………………………………… 299

　(1)　総　説　299

　(2)　営業外収益に関する捜査のポイント　299

　(3)　営業外収益をめぐる不正会計事例　300

　2　営業外費用 ……………………………………………………… 301

　(1)　総　説　301

　(2)　営業外費用に関する捜査のポイント　301

第6節　税引前当期純利益（損失）……………………………… 302

　1　特別利益 ………………………………………………………… 302

　(1)　総　説　302

　(2)　特別利益に関する捜査のポイント　304

　(3)　特別利益をめぐる不正会計事例　304

2　特別損失 ……………………………………………………… 305
　　　(1)　総　説　305
　　　(2)　特別損失に関する捜査のポイント　306
　　　(3)　特別損失をめぐる不正会計事例　307
　第7節　税引後当期純利益・損失，当期未処分利益・損失 … 309
　　1　当期純損益に関する仕訳 ……………………………………… 309
　　2　株主総会の決議事項に関する仕訳 …………………………… 310
　第8節　まとめ …………………………………………………………… 311

第3章　決算書の分析 ──────────────────── 313
　第1節　経営分析手法一般 ……………………………………………… 313
　　1　収益性分析 ……………………………………………………… 314
　　　(1)　資本に対する収益性　314
　　　(2)　売上に関する効率性　317
　　　(3)　損益分岐点（BEP）に関する分析手法　318
　　　(4)　企業をめぐるキャッシュの動きから分析する手法　320
　　2　活動性分析（効率性分析） …………………………………… 321
　　　(1)　総資本回転率　321
　　　(2)　固定資産回転率　322
　　　(3)　棚卸資産回転率（在庫回転率）　322
　　　(4)　売上債権回転率　322
　　　(5)　買入債務回転率（仕入債務回転率）　322
　　　(6)　商品回転率（製品回転率）　323
　　3　成長分析 ………………………………………………………… 323
　　　(1)　売上高伸び率（売上高成長率）　323
　　　(2)　経常利益伸び率　323
　　　(3)　純利益伸び率　323
　　　(4)　売上高研究開発費率　324
　　　(5)　設備投資比率　324
　　　(6)　投資比率　324

4　生産性分析 …………………………………………………… 324
    ⑴　付加価値分析　324
    ⑵　売上高付加価値率（総生産高付加価値分析）　325
    ⑶　労働生産性　325
    ⑷　労働分配率　326
    ⑸　有形固定資産減価償却率　326
    ⑹　労働装備率　326
    ⑺　総資本投資効率　326
    ⑻　設備投資効率　326
    ⑼　1人当たり売上高　327
    ⑽　1人当たり経常利益　327
    ⑾　1人当たり人件費　327
    ⑿　資本集約度　327
  5　安全性分析 …………………………………………………… 327
    ⑴　短期安全性　327
    ⑵　長期安全性　329
    ⑶　金融費用支払能力　330
第2節　キャッシュフロー分析手法について ………………………… 330
  1　総　説 ……………………………………………………… 330
  2　キャッシュフローの求め方 …………………………………… 332
    ⑴　営業キャッシュフロー　332
    ⑵　投資キャッシュフロー　337
    ⑶　財務キャッシュフロー　338
    ⑷　具体例　339
  3　キャッシュフローの比率分析等 ……………………………… 350
    ⑴　収益性に関する分析　350
    ⑵　支払能力に関する分析　351
    ⑶　投資活動の健全性に関する分析　352
    ⑷　営業キャッシュフローの伸び率の分析　352
    ⑸　企業の成長段階に関する分析　352

4　キャッシュフローの粉飾 ·· 352
　　　(1)　総　説　352
　　　(2)　現金の期末における一時的増加　353
　　　(3)　本来計上しなければならない損失の不計上　354
　　　(4)　簿外取引・仮装処理　354
　　　(5)　各キャッシュフロー間の振替え　355
　第3節　内部統制システムの検討 ·· 356
　　1　内部統制システムの意義 ·· 356
　　2　会社法上の内部統制 ·· 357
　　3　金融商品取引法上の内部統制 ··· 358
　　4　内部統制システムに関する捜査のポイント ·················· 360
　第4節　会計監査手法等について ·· 361
　　1　日本公認会計士協会による諸資料 ································ 361
　　　(1)　不正調査公表事例の分析　361
　　　(2)　不正調査ガイドライン　363
　　2　不正会計の発見方法 ·· 366
　　3　粉飾決算の見分け方 ·· 368
　　4　内部監査手法について ·· 381
　　5　脱税の手口について ·· 383
　　6　監査人の資質について ·· 384
　第5節　企業評価手法について ·· 385
　第6節　経営分析手法の具体例への応用 ································· 389
　　1　はじめに ·· 389
　　2　財務諸表を読む8手順 ·· 391
　　　(1)　売上高の規模と前期比較　391
　　　(2)　売掛金の回転数と前期比較・資産科目の異常値　391
　　　(3)　買掛金の対売掛金比と前期比較・負債科目の異常値　391
　　　(4)　棚卸資産の規模と売上高比　392
　　　(5)　費用性資産, 無形固定資産, 外部投資の規模と内容　392
　　　(6)　収益・費用科目の規模, 内容, 異常値　393

(7) 営業キャッシュフローの営業利益比，営業利益の売上高比　393

　　(8) 投資キャッシュフローの内容，対営業キャッシュフロー比　394

　3　具体的適用例 ……………………………………………… 394

　　(1) 株式会社クロニクル（平成25年大阪証券取引所上場廃止）　394

　　(2) 株式会社塩見ホールディングス（平成23年大阪証券取引所上場廃止）　403

　　(3) 株式会社エフオーアイ（平成22年東京証券取引所上場廃止）　413

　　(4) 株式会社シニアコミュニケーション（平成22年東京証券取引所上場廃止）　420

　　(5) ニイウスコー株式会社（平成20年東京証券取引所上場廃止）　431

　　(6) 財務諸表を読む8手順の有効性　434

|第3編|　知能犯事件における帳簿捜査以外の捜査について

第1章　帳簿捜査と他の捜査手法との連携の重要性 ──── 439

第2章　銀行捜査 ─────────────────── 441
　1　総　説 …………………………………………………… 441
　2　銀行実務に関する基礎的な理解と知識が必須であること …… 442
　3　銀行のコンピュータ化の変遷について ……………… 443
　4　顧客管理システムについて …………………………… 444
　5　対象者管理に係る口座の発見方法 …………………… 445
　6　貸付けに関する捜査 …………………………………… 448
　7　為替に関する捜査 ……………………………………… 451
　　(1) 総　説　451

(2)　手形・小切手の決済　451
　(3)　振込決済　455
　(4)　外国為替　456
 8　貸金庫の捜査 ………………………………………………… 457

第3章　物読み ─────────────────────── 460
 1　総　説 ……………………………………………………… 460
 2　的確な捜索・差押えを行うための留意点 ……………… 460
　(1)　的確な捜索場所の選定　461
　(2)　捜索の適切な着手時期の選定　461
　(3)　適切な捜索班の編成とロジスティクス　461
　(4)　「差し押さえるべき物」の適切な記載　462
　(5)　「差し押さえるべき物」の発見　465
　(6)　立会人について　465
　(7)　コンピュータ証拠の差押え　466
　(8)　押収品目録の作成・交付　467
 3　コンピュータ関係証拠分析に関する基礎知識 ………… 467
　(1)　ハードディスクの基礎知識　468
　(2)　フラッシュメモリの基礎知識　468
　(3)　ハードディスクの複製とハッシュ値　469
　(4)　ファイル管理システムの基礎知識　470
　(5)　ハードディスクの削除データ解析　471
　(6)　押収したパソコンや携帯電話のパスワード解除　471
　(7)　IP（インターネット・プロトコル）アドレスの基礎知識　472
　(8)　メール・サーバーやインターネット上のデータの取得　474
 4　物読みの方法 …………………………………………… 476

第4章　取調べ ─────────────────────── 479
 1　取調べの在り方全般 …………………………………… 479
　(1)　取調べの機能と目的　479

(2)　取調べは事案の真相解明にとって重要ではあるが一手段に過ぎないと認識すべきこと　480
　(3)　取調べの3段階論　480
　(4)　適正・的確な取調べの実践　483
2　財務捜査における取調べ ……………………………………… 485

第5章　国際捜査 ─────────────────── 487
1　総　説 ………………………………………………………… 487
2　国際捜査共助 ………………………………………………… 487
3　国際刑事警察機構（ICPO-Interpol） ……………………… 492
4　行政機関相互の情報交換の枠組 …………………………… 492
　(1)　資金情報機関（FIU）間の情報交換枠組　493
　(2)　証券監督者国際機構（IOSCO）　493
　(3)　租税条約　494
　(4)　税関相互支援協定（CMAA）　495
　(5)　独占禁止協力協定　495
5　外国公務員汚職 ……………………………………………… 496

第6章　捜査主任官の役割 ───────────────── 498

あとがき　501
事項索引　503
会計指針索引　516
企業名索引　519
著者略歴等　523

第1編　基礎編

　第1編（基礎編）においては，証憑書類（第1章），会計帳簿（第2章），財務諸表（第3章），有価証券報告書（第4章）について概観し，帳簿や決算書類等の仕組みや作成原則に関する基礎的な知識を身に付け，第2編の財務分析への橋渡しとしたい。

第1章 証憑書類とは

1 証憑書類の意義

「証憑書類」とは,企業や事業者が日常の取引において作成する請求書,見積書,納品書,発注書,領収書,銀行に対する振込依頼書等の書類のことであり,「原始証憑」ともいう。証憑書類の具体例を外部資料か内部資料か,何に関するものかに従って分類すると次のようになる[1]。

	外部資料	内部資料
主にお金に関するもの	領収証,請求書,レジペーパー,預金通帳,残高証明書,預金利息計算書,借入金返済予定表,担保預り証等	支払証明書,旅費精算書
主に物に関するもの	(受入側)納品書,見積書,注文書(払出側)受領書,検収報告書(控)物品保管証明書等	商品有高帳,棚卸表,売上日報,工事台帳,受注台帳,製造原価台帳,材料払出指示書,作業指示書,検収確認書
主に人に関するもの	履歴書,健康診断書,健康保険等被保険者資格取得届,退職願,健康保険等被保険者資格喪失届,退職金支給資料等	面接記録,採用条件通知書,出勤簿,タイムカード,賃金台帳,勤務評定
主に契約に関するもの	営業取引契約書,不動産売買契約書,重要事項説明書,工事契約書,銀行取引契約書,債務保証契約書,金銭消費貸借契約書,覚書,念書,差入証,承諾書,申込書等	稟議書,議事録

2　証憑書類の完全偽装の困難性

　捜査官は，不正会計が行われた場合でも，証憑書類を完全に偽装することは困難であることをまず認識する必要がある。そのことを製品の受注製造販売を例にとって考えてみよう。

　企業が取引をすると通常，何らかの証憑書類が作成される。例えば，企業Aが企業Bにある製品を製造してこれを納品するよう注文したとしよう。そうすると，発注に先立って，企業Bでは「見積書」を作成して企業Aに示し，仕様や単価について合意できた場合には，企業Aにおいては「発注書（注文書）」が作成されて企業Bに交付される。企業A，企業B間で売買基本契約が締結されていれば，通常，代金の支払日についても定められているが，基本契約がない場合には，個別に代金や支払日等について合意し，場合によっては書面で契約を締結し，両企業で契約書正本各1通を保存することになろう。企業Bにおいては，「受注書（又は注文請書）」が作成されて企業Aに交付される。企業Bにおいて製品が完成した場合には，製品を「納品書」と共に企業Aに送付し，企業Aにおいては検収を行った上，「検収書（又は受領書，物品受領書）」を企業Bに交付する。そして，その前後に企業Bから企業Aに「請求書」が交付され，企業Aが代金を銀行振込する場合には，銀行において「振込依頼書」を作成して振込を依頼し，通常は複写式になっている「振込金受取書」を受領する。企業Bは代金を受領した場合には，「領収証」を企業Aに交付する。

　これらは，企業の対外的な側面について作成される証憑書類であるが，企業内においては更にこのような取引に関して色々な証憑書類その他の書類が作成されるのが普通である。例えば，企業Aが当該製品の製造を企業Bに発注するに当たっては，仕入・購買部門において，どのような商品を注文するのが相当かに関する検討書類，商品の仕様や販売見込先・販売価格等に関する検討書類，類似商品との比較検討に関する書類，製造を委託する企業選定

1）　同表は清成からの引用による。なお，捜索において差し押さえるべき証憑書類という観点については，第3編第3章2(4)記載の「差し押さえるべき物」も併せて参照されたい。また，日本公認会計士協会による「不正調査ガイドライン」において収集すべき情報やその主要な情報源について第2編第3章第4節1(2)を参照されたい。

に関する検討書類，支払金額や支払時期に関する仕入・購買部門や経理・財務部門における検討書類，経理・財務部門における資金繰りに関する検討書類，受注企業の信用調査（代金を前払いしてよいか）に関する書類，正式発注に関する稟議（決裁）書類，仕入・購買部門における発注書の作成・送付と控えの保管，経理部門における企業Bからの請求書の保管，実際の代金支払に際しては，経理部門における資金繰表の作成や支払稟議（決裁）書類等の書類が作成されるであろう。

また，企業B内部においては，見積書作成に当たっては営業部門から製造部門に対する見積書作成依頼文書，製造部門における原材料の仕入コストや製造人件費その他製造原価の検討に関する書類，製造部門と購買部門との往復文書，製造部門内における作業指示書，製造部門における原材料の消費，人件費やその他経費の計上及び作業進捗に関する書類，製造部門から倉庫部門に対する製品送付に関する書類，倉庫部門における入庫伝票，営業部門から倉庫部門に対する配送指示書，倉庫部門における配送手配に関する書類や出庫伝票，経理部門における企業Aの信用調査（掛売りをしてよいか）に関する書類，営業部門から経理部門に対する請求書発送依頼書，経理部門から営業部門に対する入金確認に関する書類等の様々な書類が作成されるであろう[2]。

こうしてみると，一見単純そうに見える取引についても，実に様々な証憑書類その他の書類が作成されていることが分かる。また，証憑書類には連番が付されているものが多い上，1枚の証憑書類が複写式となって他の伝票を兼ねていることもあり，同内容の証憑書類が企業の複数部門又は取引先企業によって保管されていることが多い。更に，これらの社外・社内のやり取りを電子的な手段で行っていた場合には，関係者のパソコンのみならず，社内・社外のサーバーコンピュータ内にも文書やメール等が残されることとなる。これらのことは，取引を完全に仮装・偽装することが困難であること，架空・虚偽の取引の偽装は中途半端なものにとどまらざるを得ないこと，つ

---

[2] なお，太田354頁以下では，受注から仕入・生産，納品，代金回収，購買部門における仕入業者選定から職務分掌，発注，納入品の受領・検収・計上，買掛金残高照合，出金に至るフローチャートの書き方が解説されており，参考になる。

まり，帳簿や書類を丹念に検討していけば，仮装・偽装された取引を必ずや発見できることを意味しているのである。

第2章

会計帳簿に関する基礎知識

1 会計帳簿の意義

「会計帳簿」とは,企業の日常の取引や資産の移動状況を記録した帳簿で,後に説明する決算書類[3]の元となる帳簿である。会計帳簿は,会社法によっても作成を求められ(第2編第5章第2節,会社計算規則),会社法や商法では帳簿の閉鎖の時から10年間の保存が義務付けられる(会社法432条2項,商法19条3項)。なお,会計帳簿の税法上の保存期間は,原則として7年間とされている[4]。

2 会計帳簿の種類

(1) 主要簿

会計帳簿の主要なものは,1つの取引ごとにこれを借方と貸方に仕訳した「仕訳帳」とこれらを各勘定科目ごとにまとめた「総勘定元帳」である。仕訳帳は,取引を行う都度原始記入を行うもの,元帳はこれを勘定科目ごとに転記したものである。仕訳帳と総勘定元帳を合わせて「主要簿」という。仕訳については,いわゆる3伝票制の下では,「入金伝票」「出金伝票」「振替伝票(仕訳伝票)」によって全ての取引の仕訳を行い[5],5伝票制の下では,これらに「売上伝票」「仕入伝票」を加える[6]。同じ仕訳を1枚ずつ伝票に記載するのではなく,取引の順番に従って1枚の用紙に連続して記入してい

---

3) または「計算書類」。貸借対照表,損益計算書,キャッシュフロー計算書等をいう。
4) なお藤縄410頁以下。但し,個人事業者の任意帳簿や証憑書類等の保存期間は5年間である(国税庁「記帳や帳簿等保存・青色申告」(平成27年。http://www.nta.go.jp/shiraberu/ippanjoho/pamph/koho/kurashi/html/01_2.htm))。

くものが「仕訳帳（ジャーナル）」であり，どちらの方法によることもできる。最近では，伝票や仕訳帳を紙で起票せず，電子帳簿（会計ソフト）で起票する企業も多い。なお，取引の都度，伝票に取引の内容を記帳していく方法を「伝票会計」，取引の都度，仕訳帳に取引の内容を記帳していく方法を「帳簿会計」，紙ベースでの記帳をせずに，取引の都度，コンピュータに取引の内容を記帳して行く方法を「コンピュータ会計」という。コンピュータ会計は，随時，貸借対照表，損益計算書，キャッシュフロー計算書，資金繰表等の財務分析に必要な書類を作成することができるため，財務諸表の内容を随時企業の経営状況の把握や改善・変更に生かすという「管理会計」に役立つ会計手法である。

(2) 補助簿

「補助簿」とは，複式簿記の機構上必須ではないが，企業の管理目的に応じて作成される帳簿であり，取引の都度原始記入を行う「補助記入帳」と，転記簿に相当する「補助元帳」からなる。

補助記入帳に該当するものとしては，現金出納帳，当座預金出納帳，小口現金出納帳，売上帳，仕入帳，受取手形記入帳，支払手形記入帳等がある。

補助元帳に該当するものとしては，売掛金元帳（得意先元帳），買掛金元帳（仕入先元帳），商品有高帳，材料有高元帳（材料元帳），積送品元帳等がある。

3　仕訳について

上で，「借方」「貸方」という言葉が出てきたが，この言葉自体には余り深い意味はなく[7]，単純に，「1つの取引は必ず二面性を有し，左側（借方）

5） 振替伝票は，左方に借方の仕訳，右側に貸方の仕訳（その意味については後述3参照）を記入することで仕訳を行うものであり，借方が現金であるもの（現金入金を意味する。）が入金伝票，貸方が現金であるもの（現金出金を意味する。）が出金伝票である。入金伝票及び出金伝票については，このように借方又は貸方が現金であることがタイトルから明らかであるため，反対科目及びその金額のみを記入する様式になっているものも多い。また，実務上は，入金伝票と出金伝票というタイトルの付されている伝票用紙を使用せず，全ての仕訳を振替伝票で行っている企業も多く，この場合，振替伝票を押収すれば全ての伝票を押収したことになる。

6） なお，「入庫伝票」「出庫伝票」「納品伝票」「配送伝票」等は「伝票」との名称は付いているが，これらは証憑書類であって会計帳簿としての伝票ではない。但し，入庫伝票が仕入伝票，出庫伝票が売上伝票と複写式になっていることもあり，この場合には複写部分が5伝票の1つを構成していることになる。

と右側（貸方）に仕訳される」ということを理解することが重要である[8]。

例えば，（設例1）商品Aを1000円で現金で販売した場合を考えてみよう。この取引を会計の面から見ると，①現金が1000円増加した，②売上が1000円増加したという二面性を有する[9]。

（設例2）商品Bを来月10日払いの約束で800円で仕入れたという取引は，①仕入が800円増加した，②買掛金が800円増加したという二面性を有する。

（設例3）普通預金から現金1万円を下ろしたという取引は，①現金が1万円増加した，②普通預金が1万円減少したという二面性を有する。

（設例4）翌月10日になって800円の買掛金の代金を現金で支払ったという取引は，①買掛金が800円減少した，②現金が800円減少したという二面性を有する。

上の設例を仕訳してみると，下記のようになる。

　　　　（設例1）　現　　金　　 1,000 ／ 売　　上　　 1,000
　　　　（設例2）　仕　　入　　　 800 ／ 買掛金　　　　800
　　　　（設例3）　現　　金　　10,000 ／ 預　　金　　10,000
　　　　（設例4）　買掛金　　　　800 ／ 現　　金　　　800

上で出てきた「現金」「売上」「仕入」「買掛金」「預金」は「勘定科目」と呼ばれる。そして，勘定科目は，大きく，資産，負債，純資産，収益，費用に分類される。

資産，負債，純資産，収益，費用の主な勘定科目は次表の通りである[10]。

上の設例で言えば，（設例1）は資産及び収益の増加，（設例2）は費用及び負債の増加，（設例3）は資産の増加及び資産の減少，（設例4）は負債及び資産の減少という二面性を有する。

7）　強いて言うならば，貸方（右側）は資金提供者，すなわち，株主（リスク資本提供者）や会社債権者（負債資本提供者）から見て会社に資金を拠出しているという意味，借方（左側）は，資金運用者，すなわち企業経営者からみて，株主や会社債権者から資金の拠出を受けていると考えればよいであろう（なお，井手・高橋40頁以下）。

8）　仕訳や簿記の基本については大野他52頁以下。

9）　これは，企業会計で一般的な「三分法」によった場合である。これに対して，「分記法」によった場合には，「①現金が1000円増加した，②商品が1000円減少した」という二面性を有することになる。分記法と三分法については第2編第2章第1節A1(1)及び第2編第2章第2節A1(1)で説明する。以下の説明は基本的に三分法によるものである。

10）　これらの勘定科目ごとの説明は第2編第2章で行う。

〈貸借対照表〉

借方（資産）	貸方 （負債・純資産）
（流動資産） 　現金 　預金[11] 　売掛金 　受取手形 　有価証券 　棚卸資産[12] 　前払費用 　貸付金 　仮払金 　繰延税金資産 　貸倒引当金 （有形固定資産） 　土地・建物 　工具, 器具・ 　備品 　建設仮勘定 （無形固定資産） 　ソフトウェア 　のれん 　無体財産権 　投資その他資産 　繰延資産	（流動負債） 　買掛金 　支払手形 　借入金 　未払金・ 　未払費用等 　負債性引当金 　仮受消費税 （固定負債） 　社債 （純資産） 　資本金 　資本剰余金 　利益剰余金

〈損益計算書〉

借方（費用）	貸方（収益）
（原価科目） 　仕入高 　材料費・労務費・経費 　棚卸資産評価損・減耗損[13] （販売費及び一般管理費） 　役員報酬・賞与・退職金 　給料, 賞与等 　福利厚生費 　外注費 　販売手数料・販促費 　広告宣伝費 　旅費交通費 　会議費 　交際費 　通信費・事務用品費等 　租税公課 　寄付金 　修繕費 　地代家賃等 　減価償却費 　支払手数料 　研究開発費 　貸倒引当金繰入・貸倒損失[14] 　使途秘匿金 （営業外費用） 　支払利息 　雑損失 （特別損失） 　固定資産売却損	（営業収益） 　売上高 （営業外収益） 　受取利息 　雑収入 （特別利益） 　固定資産売却益

---

11) 預金は，当座預金，普通預金，定期預金等に分けて記帳することが多い。また，現金と併せて「現預金」又は「現金預金」として記帳されることもある。
12) 商品，製品，半製品，仕掛品，原材料に分けて記帳することが多い。
13) 棚卸資産評価損や棚卸減耗損は，原則として原価処理し，切下げ額が臨時かつ多額の場合には特別損失に計上する（第2編第2章第1節A6⑴参照）。
14) 営業活動から生じた売掛金・受取手形に関する貸倒引当金繰入額及び貸倒損失は販売費及び一般管理費として，主たる営業活動から生じたものではない貸付金及び未収入金に貸倒引当金を設定する場合には営業外費用として計上する。なお，臨時かつ巨額のものは特別損失として処理する。

まず，資産が増加するのはどのような場合かを考えてみよう。
現金が増加する場合としては，
○ 商品の現金売りをした場合（収益科目である売上が増加）
○ 商品を掛けで販売した後に売掛金を現金で回収した場合（資産科目である売掛金が減少）
○ 預金を下ろした場合（資産科目である預金が減少）
○ 銀行から借入れをした場合（負債科目である借入金が増加）
○ 新株を発行して株式払込金が入金された場合（純資産科目である資本金が増加）[15]

等がある。この場合，現金の増加が左側（借方）に，対応する勘定科目の増減が右側（貸方）に記入されることになる。
同じように，負債が発生・増加する場合としては
○ 銀行等の金融機関から借入れをした場合（借入金が発生し，資産科目である現金が増加）
○ 商品を掛けで仕入れた場合（買掛金が発生し，費用科目である仕入が増加）

などが典型である。
このように1つの取引を必ず2つの側面から認識して記帳する方法を「複式簿記」という。これに対して，主として期首現金残高に現金の収支変動が実際にあった都度これを帳簿に記入して期末現金残高と照合する方法を「単式簿記」という。家計の現金出納簿を思い浮かべれば分かりやすい。単式簿記は，青色申告を行っていない零細事業者に多く見られる。
単式簿記では，1つの取引が帳簿に1つしか記入されないため，ある取引が帳簿から除外されてしまった場合，帳簿上の他の記載から不正を発見することが困難であり，銀行口座元帳（通帳）その他の証憑書類を現金その他資産等の実際の有高等と突合すること等により不正の発見を図らざるを得なくなる。このため，所得税法や法人税法においては，複式簿記に基づいた記帳を行うこと等を条件として，税務署長に対する青色申告が承認された場合に

---

15) 但し，実務上は，「別段預金／新株式申込証拠金」の仕訳となり，預金の増加事由となる。

65万円までの青色申告特別控除（所得控除），青色事業専従者給与の必要経費算入，損失の繰越等の各種の特典を与えて青色申告の普及を図っている[16]。逆に言えば，捜査対象の事業者が青色申告を行っている場合には，原則として複式簿記に基づく帳簿書類が備え付けられているはずであるから[17]，これらを押収・分析の対象とすべきこととなる[18]。

4 収益や費用の計上（認識）基準

　収益や費用についても同様に複式簿記の考えに従って記帳することになるが，いつ収益や費用を認識して帳簿に記帳するか，という点について正しく理解しておくことは，捜査官にとって極めて重要である。というのは，利益の額を操作して粉飾をしたり脱税（裏金作りを含む。）をしたりする場合，収益や費用の認識基準に違反して期をまたいで収益や費用を計上すること（これを「期ずれ計上」という。）は一つの典型的な不正会計の手口だからである。つまり，期をまたいで本来記帳すべき日にちよりも前倒しして当期に収益を計上したり，先送りして翌期に費用を計上すれば当期利益を不正に増加させることができるし，反対に，期をまたいで本来記帳すべき日にちよりも先送りして翌期に収益を計上したり，前倒しして当期に費用を計上すれば当期利益を不正に減少させることができる。

　問題は，いつ収益や費用を認識して帳簿に記帳するかである。

　単純に，現金が実際に入ったときに収益を認識して帳簿に記帳し，現金を支払ったときに費用を認識して帳簿に記帳すればよいのではないか，と考えた方がおられれば，それは，「現金主義会計」に基づく記帳方法である。現金主義会計は，前述説明した単式簿記の仕組みに整合的である。しかし，現金主義会計は，簡明ではあるが，企業取引の実態を帳簿に的確に反映することができず，また，実務上も大きな不都合を生ずるため，青色申告を行って

---

[16] 租税特別措置法 25 条の 2 及び同法通達「租税特別措置法に係る所得税の取扱いについて」25 の 2 - 1。なお，複式簿記ではない簡易簿記や現金式簡易簿記でも青色申告は認められるが，特別控除額は 10 万円にとどまり，青色申告に関する他の特典も受けることはできない。

[17] そうでなくとも，簡易簿記や現金式簡易簿記の帳簿，補助帳簿類は備え付けられているはずである。

[18] なお，青色申告特別控除について西野 736 頁以下。

いない零細事業者等を除いては一般には許容されていない。それは，収益や費用の認識基準として現金が実際に支払われたことを基準とするため，売掛金や買掛金等の信用取引に基づいて発生する資産，負債等を扱うことができず，また，多額の設備投資をした場合でも，減価償却費を計上することができないため，投資金額全額を当期に費用計上しなければならず，当期決算が赤字になって株価の下落を招いたり，翌期以降は多額の黒字を計上して多額の法人税を納めなければならなくなったりする等の不都合が生ずるからである[19]。

そこで，企業会計原則においては，原則として，現実に現金の授受がなされたかどうかを問わず，将来の収益に結び付く経済価値のある事象が発生した時点で収益・費用を認識する「発生主義」が採用されている[20]。

但し，発生主義会計の下で，いつ収益や費用が「発生した」と認識するのかについては正しく理解しておくことを要する。この点，費用については発生時点で認識するが，後述する通り，収益については，更にこれが「実現」したと認められるときに収益を認識する「実現主義」が採られている。

まず費用の計上時期からみてみよう。

一般の経費については，実際に使った分を当期の費用として計上する。例えば，消耗品を 100 円分現金で購入した場合には，購入時点では，

　　　　　　貯蔵品[21]　　100 ／ 現　金　　100

として消耗品を「資産」として計上するが，当期にこの消耗品のうち 50 円分を使った場合には，

　　　　　　消耗品費　　50 ／ 貯蔵品　　50

として，実際に使った消耗品の分を「費用」計上する[22]。

同様の考えは，建物，車両，機械設備のような固定資産についても採られている。例えば，現金 100 万円で軽自動車を購入した場合には，購入した時点で，

---

19) 勝間 50 頁以下，桜井 72 頁以下。
20) 発生主義について渡辺淑 127 頁以下，桜井 73 頁以下，パレプ他 4 頁以下。
21) 資産勘定科目として，「貯蔵品」ではなく「消耗品」を使うこともある。
22) なお，仮払消費税については捨象する。また，資産科目として「貯蔵品」の代わりに「消耗品」を使う場合がある（資産法）。更に，一定の要件（少額，毎期一定数量継続消費）を満たす貯蔵品については，購入時に「消耗品費」として費用（損金）計上することが税法上認められている（費用法）。本文の記載は，企業会計原則上の原則的な取扱いを記したものである。

　　　　　車輌運搬具　1,000,000　／　現金　　　　　1,000,000

と仕訳して，自動車を資産計上する。そして，このような固定資産については，毎年どの程度の価値が目減りしていくかを判断することは困難であることから，「耐用年数」の期間において，毎年均等額（定額法），又は償却後の帳簿価格に一定の償却率[23]を乗じて（定率法），費用（減価償却費）を計上して配分するという考えを採る。例えば，軽自動車に関する法定耐用年数は4年とされているから[24]，4年後に100％償却するものとして定額法で計算すると[25]，初年度には，

　　　　　減価償却費　　250,000　／　車輌運搬具　　250,000

と仕訳をして費用を計上することになる[26]。

　これに対して，流通・小売業者にとっての商品や製造業者にとっての原材料費の「仕入」については，別の考えが採られている。「仕入」について上記のように仕入れた都度仕入れた商品や原材料を資産計上し，これを販売したり費消した都度費用計上するとなると[27]，記帳が極めて煩雑となる上，単品ごとの商品，製品，原材料管理を行わなくてはならなくなる。そこで，これらの仕入については，一旦「仕入」として全額を費用計上した上，決算時点でまだ売れていない商品や費消していない原材料を「商品」「製品」「原材料」のような「棚卸資産」として資産化し，当期の売上原価を

　　　　　売上原価＝期首商品棚卸高＋当期仕入高－期末商品棚卸高

として計算するのである（三分法）[28]。

---

23)　国税庁から定率法による償却率表が公表されている（http://www.nta.go.jp/shiraberu/zeiho-kaishaku/joho-zeikaishaku/shotoku/shinkoku/070914/pdf/06.pdf）。
24)　国税庁「耐用年数（車両・運搬具／工具）」（http://www.keisan.nta.go.jp/survey/publish/34255/faq/34311/faq_34357.php）。
25)　平成19年の税制改正で認められたもの。正確には1円の備忘価格まで償却する。
26)　いわゆる「直接法」による場合である。間接法においては「減価償却費　250,000 ／ 減価償却費累計額250,000」と仕訳する。これに対して，同様の減価償却を定率法（定率償却率0.4）で行った場合，1年目の償却額は40万円，2年目の償却額は（100－40）×0.4＝24万円，3年目の償却額は（100－64）×0.4＝14.4万円，4年目の償却額は（100－78.4）×0.4＝8.64万円となっていく。このように定率法は定額法よりも償却開始直後の償却額が大きく，より保守的な会計方法であることが分かる。なお，平成28年度税制改正では，平成28年4月以降に取得する建物附属設備及び構築物については定率法が廃止された。
27)　このような考えを「分記法」という。
28)　流通業の場合。なお，分記法と三分法の中間的な仕訳の方法である「総記法」もあるが，実務上ほとんど用いられていない。

更に，長期にわたる建設工事においては，別の考えが採られている。すなわち，工事期間中に支出した材料費，労務費，外注費，経費について，これらを費消した都度経費として計上するのではなく，これらの費用を支出時点で一旦「未成工事支出金」として資産計上するのである。その後，「工事進行基準」を適用する工事においては，一定の要件の下で決算時までに支出された未成工事支出金を「完成工事原価」に振り替え，「工事完成基準」を適用する工事においては，工事が完成しこれを発注者に引き渡した時点で，それまでに支出された未成工事支出金を「完成工事原価」に振り替える。工事進行基準は発生主義会計により整合的であり，工事完成基準は実現主義会計により整合的であると言い得よう[29]。なお，このような未成工事支出金と同様の仕訳は，受注制作のソフトウェア制作費でも採用され，共に不正会計に用いられることも多いので，後の勘定科目分析においても説明する予定である[30]。

なお，発生主義会計の下でも，法律上の債権，債務の発生時期と，会計上の売掛金，買掛金，前渡金，未払金等の認識時期とは必ずしも一致しないことに留意を要する。例えば，消耗品を購入する契約は，発注と受注の合意が成立した時点で成立し，その時点で買主は消耗品の引渡請求権，売主は代金支払請求権という「債権」を有し，これらの両債権は同時履行の関係に立つが（民法533条），会計上は，目的物の引渡又は代金の支払のような経済事象があって初めてこれらを資産（貯蔵品，前払金等）や負債（未払金等）として認識することに注意を要する[31]。

以上の説明は費用の認識時期に関するものであるが，収益の認識時期については，より確実性のある収益のみを認識して計上するという「実現主義」が採られている。

実現主義は，確実性の小さい収益を計上することによって粉飾しようとすることを防止するもので，企業会計原則にいう「慎重の原則」又は「保守主義の原則」の現れである[32]。

---

29) 建設業簿記における売上高の計上方法については鈴木117頁以下。
30) 工事進行基準について第2編第2章第4節3(1)，ソフトウェア制作費については第2編第2章第1節C1(2)。
31) なお，発生主義と税法について渡辺淑127頁以下。
32) 但し，国際財務報告基準においては，この保守主義の原則は既に放棄されている。国際財務報告基準における収益認識について中尾239頁以下。

売上について実現主義によった場合，受注商品を製造しただけでは売上を計上できず，販売の実現，すなわち，製品・商品・役務の提供とこれに対する対価の取得によって売上を計上することになる。但し，実現主義と言っても，現金や現金同価物（小切手，手形等）の受領まで求める[33]ものではなく，相手に履行を請求し得る程度の売掛債権（売掛金）の取得をもって収益が実現したと考えるのが一般である。

売上計上の時期に関する基準としては，一般に「販売基準」が採用されているが，いつ商品が「販売」されたと考えるかについては，更に，取引の性質に応じて，出荷基準，引渡基準，検収基準，検針基準，取付完了基準，役務完了基準等の基準による（伊藤168頁以下）[34]。

ここで，捜査官として，利益操作との関係で，収益や費用の計上時期に関して押さえておくべき重要な点を2点述べておきたい。

第1は売上についてである。今期の経営成績が実際よりも好調であるかのように見せかける最も手っ取り早い手段の一つが売上を実際よりも大きく見せかけることである。単に受注した段階や売買契約を締結した時点で売上を計上することができれば，それが最も簡単に売上を膨らませることができるのであるが，まだ契約を締結しただけで商品を引き渡してもいない段階では，代金回収の確実性があるとはいえない。そこで，経営成績を実際よりも好調であると見せかけたい経営者としては，期末に得意先に対して多額の商品を販売して商品を引き渡した上，翌期に何らかの理由をつけてその返品を受けたり買い戻すという「押し込み販売」を行うことがある。その他，複数の取引仲間で同一の商品を転売して各社において利益を不正計上する「循環取引」も不正会計の典型的な手法の一つである。つまり，収益について実現主義を採っているからといって，帳簿上の売上が実際にも存在しているということにはならず，捜査官としては，その取引の性質，実際の商品や金の動き，当該取引先との関係等を分析する必要があることになる。このあたりは，「売掛金」の項目（第2編第2章第1節A3）で説明することとしたい。

---

[33] このような考えを「回収基準」という。
[34] なお，発生主義も企業の経済実態を正しく表示するには様々な限界を抱えている。「発生主義のジレンマ」に触れるものとして須田他18頁以下。

第2は費用についてである。先程の三分法に関する説明からも明らかな通り，当期に仕入れた商品や原材料の全てが当期の費用となるわけではない。三分法によると，当期の仕入分はその都度「仕入」として費用化されるが，決算時点で在庫として残っている商品，仕掛品や原材料は当期の売上に貢献せず来期以降の売上に貢献するものであるから，「棚卸資産」として資産化して，翌期に「期首繰越棚卸高」として繰り越すことになる。ここまで読んで，「それでは，期末の商品や原材料の棚卸高を操作すれば，当期の利益を不正操作することができるのではないか。」と思われた方は鋭い勘の持ち主であろう。先程も説明した通り，

当期原価＝期首棚卸高＋当期仕入高－期末棚卸高

であるから，期末棚卸高を実際の棚卸高よりも少なく計上すれば，それだけ多くの売上原価（費用）を当期に計上することができ，利益を圧縮することにつながる。逆に，利益を膨らませたければ期末の棚卸高を実際の棚卸高よりも多く計上すればよいのである。そして，このような不正操作は，費用や売上の架空計上とは異なり，得意先や取引先を巻き込まずに社内だけで行うことができるため，一つの典型的な不正会計手法となっている。このあたりは，後に「棚卸資産」（第2編第2章第1節Ａ６），「売上原価」（第2編第2章第4節２）の項目で説明することとしたい。取りあえず，ここでは，「仕入」は費用科目ではあるが，実際に費用として当期に計上できるかどうかは期末まで確定しておらず，期末の棚卸高を資産化して翌期に繰り越すということだけをしっかりと理解しておきたい。

5 企業会計に関する諸原則

企業が従うべき会計の原則について，会社法431条は，「株式会社の会計は，一般に公正妥当と認められる企業会計の慣行に従うものとする。」と規定する[35]。同様の規定は，商法19条，金融商品取引法193条，法人税法22

---

[35] 同旨の規定は，昭和49年の商法改正により「商業帳簿ノ作成ニ関スル規定ノ解釈ニ付イテハ公正ナル会計慣行ヲ斟酌スベシ」との規定が同法32条2項に盛り込まれたことが出発点である。その制定経緯については，八田進二「『一般に公正妥当と認められる企業会計の基準』の本旨と課題」（平成25年）青山経営論集第48巻第2号39頁以下，三枝一雄「昭和49年商法改正と法制審議会商法部会」（平成21年）法律論叢82巻1号135頁以下参照。

条4項にも見られる。

　我が国では，昭和24年に内閣の経済安定本部企業会計制度対策調査会が公表し，その後大蔵省企業会計審議会，金融庁企業会計審議会が改訂を加えてきた「企業会計原則」が「一般に公正妥当と認められる企業会計の慣行」として位置付けられている。

　「一般に公正妥当と認められる企業会計の慣行」は，"Generally Accepted Accounting Principles（GAAP）"とも呼ばれ，1910年代から米国公認会計士協会[36]，証券取引監視委員会（SEC）等が策定してきた報告書や基準の影響を強く受けている[37]。また，近時ではロンドンに設置された国際会計基準審議会（IASB）が2001年に作成した国際財務報告基準（IFRS）への統合（コンバージェンス）の動きが顕著である[38]。

(1) 一般原則

　企業会計原則の第一では一般原則が示されている。その内容は下記の通りである[39]。

（真実性の原則）

1　企業会計は，企業の財政状態及び経営成績に関して，真実な報告を提供するものでなければならない。

（正規の簿記の原則）

2　企業会計は，すべての取引につき，正規の簿記の原則に従って，正確な会計帳簿を作成しなければならない。

（資本取引・損益取引区分の原則）

3　資本取引と損益取引とを明瞭に区別し，特に資本剰余金と利益剰余金とを混同してはならない。

（明瞭性の原則）

4　企業会計は，財務諸表によって，利害関係者に対し必要な会計事実を明

---

36)　AIA。1957年からAICPA。
37)　なお，川村60頁以下，井手・高橋58頁以下。
38)　あずさ3頁以下，中尾9頁以下，桜井49頁以下。国際財務報告基準と日本基準との比較については中尾302頁以下。なお，国際財務報告基準へのコンバージェンスについてアカデミズムの観点から分析したものとして石川参照。また，企業会計基準委員会，平成27年以降，のれん及びその他の包括利益の会計処理に関する修正国際基準（JMIS）を公表している。
39)　内容は，大野他14頁以下，桜井60頁以下。

瞭に表示し，企業の状況に関する判断を誤らせないようにしなければならない。

(継続性の原則)

5　企業会計は，その処理の原則及び手続を毎期継続して適用し，みだりにこれを変更してはならない。

(保守主義の原則)

6　企業の財政に不利な影響を及ぼす可能性がある場合には，これに備えて適当に健全な会計処理をしなければならない。

(単一性の原則)

7　株主総会提出のため，信用目的のため，租税目的のため等種々の目的のために異なる形式の財務諸表を作成する必要がある場合，それらの内容は，信頼し得る会計記録に基づいて作成されたものであって，政策の考慮のために事実の真実な表示を歪めてはならない。

(2)　**損益計算書原則**

企業会計原則の第二では損益計算原則が示されている。その内容は下記の通りである。

(発生主義の原則)

1　すべての費用及び収益は，その支出及び収入に基づいて計上し，その発生した期間に正しく割当てられるように処理しなければならない。

(総額主義の原則)

2　費用及び収益は，総額によって記載することを原則とし，費用の項目と収益の項目とを直接に相殺することによってその全部又は一部を損益計算書から除去してはならない。

(費用収益対応の原則)

3　費用及び収益は，その発生源泉に従って明瞭に分類し，各収益項目とそれに関連する費用項目とを損益計算書に対応表示しなければならない。

(3)　**貸借対照表原則**

企業会計原則の第三では貸借対照表原則が示されている。その内容は下記の通りである。

(資産・負債・資本[40]の記載の基準)
1　資産，負債及び資本は，適当な区分，配列，分類及び評価の基準に従って記載しなければならない。

(総額主義の原則)
2　資産，負債及び資本は，総額によって記載することを原則とし，資産の項目と負債又は資本の項目とを相殺することによって，その全部又は一部を貸借対照表から除去してはならない。

(注記事項)
3　受取手形の割引高又は裏書譲渡高，保証債務等の偶発債務，債務の担保に供している資産，発行済株式1株当たり当期純利益及び同1株当たり純資産額等企業の財務内容を判断するために重要な事項は，貸借対照表に注記しなければならない。

(繰延資産の計上)
4　将来の期間に影響する特定の費用は，次期以後の期間に配分して処理するため，経過的に貸借対照表の資産の部に記載することができる。

(資産と負債・資本の平均)
5　貸借対照表の資産の合計金額は，負債と資本の合計金額に一致しなければならない。

なお，収益認識に関し，平成30年3月に「収益認識に関する会計基準」(企業会計基準委員会第29号)が制定され，①顧客との契約を識別する，②契約における履行義務を識別する，③取引価格を算定する，④契約における履行義務に取引価格を配分する，⑤履行義務を充足した時に又は充足するにつれて収益を認識するとのステップを踏むこととされた。このうち，契約の識別については，①当事者が契約を承認し，義務の履行を約束していること，②移転される財又はサービスに関する各当事者の権利を識別できること，③移転される財又はサービスの支払条件を識別できること，④契約に経済的実質があること，⑤顧客に移転する財又はサービスと交換に企業が権利を得ることとなる対価を回収する可能性が高いこと等の明確化が図られている。

---

[40]　なお，平成17年の会社法，同18年の会社計算規則の制定により，「資本」は現在では「純資産」となる(第2編第2章第3節)。

第3章

財務諸表とは

　「財務諸表」は，企業の一定期間の経営実績や一定時点の財産の状況を数字により明らかにするための書類である。貸借対照表及び損益計算書を中心とし，キャッシュフロー計算書及び株主資本等変動計算書を加える。「決算書類」「計算書類」とほぼ同義に用いられる[41]。財務諸表は，①会社法に基づく株主総会への決算報告，②金融商品取引法に基づく内閣総理大臣への有価証券届出書の提出[42]，③法人税法や所得税法に基づく税務署長への報告等の目的で作成される。貸借対照表は，企業の一定時点における資産・負債・純資産（資本）の状況を示すもの，損益計算書は，企業の一定期間における収入・支出及び利益の状況を示すものである。また，近時では，貸借対照表や損益計算書を現金（キャッシュ）の動きから分析したキャッシュフロー計算書の重要性が増している[43]。

---

41)　会社法951条は，「財務諸表等」を財産目録，貸借対照表，損益計算書又は収支計算書並びに事業報告書とし，金融商品取引法79条の70は「財務諸表等」を貸借対照表，損益計算書，財産目録，事業報告書及び予算の区分に従う決算報告書とし，財務諸表等の用語，様式及び作成方法に関する規則1条1項は，「財務諸表」を貸借対照表，損益計算書，株主資本等変動計算書及びキャッシュ・フロー計算書並びに附属明細表と定義している。また，会社法435条及び同法施行規則2条3項10号は，「計算書類」を貸借対照表，損益計算書とし，同規則2条3項11号は，「計算関係書類」を貸借対照表，損益計算書，附属明細書，臨時計算書類，連結計算書類としている。なお，会社法や金融商品取引法は「決算書類」の用語は用いていないが，この言葉は事実上，「財務諸表」や「計算書類」とほぼ同義に用いられている。

42)　なお，提出窓口は本店又は主たる事務所の所在地を管轄する財務局長となる（企業内容の開示に関する内閣府令20条）。

43)　財務諸表とキャッシュフロー計算書について古川199頁以下。

第1節　貸借対照表

1　資産の部

　貸借対照表とは，企業の一定時点における資産，負債，純資産（資本）の状況を表示する財務諸表の一つである。貸借対照表の借方（左側）には「資産の部」があり，流動資産，固定資産，繰延資産を流動性の高いものから配列してその金額を記載している（流動配列法）。

　例えば，流動資産としては，現金，預金，受取手形，売掛金，有価証券，棚卸商品，前払費用，貸付金，仮払金，繰延税金資産，貸倒引当金（但し資産の減算要素）等があり，固定資産としては，土地，建物，工具，器具・備品，建設仮勘定，ソフトウェア，のれん，無体財産権，投資その他資産等があり，繰延資産としては，創立費，開業費，開発費等がある。

　後に各勘定科目分析や経営指標分析の項目でも述べるが，企業会計上「資産」が持つ意味は，我々が通常「資産」について抱くイメージとは異なる。

　我々個人にとって「資産」と言えば，現に持っている現金，預金，衣類，家具，電化製品，不動産などをいい，資産は多ければ多いほどよい（すなわち金持ち），負債は少なければ少ないほどよい，と考えがちである。しかし，企業にとって「資産」とは将来収益を生む価値を有するものという意味であり，かつ，将来「費用化」されるものが多いことから，資産が多いことは必ずしもその企業の経営状況が健全であることを意味しないのである。

　すなわち，企業は収益・利益の獲得をその究極の目的としている。そして，企業にとって「資産」とは，金を稼ぐための手段に過ぎない。例えば，1000万円の出資を受けて会社を設立した段階では，貸借対照表は，

　　　　　　　現金　10,000,000 ／ 資本金　10,000,000

となり，負債はなく，資産は全て現金という状態で，一見超優良企業のようであるが，このままであれば，この会社は何も利益を生み出さない。企業は，手元の資金を事務所の賃借，工場や機械の設置，従業員の雇用，商品・原材料の仕入等に投資し，商品，製品やサービスを販売して収益を上げなければ

ならない。そして，企業にとっては，持てる有限の資産を如何に効率的に投資・活用して利益を生み出すかということが重要なのである。そうすると，同じ10万円という利益を生むのであれば，資産は1000万円よりも100万円の方がよいのである。それは，単に「効率がよい」ということにとどまらない。というのは，土地以外の固定資産は，単に持っているだけで価値が目減りしていく，つまり，資産が費用に化けていくものが多いのである。例えば，耐用年数10年の機械を1000万円で購入した場合，この機械を購入した初年度に

　　　　　機械・装置　　10,000,000 ／ 現金　　　　　10,000,000

と仕訳をするが，この機械の法定耐用年数が10年で定額法により減価償却するとなると，毎年，

　　　　　減価償却費　　1,000,000 ／ 機械・装置　　1,000,000

という仕訳をして，毎年100万円の費用を計上しなければならない[44]。

　これと同様のことが開発費等の繰延資産についてもいえる。例えば，今年度1000万円の費用をかけて温泉を掘り当てた場合，この開発費を当期の費用に一括計上してしまうと，当期決算における利益が大幅に減少してしまう可能性がある。しかし，この1000万円の温泉開発費用は，既に支出した費用ではあるが，これから毎年企業に収益をもたらしてくれるものであるから，これを資産化して毎年償却していくことが企業会計上は合理的である。開発費の償却期間は原則5年とされているから，この温泉開発費用は，仮にそれほどの利益が実際には上がらなくとも，毎年200万円の費用を企業にもたらすことになる。創立費，開業費，株式交付費，社債発行費についても同様に将来に利益をもたらすものとして一定の償却期間内に経費化して償却する「繰延資産」とされている。

　このように，土地以外の固定資産は，年が経過するにつれてその価値が減価していくものが多く，その減価分は，企業にとっては費用として認識される。この意味で，固定資産は将来費用化が予定されているもののリスト（つまり，貸借対照表の資産の部から損益計算書の費用の部に移っていくものの

---

44) 直接法による場合である。間接法による場合には，「減価償却費　1,000,000 ／ 減価償却費累計額　1,000,000」と仕訳する。

リスト）ともいうことができる[45]。更に，近年，土地や有価証券についても，その土地の収益性や時価，有価証券の時価が投資額や取得価額を大きく下回っているときには減損損失を計上する減損会計の適用が義務付けられるようになっている[46]。これらの観点からも，資産を多く保有することは必ずしも企業の健全性が高いことを意味しないことが理解されるであろう。

2 負債の部

貸借対照表の左側（借方）には，企業に将来収益をもたらすべき手段を資産として計上するが，貸借対照表の右側（貸方）には，それをどのような手段で調達したかが記載される。具体的には，返済しなければならない負債（他人資本）によって調達したか，返済する必要のない自己資本によって調達したかという基準により，貸借対照表の右側は，「負債の部」と「純資産の部」に分かれる[47]。

負債の部の勘定科目も，流動配列法に従い，流動性の高いものから低いものへという配列で記載する。流動負債としては，支払手形，買掛金，短期借入金，未払金，前受金，賞与引当金等が，固定負債としては，社債，長期借入金，退職給付引当金等がある。

企業の経営上，負債は少なければよいと考えがちであるし，一般的にはそれで正しいのであるが，負債科目を一つ一つ見ていくと，必ずしも全てが少なければよいというものでもない。例えば，上記負債科目のうち，賞与引当金（将来のボーナス支払のために一定の金額をプールしておくもの），退職給付引当金（将来の退職金支払のために一定の金額をプールしておくもの）は，将来支給時に発生する費用ではあるが，当期までの役員や従業員の勤務実績から発生する可能性が高いものとして，発生主義の原則に則り，負債性引当金として積み立てるものであり，額が大きい方が将来の経営の安定性に資するものといえる。また，前受収益は，一定の契約に従い，継続して役務の提供を行う場合に，未だ提供していない役務に対して支払を受けた対価を

---

45) 勝間154頁。減価償却費について第2編第2章第1節B，第2編第2章第4節(3)ツ。
46) 詳しくは第2編第2章第1節A10(3)，第2編第2章B1(2)，第2編第2章C2(1)で述べる。
47) なお，負債の部と純資産の部を合計した額から「運転資本」の金額（買掛金及び支払手形の合計額）を差し引いたものを「調達資本」ということがある（山口55頁以下）。

計上するものであるが，収益を翌期以降に繰り延べるための一時的な負債勘定であるから，やはり多い方が経営上望ましいともいえる[48]。なお，これらと性格は異なるが，買掛金については，取引先から無償で信用を供与されて債務の支払を猶予されているという側面があり，資金繰りの観点からは買掛金が多い方が（正確には，買掛金の回転期間が長い方が）望ましいという面もある[49]。更に，近時では，株式による資金調達は企業にとって無コストではなく，株主配当その他株主が期待する利益である「株主資本コスト」がかかるのであり，株主資本コストと有利子負債コストを考慮した上，その最適バランスによる資金調達方法を模索すべきであるという考え方が広まっていることも念頭に置く必要がある[50]。

3　純資産の部

　貸借対照表の右側（貸方）下方には，企業の純資産の部がある。

　以前に簿記や会計を勉強して久しぶりに会社の決算書類を見た方は，「資本の部」がないのに面食らうかもしれない。また，初めて簿記や会計を学ぶ方は，何故「純資産」とあるのに左側（借方）ではなく右側（貸方）に表示されているのかと不思議に思うかもしれない。

　基本的には，貸借対照表の左側（借方）には，将来収益を生むのに貢献する「資産」が記載され，右側（貸方）には，それを調達した方法，すなわち，返済の必要のある他人資本である負債，返済の必要のない自己資本が記載される。なお，「負債」の合計が「資産」の合計額を超過してしまった場合を債務超過という。これは，累積赤字が資本を食い潰してしまったものである。このように，「資本」という概念は会社の総資産から総負債を差し引いた計算上の金額という側面が大きく，経営状況の悪化した企業では「資本」に相当する資産が会社に現実に確保されているとは限らない。平成17年の会社法に基づく会社計算規則（平成18年）によって，「資本の部」という表示が「純資産の部」という表示に改められたのは，資産の調達方法としての自己

---

48)　勝間36頁。前受収益について伊藤361頁。
49)　回転期間については，第2編第3章第1節2の経営分析手法で触れる。
50)　このような考え方に基づいた「加重平均資本コスト（WACC）」について，第2編第2章第1節B1(4)エの脚注332)，第2編第3章第2節2(3)。

資本ということよりも，資産の合計額から負債の合計額を差し引いた計算上の概念としての性格がより強く反映されたためである。

純資産の部は，大きく，株主資本，評価・換算差額等，新株予約権，少数株主持分の4つからなるが，中心をなすのは，「株主資本」であり，ここには，資本金，新株式申込証拠金，資本剰余金，利益剰余金，自己株式，自己株式申込証拠金が含まれる[51]。これらについては勘定科目分析の項目で詳述するが（第2編第2章第3節），ここでは，①「純資産の部」は純粋に会社の資産から負債を差し引いた計算上の概念であるから，会社の価値そのものを示すという性格が強まったこと，②株主からの払込金を源泉とする資本剰余金よりも，企業が自ら稼ぎ出した利益を源泉とする利益剰余金が多い方が経営が健全であることを押さえておきたい[52]。

4 貸借対照表の各期比較について

貸借対照表については，それを単年度のみで分析することはもとより，複数年にわたってこれを分析し，その数値の変化を観察することが重要である。連続2期の貸借対照表の純資産の部を比較することによって企業がその間に上げた利益額を求めることができる。また，連続した期の売掛金・受取手形，買掛金・支払手形，棚卸資産，固定資産，借入金，社債等の金額の増減を分析することは，キャッシュフロー分析の基礎である[53]。

貸借対照表の勘定科目分析については，第2編第2章第1～3節で，キャッシュフロー分析については第2編第3章第2節で取り上げる。

---

51) なお，自己株式取得の法務・税務上の問題点については三宅91頁以下。
52) 剰余金については藤縄436頁以下。
53) 大まかに言えば，営業キャッシュフローを計算する際には売掛金・受取手形，買掛金・支払手形，棚卸資産等の前期比増減を，投資キャッシュフローを計算する際には固定資産，有価証券等の前期比増減を，財務キャッシュフローを計算する際には借入金や社債の前期比増減を分析する。

第2節　損益計算書

1　意　義

　損益計算書とは，企業が一定期間に計上した収益及び費用を一定の順序で計算し，最終的な当期純利益を求める計算書である。一般に，我が国では，貸借対照表のことをビー・エス（B/S。Balance Sheet の略称），損益計算書のことをピー・エル（P/L。Profit and Loss Statement の略称）と呼び習わしている[54]。

　企業が計上する収益には，①本業（例えば，製造業であれば製品の製造販売，商業であれば商品の仕入販売）から発生する売上が基本となるが，それ以外にも，②本業以外の活動で経常的に発生する営業外収益（例えば，不動産賃貸収入や受取利息など），③本業以外で臨時・特別に発生する特別利益（固定資産売却益等）がある。また，企業が計上する費用も，上記に対応して，①本業に関する売上・製造原価（仕入費用，製造費用，棚卸減耗費[55]等）及び販売費及び一般管理費，②営業外費用（支払利息，割引手数料，貸倒引当金繰入額[56]等），③特別損失（固定資産売却損，災害損失等）がある。

　なお，支出に関する用語について補足すると，企業会計上の「費用」は，経済価値の減少や支出を意味する広義の概念である[57]。これに対して，「損金」は税法上の用語で，法人の課税所得額の計算上，収益（税法上は「益金」

---

[54]　なお，損益計算書のことを米国では Income Statement，英国では Income and Expenditure Account と呼ぶことが一般的であり，P/L という呼称は左程一般的ではないようである。

[55]　なお，従来は，商品評価損や棚卸減耗損等に原価性があるときには売上原価の内訳科目又は販売費及び一般管理費として，原価性がない場合には営業外費用として，時価の下落が著しい場合には特別損失として処理することとされていたが，「棚卸資産の評価に関する会計基準（企業会計基準第9号）」（平成18年・最終改正平成20年）により，原則として原価処理し，切下げ額が臨時かつ多額の場合には特別損失に計上することとなった。

[56]　但し，営業活動から生じた売掛金・受取手形に貸倒引当金を設定する場合には貸倒引当金繰入額は販売費及び一般管理費として，主たる営業活動から生じたものではない貸付金や未収入金に貸倒引当金を設定する場合には貸倒引当金繰入額は営業外費用として処理する。貸倒損失が発生した場合にも，同様の基準により，販売費及び一般管理費又は営業外費用として処理するが，臨時かつ巨額のものは特別損失として処理する。なお，貸倒引当金戻入額は特別利益として処理する。

[57]　なお，収益に結び付かない経済価値の減少を「損失」という。

という。）から差し引くことのできる金額をいう（法人税法22条）。企業会計上「費用」計上される支出や損失の全てを損金算入できるわけではなく，その意味で企業会計上の利益と税法上の利益には差異がある[58]。また，個人（事業者を含む。）についてはその所得（事業所得等）に対して所得税が課されるが，課税所得の計算上，収入から差し引くことのできる支出等は「必要経費」と呼ぶ[59]。

　企業の取引先や投資関係者にとっては，企業は当期に最終的に収益や利益を上げていればよいというものではなく，それが本業から生じたものか，本業には関連しないが経常的に生じたものか，特別・臨時に発生したものかの区別は，今後の企業の運営方針や収益見込みを知り，取引や投資に関する判断を立てる上でも重要である。そこで，損益計算書においては，これらの収益や費用，損失を分けて記載することとしている。具体的には，次のとおりである。

　　　　売上高
　　　　　（−）　売上原価・製造原価
　　　＝売上総利益（粗利益）
　　　　　（−）　販売費及び一般管理費
　　　＝営業利益（損失）
　　　　営業外損益の加減
　　　　　（＋）営業外収益
　　　　　（−）営業外費用
　　　＝経常利益（損失）
　　　　特別損益の加減
　　　　　（＋）特別利益
　　　　　（−）特別損失
　　　＝税引前当期純利益（損失）
　　　　　（−）税金等
　　　＝当期純利益（損失）（最終損益）

---

[58]　第2編第2章第1節A10(1)で後述する税効果会計の項目参照。
[59]　所得税法37条。なお西野420頁以下。なお製造原価の一項目としても「経費」があることについて第2編第2章第4節3(1)参照。

なお，上記のような配列法には別の意味もある。

売上から差し引く費用とその主要な受取人を考えて見ると，

  1．売上原価・製造原価　　→仕入先
  2．販売費及び一般管理費　→従業員
  3．支払金利　　　　　　　→銀行
  4．税金　　　　　　　　　→国・地方公共団体
  5．役員報酬　　　　　　　→経営者
  6．利益　　　　　　　　　→株主

となる。一般的には，会社は株主の所有に属すると言われるが，株主の利益配分は一番最後となる。それは，上のような順序で支払の順番が下がるほどリスクが大きく，かつ，それだけ先順位の費用受領者をコントロールする権限を強く与える必要があるからである[60]。

2　捜査上のポイント

　利益を過少に見せかけて脱税しようとする企業は，売上高や在庫を過少に計上したり，費用・損失を過大に計上したりして利益を操作しようとする。これに対して，利益を過大に見せかけて粉飾しようとする企業は，売上高や在庫を過大に計上したり，費用・損失を過少に計上したりする。その中には，全く架空の収益や費用・損失を計上するものもあれば，発生主義又は実現主義の観点からはまだ認識すべきでない収益や費用・損失を前倒しして計上したり，実際よりも先送りして翌期に計上したりするものもある。本来は貸借対照表の勘定科目に計上すべき取引や経済事象を損益計算書に記載して利益操作を行うこともある（翌期以降に収益計上すべきものとして当期は負債として計上される前受収益を当期の売上に計上する等）。また，同額の税引前当期純利益（又は最終損益）を計上するにしても，企業経営者としては，可能な限りこれが本業によって得られたものと見せたいものである。そこで企業としては，上記計算式のうち，収益についてはなるべく上方で，費用や損失についてはできるだけ下方で計上したい[61]というインセンティブが働き

60）山口40～41頁，GMI 17頁。なお，このような見方に留保をつけるものとして，井手・高橋53頁以下。

がちであることにも留意を要する。

　なお，捜査官としては，以上のような利益操作は，必ずしも違法な手段によるとは限らず，企業会計原則上認められている範囲内で合法的に収益や費用を操作する裁量が企業にはかなり広範に与えられていることにも留意を要する[62]。この観点からは，当該企業が採用している会計方針，棚卸資産や有価証券を含む資産の評価方法，貸倒引当金等を含む負債の評価方法，及びこれらの会計方針を採用・変更した経緯等に着目しなければならない。

　損益計算書の勘定科目分析については，第2編第2章第4～7節で取り上げる。

第3節　キャッシュフロー計算書

　以上に述べた貸借対照表や損益計算書は，必ずしも現実の現金の動きに基づいて作成されたものではない。例えば，商品・製品を売買契約に基づいて買主に引き渡せば，その時点で代金が現金で回収できていなくとも「売上」が立って収益が計上される。売れ筋でない製品を作り続けて不良在庫が積み上がり，仕入コストや製造コストの支払のために資金が流出しても，このような仕入コストや製造コストは棚卸資産の製造原価として計上されるから，財務諸表上は貸借が釣り合い，損失が出たようには計上されない[63]。更に，商品や原材料を仕入れても，代金の支払を先延ばしすることができれば，「仕入」は立って費用や負債が計上されていても，現金は流出していない。

　上記のような事象は，発生主義（収益については実現主義）に基づく複式簿記の特性からやむを得ないことなのではあるが，反面，実際に現金ベースでその企業が儲かっているのかどうかを分析する必要を生じさせる。このよ

---

61) つまり，営業外収益や特別利益を売上として計上したい，売上原価を販売費及び一般管理費や営業外費用として計上したい，販売費及び一般管理費を営業外費用や特別損失として計上したい，営業外費用を特別損失で計上したい，という意味である。
62) 須田他19頁以下は「経理自由の原則」について言及する。また勝間12頁以下。
63) 棚卸資産の陳腐化，品質低下等によりその評価額が低下した場合には，「棚卸資産の評価に関する会計基準（企業会計基準第9号）」に基づき，当期に評価損を計上しなければならないが，そのことは別論する（第2編第2章第1節A6(1)）。

うな必要から生まれたのがキャッシュフロー計算書である。キャッシュフロー計算書は，実際の現金の流れから貸借対照表や損益計算書を再構成したものであり，不正会計の余地が少ないとされる。

　キャッシュフロー計算書は，企業の本業である営業活動に関する現金の動きを表す「営業キャッシュフロー計算書」，営業活動や財務活動で調達した現金を設備等の固定資産や有価証券等に投資した動きを表す「投資キャッシュフロー計算書」，営業活動や投資活動に必要な現金（営業キャッシュフローがマイナスの場合にはこれを補う現金を含む。）をどのように調達したかを表す「財務キャッシュフロー計算書」の3つからなる。

　キャッシュフロー分析については，第2編第3章第2節で取り上げる。

第4章
上場企業の有価証券報告書

　上場企業は，投資家の保護のため，金融商品取引法24条によって，有価証券報告書[64]を毎期及び四半期ごとに内閣総理大臣（地方財務局）に提出することとされている。そして，上場企業の有価証券報告書や四半期報告書は，金融庁のホームページEDINET[65]で閲覧することができる[66]。また，既に上場廃止となった企業が過去に提出した有価証券報告書や四半期報告書が掲載されているホームページもあり，非常に有益である[67]。

　有価証券報告書は，捜査上も極めて有益な情報を我々に与えてくれる。

　日本を代表するある企業の有価証券報告書を見ると，その項目立ては次頁のようになっている[68]。

---

64) 実務では「有報」（ゆうほう）と略称することが多い。
65) http://disclosure.edinet-fsa.go.jp/
66) 四半期報告書については小谷他284頁以下。
67) http://www.kabupro.jp/
68) http://www.toyota.co.jp/jpn/investors/library/negotiable/2014_3/all.pdf

第1　企業の概況
　1　主要な経営指標等の推移
　2　沿革
　3　事業の内容
　4　関係会社の状況
　5　従業員の状況
第2　事業の状況
　1　業績等の概要
　2　生産，受注及び販売の状況
　3　対処すべき課題
　4　事業等のリスク
　5　経営上の重要な契約等
　6　研究開発活動
　7　財政状態，経営成績及びキャッシュフローの状況の分析
第3　設備の状況
　1　設備投資等の概要
　2　主要な設備の状況
　3　設備の新設，除却等の計画
第4　提出会社の状況
　1　株式等の状況
　　(1)　株式の総数等
　　　①　株式の総数
　　　②　発行済株式
　　(2)　新株予約権等の状況
　　(3)　行使価額修正条項付新株予約権付社債券等の行使状況等
　　(4)　ライツプランの内容
　　(5)　発行済株式総数，資本金等の推移
　　(6)　所有者別状況
　　(7)　大株主の状況
　　(8)　議決権の状況
　　　①　発行済株式
　　　②　自己株式等
　　(9)　ストックオプション制度の内容
　2　自己株式の取得等の状況
　　(1)　株主総会決議による取得の状況
　　(2)　取締役会決議による取得の状況
　　(3)　株主総会決議又は取締役会決議に基づかないものの内容
　　(4)　取得自己株式の処理状況及び保有状況
　3　配当政策
　4　株価の推移
　　(1)　最近5年間の事業年度別最高・最低株価
　　(2)　最近6月間の月別最高・最低株価
　5　役員の状況
　6　コーポレート・ガバナンスの状況等
　　(1)　コーポレート・ガバナンスの状況
　　(2)　監査報酬の内容等
　　　①　監査公認会計士等に対する報酬の内容
　　　②　その他重要な報酬の内容
　　　③　監査公認会計士等の提出会社に対する非監査業務の内容
　　　④　監査報酬の決定方針
第5　経理の状況
　1　連結財務諸表等
　　(1)　連結財務諸表
　　　①　連結貸借対照表
　　　②　連結損益計算書及び連結包括利益計算書
　　　③　連結株主持分計算書
　　　④　連結キャッシュフロー計算書
　　　⑤　連結附属明細表
　　(2)　その他
　2　財務諸表等
　　(1)　財務諸表
　　　①　貸借対照表
　　　②　損益計算書
　　　③　株主資本等変動計算書
　　　④　附属明細表
　　(2)　主な資産及び負債の内容
　　(3)　その他
第6　提出会社の株式事務の概要
第7　提出会社の参考情報
　1　提出会社の親会社等の情報
　2　その他の参考情報

同報告書の第5に財務諸表が掲げられていることからも分かるように、財務諸表は、有価証券報告書の中で最も重要ではあるが、その一部を占めるものに過ぎない。有価証券報告書は、他にも、企業や関連会社の概況、役員や従業員の状況、主要な経営指標の推移（第2編第3章第1節参照）、事業の業績、設備の状況、株式や株主の状況、配当政策、コーポレートガバナンスの状況等について捜査上欠くべからざる情報を与えてくれる（小谷他238頁以下）。

また、企業が公表する会計情報の記載された書類は有価証券報告書のみではない。他にも、企業の株価に影響を与える可能性のある情報を随時開示するインベスター・リレーションズ（IR。投資家向け広報）、四半期ごとの決算短信、月次営業概況、決算説明会資料、事業報告書、ニュースリリース、株主通信、配当予想修正、業績予想修正等も重要な公表情報源である[69]。

投資家その他のステークホルダー（利害関係者）にとって、重要な情報はこのような手段によってすべからく開示されるのが理想ではある。しかし、企業や経営者は、本当に良くない情報は、できるだけ目につかないように公表したり、隠したりしたいものである。そして、我々捜査官は、そのような情報にこそ目を配らなければならない。

有価証券報告書における企業側の概況説明の記載を鵜呑みにするのではなく、有価証券報告書から真実の企業の姿を捉えようとすることは、投資家のみならず、捜査官にとって極めて重要である。その代表的な手法として各種の経営指標、例えば、売上高利益率、1株当たり利益率、株主資本利益率（ROE）、総資本利益率（ROA）を求めて、数年来の変化を分析したり、同業他社と比較する手法がある[70]。

このような分析や比較をするのに便利なサイトとして
○ 矢野経済研究所有報 LenZ[71]

---

[69] 開示規制については、川村①158頁以下が会社法上の開示、金融商品取引法上の開示、証券取引所の規制による開示に分けて説明している。また、発行市場における開示規制について近藤他109頁以下、同244頁以下、原他34頁以下。金融商品取引法と開示について大野他30頁以下、川村他81頁以下。会社法、金融商品取引法等に基づく開示及び自主開示について伊藤114頁以下。

[70] ROEやROA等の各種経営分析指標については後述第2編第3章第1節1(1)のほか西山56頁以下。

第 4 章　上場企業の有価証券報告書　35

　　○　企業価値検索サービス ULLET[72)]
がある。
　また，損益計算書及び 2 期分の貸借対照表からキャッシュフロー計算書を作成して，本業である営業活動，設備投資や有価証券投資等の投資活動，銀行や市場からの資金調達やその返済等の財務活動における現金（キャッシュ）の流れを分析するキャッシュフロー分析は，貸借対照表や損益計算書だけを眺めていたのでは分からない現実の資金の流れに関する重要な情報を我々に与えてくれる（第 2 編第 3 章第 2 節）。
　企業経営者は，既に開示した業績予想の数値を目標としてこれを達成したい，また同じ最終利益を達成するにしても，できるだけ損益計算書の上方の利益（すなわち，売上総利益や営業利益）を大きく見せることでこれを達成したいというプレッシャーを常に感じている。
　捜査官としては，このような観点から，例えば，業績予想の数値ぎりぎりの売上高や利益を達成した企業については特に注意を払って財務諸表の数値の中身を検討し，また，本来特別損益に計上すべき収益が売上高や営業外収益に計上されていないか等の観点からも収益や費用の中身を分析するという視点が有益である[73)]。
　また，企業経営者は，企業が株価を下振れさせるような不利益情報を開示する場合には，できるだけこれを目立たないように開示したいという欲求に駆られるものである。
　そのような観点から，捜査官は，有価証券報告書等における「注記事項」にこそ重要な情報が記載されていると考えてその意味内容を丹念に読み取る必要がある[74)]。また，新製品開発や新規事業展開等の明るい話題とセットで提供されたマイナス情報にも注意を払うべきである。

---

71)　http://www.yano.co.jp/ufolenz/index.php
72)　http://www.ullet.com/
73)　経営者の業績予想と会計操作の関連については須田他 147 頁以下，勝間 17 頁以下。
74)　注記事項に記載すべき事項等については大野他 230 頁以下，あずさ・佐藤 457 頁以下。同様に，本当に有用な情報は脚注の中に隠されていると主張するものとして，スチュワート 109 頁。また，平成 30 年 7 月に公表された「監査基準の改訂に関する意見書」(企業会計審議会) は，特別に検討されたリスク事項，見積りの不確実性の高い経営者重要判断，当年度に発生した重要事象に関する「監査上の主要な検討事項」を記載することを提言しており，注記事項と並んで精査を要する項目となろう。

第2編　財務分析

　本編では，いよいよ財務分析に入っていきたいと思う。
　第2編は3章からなる。
　第1章（財務分析の基本的視点）においては，疑問を持つこと，帳簿の内容面及び形式面に着目すること，5W1Hに着目すること，突合分析に触れる。
　第2章（勘定科目分析）においては，資産，負債，純資産，売上高，売上・製造原価，販売費及び一般管理費，営業外収益・費用，特別損益に属する各勘定科目について，その意義や不正会計に使用される場合の手口，不正会計発見のポイント，不正会計事例について触れる。不正会計事例の紹介に当たっては，不正会計を行うに至った経緯，不正の具体的手口等についても煩瑣を厭わず記載する。読者の方々は，一口に不正会計といってもそれが如何に手の込んだものであるか，不正会計を行う動機がどのようなものであるかを知るであろう。
　第3章（決算書の分析）においては，財務捜査を有効かつ効率的に進める上での有益な経営分析手法（第1節），キャッシュフロー分析手法（第2節），内部統制システムの検討（第3節），会計監査手法（第4節），企業評価手法（第5節）について説明する。そして，第6節においては，このような経営分析手法を実際に不正会計を行っていた企業に適用した場合に，不正会計の糸口や捜査のポイントを正しく発見できるのかについて検証してみることとしたい。

第1章

財務分析の基本的視点

第1節　疑問を持つこと

　捜査において「疑問を持つこと」は捜査官にとって最も基本的な態度である。疑問を心に抱かずに証拠物を見たり，供述を聞いたりしても，真実に迫ることはできない。他方で，どのような証拠や供述も全て疑ってその信用性を否定するような態度であっても，真実に迫ることはできない。「疑問を持つ」ことは大切であるが，それは，「疑うために疑う」ことであってはならない。

　では，捜査官として，どのような心構えで証拠や供述に接すればよいのであろうか。私は，心を空虚にして，予断・偏見なく証拠や供述の内容を検討する過程において，不自然な点や疑問点が自然に心に浮かぶということが理想であると思う。「不自然な点や疑問点を自然に感じ取れる」能力と言ってもよいかもしれない。もとより，このような能力を初めから備えている捜査官がいるわけではなく，日々のたゆまぬ努力によってこのような実力は培われるものと思う。また，このような実力を養うには，帳簿や証憑書類の記載を理屈で検討するということよりも，目の前の帳簿や証憑書類は対象会社の役職員が実際に作成に関与したものであることを念頭に置き，誰が，いつ，どこで，どうしてこのような記帳や証憑作成をしたのかを具体的なイメージとして映像化しつつ検討していくことが有効であると思う[75]。

　そして，財務捜査においては，日々の帳簿記入から年に1回の決算書作成に至るまで，「通常の会計方法」を知っておくことは，問題となっている会

計方法が不自然なものであると気付く一つの有力な手法と思う。そのためにも，捜査官としては，帳簿のシステムや標準的な付け方，標準的な取引形態，経営者や経理担当者が不正会計を行う場合にどのような手法をとることが多く，それがどのような不自然な数字となって会計帳簿や財務諸表に現れることが多いのかについて知識を深めておくことが有益である。また，経済，各種業界，企業経営等に興味を持ち，普段から関連する書籍を読んだり，経済・業界新聞を読んでおくことも推奨に値する。そして，このような事柄に明るければ，実際に帳簿を分析するに当たっても，不自然な記入や取引に気付くことができ，また，そのような記入がなされた理由も大方推測することができるようになろう。本書は，帳簿分析や経営分析の観点から，そのような手掛かりに気付くための技術・知識を習得することを目的とすると言ってもよかろう。

第2節　帳簿の内容面だけではなく形式面にも着目すること

　帳簿や証憑書類については，その内容面について分析するのみならず，形式面についても精査することが重要である。そのことを請求書・領収証を例にとって説明しよう。

　証憑書類の中でも，請求書・領収証は最も不正が多い書類の一つである。何故ならば，領収証は，金を支払ったことを直接証明する書類であり，その内容が真実であると認められれば，法人税や所得税の計算上，これを損金や必要経費として益金や収入から差し引くことが可能になるからである。

　例として，実際に不正会計に用いられたものを適宜改変した次の請求書・領収書を見て，疑問点をできるだけ多く指摘していただきたい。

---

75)　なお，川村348頁には，「専門職的懐疑心」，すなわち，猜疑心や性悪説の立場から相手の人間性を疑うのではなく，専門職として常に「何故なのか」「本当にこれでよいのか」「何かおかしいのではないか」という疑問の姿勢で事実の確認に当たることの重要性が指摘されている。

請求書

2015年9月20日

（株）立花興業 様
大阪市西成区太子2-8
田中組

下記のとおり御請求申し上げます

税込合計金額 972,000
消費税額等 72,000
税率 8%

月日	品名	数量	単価	金額（税抜・税込）	摘要
8/8〜8/27	和歌山作業員（20日1組）	3人	16,200	972,000	
	合計			972,000	

領収証

（株）立花興業 様

¥972,000-

2015年9月30日　上記正に領収いたしました
大阪市西成区太子2-8
田中組

収入印紙 200円

請求書

2015年9月20日 No.

(株)立花興業 様

大阪市西成区天下茶屋北1-10-1
佐藤組㊞

下記のとおり御請求申し上げます

税込合計金額 928,000-
消費税額等 68,000 税率 8%

月	日	品名	数量	単価	金額(税抜・税込)	摘要
8	3	滋賀・松下	5人	16,200	81,000	
		交通費			5,000	
8	10	滋賀・松下	5人	16,200	81,000	
		交通費			5,000	
8	12	愛知・トヨタ			432,000	
		作業一式				
8	20	奈良・シャープ			324,000	
		作業一式				
		合計			928,000	

領収証

(株)立花興業 様 No.

★ ¥928,000-

内訳
 現金　 /
 小切手　 /
 手形　 /
 消費税額等(　%)

2015年9月30日 上記正に領収いたしました
大阪市西成区天下茶屋北1-10-1
佐藤組㊞

収入印紙 200円

この請求書・領収証を見ると，ざっと次のような不審点を指摘できる。
- 請求書について
    - 請求書の発行者が異なるのに，同じ書式が使われている。
    - 請求書の発行者が異なるのに，筆跡が同じである。
    - インターネットの地図サービスで調べてみると，西成区太子2－8，西成区天下茶屋北1－10という住所表示はない。
    - 市販の請求書が使われている。
    - 請求者の印鑑が三文判である。
    - 請求者は「組」であるのに印鑑は個人の丸印である。
    - 請求者の所在地が裏付けの取りにくそうな地域にある。
    - 請求書に連番がない。
- 田中組の請求書について
    - 請求内容が8/8－27「和歌山作業員20日分」となっているが，余りに大雑把である。土日やお盆も休みなく働いたということか？
- 佐藤組の請求書について
    - 作業現場が滋賀，愛知，奈良の広範囲に及んでいる。
    - 日雇派遣と思われるのに，作業現場が，松下，トヨタ，シャープという一流企業を含むものである。
    - 品名が「作業一式」となっており，余りに大雑把である。
    - 請求金額が丸過ぎる。
- 領収証の発行者が異なるのに，
    - 同じ書式が使われている。
    - 市販の領収証である。
    - 筆跡が同じである。
    - 印紙は印章又は署名によって消印しなければならないが（印紙税法施行令5条），消印の方法がこれに則っていない。
    - 印紙の消印は課税文書の作成者である田中組や佐藤組がしなければならないところ（印紙税法8条），両者の印紙の消印の方法が同じである。

- 領収証について
    - 印鑑が共に三文判である。
    - 「田中組」や「佐藤組」なのに，社判や社印を使わず，個人印を使っている。

　もちろん，これらの事情の全てがこの領収証が偽造又は内容虚偽のものであることを証明しているわけではない。しかし，捜査官としては，これらの事情が領収証の成立又は内容の真実性を疑わしめる事情であることに気付き，そのことを念頭に置いて捜査することが肝要なのである。

　領収証や請求書を見るに当たって注意すべき点は，次のような点である。
- 形式面の検討
    - 領収証は当該会社独自の書式か。それとも市販の書式を使っているか。
    - 領収証の筆跡は誰のものか。支払者側の筆跡ではないか。
    - 同じ筆跡がないか。
    - 印鑑は会社印か。個人印か。三文判やシャチハタではないか。
    - 筆記具は何を使っているか。
    - 鉛筆や「消えるボールペン」等の改竄可能な筆記具を使っていないか。
    - 連番の記載はあるか。
    - 所定の印紙が貼付されているか。
    - 印紙に消印は押されているか。どのような方法で消印がなされているか。
    - 印紙のデザインと証憑書類の作成日付は整合するか。収入印紙は，税務調査直前に印紙貼付することを防ぐため，発行時期によってデザインの違いがある。
    - 正規のものと確認されている同種書類と比較して相違点はないか。
    - 訂正された形跡はないか。訂正前の記載は何か。
- 内容面の検討
    - 発行者は実在するか。
    - 連絡先は記載されているか。その連絡先住所や電話番号は実在する

か。正しいか。
- 発行者の住所が不自然に遠方ではないか。
- 発行者と取引関係が実在するか。
- 数字はラウンドか，端数があるか。
- 金額の明細が記載されているか。
- 取引が実在し，内容が真実であるといえるか（契約書，作業日報，納品書等の確認・突合）。
- 資金移動の事実はあるか（現金，預金との突合，資金の流れの解明）。
- 起案者は誰か。
- 本来の担当者が起案すべきところを，上位者やルートを外れた人物が起案していないか。
- 決裁者は誰か。
- 本来の決裁ルート以外の人物が決裁していないか。
- 担当である営業や資材部門等を通さずに総務部門や経理・財務部門のみで伝票処理していないか。

　なお，書類の形式面についての留意点について付言すると，捜査官は，任意提出や捜索によりある文書を押収・領置した場合，その作成過程が真実ではないかもしれないとの疑問をあらゆる文書について持つことが大切である。例えば，捜索で銀行発行の残高証明書や預金取引明細書を押収した場合であっても，銀行に対して取引明細を照会することを怠ってはならない。犯罪を行っている者は，時としてこのような銀行取引書類すら，社内又は外部の監査人の目をごまかすために偽造することがあることは，第2編第2章でも紹介する数多の事例の示すところである。更に，例えば，銀行に融資申請のために提出された税務署の受付印のある法人税確定申告書や財務諸表すら正規に税務署等に提出されたものとは全く異なる偽造にかかるものであることは決して珍しくないことも念頭に置いておくとよい。

第3節　5W1Hに着目すること

あらゆる犯罪捜査と同様に、財務捜査においても、5W1Hに着目することは常に必要であると共に、極めて有益である。具体的に見ていこう。

第1　だれが（Who）？

1　財務捜査において「誰が」を分析する意味

　財務捜査は、一般的には、会社という組織やその関係者を舞台とする犯罪であり、しかも、組織犯罪事件とは異なり、会社組織は、基本的には適法な営利を目的とする企業で、その組織に属する役員や社員は、普段は犯罪とは無縁の日常生活を送っている一般人であることが普通である。

　会社犯罪は単独犯によっても犯され得る。しかし、およそ企業は、社員による不正や犯罪を防止・検知する仕組みを持っているはずであるから（例えば茂木15頁以下）、一社員（役員）が他の誰にも気付かれることなく、犯罪を遂行することは容易なことではない。特に、社員による犯罪が多数回にわたって行われ、長期間にわたって発覚しなかった場合（そして、犯罪捜査の対象となる事件においては、むしろ、このような事件の方が普通である。）、被疑者は、会社の決裁・経理・文書・監査等の仕組みやその現実の運用を熟知し、その抜け穴をかいくぐって巧妙に犯罪を実行していることが多い。そのような場合、不正が発覚するのは、例えば、上司が交代して不自然な経理に気付いたためであったり、これ以上不正を隠せないほど金額が多額になったためであったり、監査や税務調査が行われたためであったりすることも多い。

　会社内部においては単独犯であっても、外部に犯罪遂行に協力する共犯者がいる事件も多い。自己や担当部署の業績を良好に見せるための架空売上計上事案や、架空外注費の支払をめぐる詐欺・横領事案等においては、取引先等の外部協力者が存在し、犯罪収益を分け合っていることも多いのである。

　これに対して、経営トップの意向により組織的に不正会計がなされること

もある。脱税（裏金作りを含む。）や粉飾においてはそのような傾向が特に強いと言えよう。そのような場合でも、会社の全従業員を巻き込んで不正を行うというよりは、不正の露見を避けるため、少数の有能で忠誠心が強いと目されている役員・従業員が計画的かつ巧妙に犯罪を実行することが多い。このような場合、経営者としては、犯罪への加担者にはそれなりの処遇をせざるを得なくなる。総務・財務・管理部門で相当の出世をしていたり、異常に長く同一ポストやラインにとどまり続けている者がいる場合には、そのような観点も意識して捜査をするとよい。また、社内に派閥抗争がある場合、業績悪化により他派閥に主導権を奪われることを避けるために不正会計が行われることもあるので、そのような視点も持っておくとよい。

　財務捜査において「誰が」を分析する意味は他にもある。それは、ある取引の相手方が、当該企業にとって、純粋な「第三者」に該るかどうかという視点を持つことである。この観点で注意すべきは、取引の相手方がファンド、匿名組合（TK）、任意組合（NK）、特定目的会社（SPC又はTMK）、合資会社（GSK）、投資事業有限責任組合（LPS）、有限責任事業組合（LLP）、有限責任会社・合同会社（LLC）、外国法人・組合等の場合である。これらのファンドや特定目的事業体（SPV又はSPE）は、一見当該企業とは無関係なように見えても、実際には当該企業の出資・指示・影響・支配下に設立されていることがある。そして、これらファンド等の間で、企業の資産（不動産、債権、金融資産等）や負債を適正ではない取引価格（実態とかけ離れた簿価を含む。）で譲渡・引受したり流動化（証券化）することにより企業から切り離すこと（飛ばし）、本来連結決算の対象とすべき企業を複雑なスキームを構築することによって連結対象外とすること（連結外し）を目的とする取引を行う不正がよく見られる。そして、これらのスキーム構築には高度の専門知識を必要とすることから、時として専門的知識を有するアレンジャー（金融仲介者）に不相当に高額な報酬が支払われることもあることに留意を要する。

2　会社内部の指示者・加担者

　財務捜査においては、犯行に加担する様々な部門や人物を想定しなければ

ならない。

　帳簿に不正を記入するということは，そう易々とできることではない。そのことは，収入や支出をごまかす帳簿記入をしようとすればすぐに理解できることである。例えば，売上を架空計上しようとすれば，単に，

　　　　　　　　　　売上　　1,000,000

と帳簿に記入すればよいのではない。

　複式簿記の下では，例えば，

　　　　　　現預金　　100,000 ／ 売上　　1,000,000
　　　　　　売掛金　　900,000

などと売上に対応する反対仕訳を必ず行わなければならない。

　そして，この場合，現預金の帳簿金額に変化が生じた以上，領収証（控）を偽造したり，補助記入帳である現金出納帳に記帳をしたり，現預金の金額に変化を生じさせなければならない。また，売掛金の帳簿金額に変化が生じた以上，補助記入帳である売上帳，補助元帳である得意先元帳（得意先台帳）にも記入しなければならない。売掛金については，これを架空だからと放置しておく訳にはいかず，後日，現預金で回収した形をとるか，回収ができない場合には，貸倒引当金や貸倒損失を計上したりしなければならない。しかし，それは売上を架空計上した目的に真っ向から反するから，第三者から個人的に借入れをしたり，会社の資金を適当な名目で支出し，これを売掛金の返済であるかのように装って入金することを繰り返し，不正会計の金額も次第に膨らんでいくというのが典型的なパターンである。また，売上についてはこの場合単純化して記載したが，通常は消費税に関する仕訳として，税抜経理をしている場合には，

　　　　　　現金　　200,000 ／ 売上　　1,000,000
　　　　　　売掛金　　900,000　　仮受消費税　100,000

などと仕訳をしなればならず，その後の処理も更に複雑となる。

　更に，売上を計上する基準として出荷基準を採るならば，売上に対応する出荷伝票が起票されていなければならず，その前提として，得意先からの注文書や顧客に対する注文請書，請求書，営業部門から倉庫部門に対する出荷指示書が起票され，更に，得意先からの物品受領書や検収書も適切に保管さ

れていなければならないことになる。

　そして，売上を計上する以上は，これに対応する仕入，棚卸商品・製品との整合性が保たれねばならず，決算時にはこれらの製造原価や売上原価との離齬を来してはならない。当然，これらに対応する原材料や在庫の伝票も適切に保管されていなければならない。

　このように考えると，架空売上を計上するという不正会計1つをとってみても，日常業務において怪しまれず，また，内部・外部監査や税務調査をくぐり抜ける程度に書類を整えようとする作業は，それなりに複雑で，しかも，証拠を完璧に偽造するということは非常に困難な作業であることが分かる。

　そして，このような多数の部門を犯罪に巻き込めば，通常の会社では反対者や密告者が出たり，秘密が守られずに犯行が発覚するのが通常であろうから，不正経理をする者は，少数の関与者で済むように中途半端な帳簿の改竄で止めたり，関与者が少なくて済むような帳簿改竄の方法を採らざるを得ないことが多い。また，如何に完璧に書類を偽造したとしても，その内容が虚偽である限り，現実の現預金，売掛金，買掛金，商品・製品の棚卸高等との間には必ず離齬がある。ここに捜査官が付け入る隙が出てくるわけである。

　いずれにしても，捜査官としては，以上のようなことを念頭に置きつつ，会社の内部で犯行を主導したのは誰か，犯行に加担したのは誰か，何故その者が選ばれたのか，意図せずに犯行に加担させられていた者は誰かということを常に念頭に置いて捜査をしなければならない。

　なお，日本公認会計士協会の研究報告書では，不正関与者を次の通りに分類しており，参考になろう（CPA①11頁以下）。

　1．積極的関与者
　　a．最終決定者
　　　ⅰ．最終的な意思決定者
　　　ⅱ．実行の了承・指示者
　　　ⅲ．実行の黙認者
　　　ⅳ．実行の追認者
　　　ⅴ．実行への誘導者

b．中間決定者
　　　　ⅰ．不正の中間的な意思決定者
　　　　ⅱ．実行の黙認者
　　　　ⅲ．実行の追認者
　　　　ⅳ．実行への誘導者
　　　c．実行行為者
　　　　ⅰ．不正の提案者
　　　　ⅱ．不正の実行行為者
　　　　ⅲ．提案者や実行行為者らの補助者（損益や原価の管理，外部との交渉，各種手配）
　２．消極的関与者
　　　a．実行者より下位者
　　　b．不正情報入手者
　　　c．不正の黙認者

3　会社外部の加担者

　財務捜査においては，犯罪への加担者は，会社内部だけではなく，会社外部にもいることが多い。

　会社が支出や収入をごまかそうとする場合には，税務署によって反面調査等がなされる虞れを考慮せざるを得ず，会社外部の者を不正会計に協力させざるを得ない場合が多い。しかし，コンプライアンス（法令遵守）に厳しく，インターネット等で容易に不正を告発できる現代社会において，何のしがらみもない取引先から，「当社に商品1000万円を売ったことにしてくれませんか。」「当社から商品1000万円を買ったことにしてくれませんか。」などと要請されて易々と協力する会社がどれほどあるだろうか。そのような不正に協力したら，どのようになるか考えてみよう。架空売上を計上しようとする企業は，明らかに粉飾をして会社の業績を実際よりも良く見せようとしている。それは，もしかしたら株価を不当に吊り上げようとしているのかもしれないし，銀行を騙して運転資金を借り入れようとしているのかもしれない。前者は粉飾決算であり，会社法や金融商品取引法に違反しそうであるし，後

者は詐欺罪が成立しそうである。架空費用を計上しようとする企業は脱税や裏金作りを企図していると考えてよいだろう。つまり，不正経理に協力するということは犯罪の片棒を担いで共犯の責任を問われかねないことなのである。それだけではない。相手企業による1000万円の架空費用計上に協力するということは，当社としては1000万円の売上を計上しなければならないということだから，これに対応する税金を納めなければならない。この会社が黒字会社であれば，税引前当期利益に対して法人税の実効税率に相当する30～40％も余計に税金を支払わなくてはならない。もちろん，税務調査に対応するため，架空の売上や仕入に対応する帳簿や証憑書類も整えなければならない。この作業がかなりの手間を要することは上述した通りである。また，そのようなことに従業員を巻き込めば，従業員の離反や告発，モラルの低下も懸念される。更に，他社の不正会計に協力したことが公となれば，その会社の対外的信用が大きく傷つけられるレピュテーションリスクや，逆に不正会計に協力するよう要請されたことを当局に通報されるリスクもある。このようなことを考えれば，不正会計に普通の企業が易々と協力することは考えられないことが理解されるであろう。

　そこで，不正経理をしようとする企業は，これに協力してくれる企業を慎重に選ぶことになる。そして，通常選ばれる企業は次のようなものである。
- 立場の弱い下請企業やその関係企業
- 立場の弱い仕入先（その企業から見れば不正を行おうとしている企業は得意先）
- 子会社，孫会社，株式の相当部分の保有を受けている企業
- 当該企業から出向者，退職者を受け入れている企業
- 経営者やその親族の実質的な経営にかかる企業
- 経営者の特殊関係人（いわゆる愛人）が実質的又は名目上の経営者・役員となっている企業

等がある。そして，これらの取引先は，捜査機関，会計監査人や税務署等からの問い合わせを受けても虚偽の回答をすることが十分に考えられることに注意を要する[76]。

---

[76] このことを指摘するものとして浜田162頁。

また，このように立場の弱い取引先でなくても，同じように経営が逼迫している取引先との間で，商売取引の裏付けのない融通手形を振り出し合ってこれを割り引いて現金化したり，数社の企業内で同じ商品を循環売買して各社において売上や利益を計上していくという「循環取引」がなされることもあるので，注意を要する。関連会社を利用した不正としては，その他に，本来連結子会社として売上や利益が相殺処理されるべきであるのに，不正に連結外しを行い，売上高や評価益を不正計上したような事案も見られる[77]。

　更に，不正経理に加担し，これを助長することを生業としている者もある。架空の領収証を額面の1～2割程度の価格で発行・販売する「B勘屋」や「かぶり屋」[78]などはその典型である。捜査官としては，支払先の企業が継続的な取引関係にない場合，業務内容において関連性がないような場合，不自然に遠方に存在する場合等には，その領収証の真実性に注意を払わなければならない[79]。

　企業の不正に協力する第三者としては，このような者の他に，特殊な専門的知識を持つ協力者がいる。例えば，税理士や公認会計士，弁護士等の専門家もあれば，更に進んで，違法行為をアドバイスすることも辞さない「税務コンサルタント（脱税請負人）」や「経営コンサルタント」もある。このような者が違法行為をアドバイスする場合，その専門的な知識を利用して，海外の企業やファンド，タックス・ヘイブンや裏付けの取りにくい地域に設立された法人や外国金融機関等を介在して取引を行った外形を整えることもあるだけに，捜査機関としても事案の解明に手を焼くこともしばしばである[80]。そして，このような者は，その行為の専門性及び犯罪性故に多額の「コ

---

[77] 後述する株式会社エナリスの第三者委員会の調査報告書（第2編第2章第1節A3(4)ウ参照），株式会社日興コーディアルグループの調査委員会の調査報告書（第2編第2章第1節A5(2)参照）などはその例である。また，第2編第2章第1節A3(3)にも不正な「連結外し」を行った事例を紹介している。なお，連結決算の方法については，企業会計基準委員会「連結財務諸表に関する会計基準（企業会計基準第22号）」（平成20年・最終改正平成25年。）及び河崎269頁以下を参照。
[78] いずれも俗語であるので，明確な定義があるわけではないが，「B勘屋」は他人名義の虚偽領収証を販売する者，「かぶり屋」は自己又は自社名義の虚偽領収証を販売する者という意味で使われることが多い。なお，「B勘屋」の語源は，正規の勘定であるA勘定ではないB勘定に由来するとも，「ブラック」のBに由来するとも言われる。
[79] 領収証分析の着眼点については，第2編第1章第2節で述べた通りである。
[80] 国際捜査については第3編第5章で述べる。

ンサルタント料」や「アレンジフィー」を当該企業からせしめていることもあり，それが更に当該企業の経営を悪化させる原因となることもある。

更に悪質な外部関与者として，反社会的勢力が挙げられる。暴力団の潜在化，経済ヤクザ化はつとに指摘されているところであるが（清野②），反社会的勢力は，企業を食い物とする犯罪を多数起こしている。彼らが起こす犯罪としては，詐欺，恐喝，脅迫，強要，背任，業務上横領等の一般犯罪から，会社法違反，金融商品取引法違反，出資法違反，インサイダー取引[81]，相場操縦[82]等の大型経済犯罪まで幅広い。彼らは周到な準備の上に「箱企業」を入手し，専門的知識のある者の協力を得て犯行を実行するため，彼らの入手する収益は数億円以上の多額に上る反面，その収益の流れを追うことが困難であることも多い。このような事件においては，警察・検察が捜査の初期から緊密に連携して証拠の収集保全に努めると共に，証券取引等監視委員会や国税庁等とも協力しつつ事案の解明に当たる必要がある。

4 加担者の解明方法

誰が犯罪の遂行に関与したか，特に，誰がこの不正経理を指示し，誰がそのスキームを考えてこれを実行したかを解明する手段は，事案によって様々であろうが，下記の手段はその基本的なものとなろう。

(1) 金の流れの検討

名目は別として，犯罪遂行資金の出所，最終的な犯罪収益の流れ先，報酬とみられる金の支払先これらの費消状況等を銀行捜査によって解明することは最も基本的で重要な捜査である。銀行捜査については第3編第2章で述べる。

(2) 証拠物の精査

的確に捜索を行い，押収した証拠物を精査すること（物読み）も財政経済捜査において最も重要な作業である。

ここで検討される証拠物としては，各種議事録，指示文書，会計帳簿，日記，作業日報，日誌，メモ帳等が重要であることは当然であるが，更に，今

---

81) 近藤他 291 頁以下，中村 207 頁以下。
82) 近藤他 316 頁以下，中村 259 頁以下。

日ではE-mailや電子ファイルの解析がとりわけ重要である。パソコンやサーバーからE-mailや電子ファイル，その他のデータを取り出し解析することは，今やデジタル・フォレンジック班にとって最も基本的な作業となっている。また，証拠物の形状や内容だけではなく，それが押収された場所も時として極めて重要な意味を持つことを常に念頭に置いておく必要があろう。コンピュータ証拠を含む証拠物の押収や精査の方法については第3編第3章で述べる。

(3) メモ等の作成者の検討

手書きのメモがある場合，これを誰が記載したかは時として死活的に重要な意味を持つ。それほどではなくとも，そのメモを誰が記載したかについて大まかに把握しておくことは，事件の筋を考えたり，取調べ事項を検討する上で重要である。

このような観点から，多数の関係者を取り調べる際には，その者の身上経歴等を本人に記入してもらったり，前科を有する者にあっては過去の刑事記録を参照することも検討に値する。財務捜査において筆跡鑑定が行われることは比較的稀であろうが，捜査官は，筆跡鑑定について基本的な知識を有し，ある程度正確に筆跡（正確には筆者）の同一性を判別できるようになっておきたいものである。

この観点から，筆跡を見るに当たって留意すべき点は次のとおりである[83]。

○ 漢字とひらがなの割合に着目すること
○ 筆圧，筆速に着目すること
○ 筆記用具の傾斜に着目すること
○ 筆勢，筆順に着目すること
○ 用紙や記入欄に対する配字や文字のバランス，文字の位置，字間隔，文字の大きさ，文字の外形に着目すること
○ 画の長短，湾曲，直線性，折れ，曲がり，止め，はね，はらい等の字画形態に着目すること（例えば，「しんにょう」の形態は個人差が大きい。）

---

83) 吉田①6頁以下，吉田②88頁以下，吉田③54頁以下参照。

○ 字画構成，運筆方向に着目すること
○ 誤字，欠画，誤用，特異な文字，文字の傾斜，字画の接合や連続に着目すること
○ 上記着目点に一貫性がない場合には韜晦筆跡（とうかい）（作為の筆跡）が疑われること
○ 不自然な筆跡としては，加筆，加変，筆継ぎ，ふるえ，渋滞があること
○ 筆跡は一定の範囲内で個人内変動を伴うこと

(4) 証憑書類の作成者・決裁者の検討

証憑書類の作成者や決裁者も重要な意味を持つことが多い。本来，営業部門で起票されるべき伝票が経理部門や総務部門で起票されている場合，それはどのような意味を持つのか。伝票に押捺された決裁印が本来は営業担当者，営業課長，経理担当者，経理課長であるべきなのに，営業課長と経理課長の決裁印しかない場合，それはどのような意味を持つのか。このような些細とも思えることに気付き，問題意識を持ってその理由を探求することができるかどうかが捜査が成功するか否かの分かれ道となることがある。「神は細部に宿る（God is in the details.）」との格言を忘れてはならない。

(5) 取調べ

犯罪の指示者，実行行為者その他関与者の特定に当たって取調べが極めて重要であることは，財務捜査においても同様である。取調べについては第3編第4章で述べることとしたい。

第2 いつ（When）？

財務捜査で「いつ」を考えるときにはいくつかの視点がある。

第1の視点は，今期不正を発見していたときの考え方である。上述した通り，帳簿操作は，計画的かつ巧妙に行われるだけではなく，組織的に行われることも多い。そして，1回不正会計を行った場合でも，その影響は期を跨（また）いで次の期に繰り越されることが普通である。そして，翌期には不正会計の額がより大きくなっていることも珍しくない。

1000万円の架空売上を計上する例を取り上げてみよう。架空売上計上の

動機は事案に応じて様々であろうが，通常，株価を維持するためであったり，銀行や金融市場からの資金調達を容易にするためであったり，経営陣の保身を図るためであったり，詐欺・横領・窃盗等の犯罪の隠蔽するためであったりすることが想定される。個人的な犯罪であれば，売上目標を達成して報酬や社内評価を高めたいということもあろう。いずれにしても，上述の架空売上で，

　　　　現金　　　200,000 ／ 売上　　　1,000,000
　　　　売掛金　　900,000　　仮受消費税　100,000

という仕訳が行われた場合，売掛金は架空であるから，売掛金が現実に回収される見込みはない。かといって売掛金を貸倒れにするわけにはいかないから，翌期にもこの売掛金を引き継ぐのが最もあり得る選択肢である。そればかりでなく，このような粉飾経理を行った場合，翌期にも同様の又はこれを上回る売上を計上しなければならないプレッシャーにさらされることとなり，翌期にも同様の架空売上を計上することが予想される。こうして，架空売上高，売掛金も次第に増えていくのが普通である。この場合，売掛金については，貸倒引当金や貸倒損失の計上を免れるため，いずれからか短期間資金調達・入金して（もちろん，このような資金調達自体コストのかかることである。）回収された形をとった上，新たな架空売上を立てることも多い。また，このような不正工作に取引先や第三者を巻き込んだ場合には，不正工作への協力の報酬として相当額の裏金を渡さなければならないことも多い。更に，粉飾して架空利益を計上することで余計な税金を支払わなければならなくなり，それが不正会計額を更に膨らませることになる。

　そもそも会社の経営が逼迫しているということは，その会社の組織や経営方法，外部環境である業界の景気動向等に何らかの問題があることが通常であり，それを抜本的に改善したり環境に適合するための改革を実施したりすることなく，安易に不正経理に走るような会社であれば，仮に，今回の粉飾決算により，銀行や金融市場から資金を一時的に調達できたとしても，それが経営改善に結び付くことは期待しがたいと言わざるを得ないであろう。

　このようなことから，今期不正会計が発見された場合には，その前期以前にも不正会計があると考えるのが経験則であると言い得るのである。捜査官

としては，今期不正があった以上，前期も同様の不正があるはずだという確信を持って財務捜査を行うことが，過去の不正会計をあぶり出し，かつ，今期の不正の原因をより良く理解することにつながるであろう。そして，不正行為のツケは期を追って大きくなるのが通常であるから，不正会計の金額は次第に膨らみ，また，不正行為の手段は期を追って巧妙又は大胆になっていくであろうことも念頭に置いておくとよい。

第2の視点は，期をまたぐ取引や期末・期初近くの取引に注意を要するということである。

企業は，切れ目なく経済活動を行う（継続企業の前提）。しかし，財務諸表の作成は事業年度ごとに行う必要がある（会計期間の公準）。そして，事業年度ごとにどのような業績を報告するかは，時として経営陣の去就や企業の存続をも左右するほどの重要性を持つ。上場企業にあっては，売上高，営業利益，経常利益，税引前利益，そして最終利益の変動，これらが期首に示された業績予想に達しているか否かは株価に直結する（なお，須田他24頁以下）。他方，上場を目指していない非上場企業にあっても，一般論としては，銀行等からの資金調達を容易にするためにも赤字決算は望ましくないが，多額の利益を計上することも避けようとするベクトルが働く。いわば，利益は「多過ぎず，少な過ぎず」ということである。

このように様々な思惑を抱えた企業にとって，期末に近づき，当期の業績の数値が具体的に見えてくるにつれ，利益調整に向けたインセンティブが次第に強く働き出すことは疑いない。そして，利益調整の手法としては，引当金や繰延資産の計上額など会計処理によって経営者の裁量が認められる部分も多いが，このような手法を駆使しても目標とする売上高や利益に届かない場合には，企業としては，望ましくない数値をそのまま公表するか，それとも，違法手段に走ってでも不正な利益操作を行うかの選択を迫られることになる。そして，違法な利益操作を行う場合，期初や期中に遡ってこれを実施することも帳簿の改竄が容易でないから，勢い，期末近く又は期末以降決算公表までの間に不正な利益操作が多く行われやすいこととなる。

一例として，売上高や利益を膨らませる手段としての「押し込み販売」がある。これは，製造業者や卸売業者が売上を確保するため，期末に不要な在

庫を小売業者等に引き取らせて売上を計上し，翌期初めにその返品を受けるなどして売上を取り消すのである。また，決算月の異なる数社の企業が結託して不良在庫を次々に転売し，そのそれぞれの企業において売上や利益を計上する「循環取引」や，翌期に計上すべき売上を今期に前倒し計上したり，今期に計上すべき費用を翌期に先送り計上する「期ずれ計上」も不正会計の典型手段である。

なお，近時の会計ソフトウェアには，実際に仕訳を行った日付やその変更登録日付が帳票に自動的記録される機能を持っているものがほとんどである。そこで，この記帳や変更の日付を確認することにより，決算期末に行われた仕訳処理がどのようなもので，それはどのような意味を持つのかという視点を持つことも捜査の着眼点として有用である。

第3　どこで（Where）？

不正な会計操作がどこで行われたかを突き止めることは，3つの点で重要である。

第1に，犯行が誰によって行われたかということと関連するからである。犯行が誰によって行われたかを検討することが財務捜査において極めて重要であることは上述した通りであるが，不正会計を行ったのが経理部門だけなのか，それとも普段は経理に携わらない財務部門，総務部門，経営企画部門，秘書室等も関与していたのかは，事件の構図をどのようなものと捉えるかにしばしば重大な影響を与える。

また，大規模建設工事においては，プロジェクトごとに収益や原価が管理されるため，不正経理もプロジェクトの中でなされることが多い。例えば，建設工事から裏金を捻出する場合には，工事ごとに裏金捻出額が設定され，協力下請会社からの水増し請求と支払金員のキックバック等の形を取って行われることも多い。このような場合，多岐にわたる下請工事明細金額の中から上乗せがなされた項目や金額を特定していくことは容易でない。また，建設会社においては支店単位の収支も重要な意味を持つため，不正会計が支店単位でなされることも少なくない。ある建設工事の原価を別の工事に付け替える「原価の付け替え」もその典型例である。

第2に，本支店間や関連会社間の「未達取引」が不正会計に用いられることがあるからである。「未達取引」というのは，ある取引や経済事象に関連する2当事者間の一方では一定の会計処理を行っているのに，もう一方の当事者においてはこれに対応する会計処理が行われていないことをいう。更に，親会社が子会社に向けて商品を出荷した場合に，親会社においては出荷基準に基づいて売上を計上しているのに，子会社においてはこの商品が到着していないために仕入が計上されていないような場合である。

第3に，捜索場所や差し押さえるべき物を適切に選定するためである。経理部門だけではなく，財務部門，総務部門，経営企画部門，秘書室，支店，現場事務所や関連会社等も的確に捜索差押えの対象としなければならない。弁護士，税理士，公認会計士，経営コンサルタント，反社会的勢力，親族，愛人等の関連場所も必要に応じて捜索差押えの対象とすべきこともまた明らかであろう。

第4 なぜ（Why）？

捜査官は，「何故」と5回問うべきである。これは犯罪捜査全般にいえることであるが，財務捜査にも等しく当てはまる。

捜査官は，「利益額を粉飾するために1000万円の架空売上を計上したのです。」という説明に満足してはならない。

何故利益額を粉飾する必要があったのか。銀行融資を受けるためか，株価を維持するためか。銀行融資を受ける必要があったとして，その目的は何か。資金繰りか，設備投資か，幹部がその地位や報酬を維持するためか，詐欺・横領・窃盗等の犯罪の隠蔽を図るためか，その他の目的があったのか。この架空売上を計上しなければならない必要があったのか。あったとして，実際に架空売上を計上したことによってその目的を達成したのか。

何故，架空売上の計上という違法な手段によったのか。合法的で裁量的な利益計上手段は尽くされていたのか。また，架空売上という手段によらないで，例えば，経費の過少計上や在庫の水増しという方法を採らなかったのは何故か。営業利益に影響を与えない営業外損益や特別損益による利益操作を行わなかったのは何故か。この方法が露見すると思わなかったのか。思った

のに何故実行したのか。露見を防ぐためにどのような措置を講じたのか。

架空売上という手段によったとして，何故当該得意先を選定したのか。どのような特殊な関係がこの得意先との関係であったのか。得意先に裏報酬として渡された金額はどのくらいか。

何故1000万円という金額にしたのか。500万円では少なかったのか。1500万円では多過ぎたのか。何故1回の取引にしたのか。多くの取引に分割して架空売上を立てなかった理由は何か。目標利益額との関係ではどのようなことがいえるのか。また，税務署や内部外部の監査によって発覚する可能性との関係ではどのようなことを考え，どのような証拠隠滅工作をしたのか。

どうしてこの日に架空売上を立てたのか。他の日では何故いけなかったのか。

このように「何故」と問うことなしに事案に対する深い洞察が得られることはない。財務捜査の対象となる犯罪は，基本的に計画的な犯行であると共に，経済合理性に裏打ちされた犯行である。ホワイトカラー犯罪は，発覚ができるだけ少ない方法で，慎重に検討がなされた上で実行されるものである。「何故」と問うことにより，事件の筋の思わぬ読み誤りに気付いたり，犯行を基礎付ける有力な証拠が収集されることも多いものである。

例えば，複雑な取引というのは，それ自体，隠れた意図があることが多い。経済合理性から考えれば，必要のない企業を間に噛ませる，タックス・ヘイブンを含む外国の企業やファンドが取引に関与する（第2編第2章第1節A5），必要のない又は経済価値が不当に高額又は巨額の権利等（例えば，無体財産権，のれんを発生させる企業買収）を取引の対象としている等の事情がある場合には，これについて一応合理的な説明がある場合であっても，その説明に満足することなく，その真実性について再検討することが，このような複雑なスキームにした真の目的をあぶり出すことにつながることも多い。また，投資ファンドが出資や貸付けをしている企業では，短期利益計上至上主義になりがちであること，ストックオプションを従業員に与えている企業においては，従業員との関係を良好に保つためにも株価維持への動機付けが強く働くこと，建設業者は経営事項審査におけるX点及びP点で自己資

本額及び平均利益額，Y点で各種財務比率や利益額等が考慮され，これによって求められる評点が公共工事の入札等で重要な意味を持つこと[84]，債務超過の建設業者は事実上公共工事を受注することが困難となるので，粉飾への動機付けが強く働くこと，経営事項審査は，建設業法27条の23以下により行われる法律上の審査であり，審査申請書や提出書類に虚偽の記載をして提出した者には6月以下の懲役等の罰則が定められていること（同法50条1項4号）も覚えておくとよい。

なお，上記の架空売上の計上についていえば，一見，利益操作に関係ないように見えても，利益以外の経営指標の改善を企図して会計操作がなされることもあり得ることには注意を要する。例えば，

短期借入金　2,000,000 ／ 仕掛品　2,000,000

という仕訳は，仕掛品という未完成品をもって短期借入金を返済したという仕訳であって，常識的にはあり得ない仕訳である。であるから，虚偽の仕訳であろうことは見当がつくのであるが，何故このような仕訳をしたかはなかなか分かりにくい。もちろん，借入金という負債や不良在庫である仕掛品を一遍に消し込むことができるということが理由としてあろうが，他の理由としては，流動比率を良く見せかけようとしたということも考えられる。流動比率というのは，流動資産を流動負債で除した比率であり，企業の短期的な支払能力を表す（第2編第3章第1節5(1)①）。流動資産が流動負債よりも大きければ流動比率は1を超え，逆であれば流動比率は1を下回る。当然，銀行から見れば，流動比率が低い企業は支払能力が低く，融資に慎重にならざるを得ない企業ということになる。例えば，上記の仕訳をした企業の本来の流動資産は，5,000,000円，流動負債が4,000,000円であるとすると，流動比率は，

$$5,000,000 / 4,000,000 = 1.25$$

---

[84] 公共工事の発注機関が競争入札に参加しようとする建設業者についての資格審査を行う際に，発注機関が客観的事項と主観的事項の審査結果を点数化するところ，この客観的事項の審査を「経営事項審査」という。この審査は，①国土交通大臣が登録した登録経営状況分析機関が行う「経営状況分析」と，②許可行政庁（地方整備局長や都道府県知事）が行う「経営規模等評価」がある。①の経営状況分析の結果は「Y点」と呼ばれる。②の経営規模等評価は，更に，経営規模を示す「X点」，技術力を示す「Z点」，社会性その他を示す「W点」からなり，総合評定値を「P点」という（http://www.ciic.or.jp/bunseki/）。

である。ここで，上記の虚偽仕訳によって流動資産と流動負債がそれぞれ 2,000,000 円ずつ減少することになるから，流動比率は，

$$3,000,000 / 2,000,000 = 1.50$$

となる。不思議なことに，短期借入金と仕掛品を相殺するという上記仕訳により，流動比率が大幅に向上してしまうのである。必ずしも，これがこの企業が不正経理を行った理由であると確定できるわけではないが，捜査官としては，このようなことがあり得ることも念頭に置きつつ捜査を行う必要があるということは理解しておきたい。

また，買掛金に関する不正の手口の項目（第2編第2章第2節Ａ1(2)ウ）で触れる予定であるが，平成22年3月に公表された近畿日本鉄道株式会社の連結子会社に関する調査委員会報告書[85]には，売掛金が回収不能になった際，本来貸倒損失を計上しなければならないところ，これを避けるため，一旦仮払消費税勘定を経由し，最終的には買掛金をマイナスして処理する方法により，貸倒損失を隠蔽していたこと，具体的には，

（借）仮払消費税　62,549　（貸）売掛金　　　　62,549

（借）買掛金　　　62,549　（貸）仮払消費税　62,549（単位：千円）

のような仕訳を行っていたこと等が記載されている。確かに，仕入を取消したときに2行目のような反対仕訳がなされることはあり得ないわけではないが，仮払消費税を経由して全く同額の売掛金と買掛金が取り消されるということは著しく奇異である。また，仮払消費税は仕入と共に計上されるものであるから，仮払消費税が買掛金と共に取り消されるのであればまだ分かるが，売掛金と共に取り消されるというのも理解しがたい。更に，当時6200万円分の仮払消費税を計上する本体の取引といえば，12億円を超える取引であるから，内部・外部監査人としてはこのような仕訳がなされた理由をとことん追及すべきであったと言えるであろう[86]。

なお，粉飾と逆粉飾は逆の目的に出るものであるが，この双方が同時に行われることもあることにも留意を要する。粉飾は，直接・間接の資金調達を

---

85) http://www.kintetsu-g-hd.co.jp/common-hd/data/pdf/tyosakekkatou.pdf
86) 平成22年11月に公表された日立工機株式会社の連結子会社に関する調査結果報告書（第2編第2章第1節Ａ3(4)ウ参照）にも，同様に買掛金と売掛金を相殺消去する仕訳が行われたことが記載されている。

容易にすることや株価を維持することに目的があることが多いのに対し，逆粉飾は主として脱税や裏金作りを目的としている。つまり，粉飾を行うことと，資金（裏金）を内部留保するということは両立するのである。また，脱税や裏金作りを目的として売上除外をする場合には，売上のみを除外することで売上高総利益率[87]が不自然に低下することを避けるため，除外した売上に対応する仕入も帳簿から除外することも多い[88]。「非上場企業は逆粉飾，上場企業は粉飾」というような定型的な見方をしてはならない。

また，企業が不正会計に手を染めた理由が，上場廃止になることを恐れたためという事例も散見される[89]。上場基準や上場廃止基準は各証券取引所において異なっているので[90]，捜査官としては，売上高，利益，純資産額等に関するこれらの基準がどのように規定されているか，上場管理銘柄や上場廃止になる基準は実際にどのように運用されているのかについても捜査を尽くす必要がある。

若干古い書物であるが，近澤②（昭和32年）[91]には，粉飾経理の目的について下記のように解説されている。会計不正操作の目的は昔も今も左程変わらないということが分かるであろう。

1．利益の過大表示の目的
   a．蛸配当をせんがため
   b．企業を有利に売却せんがため
   c．企業の信用を高め，商取引上ないし金融上利便を得んがため
   d．経営者が自己の手腕を見せかけ，その地位を擁護し，又は多額の報酬を得んがため

---

87) （売上高－売上原価）／売上高で求められ，粗利率とも言う。詳しくは第2編第3章第1節1(2)で取り上げる。
88) 後述するSBIネットシステムズ株式会社の事例はそのような事案の典型例である。
89) 後述する株式会社ドンキホーテホールディングスの連結子会社の事例，株式会社セイクレストの事例等はその例である。
90) 例えば，日本取引所グループ（東京証券取引所，大阪取引所等）においては，一部・二部・マザーズの廃止基準として，流通株式時価総額5億円未満，時価総額10億円未満，1年以内に解消されない債務超過等を上場廃止基準として定め（http://www.jpx.co.jp/equities/listing/delisting/），名証セントレックスにおいては，上場時価総額2億円未満，1年以内に解消されない債務超過等を上場廃止基準として定めている（http://www.nse.or.jp/system/delisting/delistingc.html）。
91) 5頁以下。なお近澤②（昭和49年）4頁以下も同様。

e．虚偽，誤謬，失敗の弥縫策とし，あるいは破綻が暴露するのを隠蔽
　　　せんがため
　　f．重役賞与金その他の収入を多く得んがため
　　g．株式の払込，社債の募集などを容易ならしめんがため
　　h．銀行が預金を吸収せんがため
　2．利益の過少表示の目的
　　a．脱税のため
　　b．企業の財政的基礎を強固にせんがため
　　c．株主の横暴による利益の奪取より会社を擁護せんがため
　　d．金銭，物品その他の財産を隠匿又は私消せんがため
　　e．虚偽，誤謬，失敗の弥縫策として

　また，近時，不正会計の発生要因を①プレッシャー，動機，②不正会計の機会，③姿勢，正当化の３つに分類する「不正のトライアングル」論が提唱されており，捜査官としても，捜査や取調べを行う上で参考となる。その内容は次のようなものである（大城７頁以下）。

　1．プレッシャー・動機
　　a．財務の安定性や収益性が経済や業界環境，組織の運営状況などに
　　　よって脅かされている。
　　　ⅰ．収益率が落ちてきており業界の競争が厳しい。
　　　ⅱ．大幅赤字による倒産の危機
　　　ⅲ．利益を計上しているにもかかわらず営業キャッシュフローがマイ
　　　　ナス等
　　b．第三者の期待に応えるといった強いプレッシャーが経営層に存在す
　　　る。
　　　ⅰ．債権者や投資家からの収益に対する期待
　　　ⅱ．追加的な債券や株式への発行ニーズが存在する等
　　c．経営陣やガバナンス担当者の個人的な財務状況が組織の業績により
　　　影響される。
　　　ⅰ．株式に連動した報酬
　　　ⅱ．組織の負債に対する個人保証等

d．売上や利益目標などの財務ターゲットを達成するという強いプレッシャーが経営陣や担当者に存在する。
e．トレッドウェイ委員会支援組織委員会（2010）レポート
　ⅰ．アナリストなどからの収益期待に応えるため
　ⅱ．内部的な財務目標を達成するためや，会社を良く見せるため
　ⅲ．財務的な悪化を隠すため株価を吊り上げるため
　ⅳ．株式や債券の発行条件を良くするため
　ⅴ．経営者がボーナス増加や株式価値向上を狙うため
　ⅵ．資産の横領などを隠すため
f．公認不正検査士協会（2012）レポート
　ⅰ．分不相応な生活（33.3％）
　ⅱ．統制上の問題，職務分離を渋る（22.9％）
　ⅲ．やり手だが不誠実（22.9％）
　ⅳ．経済的困窮（21.9％）
　ⅴ．組織内での過度のプレッシャー（20.0％）
　ⅵ．取引先・顧客と異常に親密（19.0％）
　ⅴ．離婚，家族内に問題（18.1％）
g．KPMG（2013）レポート
　ⅰ．ビジネスゴールを達成するために何でもやれとのプレッシャーを感じる（64％）。
　ⅱ．行動規範を真剣に捉えなくてよいと信じている（60％）。
　ⅲ．結果によって報酬が決まる（59％）。
　ⅳ．目標を達成しないと職を失う（59％）。
h．学術的な視点からの成果
　ⅰ．利益ベンチマーク達成仮説：赤字や減益の回避，会社やアナリストの利益予想値を上回るために利益調整・操作行動を行う。
　ⅱ．報酬・インセンティブ構造仮説：ストックオプションや利益連動型報酬など何らのインセンティブ施策が導入されている場合，自己の報酬を増加させるために利益調整・操作を行う。
　ⅲ．債務者契約仮説：借入れや社債に関連した財務制限条項に抵触す

　　　　る可能性がある場合，利益調整・操作によって抵触を回避する行
　　　　動をとる。
　　　ⅳ．企業・株式再編時仮説：新規株式公開（IPO）や企業買収時に自
　　　　社の企業価値を高く見せるために利益増加方向の操作を行うこと
　　　　がある。
 2．機　会
　　a．業界の特性や組織の運営上の理由から不正会計に関与する機会を提
　　　供している。
　　　ⅰ．監査を受けていない重要な関連会社との間で通常とは異なる商取
　　　　引が存在する。
　　　ⅱ．その会社には業界の商習慣に影響を与えられるほど強い存在感が
　　　　ある。
　　　ⅲ．資産，負債，利益などの評価が主観的に行われているなど基準が
　　　　曖昧である。
　　b．経営層に対する監視が十分に行われていない。
　　　ⅰ．特定の個人や少人数のグループで経営層が支配されている。
　　　ⅱ．財務報告の過程とガバナンスが非効率に見過ごされている。
　　c．複雑で不安定な組織構造である。
　　　ⅰ．組織の利益をコントロールする部署や個人を特定することが困難
　　　　である。
　　　ⅱ．通常とは異なる組織体や意思決定ラインが組織に存在する。
　　　ⅲ．上級管理職，役員などがよく入れ替わる。
　　d．内部統制の構成要素が欠けている。
　　　ⅰ．期中の財務報告等が自動的になされるなど適切な監督がなされて
　　　　いない。
　　　ⅱ．退職率が高く，非効率な経理・内部監査・ITスタッフなどがい
　　　　る。
　　　ⅲ．経理，ITシステムや内部統制上に重要な欠陥や脆弱性がある。
　　e．公認不正会計士協会（2012）レポート
　　　ⅰ．内部統制の欠如（35.5％）

ⅱ．既存の内部統制に優先するものの存在（19.4％）
　　　ⅲ．マネジメントレビューの欠如（18.7％）
　　ｆ．KPMG（2009）レポート
　　　ⅰ．不十分な内部統制やコンプライアンス・プログラム（66％）
　　　ⅱ．内部統制に優先する者の存在（47％）
　　　ⅲ．取締役による経営に対する不適切な監督（44％）
　　　ⅳ．従業員と第三者とのなれ合い（43％）
　　　ⅴ．経営者と第三者とのなれ合い（32％）
３．姿勢・正当化
　　ａ．企業価値，経営者による倫理基準，不適切な資産価値，倫理基準に関して，そのやり取り，定着・サポート・摘発などが非効率である。
　　ｂ．会計基準の選択や重要な数値見込みなどに財務担当でない役員が口を出す。
　　ｃ．証券法やその他の法律・規則などに違反した経歴や，組織，上級管理職，役員に対して不正や法律違反などの申立が過去にあった。
　　ｄ．経営陣が，組織の株価や利益の増加・維持などに強い興味を示している。
　　ｅ．経営陣が，証券アナリストや債権者，第三者に対して実現不可能な目標の達成を約束している。
　　ｆ．現在・過去に監査人と経営陣との間に緊張関係が存在する。
　　　ⅰ．経理，監査，報告書などについて頻繁に意見の相違がある。
　　　ⅱ．監査報告書の作成時間を極端に制限する等，監査人に対する不当な要求がある
　　　ⅲ．監査人が社員と会話することや情報へアクセスすること等を不適切に制限したり，ガバナンス担当者と効率的にやり取りをしたりすることを公式・非公式に制限してくる。
　　　ⅳ．監査人に対して経営陣が傲慢な態度をとる。特に，監査人の仕事の範囲や，監査に関与する人員の選択・継続性に対して影響を与えようとする態度をとる。
更に，須田他5頁以下では，1990年代に米国で発覚した粉飾決算38件を

分析した米国公認会計士協会の調査結果において，粉飾決算の動機として次のようなものが提示されたことが紹介されている。

1．アナリストの利益予想を満たすこと
2．会社の利益目標を達成すること
3．追加的な資金を調達すること
4．デット・ファイナンス[92]で契約した財務制限条項を守ること
5．株式の新規公開に向けて良好な経営成績を示すこと
6．ボーナス又はストックオプションを得ること

また，同書29頁以下では，利益調整の動機を次のように整理している。

1．契約に関連した動機
  a．債務契約仮説
  b．報酬契約仮説
  c．政府契約仮説
2．株式市場に関連した動機
  a．利益のベンチマークと裁量的行動
  b．減益回避と株価変動
  c．アナリスト予想値の達成と株価変動

第5　何を（What），どのようにして（How）？

何をどのようにして不正な会計操作をしたかということは，財務捜査における最も中心的な捜査事項の一つである。具体的には，どの勘定科目とどの勘定科目をどのように不正に操作したかということであり，勘定科目分析の中心的対象である（第2編第2章）。

捜査官としては，会計の不正操作として一般的にどのような手口が用いられることが多いかということを知っておくことは極めて有益である。会計監査に関する分析から，いくつか不正会計の典型的な手口をご紹介したい。

---

[92] 銀行借入れや社債発行等の負債（debt）により資金調達を行うことをいう。これに対して，株式（equity）発行による資金調達をエクイティ・ファイナンスという。なお，他の資金調達方法としては，負債と資本の性格を併せ持つ「メザニン・ファイナンス」（メザニンとは「中二階」の意味），企業が有する不動産等の資産を証券化する「アセット・ファイナンス」による資金調達方法もある。

米国のCFRA（財務調査・分析センター）では，財務粉飾の30の手法を7つに分類しており，シリット38頁以下では不正発見の具体的な着目点を次のように整理している。

粉飾その1　早過ぎる収益又は問題のある収益を計上する。
　1．将来のサービスがまだ提供されていない時点に収益を計上する。
　　a．純利益に追いつけない営業キャッシュフローに注目せよ。
　　b．収益に対する長期売上債権の急増に気をつけよ。
　2．出荷前，または顧客の無条件受領前の収益を計上する。
　　a．売上発生前の早期出荷に気をつけよ。
　　b．遡及日付契約に気をつけよ。
　　c．四半期期末日の変更に注意せよ。
　　d．顧客の返品可能期間中に収益を計上することに気をつけよ。
　　e．返品権付き販売に注意せよ。
　　f．使用可能な製品の引渡ができないことに注意せよ。
　3．顧客が支払義務を負っていないにもかかわらず収益を計上する。
　　a．売主提供の融資に気をつけよ。
　　b．支払期限の延長を許容する会社に用心せよ。
　　c．支払資金不足の顧客に用心せよ。
　　d．資金調達に不安がある顧客に用心せよ。
　　e．買主に対する融資が確定しているかどうかをチェックせよ。
　4．利害関係者への転売
　　a．戦略的パートナーに販売するとき疑念が生じる。
　　b．戦略的パートナーとの相互取引が疑念を生む。
　5．顧客に代償物として何らかの価値のあるものを与える。
　　a．売主とのバーター取引によって人為的に収益を嵩上げできる。
　　b．顧客を誘因するため株式や新株引受権を与えることは疑念を生じさせる。
　6．収益の嵩上げ

粉飾その2　虚偽の収益を計上する。
　7．経済的実質を欠く売上を計上する。

a．付随契約に用心せよ。

　　　b．相互の商品購入契約に注意せよ。

　8．貸出取引で受け取った現金を収益として計上する。

　　　a．収益とされているパートナーシップからの前受金を疑え。

　9．投資利益を収益として計上する。

　10．将来の仕入が条件となっている仕入先リベートを収益として計上する。

　　　a．小売業者の返品処理法を疑え。

　11．合併前に不適正に隠しておいた収益を表に出す。

粉飾その3　1回限りの利得で利益を急増させる。

　12．過少評価資産の売却によって利益を急増させる。

　　　a．プーリング法[93]による企業結合で取得された資産の売却に注意せよ。

　　　b．過少費用化された投資の売却による利得に注意せよ。

　13．投資利益・利得を収益の一部として含める。

　　　a．回収した資本を利益に変える手法に注意せよ。

　　　b．株式売却利得による利益急増に注意せよ。

　　　c．1回限りの利得と1回限りの損失の相殺に注意せよ。

　14．投資利益・利得を営業費の減少として報告する。

　　　a．年金資産からの棚ぼた利得に注意せよ。

　　　b．年金制度会計の仮定の変更に注意せよ。

　15．貸借対照表勘定の再分類によって利益を作る。

粉飾その4　当期費用を将来又は過去の会計期間に移す。

　16．正常な営業費を資産計上する（特に，費用計上からの変更が最近行われた場合）。

　　　a．販売及び勧誘費に注意せよ。

---

93)　「プーリング法」とは，企業結合時に対象会社の資産，負債，純資産を簿価で受け入れることをいう（「持分プーリング法」ともいう。）。これらを時価で受け入れる「パーチェス法」に対する概念である（第2編第2章第1節C2(1)参照）。持分プーリング法は，平成20年の「企業結合に関する会計基準」（企業会計基準第21号。最終改正平成31年）の改正により廃止された。

b．株式公開直前における資本政策の変更に注意せよ。

　　c．新しいゴミ埋立地開発費の資産化に注意せよ。

　　d．ソフトウェア費・研究開発費に注意せよ。

　　e．不釣合いに多額なソフト費の資産計上に注意せよ。

　　f．ソフト費の資産計上を開始した会社に注意せよ。

　　g．開店準備費用の資産計上に注意せよ。

　　h．修繕維持費の資産計上に注意せよ。

17．会計方針を変更し，当期費用を過去の会計年度に移す。

　　a．四半期終了直前の会計方針の変更に注意せよ。

18．原価の遅過ぎる償却

　　a．固定資産の減価償却が遅過ぎる会社を疑え

　　b．無形資産とリース物件改良費の過度に長期の償却期間に注意せよ。

　　c．減価償却や償却の期間延長に注意せよ。

　　d．販売費・ソフト費の償却期間の延長に注意せよ。

19．減損資産の評価減又は償却をしない。

　　a．資産価値に実質的な減損が生じているのに全額償却していない会社に注意せよ。

　　b．貸倒償却未済の不良債権その他回収不能債権に注意せよ。

　　c．価値のない投資に注意せよ。

20．資産引当金を減らす。

　　a．総売上債権が増加するときに売上債権引当金が減少することに注意せよ。

　　b．貸倒引当金の未設定に注意せよ。

　　c．棚卸資産陳腐化引当金の減少に注意せよ。

　　d．疑わしい引当金の振り戻しに注意せよ。

　　e．繰延税金資産引当金の変化に注意せよ。

粉飾その5　負債を計上しないか，不適正に減額する。

21．将来債務負担が残っている場合に費用及び関連負債の計上をしない。

a．全ての重要な未履行債務と偶発事象に注目せよ。
　　　b．偶発損失が存在するかどうか疑え。
　　　c．固定支払の期限が到来する問題会社を調査せよ。
　　　d．計上されないストックオプションが負債の利益に及ぼす影響について考慮せよ。
　22．会計前提の変更によって負債を減らす。
　　　a．年金会計上の仮定の変更によって利益を増やす手法に注意せよ。
　　　b．リース会計上の仮定の変更によって利益を増加させる手法に注意せよ。
　　　c．航空輸送負債に関する前提の変更によって利益を増加させる手法に注意せよ。
　23．問題のある引当金を取り崩して利益に繰り入れる。
　　　a．超過引当金の取崩しによる利益への繰入れに注意せよ。
　24．偽りのリベートを作る。
　25．現金を受け取ったときに将来の債務負担が残っている場合でも収益を計上する。
　　　a．頻繁利用客（マイレージ客）への負債に注意せよ。
　　　b．受け取った現金は稼いで得られたものであることを確認させよ。
粉飾その6　当期収益を将来の会計期間に移す。
　26．引当金を設定し，将来の会計期間にそれらを取り崩し，利益に繰り入れる。
　　　a．超過引当金の利用に注意せよ。
　　　b．超過引当金の振り戻しに注意せよ。
　　　c．船積書類の日付を実際より遅らせる行為に注意せよ。
　　　d．経営者の利益の平準化への希望に注意せよ。
　27．買収が完了する直前の収益を不適正に隠す。
　　　a．買収の直前収益を隠す会社に注意せよ。
粉飾その7　将来の費用を特別費用処理として当期に移す。
　28．特別費用処理に含まれた金額を不適正に水増しする。
　　　a．新しいCEOの就任後間もなくして行われた過度の費用処理に注

第1章　財務分析の基本的視点　73

　　　意せよ。
　　b．引当金の減少に注意せよ。
　　c．売上高よりも急速に増加する売上債権に注意せよ。
　　d．急速に落ち込んだ営業キャッシュフローに注意を怠るな。
　　e．非現実的なペースで上昇する売上総利益率に注意せよ。
　　f．困難な時期の過大な棚卸資産に注意せよ。
　　g．多額ののれん償却に注意せよ。
　　h．異常な売上債権償却に用心せよ。
29．買収による開発過程研究開発費を不適正に償却する。
　　a．買収による過大な開発過程研究開発費の償却に注意せよ。
　　b．多額の買収関連費用処理は真の問題の存在を示しているかもしれないことに注意せよ。
　　c．1回限りの償却に関する新しい手法である株式ワラントの提供に注意せよ。
30．裁量可能費用を当期に繰上計上する。
　　a．営業費の前払に用心せよ。
　　b．減価償却や償却の期間が短くなるときにも用心せよ。
　　c．会計上の見積変更による加速償却に注意せよ。

その他
31．その他の不正会計発見の手法
　　a．売上高よりも早く又は遅く増加している売上債権
　　b．売上原価よりも早く増加している棚卸資産
　　c．急激に高く又は低くなった売上総利益率
　　d．ソフト資産の急増
　　e．繰延収益の大幅な減少
　　f．未請求債権が請求債権又は売上高よりも早く増加するときは工事進行基準の使用が不適切であるか過度に攻撃的であるかのいずれかだ。
　　g．委託販売で受託者に商品を出荷したときに収益を計上する会社に注意せよ。

h．リースと偽装販売とを注意深く区別せよ。
　また，企業が行う利益調整の手段は，次のように分類されることがある[94]。
　1．公正妥当な会計慣行（GAAP）の範囲内
　　a．守備的な利益調整：当期の利益を過少に報告するもので，引当金，研究開発費，リストラ関連費用，固定資産の評価損等を過剰に（保守的に）計上するものや，不良資産整理やリストラ関連費用を一挙に計上するビッグバス会計等がある。
　　b．攻撃的な利益調整：当期の利益を過剰に報告するもので，「会計操作」とも呼ばれる。貸倒引当金の過少計上，各種引当金の積極的な取崩し等がこれに該る。
　　c．適度な利益調整：上の中間的な利益調整であり，合理的な期間損益計算の下で実施される利益の平準化等がこれに該る。
　2．公正妥当な会計慣行を逸脱する不正会計
　　　未実現の売上認識，架空売上，請求書のバックデート，架空在庫による在庫の過剰計上等がこれに該る。

　次に，日本公認会計士協会の研究報告書「上場会社の不正調査に関する公表事例の分析（経営研究調査会研究報告第40号）」（平成22年）[95]によると，不正会計の一般的手口は次のように解説されている（CPA①15頁以下）。
　1．会計不正の基本的手口
　　a．経営成績の改竄やその他の目的のために架空の仕訳記帳（特に決算日直前）を行う。
　　b．勘定残高の見積りに使用される仮定や判断を不適切に変更する。
　　c．会計期間に発生した取引や会計事象を財務諸表において認識しない，または認識を早めたり遅らせたりする。
　　d．財務諸表に記録される金額に影響を与える可能性のある事実を隠蔽し又は開示しない。
　　e．会社の財政状態又は経営成績を不実表示するために仕組まれた複雑な取引を行う。

94）大城5頁以下，須田20頁以下。
95）http://www.hp.jicpa.or.jp/specialized_field/pdf/2-3-40-3-20100419.pdf

f．通例でない取引に関する記録と条件を変造する。
2．資産の横領の手口
　a．受取金の着服（例えば，掛金集金を流用する，または償却済勘定の回収金を個人の銀行口座へ入金させる。）
　b．物的資産の窃盗又は知的財産の窃用（例えば，棚卸資産を私用又は販売用に盗む，スクラップを再販売用に盗む，競争相手と共謀して報酬と引換えに技術的データを漏らす。）
　c．会社が提供を受けていない財貨・サービスに対する支払（例えば，架空の売主に対する支払，水増しされた価格と引換えに会社の購買担当者に対して売主から支払われるキックバック，架空の従業員に対する給与支払）
　d．会社の資産の私的な利用（例えば，会社の資産を個人又はその関係者の借入金の担保に供する。）
3．不正手口の8つの類型化
　a．売上を前倒しにする。
　b．売上を架空計上する。
　c．費用を先送りにする。
　d．費用を計上しない。
　e．資産を評価替えする。
　f．資産を架空計上する。
　g．負債を評価替えする。
　h．負債を計上しない。

次に，高田308頁以下には次のような粉飾の手口が挙げられている。
1．売上高に関する粉飾
　a．在庫売上
　b．決算期の異なる子会社の悪用
　c．値札飛ばし[96]
　d．借入金による現金の増加を売上と仮装する。

---

[96] 親子会社間やグループ企業間で不当に高い値札の価格で商品の転売を繰り返すことをいう（高田314頁）。

e．支払利息を売上値引と仮装する。
　2．棚卸資産に関する粉飾
　　　a．多数の評価方法があることの不正利用
　　　b．研究開発費を棚卸資産に含める。
　　　c．返金や値引の未処理分を製品原価に含める。
　　　d．試作品を費用処理せずに棚卸資産に含める。
　　　e．建設請負工事について未成工事支出金を完成工事原価に振り替えない。
　3．有形固定資産に関する粉飾
　　　a．付随費用に含めてはいけない費用を取得原価に含める。
　　　b．陳腐化した固定資産の評価減を行わない。
　4．投資勘定に関する粉飾
　　　a．回収の見込みがあると偽り評価損を計上しない。
　　　b．長期未収金に計上して損失計上を先送りする。
　5．負債に関する粉飾
　　　a．負債を簿外にする（この場合，回収不能の売掛金の残高が蓄積していくことにより売上債権回転期間が延びる）。

　なお，日本公認会計士協会が会員に対して行った「監査業務と不正等に関する実態調査」結果（平成26年）[97]において，会計監査の過程で遭遇した不正事案の内容を上位から挙げると，下記の通りであるとされていることは興味深い。

1．資産の実在性に関するもの	34.9%
2．循環取引等による売上の架空計上	25.4%
3．引当金等，負債の未計上・計上金額に関するもの	10.3%
4．その他資産の評価減の是非，金額に関するもの	8.5%
5．資産・負債のオフバランス化に関するもの	6.5%
6．金融商品の評価に関するもの	5.8%
7．連結の範囲に関するもの	5.2%

---

97) http://www.hp.jicpa.or.jp/ippan/jicpa_pr/news/files/5-99-0-2a-20140523.pdf

8．繰延税金資産の計上額に関するもの　　　　　3.0%
  9．のれんの計上額，減損の是非に関するもの　　2.2%
 10．会計方針の不適切な変更　　　　　　　　　　2.4%
 11．企業結合に関するもの　　　　　　　　　　　1.8%

　捜査官は，不正会計をしている企業が単一の方法で利益を操作していると考えてはならない。

　不正会計が様々な手段を弄して行われることは，第2編第2章で紹介する具体的事例，本書巻末の企業名索引からも明らかである。捜査官としては，ある手段の不正会計を発見した場合には，不正会計が行われた動機・手段・関与者等をよく究明し，他にも同様の目的による不正会計が行われている可能性が高いことを念頭に置いて捜査を行う必要がある。

　また，捜査官は，不正会計を行う者の性格，行動パターン，心情等も推測しながら不正会計の手口を分析する必要がある。

　不正会計を行う者は，企業の幹部であったり，経理・財務部門に配属された信頼の厚い人物であることが多い。彼らは，自分が行っている不正会計の違法性や，これが発覚した場合の結果の重大性を十分に理解している。それは，自己の人生を家族を巻き込んで破滅させることである。それにもかかわらず，不正会計に手を染めるわけであるから，通常の業務や内部・外部監査の過程で発覚しないように，内部統制システムの弱点や監査において通常チェックされる点をかいくぐろうと必死になって隠蔽・偽装工作をするのがむしろ通常である。

　第2編第2章の勘定科目分析においては，煩瑣を顧みず，実際に行われた不正会計の手口や，発覚を免れるための罪証隠滅工作等に言及している[98]。読者の皆様には，実際に不正会計を実行することが如何に手の込んだ作業を必要とするかということ，そして，不正会計の発覚を免れるためにどのような涙ぐましい努力をしているのかということにも着目しつつ，各事例を読んでいただけると幸いである。

---

98) なお，本書において不正会計を行った企業の調査委員会報告書を引用する際，調査対象企業を「当社」と表示することがある。

第4節　突合分析

　上記で分析したように，企業がある取引をした場合，その取引は様々な観点から企業の帳簿や伝票に記入され，また，商品や原材料の在庫や現金の有高，得意先や仕入先との関係に影響を与える。
　例えば，得意先から製品の注文を受けた場合には，一般的には，
- 顧客から「注文書」が送られてくる。これに先立って，顧客に「見積書」を送付することもある。注文を受けたら，その確認のために「注文請書」を送付することもあろうし，契約書を作成して契約を締結することもあろう。このような顧客対応は，営業部門において行われることが多いであろうが，見積額を算出するに当たっては，製造部門への積算依頼，倉庫部門に対する原材料の在庫・納期確認等がなされることも多いであろうし，経理・財務部門との関係では，得意先に対する与信枠との関係で，いくらを現金で受け取り，いくらを売掛金とするかについて決裁がなされることもあろう。ある程度の金額の契約になれば，契約段階で役員や社長までの決裁も必要となろう。
- 営業部門において受領した注文書について営業部門で受注伝票を作成して複写部分が倉庫部門や経理部門に送付される。また，販売管理システムに得意先，商品，数量等が入力され，注文書もファイルに編綴（へんてつ）される。
- 経理部門において，得意先から入金があったことを確認の上，「出荷指示書」「納品書」「物品受領書」が倉庫部門に送られる。
- 倉庫部門においては，出荷指示書を受領し，出荷日に商品を配送すると共に，納品書・物品受領書を営業部門に回す。
- 営業部門では，倉庫部門から納品書・物品受領書を受領した後，売上伝票に必要なデータを入力し，これを経理部門に回すと共に，納品書を顧客に交付し，物品受領書に顧客から記名捺印をもらって持ち帰り保管する。
- 経理部門においては，得意先からの入金については，経理部において

入金伝票を起票し，入金，売掛金，仮受消費税等について適宜の仕訳
　　を行い，これを経理システムに入力する。
　○　売掛金については，指定日までに入金があるかどうかを経理部門にお
　　いて確認し，これがない場合には営業部門において顧客に催促するな
　　どの管理をする。
など，各部門において一定の業務フローチャートや各部門の規程やマニュア
ルに則った販売管理が行われる。もちろん，これは一例であって，業務フ
ローは会社によって異なる。捜査官としては，対象会社の業務フローを正確
に理解することが適切な証拠物を押収する上で重要であり，また，そのよう
にして押収した証拠物について，帳簿と突合する必要がある。
　架空の取引について帳簿を完璧に偽造するということが如何に困難な作業
かということは，上述した例からも分かるであろう。それ故，実際の帳簿操
作は中途半端なものにとどまる。仮に完璧に帳簿をと改竄したとしても，そ
の取引が実態を反映したものでない以上，在庫や仕入，入金状況と突合すれ
ば，真実は露見するものである。捜査官としては，まずこの点をしっかりと
理解することが大切である。
　なお，会計監査において，突合分析は，①帳簿と証憑書類を突合する「証
憑突合」，②帳簿が企業会計原則に適合しているかを突合する「帳簿突合」
があり，更に後者は「転記突合」「勘定突合」「計算突合」に分かれる，その
他の個別監査技術としては，①実査，②立会，③視察，④確認，⑤質問，⑥
閲覧，⑦勘定分析，⑧比較，⑨調整[99]，⑩通査[100]，⑪年齢調べ[101]，⑫照会・
検査・調査・査閲・再追跡，⑬面談・アンケート等があることは（川村390
頁以下），捜査においても参考となろう。
　しかし，実際の突合分析は容易でない。それは，捜査官自身の帳簿に関す

---

99)　「調整」とは，異なる源泉から別々に入手した関連性のある2つ以上の数値を比較して相違
　　があった場合に，その差異の原因を把握し，それらが実質的に合致することを確かめる監査技
　　術又は監査証拠の入手手段をいう（川村398頁）。
100)　「通査」とは，勘定記録及び仕訳帳等の一連の会計記録を通覧して，異常項目，例外項目，
　　疑問項目等を探索する監査技術又は監査証拠の入手手段をいう（川村398頁）。
101)　「年齢調べ」とは，例えば，売掛金残高に対して滞留債権の有無を調査して，売掛金の内容，
　　売掛金の実在性，売掛金の回収の可能性，設定した貸倒引当金額の妥当性等を確かめる監査技
　　術又は監査証拠の入手手段をいう（川村399頁）。

る理解不足によることもあろうが，それ以外の理由も大きい。例えば，上述した販売管理の流れ一つ採ってみても，フローチャートや規程・マニュアルは会社によって様々であり，会社によっては商品やその製造過程，在庫の管理等に専門的知識や高いレベルでの保秘を求められることもある。倉庫に行って実際の商品や原材料の在庫を帳簿と突合することは，気の遠くなるような作業になることもある。また，これらの知識や理解があったとしても，数万，数十万という仕訳から不自然な取引をあぶり出すことは容易な作業ではない[102]。

　しかし，知識がこの作業を助けるということはある。不正会計を行おうとする者はどのような手口で不正をすることが多いのか，それは帳簿のどのような科目にどのような形で現れることが多いのかを知っておけば，財務諸表や総勘定元帳を分析した段階でどのような勘定科目についてどのような方法で不正会計が行われているかの目星を付けることができ，問題意識を持って，効率的に突合捜査を行うことができる。

　このような観点から，以下，第2章では勘定科目分析を，第3章では決算書の分析を取り上げたい。

---

[102]　なお，企業が立入検査の困難性を監査拒否の口実にすることもある。後述する**大興電子通信株式会社**の特別調査委員会の調査報告書には，監査法人から直送在庫を中心とした受注在庫の実在性の調査を行いたい旨申し入れたところ，当社は，当社の顧客は製造業，流通業，病院関係，自動車関連など多岐にわたり，顧客に商品が納品された後は，顧客側のセキュリティにより納品場所への立入りが厳しく制限される，小売店舗において商品が稼働している等の理由により，一般的な倉庫での棚卸に比較して立会による確認が困難である旨返答したことが記されている。

第2章 勘定科目分析

勘定科目分析は，企業の会計処理や取引の正当性を分析する上で最も中心的な部分であり，かつ，会計知識や財務捜査の経験が問われる分野である。本章では，貸借対照表，損益計算書の配列に従って，各勘定科目について捜査上着目すべき留意点について具体的に述べていくこととしたい。また，併せて，各勘定科目ごとに，過去に実際に発生した不正会計事例を企業の調査報告書等から拾ってご紹介することとしたい[103]。

第1節 資産科目

貸借対照表では，資産や負債は流動性の高いものから順に記載する（流動配列法）。「流動性が高い」とは，資産であれば換金が容易であること又は回収までの期間が短いことをいい，負債であれば支払までの期間が短いことをいう。

A 流動資産

流動資産とは，企業が正常な営業循環過程において保有する資産及び通常1年以内に現金化・費用化できる資産をいう[104]。会社計算規則74条では，

---

103) なお，これら事例の中には刑事事件に発展し，筆者もその捜査に関与したものもあるが，本書では，捜査の過程で知り得た情報は一切含まれていないことを申し添える。
104) 資産とその分類については，大野他110頁以下。

流動資産として，現金及び預金，受取手形，売掛金，通常の取引に基づいて発生した所有権移転ファイナンス・リース債権[105]や所有権移転外ファイナンス・リース投資資産，売買目的有価証券，1年以内に満期の到来する有価証券，商品（販売目的不動産を含む。），製品，半製品，原材料，仕掛品・半成工事，消耗品，前渡金，1年以内に費用となる前払費用，未収収益等を挙げている。

1 現　金

(1) 総　説

現金勘定は，現金による入出金に関する仕訳をする勘定科目であり，企業によっては，預金と共に「現預金」とされることもある。現金に関する補助簿（補助記入帳）としては，現金出納帳，小口現金出納帳がある。現金出納帳は，通常，次のように記入する。

月日	摘要	預入	引出	残高
10/1	前月繰越	56,511		56,111
10/2	交通費支払		1,250	54,861
10/3	文具購入		15,000	39,861
10/4	新聞代支払		8,560	31,301
10/5	現金補充	50,000		81,301

現金に関する主な仕訳を第1編第2章3で述べた例を用いて説明すると次のようになる。

○ 商品を現金で販売した。

　　　　　現金　　1,000 ／ 売上　　　1,000

○ 売掛金を現金で回収した。

　　　　　現金　　1,000 ／ 売掛金　　1,000

---

[105] ファイナンス・リースとは，リースの経済的機能や効果に着目して，これを賃貸借としてではなく，金融ないし割賦販売とみなして会計処理するものである（大野他150頁）。ファイナンス・リースは，①リース期間後，無償又は名目的価額の支払によって借り手に所有権が移転し，売買取引による会計処理を求められる「所有権移転ファイナンス・リース」と②それ以外のファイナンス・リースで，売買取引に準じた会計処理を求められる「所有権移転外ファイナンス・リース」に分かれる。詳しくは第2編第2章第1節A3(3)エ参照。

○ 普通預金口座から現金を下ろした。

　　　　　現金　　　　　1,000 ／ 普通預金　　1,000
○ 小切手を振り出して現金化した。

　　　　　現金　　　　　1,000 ／ 当座預金　　1,000
○ 銀行から借入をした。

　　　　　現金　　　　　1,000 ／ 借入金　　　1,000
○ 商品を現金で仕入れた。

　　　　　仕入　　　　　1,000 ／ 現金　　　　1,000
○ 買掛金を現金で支払った。

　　　　　買掛金　　　　1,000 ／ 現金　　　　1,000
○ 借入金を返済した。

　　　　　借入金　　　　1,000 ／ 現金　　　　1,000
○ 帳簿上の現金残高より実際の現金残高が少なかった。

　　　　　現金過不足　　15,000 ／ 現金　　　15,000

(2) 現金に関する捜査のポイント

現金出納帳を精査するに際しては，次のような点に着目するとよいだろう。

- ○ 出納帳に記入された日付や金額が正しいとは限らない。
- ○ 誰の筆跡かに着目する必要がある。
- ○ 現金出納帳が誰の筆跡により記入されているか，ペンの色，用紙の色等に着目し，後日改竄されたものではないかとの観点からも検討する必要がある。
- ○ 企業には必要のない現金を手元に置いておきたくないというインセンティブが働く。預金からまとまった現金が下ろされて手持現金とされた場合には，それから数日内に支払予定があったはずである。それにもかかわらず，多額の現金が保管されているように帳簿上記帳されている場合には，既に支払われており帳簿に記入されていないだけであるか（例えば社長仮払金になっているなど），または，支払予定が急遽変更されたためである可能性がある。
- ○ 通常現金は，預金から下ろされて支払に充てられるものである[106]。小口現金に預金以外からの入金があった場合には，その入金元，入金経

○ 得意先からの売掛金が現金で回収されている場合も要注意である。企業は、現金による支払は、間違い、横領等を招いたり、確実な支払証拠が残らないため、基本的には行いたくないものである。得意先から現金による入金があった場合には、この得意先からの入金の一部が簿外にされていないか、営業員による横領等がないかという観点からも取引状況を精査する必要がある。現金払いを先方から要請されている場合には、得意先がこの支払を簿外で行おうとしている可能性もある。

○ 現金については、実際の現金有高や他の帳簿との整合性を確かめる必要がある。社長仮払金が多い企業では、帳簿上の現金と金庫内に保管されている現金の残高が合わないことはよく見られる。

○ 現金については、隠し現金を発見して押収することが重要である。通常、現金を隠匿する場所としては、自己の支配下にあり、他人が容易に発見・盗取することのできない場所である。会社や自宅の金庫内は当然として、過去の摘発事例としては、屋根裏、自宅庭や所有土地の土中、床下の土中、埋め込み式金庫、高額の有価証券や骨董品・貴金属としての保管・隠匿、倉庫や特殊関係人宅、ゴミ箱等の無価値物の中、家具や電気器具の中、洗い場やトイレのデッドスペース、銀行の貸金庫等に現金が隠匿されていたこともあることを念頭に置いて丹念に捜索を実施する必要がある。

(3) 現金をめぐる不正会計事例

現金に関する不正会計事例としては、現金横領が多く、また、現金による支払を不正会計に悪用したものもある。

現金横領に関する事例としては平成25年10月に公表されたイオンフィナンシャルサービス株式会社の海外連結子会社に関する第三者調査委員会による調査報告書[107]には、①同社の台湾所在の連結子会社の経営管理本部長が、小口現金の着服、会社資金の個人口座への不正送金、取引先との示談金の不

[106) 預金の現金化には、普通預金口座等からの現金引き出し、当座預金口座からの小切手振出しがある。

[107) http://www.aeonfinancial.co.jp/corp/news/data/news131004.pdf

正入金処理等で総額2億台湾ドル（約6.6億円）を不法領得していたこと，②現金着服の手口は，現金出納簿が作成されていないことを奇貨としたものであったこと，③小口現金から出金した現金を業者の銀行口座に送金して，自己の高級外車の購入費用や自宅改修の費用に充てていたこと，④自己のクレジットカードについて返済をしていないのに，システムへのアクセス権限を利用して返済の入力をしていたこと，⑤コーポレートカードを個人の家具や宝飾品の購入のために不正使用していたこと，⑥不正会計額は総額9億台湾ドル（約29億円）に及んだこと等が記載されている。

平成26年2月に公表されたNECネッツエイ株式会社の連結子会社に関する調査委員会による調査報告書[108]には，①同社経理部の従業員が手元金庫から現金を抜き取り横領していたこと，②現金横領については，現金出納担当者の作成した現金金種表を破棄し，現金出納帳の残高に合致した現金金種表を新たに作成し，担当者の印鑑を無断で押捺して経理部長の承認を得ていたこと，③現金横領は現金実査が行われていなかったことを利用してなされていたこと，④横領金は，競馬，高額当選くじ，FX運用等に費消し，横領額は15億円以上に上ったこと等が記載されている。

また，現金による支払が不正会計に悪用された事例として，平成26年12月に公表された株式会社クワザワの第三者委員会による調査報告書[109]には，①同社支店の営業課長，資材課長が架空取引を構築し，協力業者に振込入金後，プール口座から現金を還流させて領得していたこと，②取引先から現金で謝礼をもらい，架空会社名義の領収証を発行していたこと，③取引先から現金で資金の融通を受けていたこと，④現金売上時に回収した現金を領得していたこと，⑤外注先と共謀して水増し請求をさせて現金で支払を行った上，外注先に20％を領得させた上，80％を自己に還流させて領得していたこと等が記載されている。なお，平成28年に資金決済に関する法律が改正され，仮想通貨が定義された上で，仮想通貨交換業者に対して登録制が導入されたことを受け，企業会計基準委員会は，平成30年3月，「資金決済法における仮想通貨の会計処理等に関する当面の取扱い」を公表した。

---

108) http://www.nesic.co.jp/ir/pdf/20140214_1.pdf
109) http://www.kuwazawa.co.jp/common/dat/2014/1212/14183643801534950837.pdf

2　預　金

(1)　総　説

預金の種類としては，

① 普通預金：預入や払戻しが自由にできる要求払預金であり，法律的には返還の時期の定めのない消費寄託契約に該当する（松本 75 頁以下）。

② 貯蓄預金：貯蓄性を高めた普通預金（松本 78 頁以下）

③ 通知預金：一定以上の金額を預け入れ，一定の据え置き期間が経過した後に払戻しが可能となる預金（松本 79 頁以下）

④ 定期預金：あらかじめ期間を定めて預け入れ，その期間が到来するまで預金者は銀行に払戻し請求ができない預金（松本 80 頁以下）

⑤ 当座預金：当座勘定に入金された預金で，主として銀行と当座勘定取引契約を締結した者がその銀行を支払場所に指定して振り出した約束手形や引受けた為替手形及びその銀行を支払人として振り出した小切手の支払資金を預け入れる預金（松本 102 頁以下）

⑥ 譲渡性預金（CD）：通常の指名債権と同様に譲渡可能な預金（松本 86 頁以下）

⑦ 外貨預金：外国通貨建ての預金（松本 87 頁以下）[110]

⑧ 別段預金：雑預金とも呼ばれ，預金，融資，為替，証券，代理事務等諸種の銀行業務に付随して生じる未決済，未整理の一時的な保管金や預り金で，他の預金種目として取り扱うことが適当でないもの等の勘定処理をするために用いられる預金（松本 88 頁以下）

等がある[111]。

小切手の書式について，全国銀行業協会のホームページ「手形・小切手の振出」[112]から引用する。

---

[110] なお，外貨建取引については，日本公認会計士協会から「外貨建取引等の会計処理に関する実務指針（会計制度委員会報告第 4 号）」（平成 8 年・最終改正平成 26 年。http://www.hp.jicpa.or.jp/specialized_field/files/2-11-4-2-20141120.pdf）が公表されている。

[111] このほか，普通預金取引，定期預金取引，保護預かり取引，当座貸越取引等がセットとなった「総合口座取引」もある。

[112] http://www.zenginkyo.or.jp/education/free_publication/pamph/details/pamph_04/animal03.pdf

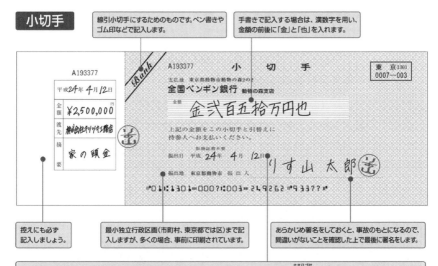

預金に関する主な仕訳は，次のとおりである。
○ 水道光熱費が普通預金口座から引き落とされた。

　　　　水道光熱費　　15,500 ／ 普通預金　　15,500
○ 得意先に小切手を振り出して買掛金を支払った。

　　　　買掛金　　150,000 ／ 当座預金　　150,000
○ 小口現金を補充するために小切手を振り出した[113]。

　　　　小口現金　　50,000 ／ 当座預金　　50,000
○ 商品を仕入れ，代金を手形で支払った。

　　　　仕入　　150,000 ／ 支払手形　　150,000
○ 満期が来て手形が決済された。

　　　　支払手形　　150,000 ／ 当座預金　　150,000

---

113) 当座預金口座は，小切手や手形の決済口座である。支払のために手形を振り出したときには「支払手形」勘定を用いるが，小切手については振出時に当座預金勘定を用いて仕訳するのであって，「支払小切手」という勘定科目があるわけではない。また，同様に第三者振出の小切手を支払に替えて受領したときには，「現金　10,000 ／ 売掛金　10,000」と仕訳するか，小切手代金を直ちに当座預金口座に入金したときには，「当座預金　10,000 ／ 売掛金　10,000」などと仕訳するのであって，「受取小切手」というような勘定科目があるわけではない。

○ 手形金額の決済時に当座借越となった[114]。

　　　　支払手形　　　150,000　／　当座預金　　100,000
　　　　　　　　　　　　　　　　　　当座借越　　 50,000

(2) **預金に関する捜査のポイント**

　預金口座の開設や預金の変動・移動に関する捜査は「銀行捜査」と呼ばれ，財務捜査の過程で最も主要な捜査手法の一つである。銀行捜査は，口座開設者，口座開設書類，入出金状況を精査し，実質的な口座の所有者・管理者，資金の移動状況，関連口座の有無，仮名・借名口座等の隠し口座の発見等を目的として実施される。銀行捜査については，第3編第2章で述べることとしたい。

(3) **預金をめぐる不正会計事例**

　預金をめぐる不正会計事例としては，現金と同様，横領事案が多い。以下に紹介するが，不正行為者は，不正発覚防止のためには帳簿や銀行関係の証憑書類の偽変造をも辞さないことにも着目してお読みいただきたい。

　平成17年7月に公表された株式会社サンユウに関する改善報告書[115]には，①同社財務部長が，銀行届出印を不正に使用して銀行から現金を引き出す，個人口座に振込をする，当座貸越額を不正に増額して簿外借入を行う等の手口で3年間に20億円を横領していたこと，②犯行発覚を免れるために，期末日に銀行間で他店券小切手を利用して見せかけの期末当座預金残高を膨らませ，銀行が発行する当座勘定照合表と会社の帳簿残高を一致させていたこと，③本来は監査法人が銀行から直接入手する残高確認書を会社に送らせた上，預金・借入金残高について会計帳簿とおりに確認書を偽造して監査法人に送付していたこと，④監査法人から銀行に対して残高確認書の写しを送付したところ，実際残高は同写しに記載の金額より8.7億円少なかったことをきっかけに本件が発覚したこと等が記載されている。

　平成21年12月に公表された株式会社東京デリカの不正調査委員会の調査

---

114) 当座預金口座では，残高不足による手形・小切手の不渡りを防ぐために当座貸越契約が締結されていることも多い（当座貸越につき，関沢175頁以下）。
115) http://www.sanyu-cfs.co.jp/h17.7.20.pdf。なお，このリンクは，本書執筆時点では切れていることがあったものの，http://web.archive.org/web/20051229111356/http://www.sanyu-cfs.co.jp/h17.7.20.pdf から内容を参照することができる。

報告書[116]には，①同社の社員がファームバンキングを使って銀行口座から現金の不正出金をして5300万円を着服していたこと，②インターネットバンキング導入後は，関連会社の銀行口座に不正送金した上，同口座からATMにより現金を引き出し1億円を着服していたこと等が記載されている。

平成24年8月に公表された**株式会社ソリトンシステムズの第三者委員会による調査報告書**[117]には，①同社の執行役員・経営管理部長が同社の銀行口座から1.7億円を引き出して着服横領していたこと，②不正行為は，銀行届出印保管担当者である経理スタッフが不在時に，同担当者の施錠されていない机の引き出しから銀行届出印を持ち出し，あるいは担当者から銀行届出印を借用して小切手へ押印した上，印字を行い，自ら銀行へ小切手を持ち込むことにより行われていたこと，③部下に対して，社長の指示で一時的に小切手を切ったが記帳をしなくてよい旨指示するなどしていたこと等が記載されている。

平成25年6月に公表された**株式会社増田製粉所の連結子会社に関する調査委員会の調査報告書**[118]には，①同社の従業員が，小切手を過大に振り出して現金化し，過大分の一部又は全部を着服しており，これを隠蔽するために，実際には支払われていない買掛金の支払を記帳していたこと，②現金回収された売上代金の一部又は全部を着服しており，これを隠蔽するために，実際には預け入れがなされていない現金を当座預金への入金として記帳していたこと，③小切手を振出して現金化し，簿外の出金として着服していたこと，④立替金や仮払金で精算された回収金を着服していたこと等が記載されている。

平成25年10月に公表された**イオンフィナンシャルサービス株式会社に関する第三者調査委員会の調査報告書**[119]には，同社の台湾所在の連結子会社の経営管理本部長が，銀行送金用書類に勝手に押印して自己の預金口座や自己の個人的な物品等の購入先に総額2億台湾ドル（約6.6億円）を送金していたこと等が記載されている。

---

116) http://www.tokyo-derica.com/ir/pdf/09.12.25.2.pdf
117) http://www.ir.soliton.co.jp/C3040/JA1b/WGit/vjw6.pdf
118) http://www.masufun.co.jp/files/release/130612tyousakekka.pdf
119) http://www.aeonfinancial.co.jp/corp/news/data/news131004.pdf

平成26年2月に公表されたNECネッツアイ株式会社の連結子会社に関する調査委員会の調査報告書[120]には，①同社経理部の従業員が小切手を換金したり，小切手を二重に発行し，換金の上着服していたこと，②普通預金から現金を引き出して横領していたこと，③銀行残高証明書，現金出納帳，印章請求書や帳簿を偽造・改竄し，不正仕訳を行うなどして不正発覚を免れていたこと，④このうち，当座預金からの小切手振出横領については，経理部長から印章請求権の印数の承認を得た後印数を1から2に改竄し，人事総務部に提出して小切手の振出人欄と裏面に社印を押印させた後，印数を2から1に改竄していたこと，⑤納付書を貼付した出金伝票により小切手振出の決裁を受けた上，現金化を行わず，更に，別の支払を装って納付書等を貼付した出金伝票により小切手振出の決裁を受け，小切手を二重に振り出して一部を領得していたこと，⑥普通預金からの現金引き出し横領については，印章請求簿の件名欄に使途や金額を記載せずに経理部長・人事部長の承認を得た後，これに虚偽の金額を記入したり，金額を記入して決裁を得た後，この金額を書き換えて高額化したり，経理部長の印鑑を盗用して承認を偽装するなどの方法によっていたこと，⑦社会保険料の支払をファームバンキングで行っていたにもかかわらず，小切手によっても支払決裁を得て引出金額を着服し，監査に当たっては銀行から発行される残高証明書を偽造して帳簿と合致させたり，経理部の職員は売掛金の修正仕訳をすることができることを利用して，事業部が消し込みを入力した売掛金について逆仕訳を行うなどの仮装を行っていたこと，⑧横領額は15億円以上に上ったこと等が記載されている。

平成26年4月に公表された株式会社近畿日本ツーリスト沖縄に関する報告書[121]には，①同社連結子会社社員がファームバンキングを利用して会社から本人口座への不正送金する，不正な手段により預金を引き出す，夜間金庫に投入する現金の抜き取りをするなどの手口により，2億円を領得していたこと，②当該事実を隠蔽するために巧妙に経理書類を改竄し，不正な経理処理を行っていたこと等が記載されている。

---

120)　http://www.nesic.co.jp/ir/pdf/20140214_1.pdf
121)　http://www.kntcthd.co.jp/ir/news/pdf/20140425_1.pdf

平成27年5月に公表された北越紀州製紙株式会社の連結子会社に関する調査委員会の調査報告書[122]には，①同連結子会社の総務部長が同社名義で締結されていた銀行との当座貸越契約を利用して，不正に小切手を振り出し，現金に換金することなどにより15年間にわたり25億円を着服していたこと，②着服金の穴を埋めるため，架空の商品在庫や前払費用を計上していたほか，借入を簿外にするなどして，着服金の隠蔽を図っていたこと，③銀行残高証明書の偽造，商品受払表等の補助簿の改竄，不正な仕訳伝票の入力，偽造決算書の銀行提出などにより税務調査や内部・外部監査による発覚を免れていたこと，④着服金は，主にギャンブル，株取引，遊興費等に費消していたこと等が記載されている。

3　売掛金

(1)　総　説

　売掛金は，商業にあっては商品の販売，製造業にあっては製品の販売，サービス業にあってはサービスの提供による売上の全部又は一部を代金後払いの掛けで行い，後日代金を徴収する場合の売掛債権の管理をする勘定科目である。そのため本項においては売上についても必要な範囲で触れる。

　当該企業にとって本業たる商品・製品以外の財やサービスを販売して代金が未収の場合には，「売掛金」ではなく「未収金」勘定が用いられ，中でも，未収家賃，未収利息等のように，一定の契約に従い，継続して役務の提供をする場合で，既に提供した役務に対して未だその対価の支払を受けていない場合には「未収収益」勘定が用いられる。また，売上代金の支払のために手形を受領した場合には「受取手形」勘定を用いる[123]。

　売掛金に関する主な仕訳は，次のとおりである。
○　代金の一部を現金で，残額を売掛金で商品を販売した。

　　　　　　　現金　　　300,000／売上　　1,000,000
　　　　　　　売掛金　　700,000

---

[122] http://www.hokuetsu-kishu.jp/pdf/OSIRASE/20150528_release03.pdf
[123] なお，費用も，同様の基準に従い，「買掛金」「未払金」「未払費用」「支払手形」に分けられる。

○ 後日売掛金の一部を現金で回収した。

　　　　　　現金　　　400,000 ／ 売掛金　　400,000

○ 売掛金の残金を小切手で回収して直ちに当座預金口座に入金された[124]。

　　　　　　当座預金　　300,000 ／ 売掛金　　300,000

○ 売掛金の支払を受けるために手形を受領した。

　　　　　　受取手形　　400,000 ／ 売掛金　　400,000

　なお，建設業では，「売掛金」勘定に代えて，「完成工事未収入金」勘定が用いられる[125]。

　売掛金の管理に当たっては，補助簿（補助元帳）である得意先台帳[126]が作成されることが多い。

(2)　**売掛金・売上に関する捜査のポイント**

　売掛金は，損益計算書上の売上高や利益に直結し，かつ，その発生に現金の移動を伴わないものであるから，不正な会計操作に最も用いられやすい勘定科目の一つである。

　まず，売掛金，売上に関する捜査のポイントについて述べた上，後記(3)では不正会計に用いられやすい取引について，後記(4)では売掛金・売上に関する主要な不正会計方法について説明しようと思う。

　　ア　取引の正当性

　売掛金は，本業に関して商品，製品，サービスを提供し，代金の全部又は一部を後日支払うことを約する取引から発生するものである。つまり，売掛金が正当な取引によって発生したものか否かは，元の売買取引の正当性を検討すれば判明することになる。

　しかし，膨大な売掛金取引の中から不正会計に用いられた取引を発見していくことは容易なことではない。そこで，捜査官としては，不正会計に用いられやすい取引としてはどのようなものがあるのか，売掛金や売上に関する主要な不正会計方法にはどのようなものかあるのかを，あらかじめ把握しておくことが有用である。

---

124)　なお，小切手受領から預金口座への入金までに間隔があるときには，小切手は現金と同様に考えて，小切手受領時に「現金　300,000 ／ 売掛金　300,000」と仕訳する。
125)　建設業簿記における売上高の計上方法については鈴木117頁以下を。
126)　売掛帳，売掛金元帳，売掛金台帳，得意先元帳ともいう。

売掛金・売上に関して不正会計に用いられやすい取引としては，①押し込み販売・売上戻り，②売上値引，③売上割戻（リベート），④セール・アンド・リースバック取引，⑤委託販売があり，後記(3)で述べる。

また，売掛金・売上に関する主要な不正会計の手法としては，①循環取引，②売上の期ずれ計上，③売上・売掛金の架空計上，④架空・不良債権の正常債権仮装，⑤回収した売掛金の着服横領があり，下記(4)で述べる。

　イ　取引の相手方

当然のことであるが，売掛金は本来相手方のある売買取引から生ずる勘定科目である。

不正な売掛金，売上計上に用いられる取引先としては，①そもそも実在しない企業の場合もあれば，②実在するが相手企業との通謀のない場合，③実在し，相手企業との通謀がある場合もあろう。

①の売掛金・売上の不正計上の相手先として実在しない企業名を使う例は，B勘屋やかぶり屋が関与する架空費用の計上のようには多くない。それは，費用計上に当たっては，架空の請求書及び領収証さえあれば，取りあえず費用支払の外形は整うのに対し，売上や売掛金の計上に当たっては，売上を計上する取引に関する証憑書類，具体的には，発注書，発注請書，請求書，領収証，商品や原材料の仕入・保管や商品・製品の出荷指示書，配送伝票等が最低限必要となることが多く，また，売掛金を計上する場合には，相手企業の信用調査もしなければならない。そのため，売掛金や売上をめぐる不正会計事例としては，実在する取引先を使う事例が多い。

②の実在するが相手方との通謀のないものは，会社内で全ての証憑書類の偽造を行うものである。その場合，後記(4)ウで紹介する**株式会社大塚商会**の連結子会社における不正会計事例に見られるように，必然的に，実体のない契約書，見積書，見積明細書，工事完了書等の証憑書類を偽造しなければならず，また，時には善意の取引先に虚偽の事実を申し向けて犯行に加担させることも起こり得る。いずれにしても，取引の相手方も含めて，社内・社外において不自然と思われないような偽装工作をすることは容易でない。

そこで，売掛金・売上に関する不正会計事例としては，③の相手方企業との通謀がある場合が多い，否，ほとんどであると言ってよい。捜査官は，ま

ずこの点を念頭に置き，安易に取引先に取引の事実や内容を尋ねたところで真実の回答は得られず，むしろ，罪証隠滅や通謀に走られることが多いことを認識し，慎重に捜査を進めなければならない。そして，不正会計について通謀する取引先としては，連結子会社，役職員の出向を受け入れている会社，下請企業や仕入先等が使われることも多いが，他方で，循環取引による架空売上計上のように，同じように売上不振にあえいでいる企業との間で通謀がなされることがあることも認識しておくべきであろう。

　　ウ　売掛金の回収

　売掛金や売上について検討する場合，どうしてもその発生状況の捜査に目が行きがちであるが，売掛金の回収についても着目する必要がある。というのは，売掛金の回収期間は，業種や取引によっても異なるが，通常２か月程度が目安となり，これを経過すると社内の監査システムや外部監査で引っかかって説明を求められたり，貸倒引当金の計上を求められたり，最悪貸倒損失を計上しなければならなくなり，架空売上を計上した努力が水泡に帰するからである。そのため，売掛金を架空計上した以上，社内の通常の売掛金と同様その回収を行ったように仮装する必要があるのだが，もともと正規の売上が不振であったために不正会計に手を染めたわけであるから，売掛金の回収を仮装することも容易でない。そこで，個人的に借財をしたり，取引先に虚偽の説明をして真実と異なる名目での入金を依頼したり，借入金や買掛金の支払を装う等の適当な名目で会社の資金を一時的に社外に流出させた上で，売掛金の回収を装って会社に還流入金させる等の偽装工作がなされることとなる。しかし，このような資金調達自体コストを要することであり，不正会計額を膨らませる一因となる。また，後に述べる循環取引は，このような架空仕入，架空売上，架空回収を複数の取引先と通謀の上，組織的かつ連続的に実行するものといえる。

　更に，売掛金の回収との関係では，捜査官は次のような点にも着目する必要がある。

- 本来，現金による売掛金回収は，証拠が残りにくく，事故も多いため，売掛金の回収手段としては会社にとって望ましくないものである。売掛金の現金回収が行われている場合には，その理由や不正会計の有無

について十分に問題意識を持つ必要がある。
- 売掛金が期日に回収されていない事案がある場合には，その原因や対処状況に着目すべきである。
- 架空売掛金の回収原資を解明するため，経営者の個人口座や簿外口座の発見及び精査，現金の流れの捜査に努める必要がある。

エ　帳簿と証憑書類，現物との突合

　上述したとおり，架空の費用を計上する場合には，多くの証憑書類を作成せずとも，取引先企業から受領した請求書と領収証があれば，取りあえず形は整う。これに対して架空売掛金を計上する場合には，社内ではこれに対応する仕入，原材料の購入，製造加工に関する帳簿や証憑書類，受注から発送に至る一連の取引関連文書や社内指示書，取引相手の調査書類や入金に関する書類を整えなければならない。しかも，これらの帳簿や証憑書類に完全に整合する現物や現金の動きを整えることは極めて困難である。

　捜査官は，架空売上が疑われる事件を捜査する場合には，以上のようなことを念頭に置いて，帳簿と証憑書類，現物との突合を丹念かつ粘り強く行う必要がある。

オ　経営分析手法の適用

　以上，売上や売掛金に関する帳簿や証憑書類を現物とも照合しつつ精査する必要性について述べたが，これとは逆に，財務諸表（貸借対照表，損益計算書，キャッシュフロー計算書）の数値を検討する経営分析的手法について知ることも有用である。売上や売掛金を事実に反して変動させれば，その数値は，必ず決算書に不自然な数値として現れるものである。

　詳しくは，第２編第３章第１節で触れるが，さしあたって以下の数値に着目すべきことを指摘しておきたい。

- 売上高及び売掛金の経年変化
- 売上高に占める売掛金の割合及びその経年変化
- 売上高・売掛金と仕入高・買掛金の割合及びその経年変化
- 売掛金・買掛金の回転期間（回収期間）及びその経年変化
- 売上高に対する仕入高，販売費及び一般管理費，営業外費用の割合，及びその経年変化

○ 営業・投資・財務の各キャッシュフローの金額及びその経年変化
  ○ 売上高・売掛金と仕入高・買掛金の月次別変動状況
  ○ 売掛金に対する貸倒引当金の設定割合及びその経年変化
  ○ これらの数値の業界内平均値，同種同規模他社との比較

(3) 不正会計に用いられやすい取引

　ア　押し込み販売・売上戻り

　押し込み販売とは，製造業者や卸売業者が，得意先の卸売業者や小売業者が必要としているよりも多い製品・商品を無理に販売して売上実績を上げようとする販売方法である。このような販売方法が独占禁止法の規定する優越的地位を濫用した不公正な取引方法（同法2条9項5号，19条）や下請代金支払遅延等防止法（4条）等に抵触するのではないかという法的な問題や，押し込み販売をしなければ商品が売れないという経営上の問題はさておき，押し込み販売であっても，売上や売掛金の計上が実体のあるものであるならば，これを帳簿に計上することに会計上の問題はない。しかし，期末に押し込み販売をして，翌期初にその返品を受けるという「売上戻り」がある場合には，前期の売上や売掛金を過大に計上した不正会計にほかならない[127]。なお，本来「売上戻り」というのは，製品の品違い，損傷，品質不良などのための返品を処理するための勘定科目である。

　また，「売上戻り」という形をとらなくても，押し込み販売をした上，①売掛金の回収期間を延ばして支払を相当期間猶予したり減額したりする，②得意先に売掛金弁済のための資金を公表帳簿上で融資したり，または裏で貸し付けたりして，この売掛金について貸倒引当金や貸倒損失を計上することを回避する等の方法により不正会計がなされることもある。

　売上戻り（返品）があった場合には，次の2つの仕訳方法がある。

① 　純額主義：売上を直接減額するものであり，掛売りの反対仕訳で処理する。

　　　　　　　売上　　　100,000 ／ 売掛金　　100,000

---

[127] 商品を移動させる手間やコストを省くため，証憑書類上は商品の移動があったように仮装し，実際の商品の移動が伴わないこともある。

② 総額主義：売上戻り高勘定を使う。

売上戻り高　　100,000 ／ 売掛金　　100,000

　捜査官としては，上のような仕訳，とりわけ，純額主義によっているときの上記①のような仕訳を見落とすことのないよう注意を要する。

　不正会計事例としては，平成24年9月に公表された**沖電気工業株式会社**の海外（スペイン）連結子会社に関する外部調査委員会の調査報告書[128]には，①同社では，収益目標を達成するため，ディストリビューター（卸売業者）に対し小売業者への販売を超える過度なプリンタ及びトナー等の消耗品を販売する押し込み販売が行われていたこと，②このディストリビューターへの未回収の売上債権が大幅に増加したことについて，滞留債権としてのモニタリングを回避しながら，ディストリビューターによる支払を猶予するため，期日到来前に支払猶予相当額の売上を取り消し，新たにインボイス（売上請求書）を発行して売上を計上したこと，③この売上取消と新たなインボイスの発行は社内処理のみで行い，インボイスはディストリビューターに送付しなかったこと，④物流担当者によって架空のディストリビューター・コードを登録して発行することもあったこと，⑤ディストリビューターから受領した手形を割り引いた資金で，手形決済不能のディストリビューターに対して貸付けを行い，これを売掛金として処理したこと，⑥売掛金を第三者に売却して資金調達をする際には，架空のインボイスを作成し，ファクタリング（売掛債権売買）の対象としていたこと，⑦このように第三者に売却した売掛金について，同時に当該売掛金を手形で回収し，これを割り引くことで同一の売掛金から二重に資金調達を行っていたこと，⑧外部倉庫にある商品はディストリビューターへの名義変更手続をすることにより，出荷及び売上を計上するという工作が行われていたこと，⑨6年3か月間の不正会計を訂正した影響額は，売上高が75億円の減少，営業利益が216億円の損失，当期純利益が308億円の損失，純資産が244億円の減少に上ること等が記載されている。

　また，平成25年2月に公表された**明治機械株式会社**の連結子会社に関す

---

128)　http://www.oki.com/jp/ir/filing/2012/f12009.pdf

る第三者委員会の調査報告書[129]には，①同社の連結子会社の経営幹部において，取引先から正式発注がないにもかかわらず，その代理店に注文書の発行を依頼し，合計約20億円の装置機械を出荷する押し込み販売を行っていたこと，②押し込み販売については，運送業者に出荷案内書兼物品受領書の作成を依頼する等の出荷偽装を行っていたこと，③押し込み販売に関する売上は約3～8か月後に取り消され，製品も返品された扱いとしていたこと等が記載されている。

　イ　売上値引

　売上値引とは，本来，売上商品に不良品や破損品があったときに，その相当分を代金から減額処理するものである。売上値引があった場合にも，次の2つの仕訳方法がある。

① 　純額主義：売上を直接減額するものであり，掛売りの反対仕訳で処理する。

　　　　　　　売上　100,000 ／ 売掛金　100,000

② 　総額主義：売上値引高勘定を使う。

　　　　　　売上値引高　100,000 ／ 売掛金　100,000

　捜査官としては，純額主義によったときの「売上／売掛金」という反対仕訳を見落としてはならないことは上記売上戻りの場合と同様である。

　売上値引も，契約時点の値引分も含めて売上に計上したり，当期の売上を水増しして架空の売上を計上し，翌期に値引処理する等の手口が売上高の不正操作に使われることがある。いくつか事例を紹介する。

　平成19年2月に公表されたイソライト工業株式会社の連結子会社に関する改善報告書[130]には，①同社において，棚卸資産の過大計上（4.5億円分）及び売上値引きの未処理（7000万円分）という不適切な会計処理が行われていたこと，②売上値引の未処理は，建築関係のクレーム等による売上値引を適時に処理していなかったものであること等が記載されている。

　平成24年5月に公表された加賀電子株式会社の連結子会社に関する最終調査報告書[131]には，①同社の営業担当者が，会社として正式な承認を得な

---

[129] http://www.meiji-kikai.co.jp/doc/news/news2013021501.pdf
[130] http://www.isolite.co.jp/_skin/pdf/20070228.pdf
[131] http://www.taxan.co.jp/jp/pdf/news/20120525.pdf

いまま，得意先に値引を申し入れていたこと，②これを会社に隠蔽するため，社内他部署からの問い合わせへの説明先送り，内容虚偽の資料作成や説明を行っていたこと，③売上計上後にも会社の承認を得ないまま値引を行ったり，値引計上が間に合わない場合には滞留債権月齢3か月超となるタイミングの直前に返品・即日転売を行い滞留売掛金としての発覚の先送り及び隠蔽を行っていたこと，④これらの手口による累積架空売上高は3.4億円に上ること等が記載されている。

また，平成26年2月に公表された**株式会社リソー教育**をめぐる第三者委員会による調査報告書[132]には，①授業料を値引して契約した場合やサービス授業が行われた場合に，契約額ではなく値引前の金額によって売上が計上されていたこと，②売上の不正計上額は，サービス授業分が14.9億円，値引き分について14.5億円に上ったこと等が記載されている。

　ウ　売上割戻し（リベート）

売上割戻し（リベート）とは，特定顧客に対する売上高が一定額を超える場合などに，契約等に基づき，当該顧客に割戻額を支払処理するもので，得意先に対する大口多頻度割引を処理する勘定科目であり，仕入企業側はこれを「仕入割戻し」として処理する。

リベートの支払を受けた場合や支払をした場合には，次のような仕訳を行う（総額主義）。

○　小売業者がリベートの支払を現金で受けた。

　　　　　　現金　　50,000 ／ 仕入割戻し　　50,000

○　小売業者が仕入割引でリベートの支払を受けた。

　　　　　　買掛金　50,000 ／ 仕入割戻し　　50,000

○　リベートの支払を現金で行った。

　　　　　　売上割戻し　50,000 ／ 現金　　50,000

○　リベートの支払を代金割引で行った。

　　　　　　売上割戻し　50,000 ／ 売掛金　　50,000

上記は間接控除法（総額主義）によるものであるが，直接控除法（純額主

---

132)　http://www.riso-kyoikugroup.com/ir/pdf/2014/20140210.pdf

義）による場合には，下記のように直接売上高や仕入高を減額させる仕訳をする。
○ リベートの支払をした。

　　　　　　　売上　　50,000 ／ 売掛金　　50,000

○ リベートの支払を受けた。

　　　　　　　買掛金　50,000 ／ 仕入　　　50,000

　リベートの支払が費用として処理されることや，リベートの受領が売上として処理されることもある。

○ リベートの支払を販売促進費（又は，販売奨励費）として処理した。

　　　　　　　販売促進費　50,000 ／ 現金　　50,000

○ リベートの取得を本業とするブローカーがリベートの支払を受け，リベートを売上として処理した。

　　　　　　　現金　50,000 ／ 売上　　50,000

　リベートがバックリベートとして帳簿外で相手方に供与されると，本来は割り戻され，または減額されるべき分だけ売上が過大に計上されることになる。バックリベートは，相手への利益供与のために用いられるのが通常であり，想定される犯罪としては，会社法上の贈収賄，背任，業務上横領，所得税法違反やその共犯等がある。ここでは，バックリベートに関する不正会計事例をいくつか紹介する。

　平成19年6月に公表されたブックオフコーポレーション株式会社の調査委員会による中間結果報告書[133]には，同社の社長が取引先（什器納入業者）から7.4億円のリベートの支払を受けていたこと等が記載されている。

　平成23年5月に公表された**株式会社ゲオ**の連結子会社に関する外部調査委員会の調査報告書[134]には，同子会社では循環取引による架空売上の計上や横領行為があったほか，購買部門の社員が仕入先からバックリベートを受け取っていたこと等が記載されている。

　平成25年7月に公表された**株式会社ハマキョウレックス**に関する調査委員会報告書[135]には，①同社センター長が，会社の倉庫清掃業務委託先業者

---

133) http://www.bookoff.co.jp/info/press/pdf/070619_1.pdf
134) http://www.geonet.co.jp/news/documents/2681_20110519retailcomm_finalreport.pdf

2社からバックリベート2900万円を振り込ませて受領していたこと，②その際，同清掃業者と共謀して実体のない作業を捏造して会社に請求書を提出させ，正当な作業経費として振込処理をさせていたこと等が記載されている。

また，家電製品や携帯電話販売のように，販売促進のためのリベート支払が重要な役割を占める取引においては，リベートを不正操作することによる粉飾事例も見られる。

例えば，平成24年3月に公表された株式会社ストリーム（パソコン通販・家電通販を中心としたネット通販会社）に関する第三者調査委員会報告書[136]には，①同社の専務取締役が仕入先A社からの仕入リベートの金額を水増しして売上総利益を増加させたこと（なお翌期には水増ししたリベートを取り崩していた。），②収益や仕入に関わる計上方法の違いや計上時期の違いによって発生する買掛金の違算を利用して利益操作を行っていたこと，③リベートの水増しは，日次処理の中で計上されるリベートと月次処理の中で計上されるリベートの2種類のリベートがあることを利用して行われていたこと，④そして，その発覚を免れるために，月次計上項目の水増しと同時に，日次計上項目を同額減額することにより，総括表上の月間リベート金額合計が外部からの請求書と一致するよう仕組んでいたこと，⑤監査法人監査による発覚を免れるため，取引先との取引条件の変更（取引の締日を月末から月の途中に変更したこと）や取引先からの請求データの存在を意図的に伝えなかったこと，⑥架空のリベートにより粉飾された売上額は2億円以上に上る期もあったこと等が記載されている。

　エ　セール・アンド・リースバック取引

セール・アンド・リースバック（sale and lease back）取引というのは，所有資産を売却後も引き続き使用しようとするA社が，この資産をB社に譲渡して売却代金を受領すると共に，B社から当該資産のリースを受けてリース料を支払いつつ，これを引き続き使用することを約する取引をいうが，金融業務においては，これよりも狭義に使われることに注意を要する。

---

135)　http://www.hamakyorex.co.jp/news/20130726/upload/20130726.pdf
136)　http://ke.kabupro.jp/tsp/20120319/140120120319097175.pdf

その前提として，リース取引は，①「中途解約不能」要件（リース契約に基づくリース期間の途中で解約をすることができないこと）及び「フルペイアウト」要件（借り手がリース資産からもたらされる経済的利益を実質的に享受することができ，かつ，当該リース資産の取得価額相当額・維持管理費用・陳腐化によるリスク等を自己所有物件と同等に負担すること）という2要件を満たす「ファイナンス・リース取引」と，②それ以外の「オペレーティング・リース取引」とに分かれる[137]。

　平たく言うと，オペレーティング・リース取引は，貸し手がもともと所有している資産を借り手に賃貸する契約であるのに対し，ファイナンス・リース取引は，借り手の依頼によって貸し手が所有者から特定の資産を購入し，これを借り手に賃貸する契約であり，貸し手は，リース期間に受領するリース料によって資産取得価額を回収し，利益を獲得することが想定されている。

　ファイナンス・リースは，①リース期間後，無償又は名目的価額の支払によって借り手に所有権が移転し，売買取引による会計処理を求められる「所有権移転ファイナンス・リース」と②それ以外のファイナンス・リースで，売買取引に準じた会計処理を求められる「所有権移転外ファイナンス・リース」に分かれる[138]。

　そして，所有物件を売却後も引き続き使用することを意図するA社の依頼によってリース会社であるB社がA社から特定の資産を購入し，これをA社に賃貸して引き続き使用させることを約定する契約がセール・アンド・リースバック取引である。セール・アンド・リースバック取引の本質は，売渡譲渡担保契約であって，リース物件の借り手は，自己所有資産を担保に貸し手から一時にまとまった金額の融通を受け，リース料の名目でこの返済を長期にわたって行っていく点に特徴がある[139]。

---

137)　企業会計基準委員会「リース取引に関する会計基準の適用方針」（企業会計基準適用指針第16号・平成19年・最終改正平成23年）。以下の説明も基本的に同指針による。河崎他88頁以下，赤坂2頁以下，伊藤328頁以下，桜井193頁以下。なお，税法上の問題点については渡辺144頁以下。国際財務報告基準におけるリース取引の処理についてあずさ559頁以下，中尾94頁以下。有価証券報告書におけるリース取引の読み方について加藤170頁以下。
138)　所有権移転外ファイナンス・リース取引においては，従前は賃貸借処理も例外として認められていたが，前注の会計基準によって売買取引に準じた処理をすることが義務付けられたものである。また，同取引においては，リース期間終了後にリース資産が貸し手に戻るため，借り手は残存価額をゼロとして減価償却を行う（伊藤309頁）。
139)　赤坂62頁以下，119頁以下及び184頁以下。リース取引と税法について渡辺淑355頁以下。

セール・アンド・リースバック取引を外形的に観察すれば，資産の所有権（資産）を譲渡して売却代金を入手し，リース代金（費用）を定期的に支払っていくものである。しかも，土地の譲渡の際には多額の含み益が実現することもあり得る。しかしこれを実質的に観察すれば，物件の所有権（資産）は借り手に留保され，これを担保に貸し手から借入をし，借入金（負債）と利息（費用）を定期的に支払っていくものである。このどちらの側面を重視して仕訳をするかによって，所有権移転という形式を重視すれば，多額の資産の消滅，多額の含み益の計上，負債の不計上という結果になり，売渡譲渡担保という実質を重視すれば，形式上譲渡した物件の資産計上，多額の負債の計上という効果をもたらすことになる。

このような問題を扱っているのが，前頁注137）の企業会計基準委員会「リース取引に関する会計基準の適用方針」である。なお，法人税法64条の2第2項は，リースバック取引が実質的に金銭の貸借と認められる場合には，当該資産の売買はなかったものとして所得金額を計算するものとしている。

セール・アンド・リースバック取引に関する主要な仕訳を次に示す[140]。

    a　オペレーティング・リースに該当する場合
      ① 資産売却時

        現預金　　　100,000,000 ／ 土地　　　　　40,000,000
        　　　　　　　　　　　　　　土地売却益　　60,000,000

      ② リース料支払時

        支払リース料　　1,000,000 ／ 現預金　　　1,000,000

    b　ファイナンス・リースに該当し，「二取引基準」により売却益を実現させる場合
      ① 資産売却時（リース資産売却益を長期前受収益として繰延処理する。）

        現預金　　　100,000,000 ／ 建物　　　　　　75,000,000
        　　　　　　　　　　　　　　長期前受収益　　25,000,000

140）　企業会計基準委員会「リース取引に関する会計基準の適用方針」と共に，工藤2頁以下も併せて参照した。なお，令和9年から新リース会計基準が強制適用となる。

② リース取引開始時点（初回のリース負債の発生）
　　リース資産　　1,000,000　／　リース負債　　1,000,000
　③ リース料支払時点（リース負債及び利息の返済に加えて減価償却を実施）
　　リース負債　　1,000,000　／　現預金　　1,200,000
　　支払利息　　　 200,000
　　減価償却費　　 200,000　／　リース資産　　 200,000
　④ 決算時点（繰り延べていた利益を一部実現させる。）
長期前受収益　　5,000,000　／　長期前受収益償却　　5,000,000
　c　ファイナンス・リースに該当し，「一取引基準」により，売却益を実現させない場合
　① 資産売却時点（譲渡担保契約時点）
　　仕訳なし
　② リース取引開始時点
現預金　　100,000,000　／　借入金（リース負債）　　100,000,000
　③ リース料支払時点
　　　借入金　　1,000,000　／　現預金　　1,200,000
　　　支払利息　　 200,000

　セール・アンド・リースバック取引は，これが適切に会計処理される限り何ら問題なく，むしろ，資産の流動化，不動産の証券化の観点から経営上効率的な資産運用ができるメリットがあり，実務上も広く利用されている[141]。しかし，以上のように，セール・アンド・リースバック取引は，この契約をどのような性質と捉えるかによって仕訳の方法が大きく異なり，この仕訳方法の相違が資産額，負債額，利益額に大きな影響を与えることから，不正会計に用いられることもある[142]。

　例えば，平成20年4月に公表されたニイウスコー株式会社に関する調査

---

141)　なお，証券化についてはGMI236頁以下。
142)　本文に紹介した事例の他，日本航空の経営破綻をセール・アンド・リースバックの観点から論じたものとして吉田勝弘「セール＆リースバック会計と粉飾決算」（立教経済学研究67巻3号33頁以下・2014年）があり，日本航空が帳簿価格の5倍の金額で航空機を関連会社に売却して140億円の固定資産売却益を計上した問題点が指摘されている。

委員会の報告書[143]には，同社で実体のないスルー取引や循環取引が行われていたことのほか，①利益5％以上を計上したセール・アンド・リースバック取引が行われており，セール時点で一時に利益が先行計上される一方，その後のリース料の支払に応じて徐々に費用計上が行われるため，計上した期の利益が実態に対して過大になっていたこと，②売上利益の獲得，または損失計上の回避を目的として，リース契約（会社）を利用し，滞留在庫，他のプロジェクトで経費計上していなかったSE作業コスト，自社における設備投資物件に関わる製品等を売上原価として，一旦売上計上し，売却先又は転売先経由で，当社がリース会社からリース資産又は買取資産として計上するスキームが行われ，売上が水増しされていたこと，③同様の目的で，会社の代わりに，取引先がリース会社とリース契約を締結し，当社と取引先は別途サービス契約を締結して，リース料に見合うサービス料を支払うというスキームも行われ，売上が水増しされていたこと等が記載されている。なお，同社の粉飾売上高は700億円近くに上り，粉飾決算の発覚後，倒産している。

また，平成22年11月に公表された**鉱研工業株式会社の調査委員会の調査報告書**[144]には，①同社四国支店においては，売掛金回収が困難になったD社に対する売掛金を回収したように仮装するため，D社に対する債権をA社に対する債権に振り替えると共に，D社から引き取り簿外で保有していた重機をA社に売却しファイナンス会社を経由してセール・アンド・リースバックを受け，A社に対する売上を計上し，債権を回収したように仮装計上したこと，②同様な行為を14社について行い，売掛金3500万円，リース料2600万円について不正経理を行ったこと等が記載されている。

なお，セール・アンド・リースバック取引に関するものではないが，リース資産に関する不正会計事例として，平成19年7月に公表された**日特建設株式会社の社内調査委員会による社内調査報告書**[145]には，①同社において約10年間にわたりリース資産の過大計上が行われていたこと，②リース資産管理システム上，リース契約が終了した物件等の売却処理（売上計上）と

---

143) http://ir.104site.net/2731-20080430-1.pdf
144) http://www.koken-boring.co.jp/company/investor/pdf/10_11_05/01.pdf
145) http://www.nittoc.co.jp/annai/zaimu/H19.03press_release15.pdf

同時に行うべき除却処理（リース資産の帳簿価額のリース原価への振替処理）を実施していなかったこと，③リース資産の残存価額が過大に入力されていることにより，毎年の減価償却費が過少計上となり，リース資産が過大計上になっていたこと，④架空リース資産を計上することにより，架空リース収入・架空商品売上を計上していたこと，⑤影響額は10億円に上る期もあったこと等が記載されている。

　　オ　委託販売

　委託販売とは，商品や製品の販売を第三者に委託して販売を代行してもらう取引である。

　委託者が受託者に商品を発送した場合には「積送品」勘定を用い，その後，同商品が販売された場合に売上を計上する。具体的には，次のような仕訳を行う。

○　委託販売用の商品を仕入れた。

　　　　　　　仕入　　100,000 ／ 買掛金　　100,000

○　商品を受託者に発送した（送料1万円）。

　　　　　　　積送品　　110,000 ／ 仕入　　100,000
　　　　　　　　　　　　　　　　　　現金　　10,000

○　受託者において商品を売り上げた。

　　　　　　　積送売掛金　　128,000 ／ 積送品売上　　150,000
　　　　　　　積送諸掛[146]　22,000

○　積送売掛金が小切手で支払われ，当座預金に入金された。

　　　　　　　当座預金　　128,000 ／ 積送売掛金　　128,000

○　期末に積送品の売れ残りがあった（売上原価算定のため一旦仕入に繰り戻す。）。

　　　　　　　仕入　　50,000 ／ 積送品　　50,000

　このように，委託販売においては，商品を受託先に発送しても，これが受託先に留まる間は売上を計上することはできない。不正会計事例としては，このような会計上の原則に反して受託先への発送時点で売上を計上する事例

---

146)　なお，上記の「積送諸掛」は，受託者において要した引取費用，発送運賃，保管料及び受託者の取得する販売手数料を含む費用である。

が多い。また，循環取引や押し込み販売の一環として委託販売が利用されたり，受託販売者においても，商品の委託・受託販売の過程における不正会計事例もあることに注意を要する。

不正会計事例として，平成22年4月に公表された**株式会社ローソンの連結子会社株式会社ローソンエンターメディア（LEM）に関する第三者調査委員会の最終報告書**[147]には，①エンターテイメント業界においては，多額の協賛金支払の申出をするチケット業者に興行主がチケット販売を委託する慣行があったことを背景として，LEM専務取締役らにおいて，LEMが興行主から販売受託をされたチケットを，LEMとかねて取引のあったP社を通じて販売すると共に，P社から興行主に協賛金を支払わせ，P社においてはチケット代金を原資として投資を行い，運用益を協賛金に回し，残りをP社とLEMで分配するスキームを考案したこと，②その後，P社から興行主に対するチケット代金が納付されなかったため，LEMには支払の義務はなかったにもかかわらず，専務取締役らが正式の手続を踏むことなく，LEMから興行主に合計80億円を立替弁済したこと，③その間，専務取締役は9000万円以上をP社取締役から受領し，個人的に費消したこと等が記載されている。

また，平成24年11月に公表された**株式会社ニチリンの米国連結子会社に関する内部調査委員会の調査報告書**[148]には，同社では過大在庫の計上という不正会計が行われていたが，その一つの方法として，積送品（搬送途中の材料等）の計上について，CIF契約（輸出者が目的物の全輸送費・保険料等を負担する旨の契約）による物品の一部を積送品に計上したり，FOB契約（輸出者が貨物の本船積込みまでの輸送費等しか負担しない旨の契約）による物品の一部を積送品として計上していなかったことが挙げられること等が記載されている[149]。

---

147) http://www.lawson.co.jp/company/news/010774/
148) http://www.nichirin.co.jp/news/2012/20121116_1.pdf
149) CIF，FOBについては第3編第2章7(4)も併せて参照されたい。

(4) 売掛金・売上に関する主要な不正会計手法

　ア　循環取引

　循環取引とは，商品の仕入・転売関係にある数社が結託して行う架空順次転売取引で，A社→B社→C社→D社→A社と商品を転売し，その売買価格を順次吊り上げ，各社がその転売について売上や利益を計上するものである。しかし，商品が，製造業者→卸売業者→小売業者→ユーザーと流れていく通常の「商流取引」と異なり，循環取引においては，結局商品はA社又はB社以降の会社が高値で引き取ることになるのであって，売上も利益も架空のものに過ぎない。また，このような架空取引のためにわざわざ商品を実際に発送するのも経費がかかるから，これらの取引は帳簿・伝票上のみでなされ，商品の移動を伴わないことも多い。循環取引により売上や利益を水増しすると，高値で転売されて戻ってきた商品を仕入れなければならない上，次期以降，この架空の業績を前提に更に売上や利益を計上していかなければならないため，粉飾額が雪だるま式に膨らみ破綻に至ることが多い。

　例えば，平成22年8月に公表されたメルシャン株式会社の第三者委員会の中間報告書[150]においては，同社の水産飼料事業部において，循環取引によって5期にわたり合計52億円の売上が架空計上されていたことが記載されている。同報告書によると，循環取引の構図は，次頁のようなものであった。

---

150)　http://ke.kabupro.jp/tsp/20100812/140120100812091073.pdf

第2章　勘定科目分析　109

〈循環取引〉

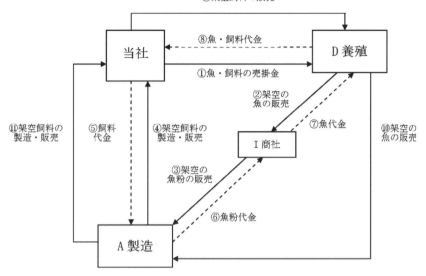

　上図のように，当社は，D養殖に対し魚・飼料を架空販売することによって架空の売上を計上し，これらの魚は，I商社，A製造を経て，架空の飼料の仕入として当社に戻されている。他方，D養殖に対する架空売上の代金は，A製造，I商社，D養殖に対する飼料代金・魚粉代金・魚代金等として順次支払われた上，D社から当社に魚・飼料代金として支払われた形式をとっていることが分かる。

　上記報告書には，①監査法人による倉庫の棚卸監査が行われた際には，飼料在庫が架空であることが発覚することを免れるため，大量の架空の飼料在庫をD倉庫やG倉庫等へ帳簿上移動する処理を行うと共に，架空の飼料在庫をD養殖へ販売し，更に，A製造では，大豆かす等を用いて製造していた偽装在庫品を用い，帳簿上の架空の飼料在庫がA倉庫に実際に存在するかのように偽装したり，架空の飼料在庫の一部をY倉庫に移動させたと回答するなどして，上記実地棚卸における発覚を免れたこと，②本社監査部による倉庫の実地棚卸が行われた際には，脱脂ぬかを用いて偽装在庫品を製造したり，監査直前に，C卸売の了解を得て，後に何らかの形でC卸売に資金を回

すとの約束の下，当該架空の飼料在庫をC卸売に約6億円で販売したとして架空売上を計上したこと，③本件が発覚した時点で残存していた架空飼料の販売による架空売掛金は，D養殖に対する14.7億円，E養殖に対する1億円及びF運送に対する1.3億円であったこと等が記載されている。

平成24年12月に公表された**株式会社オリバーの社内調査報告書**[151]には，①同社の営業部長が特定取引先6社の協力を得て，内容虚偽の納品書，請求書等の証憑書類を作成し，架空・循環取引を行っていたこと，②これらの取引は，直送取引（オリバーが仕入先に商品を発注し，販売先である医療商社等に売却するものの，商品は仕入先から医療施設に直送して設置する）を悪用したものであったこと，③営業部長は，医療福祉営業部を統括する立場にあり，部下にこれら取引に関与させることはせず，仕入先への商品発注，販売先への納品・請求書作成などを，営業部長管轄下で情を知らない営業部事務職員に入力処理を行わせ，単独で全ての業務処理を実行していたこと，④販売先と納入施設が決まり，同時に商品の仕入先も決まっていた取引について，オリバーと仕入先との間にC社を嚙ませる「帳合取引」を行い，C社に利益供与をしていたこと，⑤これらの架空取引による累積粉飾売上高は27億円に上ること等が記載されている。

また，これと類似する事例として，平成25年5月に公表された**椿本興業株式会社**に関する社内調査委員会の報告書[152]には，①同社販売部門長が決裁権限を悪用し，特定取引先7社の協力を得て架空・循環取引を行っていたこと，②これら架空・循環取引は，直送取引（椿本興業が仕入先に商品を発注し，売上先である機械商社又は機械メーカーに売却するものの，商品そのものは当社の仕入先，あるいは仕入先の先の下請先が製造後，当社の売上先，あるいは売上先の最終ユーザーである大手プラントメーカーや大手鉄鋼会社等の地方工場へ直送され，当社と仕入先が最終ユーザー立会のもと据付・動作確認まで実施する）を利用したもので，販売部門長が営業担当として，商品の発注から売上，据付工事指示まで全てを担当し，取引先へ納期・金額等を指示していたこと，③販売部門長は，これら取引内容について部下に関与

---

151) http://www.oliverinc.co.jp/investor/pdf/press_121204_2.pdf
152) http://www.tsubaki.co.jp/ir/pdf/release/13/13050801.pdf

させることはせず，部下の社員番号を別枠で勝手に使用し，部下の印鑑を偽造した上で，仕入先への商品発注，売上先への納品・請求書作成などを営業事務職員に入力処理をさせ，あたかも部下が営業活動を行ったかのように見せかけていたこと，④仕入先の下請先であるA社と共謀し，直送取引を利用して出荷・納品・設置があたかも行われたかのように装い，商品をA社を介して循環させていたこと，⑤架空取引によるプール金の大部分が販売部門長及び一部の社内関与者の現金着服に利用されていたこと，⑥不正取引高は78億円に上ること等が記載されている。

その他，循環取引が架空売上・利益の計上に用いられた事例としては，

- 平成20年2月に公表された日本バイリーン株式会社に関する社内調査チームの調査報告書[153]
- 平成20年4月に公表されたニイウスコー株式会社に関する外部調査委員会の調査報告書[154]
- 平成20年10月に公表された株式会社ジーエス・ユアサ・コーポレーションに関する外部調査委員会の調査報告書[155]
- 平成20年10月に公表された鹿島建設株式会社に関する社内調査委員会の調査報告書[156]
- 平成21年4月に公表された広島ガス株式会社子会社における外部調査委員会報告書[157]
- 平成22年11月に公表された愛知時計電機株式会社に関する社内・社外調査委員会の調査報告書[158]
- 平成23年5月に公表された株式会社ゲオに関する外部調査委員会の調査報告書[159]
- 平成23年5月に公表された株式会社大水に関する第三者調査委員会の調査報告書[160]

---

153) http://www.vilene.co.jp/news/list/img/newsp_n542.pdf
154) http://ir.104site.net/2731-20080430-1.pdf
155) http://www.gs-yuasa.com/jp/ir_pdf/20081031_01_b.pdf
156) http://www.kajima.co.jp/ir/info/pdf/20081021-2-j.pdf
157) http://www.hiroshima-gas.co.jp/com/ir/upload_file/top_02/09-0424.pdf
158) http://www.aichitokei.co.jp/ir/disclose/pdf/101111_01.pdf
159) http://www.geonet.co.jp/news/documents/2681_20110519retailcomm_finalreport.pdf

○ 平成23年12月に公表された**クラウドゲート株式会社**に関する調査委員会の調査報告書[161]

○ 平成24年12月に公表された**扶桑電通株式会社**に関する社内調査委員会の調査報告書[162]

○ 平成25年7月に公表された**株式会社フルスピードの連結子会社であったベッコアメ株式会社**に関する特別調査委員会の調査報告書[163]

○ 平成25年9月に公表された**株式会社クリーク・アンド・リバー**に関する内部調査委員会の調査報告書[164]

○ 平成26年8月に公表された**株式会社タカラトミー**に関する社内調査委員会の調査報告書[165]

等，まさに枚挙に暇(いとま)がない。

　イ　売掛金・売上の期ずれ計上

　前述したように，現在の会計基準の下では，原則として，売上は収益が実現したと認められる時点で計上しなければならない（実現主義）。しかし，いつ収益が実現したかの基準は，取引形態や業界によって一律ではない。主な収益の認識基準としては，①出荷基準（又は発送基準），②引渡基準，③納品基準（着荷基準），④検収基準，⑤取付完了基準，⑥役務完了基準，⑦回収基準等の様々な基準がある[166]。また，これとは別に，建設工事においては，決算日における工事の進捗度に応じて収益の一部を認識する工事進行基準という発生主義の考えに基づいた基準も認められている（伊藤167頁以下）。

　収益の認識基準にはこのような様々な基準がある上，収益の認識を翌期から今期に前倒しすれば粉飾決算をすることが可能になるし，これを今期から翌期に先送りすれば脱税（裏金作りを含む。）をすることが可能になること

---

160)　http://contents.xj-storage.jp/contents/75380/T/PDF-GENERAL/140120110524035500.pdf
161)　http://www.crowdgate.co.jp/ir/pdf/press/2011/111213_2.pdf
162)　http://www.fusodentsu.co.jp/ir/pdf/kaiji121212.pdf
163)　http://pdf.irpocket.com/C3843/qnwX/Jxc8/u4gO.pdf 及び http://www.fullspeed.co.jp/ir/pdf/c680c7696bd2d152f3944595372b6ac4.pdf
164)　http://www.cri.co.jp/news/press_release/docs/130927プレス（内部調査報告）.pdf
165)　http://www.takaratomy.co.jp/release/pdf/i140808_10.pdf
166)　なお，我が国では，必ずしも企業会計原則上の根拠があるわけではないが，販売先に請求書を送付したときに売上・売掛金を計上する企業も多い。

から，利益操作の手法として，売上計上の時期を操作する不正事例が後を絶たない。以下にその具体的事例を見てみよう。捜査官としては，これらの違法な売上計上時期の操作が単純な決算修正仕訳によってなされるのではなく，具体的な帳簿や証憑書類の改竄や虚偽記入を伴うものであることに着目していただきたい。

　平成21年4月に公表されたダイキン工業株式会社をめぐる調査委員会報告書[167]には，①同社サービス本部において，本来翌年度に全部又は一部の工程を実施する予定の工事について，今年度末までに工事全部が終了したものとして，売上の前倒し計上を行ったこと，②年度末時点で受注済み・仕掛未了の工事案件について，工事仕掛を前倒しし，翌年度において計上されるべき工事仕掛（棚卸資産）として前倒しして計上し，当事業年度における売上原価を圧縮したこと，③これらの不適切な会計処理は，サービス本部が行う4つの事業（修理サービス，保守契約，オーバーホール，部品販売）のうち，オーバーホール（顧客との契約に基づく機器の総合点検，熱交換器洗浄作業，消耗部品の交換，分解点検調整，機器入替工事等の作業）が一般に工期が長く，物件単価が高いこと，サービス業であるため部品販売等の対象物が存在する取引に比して売上計上時期の確認が困難であること，工程が単純で会計処理・案件管理が容易であることから，翌事業年度の売上先取りのための手段として使っていたこと，④不正額は売上の前倒し計上が7億円，仕掛調整が33億円の合計40億円に上ること等が記載されている。

　平成24年12月に公表された株式会社テー・オー・ダブリューをめぐる社内調査委員会報告書[168]には，①納品日の改竄を行い，売上の早期計上を行い，かつ，実際に発生している原価を会社に報告せず，原価を将来の案件に付け替えたり，未計上のままにしていたこと，②本来，受注管理システムへの案件登録は1業務ごとに行うべきところ，不正分については，半年間にわたり提供する業務をまとめて案件登録していたこと，③客からの注文書を自ら改竄し，改竄された注文書に基づき売上計上を行うことで，売上を早期架空計上していたこと，④不正取引の発覚につながった回収が遅延している売

---

167) http://www.daikin.co.jp/press/2009/090430/press_20090430.pdf
168) http://www.tow.co.jp/ir/pdf/release/2012120701.pdf

掛金についても，相手方会社名の支払確約書を偽造し，回収見込みがあるように仮装していたこと，⑤既存のプロモーション業務では，外注先から受領した請求書に基づき，当社の基幹システムである受注管理システムへ原価入力を行うが，本取引では，Aは外注先に対して請求書に数か月程度先に実施される案件名を記載するように指示することにより，請求書に基づいて受注管理システムへ原価入力を行ったため，当該案件の売上計上時には，当該原価については数か月程度先に実施される別の案件の未成業務支出金（一般のメーカーでいう「仕掛品」）として処理され，原価の将来案件への付け替え・未計上を図ったこと，⑥不正額は合計2.3億円に上ったこと等が記載されている。

平成25年11月に公表された**株式会社サニックス**の連結子会社に関する緊急調査チームによる調査報告書[169]には，同社の連結子会社の産業用太陽光発電システムの売上に関し，営業担当者が工事未完成にもかかわらず売上を前倒し計上することにより，1億円の売上を不正計上していたこと等が記載されている。

平成26年2月に公表された**株式会社リソー教育**をめぐる第三者委員会調査報告書[170]には，①売上の計上時期は授業実施時とすべきところ，授業未実施，すなわち未消化コマ数が多数残ると期末にその分を売上から差し引く（戻す）処理をすることになり，結果として売上高が減ることから，これを回避するための工作として，「当日欠席」と「社員授業」を仮装して未消化コマ数を減らして見かけ上の売上を増やした上，「当日欠席」等が多くなり過ぎることを避けるため，「ご祝儀」（志望校に合格した子に残存のコマがある場合に授業料返還を放棄させること）があったように見せかけて未消化コマ数を減らしたこと，②映像講座等の契約書の日付を遡らせて売上計上したこと，③保護者との間で契約内容がまとまった場合，契約書を交わす前に署名押印のない仮契約書で売上を計上したこと，④実際には契約成立の見込みがないのに「映像講座」等の契約書を勝手に作成し，翌期に解約された形にしたこと，⑤翌期の「講習会」契約について，表向きは「映像講座」等の契

---

169) httppanix.jp/ir/release/news/pdf/20131112_a.pdf
170) http://www.riso-kyoikugroup.com/ir/pdf/2014/20140210.pdf

約書を作成して売上計上したこと，⑥このような方法による利益の不正計上額は83億円に上ること等が記載されている。

　平成26年2月に公表された**株式会社タマホームの連結子会社に関する第三者調査委員会の調査報告書**[171]には，①同社連結子会社における太陽光システムの販売・設置業務において，恣意的に完工時期を早期化していたこと，②ローン審査担当者が個人的に管理していたファイルには，工事日よりも完工日の日付が前になっているものもあったこと等が記載されている。

　　ウ　売掛金・売上の過大・架空計上

　上述した押し込み販売，売上戻り，循環取引，売上割戻し等は典型的な売上の過大・架空計上方法であるが，その他にも，様々な方法による売上や売掛金の架空計上が行われている。中には，本来計上することのできない連結子会社に対する売上を不正な「連結外し」により売上として計上したような事例もある。最近公表された報告書により売上や売掛金の架空計上の不正の手口を見てみよう。その際，不正行為者が何故その方法を採ったのか，不正の発覚を免れるためにどのような工作をしていたのか，どのような帳簿が不正行為の解明における分析対象となり得るのかということを念頭に置いて読んでいただきたい。

　平成19年12月に公表された**サカイオーベックス株式会社に関する社外調査委員会の中間報告書**[172]には，①同社アパレル販売部の社員が，得意先の署名判や社印を偽造するなどして同社に対する架空の売上を計上していたこと，②契約や倉庫の入出荷状況に関する虚偽内容の文書を作成していたこと等が記載されている。

　平成20年5月に公表された**コクヨファーニチャー株式会社の社内調査委員会の調査報告書**[173]には，①建材事業部門において，Y社のD常務と連絡を取り合うなどして，商流，金額，伝票等の名目を決定し，これらを記載した計画表を作成するなどして，架空の仕入を行った上，これを直接又は間接にY社に架空に売り上げる方法で，架空仕入・架空売上を計上していたこ

---

171)　http://www.nikkei.com/markets/ir/irftp/data/tdnr/tdnetg3/20140210/8iuw17/140120140210003691.pdf
172)　http://www.sakaiovex.co.jp/ir/progress_report.pdf
173)　http://www.kokuyo.co.jp/press/news/pdf/20080529_01.pdf

と，②単年度でも架空仕入額は 9.3 億円，架空売上額は 10.8 億円に及んだこと，③同架空仕入・取引の過程で，Y 社等にリベートの支払を行っており，その金額は 3.6 億円に及んだこと等が記載されている。

　平成 22 年 3 月に公表された**株式会社アイロムホールディングス**の第三者調査委員会の調査報告書[174]には，①A～D の 4 社から，特定の食品の効能等の調査ないし特定の症状を持つ被験者のスクリーニングを目的とした臨床試験を受託し，合計 12 億円の売上を計上したが，A 社については極めて不十分な臨床試験しか行われておらず，B 社については当社が B 社から購入する予定であった設備の購入価格を水増しすることで B 社に支払原資を与えるための架空取引であって，臨床試験は当社自身のために行ったものと認められ，C，D 社については契約とおりの臨床試験が行われておらず，いずれも売上を計上することは不適切であったこと，②不正会計の目的は，上方修正して公表した業績予測を大幅に下回る実績を隠蔽し，公募増資及び当時の代表取締役社長や親族が保有していた株式の売り出しにおいて株価を吊り上げるためであったと疑われること等が記載されている。

　平成 22 年 11 月に公表された**日立工機株式会社**の連結子会社に関する調査結果報告書[175]には，同社においては，①「架空売上の計上及び取消処理」，「架空売上の計上及び架空仕入の計上」という 2 つのパターンによる粉飾が行われていたこと，②「架空売上の計上及び取消処理」は，会社外部関与者と通謀することにより，偽造した証憑を作成し架空売上を計上して翌期以降に取消処理をするという一連の処理で行われていたこと，③その際，偽造した証憑を作成し，隠し倉庫への製品搬出を行うことで，通常の売上取引を装い，その後，外部関与者が実質的に支配している他の企業の証憑を会社が偽造し，隠し倉庫からの製品搬入により通常仕入取引を装っていたこと，④G 社に対する架空売上債権を隠蔽するために，G 社に対する架空売上債権と F 社又は G 社に対する架空仕入債務とを相殺消去する会計処理も行っていたこと，⑤「架空売上の計上及び取消処理」には取引先 5 社が協力していたこと，⑥社内で疑問を呈した経理部長等に対し解雇を示唆して不正な経理処理に協

---

174)　http://www.irom-hd.co.jp/up_pdf/20100312165637_f.pdf
175)　http://www.hitachi-koki.co.jp/ir/newsrelease/2010/pdf/201011011.pdf

力させていたこと，⑦粉飾は累計で売上高 100 億円以上，純利益 60 億円以上に上ること等が記載されている。

　平成 22 年 12 月に公表された **SBI ネットシステムズ株式会社**に関する外部調査委員会の調査報告書[176)]には，①2.8 億円のソフトウェアライセンス販売は，当社が出資した投資事業組合の資金により販売代金を回収していることから，架空販売取引と認められること，②1.9 億円のソフトウェア販売と 1 億円のソフトウェアの仕入についても，仕入先における開発実態がないことに鑑みれば，開発委託業務取引が仮装されており，仕入及び販売双方が仮装取引と認められること，③2 億円のソフトウェア仕入取引も，当該取引を利用した資金送金そのものを意図した取引であって実在の取引とは認められないこと等が記載されている。

　平成 23 年 11 月に公表された**株式会社京王ズホールディングス**に関する第三者調査委員会報告書[177)]には，同社では，ビール会社からの協賛金名目及び飲食店の売上高水増しによる売上高の架空計上が行われていたこと等が記載されている。

　平成 24 年 4 月に公表された **J.フロントリテイリング株式会社**（大丸，松坂屋，パルコ等の運営会社）に関する調査委員会報告書[178)]には，①松坂屋名古屋店に勤務してした従業員が，自らの売上実績を装うため，複数の客に架空売上を計上し，他の客からの集金代金を流用するなどにより売掛金回収に充当していたこと，②代金の支払方法が銀行口座自動振替となっている顧客に対して架空請求を行うことを累行していたこと（なお，過大請求との指摘のあった顧客には返金），③架空売上を計上した商品の一部を横領・転売して利得していたこと，④顧客 3 名に対する架空請求総額は 2.7 億円に上ること等が記載されている。

　平成 24 年 4 月に公表された**株式会社ハマキョウレックス**に関する調査委員会報告書[179)]には，①同社のセンター長 2 名が，自身の業績が不振であり，自身の社内評価上昇と報酬の確保を目的に，請求書などを捏造して，本社経

---

176) http://www.sbigroup.co.jp/news/2010/1210_3706.html
177) http://www.keiozu.co.jp/2011/PDF/saisyuuhoukokusyokouhyou111117.pdf
178) http://www.j-front-retailing.com/_data/news/chousahoukoku.pdf
179) http://www.hamakyorex.co.jp/news/20130726/upload/20130726.pdf

理部には架空売上を含めた請求金額を報告していたこと，②売上代金回収額との差額に関する経理部からの問い合わせには，取引先の検収手続のタイミングのずれ込みであるなどと虚偽説明をしていたこと等が記載されている。

平成25年3月に公表された株式会社大塚商会の連結子会社に関する調査報告書[180]には，①同社の大阪支店営業係長が，自身の社内評価上昇と報酬の確保を目的として，実体のない工事（仮装受注）を捏造するために，自宅のパソコンを利用して，詳細に工事関連事項を網羅した契約書，見積書，見積明細書等を偽造していたこと，②決裁権者である大阪支店長に対して詳細にわたって偽造された見積書を示し，かつ見積書等のとおりの工事が存在しているかのように欺罔して，仮装工事の受注を承認させていたこと，③下請事業者に対しては，契約書や見積明細等を示して先行工事を発注させ，会社に対して，下請事業者保護のため，先行的に支払を行う必要があるとして，未成工事支出金を支出させていたこと，④下請事業者等の関係事業者による「手数料取引」という慣行を利用して，与信を通し，売上仮装及び回収偽装をするため，仮装発注に係る架空工事が実在するように関係事業者を欺き，取引に関与させていたこと，⑤その手口は，工事完了書を偽造し，工事完了と虚偽の事実を告げて，関係事業者の確認印を取得して，工事元請事業者に示すものであったこと，⑥工事元請事業者（発注事業者）は，工事完了による決済として，契約に基づく代金の支払を連結子会社に行い，売上の回収が行われたように偽装したこと，⑦本件不正行為は「手数料取引」を利用して未成工事支出金を支払の原資としているため，関係事業者の手数料分だけ支払金額が不足することとなるが，その不足金額を補塡するために，2回目の未成工事支出金の支出申請を偽装するという方法による架空売上を計上し，未回収売掛金金額は3年間に8億円を超えたこと等が記載されている。

平成26年3月に公表された株式会社ドンキホーテホールディングスの連結子会社に関する第三者調査委員会の調査報告書[181]には，売上高が1億円未満であることは東証マザーズの上場廃止基準に該当することから，これを回避するため，甲社に対して4200万円でソフトウェアを売却するが乙社を

---

180) http://www.otsuka-shokai.co.jp/corporate/ir/media/kaiji20130423kofusei.pdf
181) http://www.donki.com/shared/pdf/ir/ir_kaiji_shiryou/175/140328_sj1Pc.pdf

その仲介者として関与させ，同社に手数料として売買代金の半額を支払い，この手数料の82％を当社に還流させる取引を実行し，当社において売上を架空計上したこと等が記載されている。

平成26年5月に公表された**JALCOホールディングス株式会社**に関する第三者調査委員会の調査報告書[182]には，①同社の100％子会社であるJAS社が中古遊技機の仕入販売を行うに際し，オムコ社が販売会社又はパチンコホールから中古遊技機を仕入れてこれをJAS社に一旦売却した後，JAS社がこれをオムコ社に売却し，同社がこれをパチンコホールに卸ろすというスキームを開始したこと，②しかしながら，オムコ社がJAS社に提出していた売買契約書は実体が全くない架空のものであったり，存在する契約の台数や機種が異なるものであり，契約書は本件取引と無関係のパチンコホール等との間の売買契約書の署名押印欄をコピーし，このコピーを切り取って架空の契約書に貼り付けられるなどして偽造されたものであったこと，③オムコ社においては，遠方の倉庫に納品指定をしたり，虚偽内容の検収報告を行うなどした上，監査法人に対しても虚偽の回答をしていたこと等が記載されている。

平成26年12月に公表された**株式会社エナリス**の第三者調査委員会の調査報告書[183]には，①発電事業者が英国製のディーゼルエンジン発電機を取り扱うAO社からディーゼルエンジン発電機を購入するに際し，エナリスがその購入代金を融資して同発電機に譲渡担保を設定し，その後，この譲渡担保権を実行して同発電機をAY社に売却したが代金の支払がなくこれを解除し，更に同発電機をAX社に売却し，AX社はこれをAW社に割賦販売し，AW社が発電をした電力をエナリスが購入する「トーリング契約」を締結するに至ったが，AYやAX社への10.5億円の売上は発電機の受渡の実体がなく，引渡基準の要件を満たしておらず，売上として認識すべきでなかったこと，②太陽光発電事業を行っているCZ社の株式や匿名組合出資持分をCY社を介してエナリスの会長が実質的に支配するCX社及びCW社に売却することにより，本来売上高として計上することのできない連結子会

---

182) http://v3.eir-parts.net/EIR/View.aspx?cat=tdnet&sid=1156950
183) http://v4.eir-parts.net/v4Contents/View.aspx?cat=tdnet&sid=1201629

社 CZ 社に対する 4.9 億円の売上高を計上する連結外しを行ったこと，③エナリスが DZ 社から太陽光発電所を譲り受け（6.3 億円），直ちにこれを CY 社を介してエナリスの会長が支配する DY 社に 7 億円で譲渡したが，CY 社への売却は実体を伴わない取引であり，売上高及び利益を計上すべきでなかったこと，④太陽光発電システム機器を 7.2 億円で EZ 社に売却する一方，太陽光発電所の開発にかかる工事を 27 億円で EY 社に請け負わせ，EY 社が EZ 社から上記機器を仕入れて工事に使用したが，これは実質的に EY 社に対する機器の有償支給であって EZ 社への売上 7.2 億円を売上として計上すべきでなかったこと等が記載されている。

平成 26 年 12 月に公表された石山 Gateway Holdings 株式会社（石山 GH）の第三者調査委員会の調査報告書[184]には，①実際には，ディーゼル発電機 25 台が一括して壬社から丁社に直接販売されたと認められるが，石山 GH の証憑書類上は，ディーゼル発電機は「壬社→辛社→石山 GH が 90％以上の株式を保有する SPC（特定目的会社）→丁社」と譲渡されたように仮装し，辛社及び SPC が戊社に輸入通関等の業務委託を行い，ディーゼル発電機が 8 台と 17 台に分けて契約されたように仮装し，同 SPC から丁社に対する売上を架空計上したこと，②8 台のディーゼル発電機の売買契約を仮装したのは，平成 26 年 6 月期第 1 四半期の最終利益が黒字であるように装うためであったと認められること，③上記取引の過程で，経産省所管の分散型電源導入促進事業費補助金 5 億円が丁社に交付されたり，株式市場から 1 億円の資金調達がなされたこと等が記載されている。なお，平成 25 年 11 月には石山 GH に 9 億円の売上が見込まれると虚偽の業績予想を公表して株価を 33％吊り上げた上，保有株を売り抜けて 2 億円の利益を得たこと，同社の社長が金融商品取引法違反（偽計），電力設備関連会社社長が 5 億円の補助金詐欺により逮捕されたこと等が報道されている[185]。

平成 27 年 7 月に株式会社東芝が公表した第三者委員会による調査報告書[186]には，同社では，①パソコン事業における部品取引においては，東芝

---

[184] http://www.nikkei.com/markets/ir/irftp/data/tdnr/tdnetg3/20141212/912j19/140120141212093181.pdf

[185] 平成 27 年 5 月 28 日付読売新聞（http://www.yomiuri.co.jp/national/20150527-OYT1T50143.html）。

100％子会社のTTIP社（東芝国際調達台湾社）がメモリ，HDD等の主要部品を購入し，ODM（相手先ブランド設計製造業者）先に対して有償支給しており，その部品価格は，調達価格を「マスキング値差」分上回る一定額である「マスキング価格」で支給した後，ODM先において自己調達部品と併せてパソコンを製造してこれをTTIP社を通じて東芝に納入するという「Buy-Sell取引」を行っており，マスキング値差がTTIP社の調達価格の5倍近い額になるなどの高額でODM先に供給し，これを「未収入金」として資産計上することによる利益の嵩上げが行われていたこと，②不正会計額は，平成20年度から同24年度まで毎年100億円を上回り，300億円近い過大売上を計上した期も2期あったこと等が記載されている。

　エ　架空・不良債権の正常債権仮装

　取引や業界の性質にもよるが，売掛金は，一般に，売買の日から2か月程度で回収を求められるのが通常である。架空の売掛金を計上した場合はもちろん，実在の売掛金であっても得意先の経営悪化によりその回収が困難となったときには，貸倒引当金の計上を求められたり，更には，貸倒償却の計上をしなければならなくなる。これは営業部・営業店や案件の責任者・担当者の評価にとって時として致命的であり，何としてもこれを隠蔽したいという動機付けが働く。そのため，売掛金入金があったように仮装して不良債権化を防ごうとする事案は多い。捜査官としては，売掛金が仮装計上されていたような事案では，すべからく，この売掛金が不良債権化しないように仮装するためにどのような罪証隠滅工作が講じられたのかを解明する視点を持っていた方がよいと言えよう。

　平成20年6月に公表された株式会社アクセスに関する社内調査委員会の調査報告書[187]には，韓国の取引先G社に消費者ローンシステム提供の売上16億円を計上した際，同社に信用がなかったことから，当社がリース会社からセール・アンド・リースバック取引によってシステムを購入し，これをG社に転リースしており，G社の経営悪化を受け，同社の破綻による特別損失の計上を回避するため，別会社を経由して，実質的には当社によるG社に

---

186)　http://www.toshiba.co.jp/about/ir/jp/news/20150721_1.pdf
187)　http://ncsa.jp/ir/ir_access/irnews/h21/pdf/080620.pdf

対するリース料支払原資の支援となる架空発注取引を行うなどして，支払リース料の原資を提供していたこと等が記載されている。

平成22年5月に公表された**株式会社セガトイズ**に関する外部調査委員会の調査報告書[188]には，①同社従業員が，100回以上にわたって4.2億円の架空の売掛金を作出していたが，その目的は，当社を形式上債務者とする売掛金を相手方各社において計上させ，それにより相手方各社から金員の融通を得ることにあったこと，②当該架空の売掛金は正式な決裁手続を経ることなく仮装作出され，実際の会計帳簿にも計上されていなかったこと，③不正行為は取引先の協力を得て行われ，協力者は不正入金額の3％の手数料を得ていたこと，④仮装売掛金額は3.4億円に上ること，⑤このような不正を行うようになったきっかけは，取引先に対する売掛金に回収不能の危険が生じたところ，自己の営業成績に悪影響が及ぶことを避けるため，得意先の弁済資金を調達するため，得意先に販売して不良在庫となっていた商品を後日高値買い戻す約束で一時的に代理店に売却し，これにより入金された資金を，不良債権の回収を装って当社に入金したことにあったこと，⑥更にこの架空売買代金の決済のために，架空の製造委託取引に基づく代金支払を原資として支払を行うことを繰り返していたこと等が記載されている。

平成22年5月に公表された**株式会社リミックスポイント**の調査委員会の調査報告書[189]には，①甲社に対して売り上げたとして計上したシステム開発・データ入力業務のうち1億円のデータ入力業務は架空であったこと，②甲社に対する架空の売掛金について貸倒引当金の計上を免れるため，1000万円の返済資金を貸し付けた上，甲社から1000万円の支払を受けた形を取って正常債権を装い，貸倒引当金の計上をしなかったこと等が記載されている。

平成22年6月に公表された**株式会社シニアコミュニケーション**に関する外部調査委員会報告書[190]には，同社では，上場前から，コンサルティングプロジェクトについて，プロジェクトの進行程度によって売上を実際よりも前倒しして計上していたが，上場後も，給与及びソフトウェアの架空計

---

[188] http://www.segasammy.co.jp/japanese/pdf/release/20100506ir.pdf
[189] http://ke.kabupro.jp/tsp/20100514/140120100514008796.pdf
[190] http://www.sasao-office.jp/app/download/4996882772/株式会社シニアコミュニケーション_外部調査委員会の調査報告書のご報告について.pdf?t=1365294395

上により，会社資金16億円を第三者口座に滞留売掛金入金塡補用資金として不正送金し，当該当該取引先名義から当社に対し滞留売掛金入金塡補用資金として合計17.5億円を入金したこと等が記載されている。

平成24年9月に公表された**沖電気工業株式会社**の海外（スペイン）連結子会社に関する外部調査委員会の報告書[191]には，①金融機関から70万ユーロの貸付けを受けた際に，これを借入金として負債計上せず，Q社に対する売掛金の返済があったように入金を仮装し，虚偽の売掛金減額の記入をしたこと，②別の機会にも金融機関からユーロの貸付けを受け，これを原資として売掛金の返済があったように入金を仮装したこと等が記載されている。

平成25年7月に公表された**株式会社フルスピード**の連結子会社であった**ベッコアメ株式会社**に関する特別調査委員会の調査報告書[192]には，①当社では，同社がフルスピードの連結子会社になる前から循環取引，支出費用の固定資産計上，架空仕入を伴う架空売上の計上等の不正会計が行われていたこと，②当社がフルスピードの連結子会社になった後も，社長の指示により，架空売上，架空利益を計上しており，架空売掛金が不良債権化することを避けるために，取引先の協力を得て架空仕入・買掛金を計上し，架空売掛金の回収資金を架空買掛金の支払原資にする等の偽装工作を行っていたこと等が記載されている。

平成27年1月に公表された**株式会社SJI**の第三者調査委員会の調査報告書[193]には，①10件の取引について，前渡金名目で仮装仕入先に合計21億円の出金がなされ，同資金が前社長やその関連先に移動されたが，これは前渡金の名を借りた前社長への資金融通と認められ，前社長はその資金を仮装販売先から代金の回収を仮装してSJIグループに還流させたこと，②海外におけるハードウェア取引1件についても同様に12億円を前渡金名目で仮装仕入先に出金し，これを前社長やその関連先に移動させた上，仮装販売先から代金の回収を仮装してSJIグループに還流させたこと，③SJIグループでは，これらの架空取引により売上や仕入を架空計上していたこと等が記載さ

---

191) http://www.oki.com/jp/ir/filing/2012/f12009.pdf
192) http://www.fullspeed.co.jp/ir/pdf/c680c7696bd2d152f3944595372b6ac4.pdf
193) http://www.sji-inc.jp/Portals/0/pdf/2014/20150130_1_kaiji.pdf

れている。

その他，仮装・不良売掛金の仮装回収を行っていた事案としては，
- 平成21年10月に公表された**株式会社SBR**に関する改善報告書[194]
- 平成22年11月に公表された**愛知時計電機株式会社**に関する社内・社外調査委員会の調査報告書[195]
- 平成22年12月に公表された**SBIネットシステムズ株式会社**に関する外部調査委員会の調査報告書[196]
- 平成22年12月に公表された**スリープログループ株式会社**に関する社内調査委員会の調査報告書[197]
- 平成23年12月に公表された**クラウドゲート株式会社**に関する調査委員会の調査報告書[198]
- 平成25年4月に公表された**株式会社大塚商会**に関する調査委員会の調査報告書[199]
- 平成25年6月に公表された**株式会社増田製粉所の連結子会社**に関する調査委員会の調査報告書[200]
- 平成25年7月に公表された**株式会社ハマキョウレックス**に関する調査委員会報告書[201]

等枚挙に暇がない。

　オ　回収売掛金の着服横領

　従業員が回収した売掛金を着服して横領する事案は，一つの典型的な横領事案である。このような場合，初めは少額の着服横領を行い，これを自己の生活費や遊興費に費消したが，一度行った横領が発覚しないと次第に手口や金額も大胆になり，その穴埋めを行うために，更に多額の金員を着服横領し，次第に着服額が多額になってくると，これを一気に取り返そうとして横領金

---

[194] http://www.iflag.co.jp/docs/prs/2009/pdf/20091030.pdf
[195] http://www.aichitokei.co.jp/ir/disclose/pdf/101111_01.pdf
[196] http://www.sbigroup.co.jp/news/2010/1210_3706.html
[197] http://www.threepro.co.jp/ir/files/threepro101214.pdf
[198] http://www.crowdgate.co.jp/ir/pdf/press/2011/111213_2.pdf
[199] http://www.otsuka-shokai.co.jp/corporate/ir/media/kaiji20130423kofusei.pdf
[200] http://www.masufun.co.jp/files/release/130612tyousakekka.pdf
[201] http://www.hamakyorex.co.jp/news/20130726/upload/20130726.pdf

を競馬や宝くじにつぎ込み，横領額がますます膨らんでいくというのが一つの典型的なパターンである。

このような場合，集金額や会社への入金額について証拠が残っている分については横領額を特定するのは比較的容易であるが，証拠が残っていない場合には，個別の横領金額の特定に困難を来すことが多い。また，このように多数回の横領，穴埋め，自己用途の費消が累行されている場合，横領行為がいつ始まったのか，横領金額は合計いくらになるのか，そのうちいくらを穴埋めに使い，いくらを自己用途に費消したのか，横領の実質的な被害額はいくらになるのか等の捜査に著しく手間を要することが多い。

このような場合，現金，商品，売掛金等の実際有高や本来あるべきこれらの金額を精査して実質的被害額がいくらであるかを求めた上，この実質的被害額に満つるまで，最近のものから横領事実を立件していくというのが適切な量刑を獲得する上で望ましい方法であろう。時系列的な捜査による実質的被害額の算定が困難な場合には，売掛金やその消し込み状況，実際の回収状況等から計算した現在のあるべき売掛金残高や現金残高を実際の残高と比較するとよいであろう。但し取引先からの現金回収にかかる領収証控えや入金伝票等の証憑書類も改竄されている可能性があることから，取引先から証憑書類の提出を受け，これを帳簿や証憑書類と突合し，被疑者や関係者から丁寧に事情聴取しつつ事実を固めていくこと，不突合額の全てが被疑者による横領行為によるとは限らないことに留意しつつ丁寧に捜査を実施することが必要となろう。

不正会計事例として，平成25年6月に公表された**株式会社増田製粉所の連結子会社に関する調査委員会の調査報告書**[202]には，①同社従業員が現金回収された売上代金を着服横領していたこと，②着服の事実を隠蔽するため，実際には預け入れがなされていない現金を当座預金の入金として帳簿に記帳することで返済を仮装していたこと等が記載されている。

また，平成27年4月に公表された**日創プロニティ株式会社**の社内調査委員会の調査報告書[203]には，①同社従業員が新規取引先の注文書と請求書を

---

202) http://www.masufun.co.jp/files/release/130612tyousakekka.pdf
203) http://minkabu.jp/announcements/3440/140120150414439410.pdf

偽造し，新規取引先から従業員本人の口座に販売代金を振り込ませてこれを横領していたこと，②取引先に対する売掛債権を取引先から請求のあった遅延損害金請求権と勝手に相殺処理したこと，③未承認の部材提供取引を繰り返していたこと等が記載されている。

4　受取手形

(1)　手形とは

　財務捜査の過程で約束手形を見る機会は比較的多い。約束手形は，振出人が債務者，受取人が債権者で，取引代金の決済のために振り出されることが多い。振出時点で既に支払期限が到来している時には小切手を振り出し，支払期限が未到来の時には，期日に額面金額を支払うことを約する有価証券である約束手形を振り出すのが一般である[204]。

　約束手形の受取人が期日までに現金を手にしたいときには銀行や金融機関に持ち込んで現金化することができるし[205]，約束手形に裏書をすることによって手形を譲渡し，自社が他の債権者に負っている債務の支払を行うことも可能である[206]。

　手形の振出に商取引の裏付けがある場合，つまり商品や原材料の仕入代金や請負契約代金の支払のために振り出された手形を「商業手形」という。これに対して，商取引の裏付けなく振り出された手形を「金融手形」という。金融手形には，①金融機関が企業に貸付けを行う場合に支払の担保のために手形を差入れさせる「手形貸付」，②企業が第三者の資金繰りのためにその

---

[204]　これに対して，支払期日が振出日より先の場合に，振出日を先日付とした「先日付小切手」を振り出し，同日までは小切手を銀行に持ち込まないことを約することがあるが，これは振出人と受取人間でのみ効力を有する約束に過ぎず，受取人が小切手に記載の先日付よりも前に銀行に持ち込んで支払呈示をする場合，銀行や振出人は小切手金額の支払を拒むことはできない（但し，銀行としては，残高不足による不渡りやトラブルを防止するため，先日付小切手を振り出した趣旨等を当事者に確認する等の取扱いをしているようである。）。小切手に記載の振出日までは小切手の支払呈示をしないという約束は，私的自治の原則により当事者間では有効であり，この場合，先日付小切手は約束手形と同様の機能を営むことから，仕訳に当たっても「仕入　100,000／支払手形　100,000」「受取手形　100,000／売上　100,000」のように手形勘定を用いて記帳することとなる。
[205]　支払期日までの利息を割り引かれた代金を入手できるためにこれを「割引」という。但し，割引料だけではなく，手数料も徴求される。詳しくは，第3編第2章7(2)で述べる。
[206]　手形の機能と電子債権について大垣13頁以下。

者を受取人とする手形を振り出す「融通手形」、③企業が資金繰りのために互いに対して手形を振り出す「交換手形」[207]がある。また④手形の受交付者の資金繰りのために受取手形が裏書譲渡されることもある（手形保証）。

　為替手形[208]は、通常、「振出人」が債務者、「引受人（支払人・名宛人）」が債務者に対する第三債務者、「受取人（指図人）」が債権者となる。これに対して、債権者が振出人及び受取人となり債務者を引受人として為替手形が振り出されることもあり（自己宛為替手形）、この場合、振出人が債権者か債務者かという違いはあるものの、約束手形と同様の機能を持つことになる。

　約束手形及び為替手形並びにこれらの裏書欄の形式について、全国銀行業協会の解説「手形・小切手の振出」[209]から引用すると、下記のとおりである。

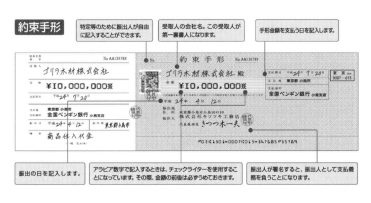

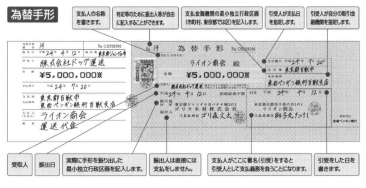

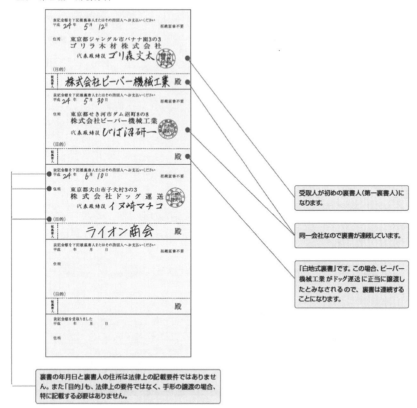

(2) 手形に関する仕訳

「支払手形」勘定や「受取手形」勘定は，本業の仕入代金の支払のために手形を振り出したり，これを受領する取引を仕訳するための勘定科目である。固定資産の購入代金の支払や借入金の返済のために手形を振り出した場合には，「支払手形」勘定ではなく，その性質に応じて，「設備支払手形」「長期設備支払手形」「営業外支払手形」「長期営業外支払手形」「支払融通手形」等の勘定科目で処理する。

受取手形，支払手形の仕訳は次のように行う。

---

207) または，「書合手形」「馴合手形」「手形騎乗」ともいう。
208) 約束手形のことを「約手」，為替手形のことを「為手」ということがある。
209) http://www.zenginkyo.or.jp/education/free_publication/pamph/details/pamph_04/animal03.pdf

○ 商品を売り上げ，代金の支払のために約束手形を受け取った。
　　　　　　　受取手形　　100,000 ／ 売上　　　100,000
○ 手形満期になり，手形を取り立て，手形額面金額が当座預金に入金された。
　　　　　　　当座預金　　100,000 ／ 受取手形　　100,000
○ 受取手形が不渡りになった。
　　　　　　　不渡手形　　100,000 ／ 受取手形　　100,000
○ 受取手形を買掛金の支払のために裏書譲渡した。
　　ア　直接減額法
　　　　　　　買掛金　　　100,000 ／ 受取手形　　100,000
　　（満期時の仕訳なし）
　　イ　評価勘定法
　　　　　　　買掛金　　　100,000 ／ 裏書手形　　100,000
　　（満期時）
　　　　　　　裏書手形　　100,000 ／ 受取手形　　100,000
　　ウ　対照勘定法
　　　　　買掛金　　　　　100,000 ／ 受取手形　　　　100,000
　　　　　手形裏書義務見返　100,000 ／ 手形裏書義務　　100,000
　　（満期時）
　　　　　手形裏書義務　　　100,000 ／ 手形裏書義務見返　100,000
○ 裏書譲渡した手形が不渡りになり，所持人に対して額面金額を支払った。
　　ア　直接減額法
　　　　　　　不渡手形　　100,000 ／ 現金　　　　100,000
　　イ　評価勘定法
　　　　　　　裏書手形　　100,000 ／ 受取手形　　100,000
　　　　　　　不渡手形　　100,000 ／ 現金　　　　100,000
　　ウ　対照勘定法
　　　　　不渡手形　　　　100,000 ／ 現金　　　　　　100,000
　　　　　手形裏書義務　　100,000 ／ 手形裏書義務見返　100,000

○ 受取手形を銀行で満期前に割引した。

  ア　直接減額法

    当座預金　　　　91,000 ／ 受取手形　　100,000
    支払利息割引料　 9,000

 （満期時の仕訳なし）

  イ　評価勘定法

    当座預金　　　　91,000 ／ 割引手形　　100,000
    支払利息割引料　 9,000

 （満期時）

    割引手形　　100,000 ／ 受取手形　　100,000

  ウ　対照勘定法

    当座預金　　　　91,000 ／ 割引手形　　100,000
   支払利息割引料　 9,000
    手形割引義務見返　100,000 ／ 手形割引義務　100,000

 （満期時）

    手形割引義務　　100,000 ／ 手形割引義務見返　100,000

○ 割引手形が不渡りになり，銀行に対して現金で買戻しを行った。

  ア　直接減額法

     不渡手形　　100,000 ／ 現金　　100,000

  イ　評価勘定法

    不渡手形　　100,000 ／ 受取手形　　100,000
    割引手形　　100,000 ／ 現金　　100,000

  ウ　対照勘定法

  不渡手形　　　　100,000 ／ 現金　　　　100,000
  手形割引義務　　100,000 ／ 手形割引義務見返　100,000

(3) 受取手形をめぐる不正会計事例

　上述したとおり，支払手形は，本来，本業に関連して発生した商品や原材料購入代金，請負代金等の支払のために振り出されるものである（商業手形）。しかし，実際には，受取人に対する資金融通のために約束手形を振り出したり，これに裏書をした融通手形や交換手形（金融手形）であるにもか

かわらず，これが商業手形のように仮装されることも多い。そのように仮装されるのは，一般に融通手形や交換手形は，資金繰りの行き詰まった企業によって振り出されたり，循環取引の仮装代金決済のために振り出されることも多いため，金融機関がリスクを嫌って融通手形を割り引かないためである。

一般に，商業手形と融通手形を見分けるには，振出人と受取人の商取引関係や人的関係，商流の向きとの関係，手形金額の大きさ，手形金額の端数，振出日，手形の満期までの期間（サイト）等に着目することが多い[210]。

上記のような事情を反映して，手形の振出や裏書をめぐる犯罪も，その元となった取引や資金融通の正当性が問題となるものが多い。例えば，次のような事例がある。

平成21年5月に公表されたフタバ産業株式会社の第三者委員会の調査報告書[211]には，①同社から同社の持分法適用関連会社[212]に対して，融通手形差入れにより14.5億円の手形貸付がなされていたこと，②この不正な金融支援に際しては，簿外の手形帳や国内・海外子会社が使用され，不正送金，担保手形の無断振出及び実印（兼銀行印）の不正使用がなされていたこと等が記載されている。

平成22年12月に公表された**株式会社平賀**の外部調査委員会の調査報告書[213]には，①同社代表取締役が，C社が振り出した金額5000万円の手形2通に平賀の会社名義で第1裏書人として裏書をしていること，②同手形はC社が資金調達のために振り出した金融手形（融通手形）であり，当社の代表取締役が正規の手続を経ることなく同社の裏書をしたものであること，③調査の結果，C社だけでなく，他の数社の裏書にも当社の代表取締役が会社名義の裏書を不正に行っていたこと，④上記の裏書は，当社代表取締役が取引企業内での資金融通のために行っていたこと等が記載されている。

---

210) フィナンシャル・インスティチュート「融通手形の見分け方」（http://www.financial-i.co.jp/column/bank/20130913.html）。
211) http://ke.kabupro.jp/tsp/20090514/140120090514091842.pdf
212) 連結決算において，投資先会社が投資先会社の資本及び損益のうち，投資会社に帰属する部分の変動に応じて，その投資の額を連結決算日毎に修正する持分法が適用される会社であり，議決権所有比率が20%以上50%以下の非連結子会社・関連会社を指す（企業会計基準委員会「持分法に関する会計基準（企業会計基準第16号）」（平成20年））。
213) http://ke.kabupro.jp/tsp/20101210/140120101210084930.pdf

平成23年6月に公表された津山信用金庫の第三者委員会の調査報告書[214]には，①同信用金庫の理事長，専務理事らが，特定客の融通手形割引を反復継続的に行っており，その融資残高が2億円に上ること，②その他，融資金の返済を目的とした取引先口座への架空入金，浮貸し[215]，迂回融資等も行っていたことが記載されている。

平成25年5月に公表された椿本興業株式会社の第三者委員会の調査報告書[216]には，同社が取引先数社と行っていた架空・循環取引の支払が受取手形，支払手形を通じてなされていたこと等が記載されている。

また，以上とは異なるが，受取手形の現金化の際の横領事例として，平成22年2月に公表された株式会社ノリタケカンパニーリミテドに関する社内調査報告書[217]には，①同社の連結子会社の経理担当者が，受取手形の現金化の際に現金の一部を着服し，経理データを改竄する方法で，長期・複数回にわたって，合計3億円を横領していたこと，②受取手形の帳簿残高と保有手形の現物照合がなされていなかったことにつけ込んだ犯行であったこと等が記載されている。

5　有価証券

(1)　総説

　有価証券とは，法律上は，一般に，「財産権を表章する証券であって，その権利の発生・移転・行使のすべて又は一部が証券をもってされることを必要とするもの」[218]とされており，手形，小切手，株式，社債，債券，貨物引換証，船荷証券，債券等を広く含む概念である。

　これに対して，企業会計上の「有価証券」の概念はこれとは異なる。金融商品取引法2条においては，「有価証券」とは，国債，地方債，社債，株券，新株予約権証券，投資信託・投資法人等に関する証券，資産や金融の流動化

---

214)　http://www.shinkin.co.jp/tsuyama/pdf/kouhyou610.pdf
215)　「浮貸し」とは，金融機関の職員がその地位を利用し，自己又は当該金融機関以外の第三者の利益を図るために，金銭の貸付，金銭の貸借の媒介，債務の保証をすることをいう。なお，関沢他31頁以下，長谷川他341頁以下。
216)　http://www.tsubaki.co.jp/ir/pdf/release/13/13050801.pdf
217)　http://www.noritake.co.jp/company/press/2010/02/post_3.html
218)　金子宏他『法律学小辞典［第4版補訂版］』（有斐閣・平成20年）1212頁。

に関する証券，デリバティブを表示する証券，政令により指定された証券等をいうとされており[219]，金融商品取引法における「有価証券」に手形・小切手は含まれない[220]。企業会計上は，小切手については「当座預金」勘定で[221]，手形については「受取手形」「支払手形」「設備支払手形」「支払融通手形」勘定等で，貨物引換証や船荷証券は「未着品」勘定でそれぞれ処理する。

有価証券は，その保有目的により，①売買目的有価証券，②満期保有目的債券，③関係会社株式，④その他有価証券に分かれる。

勘定科目の区分との関係では，以下のように計上する[222]。

① 売買目的有価証券は，市場性のある有価証券を資金運用の目的で短期間所有するもので，流動資産の部に「有価証券」又は「売買目的有価証券」として計上する。

② 満期保有目的債券のうち，1年以内に満期が来るものは流動資産の部における「有価証券」として，1年以内に満期が来ないものは固定資産の部における「投資有価証券」として計上する。

③ 関係会社株式は，親会社，子会社や関連会社[223]の株式で，固定資産の部に計上する。

④ その他有価証券は，合名会社，合資会社，合同会社，組合等への出資等があり，原則として，固定資産の部における「投資その他資産（又はその他投資）」のうち「その他有価証券（又は投資有価証券）」として，1年以内に満期の来るものは流動資産の部における「有価証券」として計上する。

その他，純資産の部には「自己株式」，「その他有価証券評価差額金」[224]

---

219) なお，本項では，便宜上，有価証券一般を扱う。
220) なお，近藤他 25-37 頁，川村他 33 頁以下，原他 16 頁以下。デリバティブと法人税法について渡辺淑 327 頁以下。
221) なお，小切手を受領した場合には現金を受領したのと同様に記帳し，先日付小切手を受領した場合には約束手形を受領したのと同様に記帳する。
222) なお，国際財務報告基準における金融商品の取扱いについては中尾 111 頁以下。
223) 関連会社の判断基準としては，議決権付株式を 20％以上 50％未満保有している等の「形式基準」と財務，営業，事業の方針決定に重要な影響を与えることができるという「影響力基準」によって判定される。なお，「連結財務諸表における子会社及び関連会社の範囲の決定に関する適用指針（企業会計基準適用指針第 22 号）」（平成 20 年・最終改正平成 23 年。http://www.asb.or.jp/asb/asb_j/documents/docs/spe-tanki/spe-tanki_4.pdf）参照。

が表示される。

④について付言すると，合名会社・合資会社・合同会社（特定目的会社等），組合（協同組合，投資組合，匿名組合等）等への出資は，税務対策として，海外とりわけタックス・ヘイブン税制採用国・地域に設立された法人・組合等の関与する極めて複雑なスキームの一環として用いられることもある。このようなスキームの全てが不正・違法であるわけではないが，中には，売上や利益の不適正な外部への移転仮装，損失飛ばし等のためにこのようなスキームが用いられることがあることには留意が必要である。また，ベンチャー企業投資を目的とする企業や特定目的会社がこのようなスキームに基づく投資をする場合には，企業が売買目的で保有する株式会社の有価証券の在庫は「営業投資有価証券」として，株式会社以外の会社や組合への出資金については「営業出資金」として流動資産の部に表示される。つまり，「投資有価証券」という固定資産ではなく，流動資産として計上できることになる。また，この場合，このような投資売買等によって発生した収益は，営業外収益ではなく，売上として表示されることになることから[225]，会計上のうまみも大きく，不正会計に用いられているのではないかとの観点からの検討も必要である[226]。

有価証券の帳簿価額をいくらで計上するかについては，企業会計審議会「金融商品に関する会計基準（企業会計基準第10号）」[227]が指針を示している。

これによると，有価証券は保有目的に応じて期末の評価基準が異なるものとされ，会計上次のように処理される。

---

[224] 「その他有価証券評価差額金」は，投資有価証券に時価会計を適用した場合，時価評価に伴う含み損益が実現したものとして損益計算書に記載するのは相当でないので，税効果会計を適用した上，これを純資産の部に記載するものとしたものである。税効果会計については第2編第2章第1節A10(1)で後述する。

[225] 一般には，売買目的有価証券については，企業が経常的な投資活動として有価証券の売買を行うことが想定されるため，その損益は「営業外収益・費用」となる。これに対して，「投資目的有価証券」とされる満期保有目的債券，子会社・関連会社株式，その他有価証券については，その売却益・損失は「特別利益・損失」となる。

[226] なお，永沢3頁以下では，ケイマンSPC（特定目的会社）が用いられる背景としての再投資リスク，流動性リスク，金利リスクの分離等が解説されている。また，青木48頁以下では，投資組合スキームを構築する際の投資事業有限責任組合，有限責任事業組合，合同会社（LLC），特定目的会社，信託等の役割について解説されている。

[227] さらに，令和元年7月，「時価の算定に関する会計基準」（企業会計基準第30号）及び「時価の算定に関する会計基準の適用指針」（適用指針第31号）が公表された。

① 売買目的有価証券は，期末に時価評価し，評価差額は当期損益として処理する。
② 満期保有目的の債券は，原則として取得原価をもって貸借対照表価額とする[228]。
③ 子会社及び関連会社株式は，取得原価をもって貸借対照表価額とする。
④ その他有価証券は，期末に時価評価し，㋐時価差額の合計額を純資産の部に計上する，㋑時価が取得原価を上回る銘柄の評価差額は純資産の部に，時価が取得原価を下回る銘柄の評価差額は当期損失として処理する，のいずれかの方法で仕訳をする[229]。

但し，②及び③の場合でも，期末の時価が取得原価より著しく低く，回復する可能性があると認められない場合には，期末の時価で評価し，差額は当期の損失として処理しなければならない[230]。

なお，株券発行会社においては，株式の移転の効力要件は株券の交付であるが[231]，「社債，株券等の振替に関する法律」に基づく振替制度を利用している会社の「振替株式」については，権利の帰属は，振替機関や口座管理機関に置かれる振替口座の記載・記録により定まる（同法128条1項）。また，上場会社については，振替制度の利用が強制される（同法改正附則7条）。

有価証券に関する主な仕訳は次のとおりである。
○ 有価証券を115万円，手数料等5万円で購入した。

　　　　有価証券　　1,200,000 ／ 現預金　　1,200,000

（手数料等は有価証券の取得価額に含めて計上する。）

---

[228] なお，債券を債券金額よりも低い価額又は高い価額で取得した場合において，その差額が金利の調整と認められるときには償却原価法に基づいて算定された価額を貸借対照表価額とする旨の例外が置かれている。この場合，「満期保有目的債権　10,000 ／ 有価証券利息　10,000」などと仕訳をすることになる。

[229] 河崎他28頁以下，伊藤407頁以下。

[230] なお，デリバティブやオプションの評価については古川161頁以下，河崎他52頁以下，GMI204頁以下。デリバティブ取引の定義については近藤他42頁以下，川村他63頁以下。国際財務報告基準におけるデリバティブの処理についてはあずさ250頁以下，中尾141頁以下。なお，有価証券評価差額金，繰延ヘッジ損益，為替換算調整勘定，退職給付に係る調整額等は「その他の包括利益」を構成し，「包括利益の表示に関する会計基準」（企業会計基準第25号。平成25年最終改正）が公表されている。

[231] 会社法214条，近藤他211頁。

○ 有価証券を売却した。

    現預金 1,400,000 ／ 有価証券 1,200,000
              有価証券売却益 200,000

○ 売買目的の有価証券を期末に時価評価をした。

    有価証券 200,000 ／ 有価証券評価益 200,000

なお，先物取引については，上述した企業会計審議会「金融商品に関する会計基準（企業会計基準第10号）」のほか，同審議会「先物・オプション等の会計基準に関する意見書」（平成2年）により，先物相場の変動に基づく値洗いをその都度認識する「値洗い基準」ではなく，先物相場の変動から生ずる差損益を先物契約の決済時に認識する「決済基準」が採用されている[232]。

例えば，「事業会社A社は，証券会社B社に委託して国債先物額面1億円を単価90円で買い建て，委託証拠金として300万円をB社に差し入れた。当該先物の価格は，決算時に95円に上昇した。その後相場の変動はなく，95円で反対売買による差金決済を行った。」という事例（大野他172頁以下）に関する仕訳は，次のようになる。

○ 契約時

    先物取引差入証拠金 3,000,000 ／ 現金 3,000,000

○ 先物相場の変動時

 （決済基準では会計処理を行わない。）

○ 反対売買による決済時

    現金 8,000,000 ／ 先物取引差入証拠金 3,000,000
              先物利益   5,000,000

(2) 有価証券・投資有価証券をめぐる不正会計事例

以上で説明したように，売買目的有価証券においては，保有する有価証券の評価額が下がった場合には，期末の時価評価を強制され，また，その他の有価証券においても，著しい評価減で回復の見込みがないときには時価評価が強制される。しかし，投資に失敗して多額の損失を計上することは，企業経営者にとっては耐え難いことであることが多く，この損失を関連会社に飛

---

[232] オプションについては井手・高橋210頁以下，河崎他63頁以下。

ばしたり，別の有価証券等への投資を仮装するなどして損失計上を行わないという不正が散見される。また，その際，投資事業組合や租税回避地（タックス・ヘイブン）籍のファンドを利用した複雑なスキームが組まれることもあるので，注意が必要である[233]。また，ファンドへの投資を仮装して，同資金を私的に流用していた事案もある[234]。

　平成 19 年 11 月に公表された**株式会社日興コーディアルグループの調査委員会の調査報告書**[235]には，①日興コーディアルグループ（NCC）の子会社である日興プリンシパル・インベストメンツ株式会社（NPI）は NPI ホールディングス株式会社（NPIH）の全株式を所有して支配しており，NPIH を連結の範囲に含めず，NPIH に EB 債（債券の償還約定日に他社株券で償還されたり，他社株券に交換される社債）を発行させ，その発行日を遡らせた上，NPIH に株式公開買付（TOB）を行わせ，これにより NPI に EB 債の評価益約 147 億円を発生させ，NPIH には同額の評価損を発生させたが，NPI の評価益のみを NCC に連結計上し，評価損は簿外とすることにより不正な利益を計上したこと，②その際，NPIH が発行した EB 債を NPI が引き受けることで，連結の内外にまたがるデリバティブ取引を行ったこと，③EB 債の発行決議が行われた日を遡らせて交換権行使価格を同日の終値である 2 万 4480 円まで意図的に引き下げた上で TOB を実施して，9 月末日の株価と交換権行使価格の差額によって算定される評価益を水増ししたこと，④投資対象会社を連結すべきか否かに関するベンチャーキャピタル条項に従えば，NPIH は非連結となり，非連結の NPIH との間で，連結の内外にまたがる何らかの取引を行い，連結の内側に利益が出れば，連結の外側の損失は計上されず，連結の内側の利益だけが計上されることを前提として，不正な益出しのために上記取引を行ったものと推認されること等が記載されている。

　平成 23 年 12 月に公表されたオリンパス株式会社に関する第三者委員会調

---

233) なお，中田他 147 頁以下。
234) なお，投資事業有限責任組合の会計税務について木村 142 頁以下及び青木他 96 頁以下，有限責任事業組合の会計税務について同 178 頁以下，投資事業組合等を使った連結外しについて勝間 87 頁以下。
235) http://kunihiro-law.com/files/open/writing/52429af112sqiwifqz0ns_pdf.pdf

査報告書[236)]には，①オリンパスにおいては，1990年代の金融資産の運用失敗のため，1000億円以上の損失を抱えていたこと，②外部コンサルタントの指南を受け，同損失をオリンパスの連結決算から外れるファンドに簿価で買い取らせて，ヨーロッパ，シンガポール，国内のルートでファンドに合計1550億円の資金を投入して損失計上を先送りしたこと，③これらの損失を解消するスキームの受け皿として，国内で発掘した3社の株式を利用することとし，まず，オリンパスのファンド及びオリンパスの指示により作られたファンドが同社の株式の一部を著しい高値である合計188億円で購入したこと，④平成19年の会計基準の変更を受けて，オリンパスがファンドから株式の現物を著しい高値で引き取り，時価との差額をのれんとして資産計上したこと，⑤オリンパスは，監査法人からのれんの簿価と実際の資産価値との差額を指摘され，合計670億円の減損処理を行ったこと等が記載されている（なお，第2編第2章第1節C2参照）。

　平成24年3月に公表された証券取引等監視委員会のAIJ投資顧問株式会社に対する勧告[237)]や同委員会作成の「参考資料」[238)]には，①同社は，投資一任契約を締結している年金基金等の顧客に対し，かかる投資一任契約に基づく運用対象資産として同社が運用している外国投資信託「AIMグローバルファンド」（AIMファンド）の買付けを指図していたが，顧客に対してAIMファンドの各サブファンドについて虚偽の基準価額を算出・報告していたこと，②虚偽の基準価額の算定に当たっては，同社社長は，自らの相場観に基づき決定した一定の数値を虚偽の基準価額として算出していたこと，③同社長により算出された虚偽の基準価額は，AIMファンドの管理会社の取締役でもある当社取締役からAIMファンドの販売証券会社であるITM証券株式会社に対して伝えられたこと，④当社は，投資一任契約の締結の勧誘について，66の顧客（年金基金）に対し，ITMと一体となって虚偽の基準価額や当該基準価額に基づく運用実態が記載されたリーフレットを配布し，投資一任契約の締結の勧誘を行っていたこと，⑤AIJは，支配下にあ

---

236) http://www.olympus.co.jp/jp/common/pdf/if111206corpj_1.pdf
237) http://www.fsa.go.jp/sesc/news/c_2012/2012/20120323-2.htm
238) http://www.fsa.go.jp/sesc/news/c_2012/2012/20120323/01.pdf

る2つの投資事業組合を通じてITMに8割の出資をしていたこと，⑥AIJは100％出資した英国バージン諸島籍のファンド管理会社AIA等と投資一任契約を締結し，同社を通じてケイマン諸島籍のファンド受託銀行（代理人は香港）を通じてAIMファンドに業務委託をした形式を取っていたこと，⑦デリバティブ取引の損失は1092億円に上ったのに，AIJには2090億円，ファンド受託銀行には251億円の純資産があるように仮装していたこと等が記載されている。

平成25年4月に公表された**株式会社クロニクル**に関する第三者委員会調査報告書[239]には，同社の代表取締役会長や社長らは，シンガポールにファンドを組成し，当該ファンドに9億円の出資してその資金を個人的に領得したこと等が記載されている。

更に，証券取引等監視委員会が平成25年6月に課徴金納付命令勧告を行った**株式会社オービック**による有価証券報告書等虚偽記載の事案においては，①同社は，海外の不動産プロジェクトを資金使途とする社債（私募債）に対する投資を行っていたが，社債発行者が破綻したことから，連帯保証人の資力に依拠して当該社債の償還可能性を評価していたこと，②その後，同社は，当該連帯保証人の財政状態が大幅に毀損した可能性を窺わせる事象を把握したが，その影響を十分確認せずに当該社債の評価を誤った結果，当該社債に係る投資有価証券評価損等を計上しなかったこと等が証券取引等監視委員会作成資料[240]に記載されている。

また，**株式会社ライブドア**の行った不正会計の一手段として，ライブドアファイナンスが現金を出資して設立した投資事業組合がライブドア株式を別の投資事業組合に現物出資する等の方法により，本来は売上に計上できない自社株式売却益を売上高に計上したことが指摘されている（浜田21頁以下）。

なお，過去の有価証券投資の失敗が不正会計のきっかけとなった事例として，平成23年12月に公表された**クラウドゲート株式会社**に関する調査委員

---

[239] http://ke.kabupro.jp/tsp/20130419/140120130419020549.pdf
[240] 証券取引等監視委員会「証券取引等監視委員会の活動状況」（平成26年）（http://www.fsa.go.jp/sesc/reports/n_25/n_25a.pdf）。

会の調査報告書[241]がある。

6 棚卸資産（商品，製品，原材料，仕掛品等）

(1) 総説

棚卸資産とは，ある時点における商品・製品等の有高のことである。本業における販売目的で仕入れた「商品」，製造した「製品」のほか，「半製品」，「仕掛品」[242]，及び「原材料」等が棚卸資産の主要なものである。

棚卸資産は，その名のとおり，貸借対照表の資産科目である。在庫数量の算定のためには，実際に実地で現物を数える「実地棚卸法」と，商品有高帳や材料元帳等の補助元帳に在庫の各品目ごとの受払と残高を継続的に記録することにより把握する「帳簿棚卸法」（継続記録法）がある（桜井147頁以下）。

在庫の管理は，企業経営上も，売れ筋で陳腐化していない商品を把握したり，注文・販売数量に見合った適正在庫を確保するという意味で重要であるが，企業会計上は，売上原価や製造原価を計算する数値の元になるという点で極めて重要である。その理由は，第1編第2章4でも述べたとおり，三分法の下では，「仕入」は費用科目ではあるが，実際に費用として期末に計上できるかどうかは期末まで確定しておらず，期末時点で在庫として残っている部分については，棚卸資産として当期費用から差し引いて資産化し，翌期に繰り越すためである。具体的には，期首商品有高について，

　　　　　　仕入　100,000　／　繰越商品　100,000

として期首商品を繰越商品勘定から当期の仕入勘定に振り替え，期末商品有高について

　　　　　　繰越商品　120,000　／　仕入　120,000

と仕訳して費用の一部を期末に資産化する[243]。

そして，売上原価については，

---

[241] http://www.crowdgate.co.jp/ir/pdf/press/2011/111213_2.pdf
[242] 「仕掛品」は，「半製品」になる前段階をいい，「半製品」はそのままでも出荷が可能な状態になっているものと説明されることが多いが，実務上，両者の区別は困難であることも多い。
[243] 但し，実務上は，「期首商品棚卸高　100,000　／　商品　100,000」として期首商品を商品に振り替え，期末商品について「商品　120,000　／　期末商品棚卸高　120,000」と仕訳して期末商品棚卸高を売上原価から控除することもよく行われているので注意が必要である。

　　　　当期売上原価＝期首棚卸高＋当期仕入高－期末棚卸高
製造原価については，
　　　　製造原価＝期首原材料・仕掛品棚卸高＋当期製造費用
　　　　　　　　－期末材料・仕掛品棚卸高
という式によって把握する（棚卸計算法）。

　多品種・大量に及ぶ原価をどのように把握するかについては，
① 個別法：単品ごとに購入単価を記録し，これを使用・販売した都度購入単価を原価とする方法
② 先入先出法：実際の物の流れとは無関係に，先に仕入れたものから先に使用・販売したとして計算する方法
③ 総平均法：棚卸資産や期中仕入の平均単価により計算する方法
④ 移動平均法：期中に商品や原料を仕入れる都度平均単価を計算し直す方法
⑤ 最終仕入原価法：期末に最も近い仕入価額から単価を計算する方法
⑥ 売価還元法：販売額に原価率を乗じて取得価額を計算する方法

があるが（桜井150頁以下），企業会計基準委員会「棚卸資産の評価に関する会計基準（企業会計基準第9号）」（平成18年・平成20年最終改正）[244]によって，棚卸資産の評価額の計算方法は，個別法，先入先出法，平均原価法[245]，売価還元法のいずれかによることとしている。

　棚卸資産の評価額が下落した場合の対応について，かつては取得原価（帳簿価額）による「原価法」を原則とし，時価が取得原価よりも著しく下落し，回復する見込みがあると認められない場合に強制評価減をする「低価法」によることとされていた[246]。法人税法上も，棚卸資産評価額が時価を下回るときに時価に基づいて棚卸資産を評価する「低価法」が認められている[247]。しかし，国際財務報告基準への統合に伴い，上記企業会計基準委員会「棚卸

---

[244] http://www.asb.or.jp/asb/asb_j/documents/docs/tanaoroshi/tanaoroshi.pdf
[245] 総平均法，単純平均法，移動平均法の総称である。
[246] 評価減については，売上原価，販売費及び一般管理費，営業外費用，特別損失等で処理されていた。
[247] 国税庁「棚卸資産の評価の方法（令第99条関係）」（http://www.nta.go.jp/shiraberu/zeiho-kaishaku/tsutatsu/kihon/shotoku/08/01.htm）。

資産の評価に関する会計基準（企業会計基準第9号）」によって，通常の販売・製造目的で保有する棚卸資産[248]は原則として時価（正味売却価額）で評価され，また，商品評価損は売上原価として計上されることとなった[249]。

商品評価損の仕訳は次のように行う。

商品評価損　10,000 ／ 繰越商品　10,000

(2) **棚卸資産に関する捜査のポイント**

棚卸資産は，脱税や粉飾において不正会計に最も利用されやすい科目の一つであり，捜査官としては十分な留意が必要である。その理由をいくつか見ていこう。

理由の第1は，棚卸資産の金額は，当期の利益額に直接的な影響を与えるからである。上述したとおり，売上総利益（粗利益）は，売上高から売上原価を差し引いた金額として求められる。そして，上述したとおり，販売業における売上原価は，基本的には，

当期売上原価 = 期首棚卸高 + 当期仕入高 − 期末棚卸高

によって求められ，製造業においても基本的には製造原価は同様の方法で計算される（棚卸計算法）。よって，期末棚卸資産が大きいということはそれだけ売上原価や製造原価が小さくなることを意味するから，損益計算書上の利益は大きくなることになる。

理由の第2は，棚卸資産の金額が通常多額であり，会計不正操作の効果が大きいからである。例えば，最新の大企業の有価証券報告書によると，在庫をとことんまで削減することで有名なトヨタ自動車株式会社[250]においても棚卸資産額は2.1兆円に及び，流動資産の12％を占める。株式会社三越伊勢丹ホールディングス[251]においては，棚卸資産額は661億円で，流動資産の21％を占め，ユニクロを展開する株式会社ファーストリテイリング[252]にお

---

[248] なお，トレーディング目的で保有する棚卸資産については，市場価格に基づく貸借対照表価額とし，帳簿価額との差額は当期の損益として処理する。

[249] 但し，評価減が臨時かつ巨額の場合には特別損失として処理する。なお，国際財務報告基準における棚卸資産の処理について，あずさ413頁以下，西野517頁以下。法人税法と棚卸資産の評価について渡辺淑243頁以下。

[250] http://cdn.ullet.com/edinet/pdf/S10041OZ.pdf

[251] http://cdn.ullet.com/edinet/pdf/S1003X0I.pdf

[252] http://www.nikkei.com/markets/ir/irftp/data/tdnr/tdnetg3/20150108/92mgy9/140120150108003217.pdf

いては，棚卸資産額は2448億円で，流動資産の24％を占める。

理由の第3は，棚卸資産の操作は会社内部のみで行うことができ，外部協力者が不要だからである。前に，脱税（裏金作りを含む。），粉飾の主な手法である売上や経費の額を操作するためには，これを裏付ける証憑書類の偽造に得意先や仕入先の協力が必要となったり，B勘屋やかぶり屋から虚偽内容の領収証を入手する等の工作が必要となることを述べた。これに対して，棚卸資産の操作は，会社内部のみで行うことができ，売上や経費の操作に比べて，実行におけるハードルが低いのである。

理由の第4は，棚卸資産の不正操作が発覚しにくいためである。棚卸資産の不正操作は会社内部のみで行うことができることから，反面調査によって判明する危険が少ない。また，棚卸資産は多品種・大量に及ぶことが多い上，管理には専門的知識や能力が求められることもある。更に，上述したとおり，棚卸資産の評価額の計算方法も複雑である上，期中に異常な価格による仕入をすること等による会計操作が行われる余地が多分に残されている。

(3) **棚卸資産をめぐる不正会計事例**

棚卸資産に関する会計不正事例は，以上のような理由から後を絶たない。また，上記のような不正操作容易性，発見困難性を利用して，従業員が在庫の横流しをする手段としても用いられることがある。

以下に具体的な事例を見ていこう。

　ア　主として利益額の粉飾を目的とする不正会計事例

平成22年8月に公表されたメルシャン株式会社の第三者委員会の中間報告書[253]においては，同社の水産飼料事業部において，循環取引によって16億円以上の売上が架空計上されたところ，棚卸資産に関する不正行為としては，①監査法人による倉庫の棚卸監査が行われた際には，飼料在庫が架空であることが発覚することを免れるため，大量の架空の飼料在庫をD倉庫やG倉庫等へ帳簿上移動する処理を行うと共に，架空の飼料在庫をD養殖へ販売し，更に，A製造では，大豆かす等を用いて製造していた偽装在庫品を用い，帳簿上の架空の飼料在庫がA倉庫に実際に存在するかのように偽装したり，

---

253) http://ke.kabupro.jp/tsp/20100812/140120100812091073.pdf

架空の飼料在庫の一部をY倉庫に移動させたと回答するなどして，上記実地棚卸における発覚を免れたこと，②本社監査部による倉庫の実地棚卸が行われた際には，脱脂ぬかを用いて偽装在庫品を製造したり，監査直前に，C卸売の了解を得て，後に何らかの形でC卸売に資金を回すとの約束の下，当該架空の飼料在庫をC卸売に約6億円で販売して架空売上を計上したこと等が記載されている。

平成23年12月に公表された**株式会社マキヤに関する内部調査委員会の調査報告書**[254]には，同社の家電仕入担当者が，過去4年間にわたり，月次において自己の営業成績を仮装するため，手書きの売価改訂伝票，仕入伝票及び返品伝票を操作することにより，不正に高額な売価を設定し，架空在庫を生じさせ，月末在庫売価金額を水増ししていたこと等が記載されている。

平成24年2月に公表された**住友大阪セメント株式会社の新材料事業部高機能フィルム事業グループに関する社内調査委員会報告書**[255]には，①原価計算に関する不適切な会計処理は，主に，中国の加工委託先への払出数値が，実態よりも少ない数値に改竄されたり，実態と異なる品種にすることによって他の半製品在庫に滞留させるという手口により行われていたこと，②より具体的には，原材料の払出数量を過少に計上しその見合いを過大な原材料在庫とする，生産数量を過大に計上し，次工程に実態より安い単価の原価を払い出し過大な数量の半製品在庫とする，発生費用を過年度モデル等の生産していない品種に計上したり次工程払出先に過年度モデル等の生産していない品種を入力することにより発生費用や原材料費を半製品在庫に加える等の手口が採られていたこと，③売上計上に関する不適切な会計処理は，売上の計上月を操作するという手口が採られていたこと，④影響額は，利益額にして6.8億円，資産額にして9.5億円に上ること等が記載されている。

平成24年11月に公表された**株式会社ニチリンの米国連結子会社に関する内部調査委員会の調査報告書**[256]には，同社の米国テネシー州に設立された連結子会社の社長が，①営業損失の計上を回避するため，製品，仕掛品，原

---

[254] http://makiya-group.co.jp/documents/h23.12.28tyousakekka.pdf
[255] http://www.soc.co.jp/wp-content/uploads/2013/09/20120210_01_News_Release.pdf
[256] http://www.nichirin.co.jp/news/2012/20121116_1.pdf

材料の在庫を過大計上したり，不稼働品の評価減額を減少させたりしたこと，②その後，業績好調期に在庫過大計上額の一部を解消したこと等が記載されている。

平成25年6月に公表された**大興電子通信株式会社**の特別調査委員会の調査報告書[257]には，①監査法人から直送在庫を中心とした受注在庫の実在性の調査を行いたい旨申し入れたところ，当社は，当社の顧客は製造業，流通業，病院関係，自動車関連など多岐にわたり，顧客に商品が納品された後は，顧客側のセキュリティにより納品場所への立入りが厳しく制限される，小売店舗において商品が稼働している等の理由により，一般的な倉庫での棚卸に比較して立会による確認が困難である旨返答したこと，②その後の監査手続において，顧客Aから受注して納品したノートPC及びルーターの受注登録・発注原価について，一度受注計上した数量の半数を取り消し，これを顧客Aと無関係な顧客Bの別案件の受注明細に付け替え，発注時にその直送先を顧客Aとするという原価の不適切な付け替えが確認されたこと，③上記不正会計の影響額は，純資産ベースで6000万円を超える期もあり，違法配当が行われた期もあったこと等が記載されている。

平成25年11月に公表された**株式会社雑貨屋ブルドッグ**の第三者委員会による調査報告書[258]には，①同社取締役管理本部長の指示に基づいて，同社財務課長が，在庫計算過程のうちシステム課が集計した各店舗における実地棚卸の集計結果を改竄したこと，②改竄の方法は，システム課が作成し，財務課が入手した各店舗別・ジャンル別に集計された実地棚卸金額（上代ベース）に係るデータの各店舗別・ジャンル別の集計金額について，過大又は過少となる金額を直接上書き入力することにより行われたこと，③財務課長は，在庫計算に係る第2次ロールフォワード[259]計算の過程において，実際の商品の移動を伴わないにも拘らず，エクセルファイル上のシートの数字を操作することにより，存続店舗から閉鎖店舗に対する品振処理を行い，閉鎖

---

257) http://www.daikodenshi.jp/dcms_media/other/other_2013_7.pdf
258) http://www.z-bulldog.co.jp/cms/pdf/ir/2013/20131111.pdf
259) データベースに障害が発生したときに，記録してあるチェックポイントのデータを再現した上で，ログファイルに残っているチェックポイント後の処理を再現し，障害直前の状態にまで戻すことをいう（「インセプト・IT用語辞典」http://e-words.jp/w/ロールフォワード.html）。

店舗の在庫は一律にゼロとして処理する在庫の過少計上やロス率の改竄を行ったこと，④不正会計の影響額は1億円近くに上る期もあったこと等が記載されている。

平成26年12月に公表された虹技株式会社の第三者調査委員会の調査報告書[260]には，同社鉄鋼事業部において，①まだ鋳込作業に入っておらず，したがって仕掛品として計上できない注文品をあたかも鋳込作業が完了したかのように装って，生産管理システムへの入力処理を行い，仕掛品としての不正計上がなされていたこと，②まだ完成品検査における合格結果を受けておらず，したがって製品として計上できない注文品をあたかも完成したかのように装って，生産管理システムへの入力処理を行い，製品在庫としての不正計上がなされていたこと，③鉄鋼事業部において管理しているニッケル・マグネシウム合金について，実際には使用した合金を使用していないかのように装って，帳簿上，これを資材部へ返還する処理を行うことにより，実際の現物在庫の約10倍以上の量が在庫帳簿に計上されていたこと，④不正経理額は2.7億円に上ること等が記載されている。

平成26年12月に公表されたオカモト株式会社に関する第三者委員会調査報告書[261]には，①同社静岡工場の工場長が中間原料，混合資材，仕掛品，原材料について，棚卸資産を4億円過大計上していたこと，②不正は，棚卸資産の単価と数量を水増しする2つの方法があったこと，③棚卸資産の単価を水増しする手口としては，システムを操作して標準単価を変更し，棚卸金額を嵩上げする方法と，システムを操作して単価の高い品番コードを不正に作成し，棚卸数量を，正規の品番コードではなく不正に作成した品番コードに紐付けることによって棚卸金額を嵩上げする方法の2つがあったこと，④棚卸資産の数量水増しの手口としては，棚札を不正に追加作成して，正規に作成・回収された棚札の束に紛れ込ませ，実際の棚卸数量のほか不正に追加作成した棚札の数量分についても棚卸資産が存在するように装う方法と，棚卸を実施する現場作業員に対し，特定の場所に置かれている棚卸資産について，棚札に記載する数量をあらかじめ伝えておく方法の2つがあったこと，

---

260) http://ke.kabupro.jp/tsp/20141212/140120141212092856.pdf
261) http://www.okamoto-inc.jp/ir/pdf/20141210.pdf

⑤これら不正の指示者は製造部部長代理で、実行者は課長以下であったこと、⑥不正は発覚期の3期前から行われていたこと等が記載されている。

　平成27年7月に**株式会社東芝**が公表した第三者委員会による調査報告書[262]には、同社半導体事業部門においては、平成25年度に特定顧客向けのASIC（特定用途・顧客向け特定用途・顧客向けLSI）在庫、部品メーカー向けのSRPJ（システムLSI）在庫について合計80億円の損失計上を行っているが、同期以前に簿価ゼロ又は1円の備忘価格まで評価減を実施して損失を計上すべきであったこと等が記載されている。

　　イ　主として在庫を横流しして、売却代金を横領する目的による不正会計事例

　平成21年5月に公表された**株式会社フォーバル**に関する社内及び外部調査委員会の調査報告書[263]には、同社社員が、電話機、複写機などの販売契約を顧客と締結した際の社内手続に、付属商品としてパソコン等を含めることが顧客との契約条件であるかのような虚偽の申請をし、社内決裁を受け出荷させた上、その商品を回収し私用に着服したこと等が記載されている。

　平成23年12月に公表された**株式会社ミネルヴァ・ホールディングス**の連結子会社に関する社内調査委員会の調査報告書[264]には、同社連結子会社の営業部長か、①仕入先であり、釣具・漁具の販売を業とするB社に対し、通常のルートとは異なり、携帯電話で直接担当者に会社名義でリール等の注文を行い、自分宛にて発送するよう指示し、5年半にわたり、到着した商品を社外に持ち出して売却処分する横領行為を繰り返していたこと、②棚卸の際にシステム上の在庫数と実在庫数とが一致せず、不正行為が発覚することを免れるため、虚偽の入荷処理、セット商品の構成及びその解放の入力をしていたこと等が記載されている。

　平成25年4月に公表された**株式会社クロニクル**に関する第三者委員会による調査報告書[265]には、同社の代表取締役会長や社長らが、4億円の社内在庫を簿外で売却してその資金を流用した上、同在庫があるかのように装う

---

262) http://www.toshiba.co.jp/about/ir/jp/news/20150721_1.pdf
263) http://www.forval.co.jp/news/up_img/1276487659-256210.pdf
264) http://minerva-hd.com/ir/release/ir20111222.pdf
265) http://ke.kabupro.jp/tsp/20130419/140120130419020549.pdf

ため，委託販売先に預け在庫として保持している旨虚偽の資産計上をしたこと等が記載されている。

平成 27 年 3 月に公表された**株式会社かわでん**の第三者調査委員会の調査報告書[266]には，①同社静岡営業所の従業員が山形購買外注チームを欺いて電線を発注し，電線を廃品回収業者に転売して代金を領得していたこと，②福岡営業所の営業担当者が仕入先の担当者と共謀の上，仕入れる部品を換金性の高い商品に変更し，これを転売の上換金し，回収不能な売掛金の回収に充てていたこと，③不正会計の影響額は総額 7.2 億円に上ること等が記載されている。

平成 27 年 5 月に公表された**東邦亜鉛株式会社**の調査委員会の調査報告書[267]には，①当社ソフトカーム（鉛を使用した遮音製品）事業部の X 社に対する売掛金残高が同社の当社に対する買掛金残高を 1.5 億円超過していることが判明したこと，②実地棚卸資産を実施したところ，棚卸資産の実際残高が帳簿残高に比して 1.15 億円下回っていたこと，③鉛の不正横流しも行われていたこと，④これらの不正会計の原因は，月末棚卸の不実行，鉛屑のような簿外資産の管理の不存在，単価訂正の懈怠，請求書の不発行，入金予定日の変更，バルク売買の過程で売掛金と買掛金の認識額にずれが生じたこと等にあったこと等が記載されている。

7　前払金・前払費用

(1) 総　説

前払費用は，一定の契約によって継続的に役務の提供を受ける場合，まだ提供を受けていない役務に対して当期に前もって支払った対価を処理する勘定科目である。例えば，3 年分の火災保険料を一括納付した場合には，2 年目及び 3 年目の火災保険料は今期に費用として計上することは相当でないので，資産科目である前払費用として計上するのである。前払費用に該当するものとしては，前払利息，前払保険料，前払家賃，前払保証料，前払リース料等がある。一定の契約によって継続的に役務の提供を受ける場合に該らな

---

266) http://ke.kabupro.jp/tsp/20150313/140120150313411852.pdf
267) http://www.toho-zinc.co.jp/news/pdf/news_20150527.pdf

い場合には「前払金」（又は「前渡金」）勘定を使う。仕入代金の前払い等がこれに該当する。企業会計原則上、前払費用は前払金と区別して計上すべきものとされているが、財務捜査上は両者を区別する実益に乏しいので、本項ではこれらを一括して扱うこととする。

前払費用の仕訳には、①前払費用を支出した時点で費用処理し、期末に前払費用の資産計上をする「費用法」、②前払費用を支出した時点で資産計上し、毎月費用化していく「資産法」がある。

① 費用法による仕訳は次のようになる。
○ 年払いの保険料を一括して支払った。

　　　　　　　保険料　　120,000 ／ 現預金　　120,000
○ 決算時に翌期分の保険料を資産計上した。

　　　　　　　前払保険料　30,000 ／ 保険料　　30,000
○ 翌期首に既払い今期分の保険料を費用化した。

　　　　　　　保険料　　30,000 ／ 前払保険料　30,000

② 資産法による仕訳は次のようになる。
○ 年払いの保険料を一括して支払った。

　　　　　　　前払保険料　120,000 ／ 現預金　　120,000
○ 毎月の保険料を費用化した。

　　　　　　　保険料　　10,000 ／ 前払保険料　10,000

前払金の仕訳は次のように行う。
○ 100万円の業務用自動車を発注し、内金10万円を支払った。

　　　　　　　前払金　　100,000 ／ 現金　　100,000
○ 商品が届き、残金90万円を支払った。

　　　　　　　車輌運搬具　1,000,000 ／ 現金　　900,000
　　　　　　　　　　　　　　　　　　　　前払金　100,000

(2) 前払金・前払費用に関する捜査のポイント

以上のように、前払費用や前払金は、本来費用としての性質を有する支出を資産として計上する費用性資産[268]であることから、不正会計の手段としての有用性が高いことになる。

しかも、前払費用や前払金については、支出金額自体は正しく記載され、

支出の相手方についても虚偽がないこともよくあるから，捜査官としては，支出された内容がそもそも製造原価や売上原価として費用計上すべき支出ではないか，または，費用としての支出であっても，来期に物品や役務の提供を受けるものではなく，資産計上は許されず，今期に費用として計上すべきものではないかという検討をすべきことになる。

なお，前払費用については，一般的には，これが主たる粉飾や脱税の手段になるというよりも，不正会計の付随的な手段として用いられることが多い。逆に言うと，前払費用にまで手を付けて不正会計を行っていることが判明した場合には，他の勘定科目についても不正が行われているのではないかと疑ってみる必要があろう。

(3) 前払金・前払費用をめぐる不正会計事例

前払金・前払費用をめぐる不正会計事例としては次のものがある。

平成19年5月に公表された**井関農機株式会社**の連結子会社に関する内部調査委員会の調査報告書[269]には，同社では，31億円の棚卸資産過大計上，3.5億円の建設仮勘定の過大計上，3億円の買掛金の過少計上が行われていたほか，人員派遣実績を1900万円水増しして，その金額を前払費用に計上し人件費を減少させ利益を操作するという不正会計が行われていたことが記載されている。

平成22年3月に公表された**近畿日本鉄道株式会社**の連結子会社に関する調査委員会報告書[270]には，同社では，売上高に関して累計68億円，売上原価に関して累計38億円の不正会計が行われていたほか，①売上原価を前払費用に振替えるという原価の繰延計上が行われていたこと，②具体的には，当期の費用として売上原価に計上すべき鉄道会社等に対する広告掲載料1800万円を翌期以降にその効果が生ずるものとして，前払費用に振り替えたこと等が記載されている。

---

[268] なお，会計学上，「費用性資産」は「貨幣性資産」に対する言葉で，将来費用となる資産を意味する。貨幣性資産（現預金，売掛金，受取手形等）は，将来回収又は換金される資産をいい，収入額又は回収可能額によって評価し，費用性資産（棚卸資産，固定資産，繰延資産等）は，将来販売や減価償却によって費用に転化する資産をいう。

[269] http://www.iseki.co.jp/news/up_img/1406106405-982555.pdf

[270] http://www.kintetsu-g-hd.co.jp/common-hd/data/pdf/tyosakekkatou.pdf

8 貸付金

(1) 総　説

　貸付金は，企業が行う金銭貸付けを処理する勘定科目である。1年以内に返済期限が到来するものを「短期貸付金」，返済期限が1年を超えるものを「長期貸付金」として処理する。また，役員や従業員に対する貸付けを特に「役員貸付金」や「従業員貸付金」勘定を用いて処理することもある。担保として手形を徴求したときには，「手形貸付金」として処理する。貸付金やその他債権の回収に懸念が生じた場合には「貸倒引当金」を計上し，実際に貸倒れとなった場合には，「貸倒損失」を計上する。貸倒引当金や貸倒損失については後述する（第2編第2章第1節A11参照）。

　貸付金に関する主な仕訳は，次のとおりである。
○　100万円の貸付けを行った。

　　　　　　貸付金　　1,000,000 ／ 現金　　1,000,000

○　貸付金の返済を受けた。

　　　　　　現金　　1,050,000 ／ 貸付金　　1,000,000
　　　　　　　　　　　　　　　　受取利息　　 50,000

○　手形貸付を行った。

　　　　　　手形貸付金　1,000,000 ／ 現金　　950,000
　　　　　　　　　　　　　　　　　　受取利息　50,000

○　貸付金に対して5％の貸倒引当金を見積もった。

　　　　　　貸倒引当金繰入　50,000 ／ 貸倒引当金　50,000

○　貸付金が貸倒れとなった。

　　　　　　貸倒引当金　　50,000 ／ 貸付金　　1,000,000
　　　　　　貸倒損失　　 950,000

○　貸倒処理した貸付金が一部回収できた。

　　　　　　現金　　500,000 ／ 償却債権取立益　　500,000

(2) 貸付金に関する捜査のポイント

　貸付金は，会社から直接現金を流出させる手段であるにもかかわらず，貸借対照表上は，資産の増減が釣り合っているだけで総資産が減少しないとい

う特質を持つだけに，不正会計に用いられることの多い勘定科目である。

　貸借対照表に「貸付金」が計上されているときに捜査官がまず考えなければならないのは，「何故貸付金を計上したのか。」「貸付金の実際の使途は何か。」ということである。

　何故ならば，会社の事業遂行目的で金銭を支出する場合には，端的にその性質に応じて費用計上すれば足りるのであり，わざわざ「貸付金」として資産計上する必要はないからである。つまり，貸付金は，それが事業遂行目的であっても問題がある可能性があるし，事業遂行目的でない場合には背任罪等のより大きな問題となり得るのである（なお，関沢30頁以下）。

　捜査官としては，「貸付金」が計上されている場合には，
- 本来費用として支出されるべき金銭を役員等に対する貸付金を仮装して支出し，資産や利益を過大に見せかけているのではないか。
- 税法上損金として認めがたい支出や，違法目的の支出を役員等に対する貸付金を経由・仮装して支出したのではないか。
- 役員や関連会社，取引先に対する利益供与の手段として貸付金を支出したのではないか。
- 貸付金を還流させて正常債権を仮装したのではないか。

という可能性を常に念頭に置き，会社と貸付け先との関係，貸付けに至る経緯，貸付け利息の高低，担保の徴求状況，担保目的物の価値や保証人の支払能力，借入目的と実際の費消先，現金の移動状況，元利金の返済状況及び返済原資等について，帳簿，証憑書類，借入申込書や社内検討文書，金銭消費貸借契約書，実際の資金の流れ，最終的な利益の帰属先を丹念に分析する必要がある。特に，「役員貸付」「代表者貸付」のような貸付け，関連会社や取引先に対する貸付け，長期間にわたって元利金の返済が滞っているような貸付金（利息の支払が仮装されているような場合を含む。）については，上記のような可能性が高いことを認識する必要がある（なお高田42頁以下）。

　貸付けが相手方への利益供与のためになされる場合，貸付金に実質はなく，もともと返済の意思は乏しいのであるから，貸付金が不良債権化することは必至である。貸付金は，発覚時点で不良債権になっていることもあろうし，既に，債権放棄（債務免除）や貸倒損失が計上されていたり，返済が免

除されていたりすることにより，相手方に対して確定的に利益が供与されていることもある。更には，正常債権を装うために，一部返済金まで追い貸ししていることもあるので注意が必要である。これらの利益供与の相手方は，会社の得意先であったり，地元の有力者であったり，反社会的勢力であることもあるので，捜査官としては，利益供与がなされた目的，時期，関連する事業や背景，金額とその理由についても十分に捜査を尽くす必要がある。なお，平成19年6月の犯罪対策閣僚会議幹事会申し合わせ「企業が反社会的勢力による被害を防止するための指針」（企業指針）の策定後，各業界で契約約款への暴力団排除条項の導入が進んでいるが，全国銀行協会においては，平成20年に会員銀行に対して融資取引における反社会的勢力介入排除のためのモデル暴力団排除条項を通知するなどの取組を行っており，暴力団員やその密接交際者がその身分関係を秘して銀行から融資を受けた場合には詐欺罪に問擬し得ることも知っておくべきである（清野①）。

(3) **貸付金をめぐる不正会計事例**

貸付金については，次のような不正会計事例がある。

　ア　貸付金が売上高水増し等の利益操作に用いられた事例

平成23年11月に公表された株式会社京王ズホールディングスに関する第三者委員会の調査報告書[271]には，①架空の資産譲渡契約に基づいて，未収入金2.9億円，固定資産売却益1.6億円，長期貸付金1億円等を架空計上したこと，②インセンティブ返金名目による架空売上高1.7億円を計上するに当たり，連結子会社とH社との間で8.2億円の準金銭消費貸借契約を締結したこと，③当社及びその連結子会社は，社長に対して貸付金名目で資金を流出させたが，利益相反取引になるにもかかわらず，取締役会の承認を得ずに同貸付けが行われたこと，④同社社長に対する1.1億円の簿外貸付けを解消する目的で関連会社が設立されたこと，⑤4店舗に関する架空の資産譲渡契約の履行代金が貸付金により支払われたこと等が記載されている。

平成23年12月に公表されたクラウドゲート株式会社に関する第三者調査委員会の調査報告書[272]には，①同社から関連会社に1.6億円の貸付け及び

---

271) http://www.keiozu.co.jp/2011/PDF/saisyuuhoukokusyokouhyou111117.pdf
272) http://www.crowdgate.co.jp/ir/pdf/press/2011/111213_2.pdf

3750万円の増資を行い，これを原資として，同社が開発したとする競輪オンラインシステムの使用許諾契約金の名目で3社から合計1.5億円を還流させ，売上を架空計上したこと，②関連会社に3億円を貸し付けて，別会社に競輪場紹介DVDの製作をさせたように装い，この使用許諾名目で合計1.45億円を還流させ，売上を架空計上したこと等が記載されている。

　　イ　貸付金が企業の目的に照らして不相当な支出に用いられた事例

　不正貸付けされた資金が会社の自己株式取得目的でなされた事例として，平成23年3月に公表された**株式会社fonfun**に関する第三者調査委員会の調査報告書[273]には，①会社の大株主A氏との関係が悪化した代表取締役が，A氏関係者を当社株主から一掃するために，社外の協力者によってA氏関係者が保有する当社株式を取得させようと試み，A氏及び同人の関連法人が所有していた当社株式を受け皿会社であるB社が譲り受けるに当たり，その譲受代金の支払，当社役員からA氏関係者に対する借入金の返済に充てるため，貸付金等の名目により会社資金2.2億円を流出させたこと，②同受け皿会社関係者が2億円を借り入れる際に会社として連帯保証したこと，③受け皿会社を解消して自己株式を取得する際にソフトウェア仮勘定等の名目で資金2億円を流出させたこと，④連帯保証に基づき代位弁済をするために，関連会社に対する貸付金名目で資金2.1億円を流出させたこと等が記載されている。

　平成25年4月に公表された**株式会社クロニクル**に関する第三者委員会調査報告書[274]には，同社の代表取締役会長や社長らは，株式交換により別会社を買収するに当たり，契約書を作成することなく，同社やその親会社に6億円の貸付けを行い，株式交換の中止後，うち3億円が不良債権化したのに，その損失計上を避けるため，金銭消費貸借契約書をバックデートで作成したり，会計監査人に虚偽の残高確認の返答をしたこと等が記載されている。

　平成27年1月に公表された**株式会社SJI**の第三者調査委員会の調査報告書[275]には，SJIグループの国内におけるハードウェア取引10件について，

---

273)　http://www.fonfun.co.jp/cgi/ir/files/20110301_01.pdf
274)　http://ke.kabupro.jp/tsp/20130419/140120130419020549.pdf
275)　http://www.sji-inc.jp/Portals/0/pdf/2014/20150130_1_kaiji.pdf

前渡金名目で仮装仕入先に合計 21 億円の出金がなされ，同資金が前社長やその関連先に移動されたが，これは前渡金の名を借りた前社長への資金融通と認められ，前社長はその資金を仮装販売先から代金の回収を仮装して SJI グループに還流させたこと，②海外におけるハードウェア取引 1 件についても同様に 12 億円を前渡金名目で仮装仕入先に出金し，これを前社長やその関連先に移動した上，仮装販売先から代金の回収を仮装して SJI グループに還流したこと等が記載されている。

　　ウ　貸付金が実質的な利益供与と見られる事例

　平成 22 年 3 月に公表された**近畿日本鉄道株式会社**に関する調査委員会の調査報告書[276]には，前社長が，協力会社から取引で大幅な損失が出たことの補填を求められ，取締役会決議等を経ずに同社に資金貸付けを行い，同社の破産によりこれが貸倒債権となったこと等が記載されている。

　平成 23 年 10 月に公表された**大王製紙株式会社**に関する特別調査委員会の調査報告書[277]には，①同社の会長又は同氏のファミリー企業に対し，同社の連結子会社から 26 回にわたり 107 億円の貸付けがなされていたこと，②いずれの貸付けも，会長から各連結子会社への常勤役員への一方的な指示により無担保でなされていたこと，③貸付金は FX 取引や株式投資に使ったと説明されているが，具体的使途は明らかになっていないこと，④返済額は 48 億円にとどまること等が記載されている。

　平成 24 年 2 月に公表された**共同ピーアール株式会社**の第三者調査委員会の調査報告書[278]には，当社から A 社に対する 5600 万円の前渡金の支払は，前社長に対して迂回融資する目的で支払われたものであること等が記載されている。

　平成 24 年 5 月に公表された**株式会社東理ホールディングス**に関する社内調査委員会の調査報告書[279]には，①取締役に対して直接 9.3 億円，A 社を経由して 1.56 億円，B，C 社を経由して株式が貸し付けられたこと，②代表取締役の知人で関係会社役員であった者に対して 1.55 億円が貸し付けら

---

276) http://www.kintetsu-g-hd.co.jp/common-hd/data/pdf/tyosakekkatou.pdf
277) http://www.daio-paper.co.jp/news/2011/pdf/n231020a.pdf
278) http://www.kyodo-pr.co.jp/news/2012/20120207_01.pdf
279) http://www.tori-holdings.co.jp/investment/pdf/E1-20120521-1.pdf

れたこと，③これらの貸付けについては，取締役会議事録等で会社の事業目的に照らして合理的かどうかや回収可能性について検討を行ったことが窺えないが，共に回収困難となっていること等が記載されている。

平成27年1月に公表された株式会社光通信の連結子会社株式会社京王ズホールディングスに関する社内調査委員会の調査報告書[280]には，取締役らに対して，福利厚生貸付けを仮装して会社資金1500万円を流出させたこと等が記載されている。

9　仮払金

(1) 総説

仮払金は，現金支出の相手勘定や金額が未定の場合にこれらが確定するまでに一時的に使用される勘定科目（仮勘定）であり，勘定科目や金額が確定し次第，本勘定に振り替えることを要する。なお，「仮払金」は，本来会社が負担すべき費用を後日の精算を前提として支給するのに対して，「立替金」は，本来従業員その他の者が負担すべき金銭（雇用保険料，労働保険料等）を会社が一時的に支出するものである。仮払金は，このように一時的な勘定であるので，決算時までには可能な限り仮払金の精算を行い，残高を解消する必要がある。

仮払金に関する主な仕訳例は，下記のとおりである。
○　仮払金を支出した。

　　　　　　仮払金　　　50,000 ／ 現金　　　50,000
○　仮払金を本勘定で精算した。

　　　　　　交際費　　　40,000 ／ 仮払金　　50,000
　　　　　　旅費交通費　　5,500
　　　　　　現金　　　　　4,500

(2) 仮払金に関する捜査のポイント

以上のように仮払金は，使途又は金額が未確定の状態で行われる会社からの現金の引き出しを処理するための勘定科目であることから，引き出された

---

[280] http://www.nikkei.com/markets/ir/irftp/data/tdnr/tdnetg3/20150113/92x870/140120150113005084.pdf

現金が不正目的に使用されることも多く，捜査官がまず着目すべき勘定科目でもある（なお，高田41頁）。特に，社長や役員に対する「社長仮払金」「役員仮払金」は，社長や役員の個人的な用途に費消するための実質的には貸付金に該当するものであったり[281]，不当・違法な目的のために支出時に使途を明らかにすることができず，後日虚偽の証憑書類を入手・作出して適当な科目で精算処理するために支出されることも多い。また，このような場合，「仮払金」としての資産性の価値にも疑問があり，粉飾が行われているのではないかとの観点からの捜査も必要となろうし，仮払金が私的に用いられたり隠匿された場合には，脱税，横領や裏金作りの手段となっているのではないかとの観点から，資金の実際の動きや使途を精査する必要もあろう。

そこで，捜査官としては，相当額の仮払金の支出があった場合には，支出された現金の行方，使途，費消先，最終の帰属先を解明し，仮払いがなされた目的，相手方，時期，金額等を明らかにするように努め，帳簿や契約書，証憑類との整合性，仮払金が本勘定に振り替えられている場合にはこれが真実に合致しているか等について十分に捜査することを要する。

(3) **仮払金をめぐる不正会計事例**

仮払金が役員や会社関係者その他第三者に対する利益供与のために支出されていた事例は実に多い。

平成21年10月に公表されたフタバ産業株式会社に関する調査委員会の調査報告書[282]には，①同社子会社に対して仮払金科目として5000万円が支払われているが，同取引の実態は，当社及び同子会社の一部役職員による当社から同子会社に対する不正な金融支援であることが判明したこと，②同仮払金については返済見込みがなかったこと等が記載されている。

平成23年11月に公表された株式会社京王ズホールディングスに関する第三者調査委員会報告書[283]には，①同社では，社長に対して，仕訳を全く行わず簿外で処理する方法，預金や現金の架空の入出金取引として計上する方法，架空の建設仮勘定を利用して計上する方法，支払先を記載しない架空の

---

281) なお，このように認められる場合，税務上は認定利息を計上しなければならない（所得税基本通達36-49）。
282) http://www.futabasangyo.com/news/old_news/topics/2009/091019_3.pdf
283) http://www.keiozu.co.jp/2011/PDF/saisyuuhoukokusyokouhyou111117.pdf

仮払金等を利用して計上する方法，正規の貸付金として計上する方法等により多額の資金が流出していたこと等が記載されている。

平成25年10月に公表されたイオンフィナンシャルサービス株式会社の台湾連結子会社に関する第三者調査委員会の調査報告書[284]には，①同社の台湾における事業会社の総経理係が不正送金を行った際に，送金先を明らかにしないまま仮払金を計上するなどの会計処理を行ったこと，②その後，仮払金をはじめとする仮勘定を架空の売掛金に振り替える等の不正な会計処理を行っていたこと等が記載されている。

平成26年5月に公表された長野計器株式会社に関する調査委員会の調査報告書[285]には，取締役が期中において仮払金の形で法人主要株主に資金提供を行うと共に，各四半期末において当社から代理店を経由し，または当社の子会社から直接の短期融資に振り替えた形にして仮払金を解消し，迂回資金提供を実行していたこと等が記載されている。

平成27年1月に公表された株式会社光通信の連結子会社株式会社京王ズホールディングスに関する社内調査委員会の調査報告書[286]には，①社長名義の口座への900万円の送金は，同人への仮払金として取締役会決議も稟議申請もないまま出金がなされていたこと，②同年の決算末日になって同仮払金は立替金に組替されたが，その際，社長の妻の母親の葬儀費用等に充てるための貸付けである旨の稟議書が作成され，これが取締役会で承認されたこと等が記載されている。

また，仮払金の計上が従業員の横領に用いられていた事案も相当ある。

平成23年5月には，株式会社ナカムラロジスティクスに関して，①元役員が17年間で10億円を着服横領していた疑いで逮捕されたこと，②同人は経理担当取締役として，会社名義の小切手を仮払金名目で無断で振り出し，これを現金化して横領し，遊興費，外車購入費，住宅ローンの支払などに充てていたこと等が報道されている[287]。

---

[284] http://www.aeonfinancial.co.jp/corp/news/data/news131004.pdf
[285] http://w3.technobahn.com/market/press/201405271530147715.html
[286] http://www.nikkei.com/markets/ir/irftp/data/tdnr/tdnetg3/20150113/92x870/140120150113005084.pdf
[287] 平成23年5月18日付日本経済新聞。

平成25年6月に公表された**株式会社増田製粉所の連結子会社に関する調査委員会の調査報告書**[288]には，従業員が立替金や仮払金で精算された回収金を着服横領していたこと等が記載されている。

10　繰延税金資産

(1)　総　説

　繰延税金資産は，税効果会計によって生ずる。そして，税効果会計は，会社法，商法や金融商品取引法に基づく企業会計原則と税法に基づく会計処理との間に差異があり，長期的に見ればこの差異は解消されると見込まれる一時差異に該る場合であって，当期においては企業会計原則による場合よりも多額に税金を支払わなければならない場合には，超過部分は税金を前払いしたものとしてこれを資産化し，逆の場合にはこれを負債化する会計処理である。

　会社法，商法や金融商品取引法が拠って立つ企業会計原則は，会社債権者や投資家を保護することを目的とするから，利益が実際以上に上がっていると見せて株価を上昇させたい，あるいは資金調達を容易に行いたい，自己の地位や報酬を維持・上昇させたいと考えている企業経営者に対して，保守主義の原則に基づいて，実際以上に企業の業績が良好であるように見せかけることに規制を加えがちであるのに対して，税法は，過度に保守的な会計手法をとって利益や税金を圧縮することに規制を加えがちである。

　例えば，取引相手に対する1000万円の債権が不良債権となり，200万円しか回収の見込みが立たない状況になったとき，これをそのまま1000万円の債権として簿価に掲げておくと，会社債権者としては債務弁済の引当となる会社の財産（資産）の額を正しく認識できないまま，債務不履行等の不測の事態を招くことになる。かといって，この債権をいきなり200万円の価値しかないものとして損金処理してしまうと，取引先の経営改善に伴い将来弁済がなされるかもしれないのに，不当に今期の税金を軽減する利益操作を許すことにつながりかねない。

---

288)　http://www.masufun.co.jp/files/release/130612tyousakekka.pdf

そこで，企業会計原則上は，会社債権者や投資家に企業の財産状態を不当に良好に見せることを防止する観点から，将来の危険に備えて貸倒引当金の計上を義務付けているのに対して，税法上は，厳格な要件の下でのみ貸倒損失を損金として計上することを認容するという取扱いをしている[289]。

　税効果会計とは，企業会計原則と税法の間の資産，負債の計上基準に以上のような相違があるために生じた企業会計上の損益と税法上の損益の差異のうち，交際費や受取配当金のように永久に税法上の損金や益金として認められない差異（永久差異）ではなく，将来の法人税等の額を減少させると認められる差異（一時差異）であって，将来，実際に法人税の額を減少させるに足る十分に大きな課税所得があると認められる場合には，この差額に実効税率を乗じた額については，当期に納付する法人税等は将来納めるべき法人税等を前払いしたものと考えて，これを資産計上しようとするものである。換言すれば，企業会計原則上は来年度以降納めればよい税金を，税法と企業会計原則の違いから今年度前払いしたのでこれを資産計上するという考えである。言わば，繰延税金資産は，会計上は費用として今期計上するが，税法上の損金算入は来期以降にずれ込む場合に，将来税法上の損金算入が実現したときには会計上の利益に比べて税金が減少するため，この税額減少効果を先に見込んで今期に資産計上するものである。このように，税効果会計による繰延税金資産の資産性は，将来損金算入が実現した場合に課税所得が減少することに求められるので，将来，繰延税金資産を計上するほどの十分な課税所得が見込まれることが求められるのである[290]。

---

289) 具体的には，法人の所得金額の計算上，損金の額に算入される費用は，原則として，その事業年度終了の日までに債務が確定したものに限られる（法人税法22条3項）。法人税法は，この例外として，①貸倒引当金，②返品調整引当金，③退職給付引当金，④賞与引当金，⑤特別修繕引当金，⑥製品保証引当金の各引当金について，一定限度内の繰入額を損金額に算入することを認めてきたが，平成10年度の税制改正で④⑤及び⑥が廃止され，同14年度の税制改正で③が廃止され，同23年の税制改正で貸倒引当金の損金算入について大幅な制限が加えられた。すなわち，貸倒引当金繰入額の損金算入ができる法人は，①資本金1億円未満の中小企業，②銀行・保険会社，③金融取引にかかる金銭債権を有する法人等に限定され，損金算入が可能な金銭債権も，①個別評価金銭債権については，長期棚上げ債権，債務超過等により返済見込みのない金銭債権等，②一括評価金銭債権については過去3年間の貸倒実績率の範囲等に限定された。（以上について税務大学校「法人税法」106頁以下）。
290) 平成27年12月に企業会計基準委員会から「繰延税金資産の回収可能性に関する適用指針」（適用指針第26号・最終改正平成30年），平成30年2月に「「税効果会計に係る会計基準」の一部改正」が公表された。なお，これと逆に，企業会計原則と税法の相違のために繰延税金負債が発生することもあるが，企業の不正会計の手段としての重要性は劣るので，説明は割愛する。

税効果会計の対象となり繰延税金資産を生み出す可能性のある一時差異としては，減価償却超過額，貸倒引当金繰入超過額，資産評価損否認額，繰越欠損金，繰越外国税額控除額等があり，税効果会計の対象とならない永久差異としては，交際費の損金不算入額，寄付金の損金不算入額等がある[291]。

一時差異は，「法人税等調整額」で処理し，具体的な計算方法は下記のとおりとなる。

○ 税効果会計の適用がない場合
税引前当期純利益　　1,000
法人税等の額　　　　－525
当期純利益　　　　　 475

○ 税効果会計の適用がある場合
税引前当期純利益　　1,000
法人税等の額　　　　－525
法人税等調整額　　　＋175
（差し引き）　　　　－350
当期純利益　　　　　 650

なお，上記法人税等調整額の計上の際には次のような仕訳をして繰延税金資産を計上する。例えば，貸倒引当金として2500円を計上したが，税務上の限度額を超える500円について法人税実効税率40％として税効果会計を適用した場合には次のように仕訳する。

　　　繰延税金資産　　200／法人税等調整額　　200

また，次年度以降に繰延税金資産の一部を消し込む場合には，例えば次のように仕訳（逆仕訳）をする。

　　　法人税等調整額　　40／繰延税金資産　　40

(2) 繰延税金資産に関する捜査のポイント

以上のとおり，繰延税金資産は，将来発生する費用を前払いしたという点で費用性資産である前払金・前払費用等と類似し，粉飾の手段としての利用

---

[291] 税効果会計について河崎他232頁以下，一ノ宮4頁以下，萩原62頁，桜井223頁以下。国際財務報告基準における税効果会計について中尾292頁以下。有価証券報告書における繰延税金資産に関する注記の読み方について加藤119頁以下。

価値が認められることになる。そして，次項で述べるとおり，貸倒引当金や貸倒損失の計上自体，貸倒懸念の程度や債務者が実質的に破綻したといえるかどうかという判断に裁量の余地が大きく入る上，繰延税金資産を計上するためには，将来に十分な課税所得を計上する見込みが必要であるところ，将来の業績予想を楽観的に行えば，より大きな繰延税金資産を計上することが可能になるという問題もある。

特に，銀行業においては，金融庁検査や日銀考査等で経営状況やリスク管理体制等が検査・考査の対象となることから，繰延税金資産が資本勘定に占める割合が大きいところ，中には，粉飾の手段として繰延税金資産が計上されている場合があるのではないかという問題が指摘されている[292]。

(3) 繰延税金資産をめぐる不正会計事例

平成25年9月に公表された**株式会社イチケン**の外部調査委員会の調査報告書[293]には，工事原価の先送り，債務の簿外化等の会計操作に伴い，不適切な繰延税金資産を計上していたことが記載されている。

平成25年10月に公表された**イオンフィナンシャルサービス株式会社**の台湾子会社に関する第三者委員会調査報告書[294]には，同社の台湾子会社では，過大に計上された利益・純資産を前提に，繰延税金資産2347万台湾ドル（1億円弱）の過大計上が行われていたことが記載されている。

平成25年12月に公表された**株式会社ヴィア・ホールディングス**の社内調査委員会の調査報告書[295]には，①日本公認会計士協会監査・保証実務委員会「その他有価証券の評価差額及び固定資産の減損損失に係る税効果会計の適用における監査上の取扱い（監査委員会報告第70号）」[296]において，減損損失に係る一時差異については，臨時性が高く，金額も巨額になる可能性が高いことから，長期解消項目としての取扱いは適用しないこととされているにもかかわらず，これに反して，減損損失[297]に係る将来減算一時差異が

---

292) 2002年3月における大手13銀行の資本勘定に占める繰延税金資産の割合が47%に上ることを指摘するものとして，磯貝3頁以下。倒産企業において繰延税金資産が計上されている事例について研究したものとして，一ノ宮24頁以下がある。
293) http://www.ichiken.co.jp/wp-content/uploads/2013/10/130912info02.pdf
294) http://www.aeonfinancial.co.jp/corp/news/data/news131004.pdf
295) http://www.via-hd.co.jp/via/news/pdf/20131220a8.pdf
296) http://www.hp.jicpa.or.jp/specialized_field/files/00431-001201.pdf

過大計上されていたこと，②資産除去債務[298]に係る将来減算一時差異が解消されるのは，原状回復義務の履行時とすべきにもかかわらず，資産除去債務に係る将来減算一時差異を繰延税金資産として過大計上していたこと等が記載されている。

11 貸倒引当金

(1) 引当金総説

引当金とは，将来発生すると予測される損失や費用に備えるため，あらかじめ，当期の資産又は負債の部に繰り入れて準備しておく見積額である。大蔵省企業会計審議会「企業会計原則注解」の注18[299]は，「将来の特定の費用又は損失であって，その発生が当期以前の事象に起因し，発生の可能性が高く，かつ，その金額を合理的に見積ることができる場合には，当期の負担に属する金額を当期の費用又は損失として引当金に繰入れ，当該引当金の残高を貸借対照表の負債の部又は資産の部に記載するものとする。」としている。

このように，引当金は，将来発生する可能性の高い費用や損失をあらかじめ資産減額計上又は負債増額計上することによって，その分純資産額を減少させ，実態を反映した信頼性のある財務諸表を作成することを趣旨とする。

引当金の種類について前記「企業会計原則注解」の注18は，「製品保証引当金，売上割戻引当金，返品調整引当金，賞与引当金，工事補償引当金，退職給与引当金，修繕引当金，特別修繕引当金，債務保証損失引当金，損害補償損失引当金，貸倒引当金等がこれに該当する。」としている[300]。これら引当金は，①将来の損失に備えるため，債権である資産（受取手形，売掛金，

---

[297] 例えば，経営環境の著しい悪化や市場価格の著しい下落によって，不動産の収益性が著しく低下し，帳簿価額と回収可能額との間に大きな差が生じた場合に，これを損失として会計処理することをいう。減損会計については河崎他116頁以下，中尾70頁以下。有価証券報告書における減損損失の記載の読み方について加藤129頁以下。

[298] 有形固定資産の取得，建設，開発等によって生じ，その除去について法律上の債務を負うものであり，例えば，建物の解体・修繕費用，土中の有害物質を除去する義務，原状回復義務によって発生する費用等をいう。資産除去債務は，税法上は債務として認められないので，将来減算一時差異となり同債務履行時に繰延税金資産として計上することになる。

[299] http://www016.upp.so-net.ne.jp/mile/bookkeeping/data/kigyoukaikei.pdf

[300] なお，負債性引当金を中心として具体的事例を考察したものとして，日本公認会計士協会「我が国の引当金に関する研究資料」（CPA③）がある。

未収金，貸付金等）から控除される「評価性引当金」（貸倒引当金）と，②将来の支出に備えるための「負債性引当金」（賞与引当金，退職給付引当金，修繕引当金，債務保証損失引当金等）に分かれる[301]。評価性引当金は，資産の減額要素として借方（左側）に記載され，負債性引当金は，負債の増額要素として貸方（右側）に記載される。いずれも純資産の減少要素であるが，将来発生する可能性が高い費用又は損失をあらかじめ適正に計上しておくことは，企業の健全で信用力のある財務体質を基礎付けるものであるから，経営分析の観点からは，引当金が適正に計上されていることはむしろプラスの要素として評価される（第2編第3章第2節2(1)参照）。

会社法に基づく会社計算規則[302]では，その5条4項が「取立不能のおそれのある債権については，事業年度の末日においてその時に取り立てることができないと見込まれる額を控除しなければならない。」として貸倒引当金の計上を義務的なものとする一方で，その6条2項が，「次に掲げる負債については，事業年度の末日においてその時の時価又は適正な価格を付すことができる。」とし，同項1号において，「将来の費用又は損失の発生に備えて，その合理的な見積額のうち当該事業年度の負担に属する金額を費用又は損失として繰り入れることにより計上すべき引当金」とし，負債性引当金の計上を裁量的なもののようにも読める規定振りをしている。しかし，上で見たように，「企業会計原則注解」注18では，前記のように，負債性引当金についても，その計上を義務的なものと位置付けている。

これに対して，税法上は，適正な徴税権の確保という観点から，費用は，原則として決済日までに債務が確定しているもののみを損金として計上することができるものとされ，例外として，貸倒引当金（法人税法52条）及び返品調整引当金（同法53条）については費用の見積計上が認められている。しかも，貸倒引当金については，これを損金算入できる法人は，資本金の額が1億円以下である普通法人，銀行・保険会社等とされ，かつ，貸倒引当金の繰入については，個別金銭債権について更生計画認可の決定があったこと，一括評価金銭債権については過去3年の貸倒実績率によること[303]等の

---

301) 負債性引当金については第2編第2章第2節A5参照。
302) http://law.e-gov.go.jp/htmldata/H18/H18F12001000013.html

厳格な要件が定められている[304]。このように、引当金の設定基準とその範囲については、企業会計原則と税法基準との間にギャップが生じており、これが前項で述べた税効果会計の発生原因の一つとなっている[305]。

次に、貸倒引当金の計上基準について、企業会計原則は、その一般原則において、「六　企業の財政に不利な影響を及ぼす可能性がある場合には、これに備えて適当に健全な会計処理をしなければならない。」と規定し、貸借対照表原則の四（一）Dにおいては、「D　貸倒引当金の表示　役員、親子会社に対する債権」として、「受取手形、売掛金その他の債権に対する貸倒引当金は、原則として、その債権が属する科目ごとに債権金額又は取得価額から控除する形式で記載する。債権のうち、役員等企業の内部の者に対するものと親会社又は子会社に対するものは、特別の科目を設けて区別して表示し、または注記の方法によりその内容を明瞭に示さなければならない。」と規定している。

更に、企業会計基準委員会「金融商品に関する会計基準（企業会計基準第10号）」（平成18年・平成20年最終改正）[306]においては、「受取手形、売掛金、貸付金その他の債権の貸借対照表価額は、取得価額から貸倒見積高に基づいて算定された貸倒引当金を控除した金額とする」とした上で、債務者の財政状態及び経営成績等に応じて債権を、①一般債権、②貸倒懸念債権、③破産更生債権に分類し、それぞれに対応した貸倒見積高を算定することとしている[307]。例えばみずほ銀行[308]や三井住友フィナンシャルグループ[309]の

---

303)　但し、中小企業等については同実績率の112%相当額への割増が認められている（同法施行令96条6項、租税特別措置法57条の9）。
304)　法人税法52条1項本文、税務大学校「法人税法」（平成27年）107頁以下。
305)　国税庁「一括評価金銭債権に係る貸倒引当金の損金算入に関する明細書」(http://www.nta.go.jp/shiraberu/ippanjoho/pamph/hojin/tebiki2002/02/11_1_2.htm) 及び日本公認会計士協会「平成10年度の税制改正と監査上の取扱いについて（監査委員会報告第57号）」（平成10年）(http://www.hp.jicpa.or.jp/specialized_field/pdf/01028-003305.pdf)。なお、国際会計基準と我が国の企業会計原則における引当金の計上基準を比較するものとして、日本公認会計士協会「我が国の引当金に関する研究資料」（平成25年）(http://www.hp.jicpa.or.jp/specialized_field/files/2-11-3-2-20130625_1.pdf)、国際財務報告基準における引当金の処理についてあずさ495頁以下、中尾153頁以下。税法と引当金について渡辺淑613頁以下。
306)　http://www.asb.or.jp/asb/asb_j/documents/docs/fv-kaiji/fv-kaiji.pdf
307)　なお債権の分類については検査183頁以下。破綻懸念先については同294頁以下、償却・引当については同434頁以下。
308)　みずほフィナンシャルグループ「信用リスク管理について」（平成26年）(http://www.mizuho-fg.co.jp/company/internal/r_management/creditrisk.html)。

自己査定基準においては，①を更に，「正常先」「要注意先」，②は「破綻懸念先」，③は「破綻先」「実質破綻先」の5段階に分類して，正常先と要注意先については「一般貸倒引当金」を，「破綻懸念先」については「個別貸倒引当金」を計上し，「破綻先」「実質破綻先」については担保の処分可能見込額や保証等による回収見込額を控除した残額全額を「個別貸倒引当金」として計上するか，直接償却を実施している。

貸倒引当金繰入額を計上する費用科目については，営業活動から生じた売掛金・受取手形に貸倒引当金を設定する場合には貸倒引当金繰入額は販売費及び一般管理費として，主たる営業活動から生じたものではない貸付金や未収入金に貸倒引当金を設定する場合には貸倒引当金繰入額は営業外費用として計上する。貸倒損失が発生した場合にも，同様の基準により，販売費及び一般管理費又は営業外費用として計上するが，臨時かつ巨額のものは特別損失として処理する。なお，貸倒引当金戻入額は特別利益として処理する。

貸倒引当金の計上は以下のような仕訳による。

○ 100万円の売掛金について新たに20％の貸倒引当金を設定した。

　　　　貸倒引当金繰入　200,000 ／ 貸倒引当金　200,000

○ 破綻懸念の増大により，同売掛金の貸倒引当金を75％とした。

　① 差額補充法

　　　　貸倒引当金繰入　550,000 ／ 貸倒引当金　550,000

　② 洗替法

　　　　貸倒引当金　　　200,000 ／ 貸倒引当金戻入　200,000

　　　　貸倒引当金繰入　750,000 ／ 貸倒引当金　　　750,000

○ 上記売掛金が貸倒れとなり，損失を計上した。

　　　　貸倒引当金　　　750,000 ／ 売掛金　1,000,000
　　　　貸倒損失　　　　250,000

なお，負債性引当金である退職給付引当金の仕訳は下記のような方法による[310]。

---

309)　三井住友フィナンシャルグループ「不良債権の現状」(http://www.smfg.co.jp/investor/financial/disclosure/h2303_c_disc_pdf/h2303c_12.pdf)。

310)　なお，国際財務報告基準における退職後給付の取扱いについては中尾171頁以下。

○ 退職給付引当金を計上した。

　　　退職給付引当金繰入額　800,000 ／ 退職給付引当金　800,000

○ 従業員が退職し，退職金を支払った。

　　　退職給付引当金　800,000 ／ 現預金　1,000,000

　　　退職金　　　　　200,000

(2) 貸倒引当金に関する捜査のポイント

　捜査官としては，上述したような企業会計原則や税法における引当金計上の基準について理解しておくことは重要であるが，更に，実際に債権が不良債権化した場合に，企業や従業員がどのような行動に出るかという経験則を理解しておくことも必要である。

　正常債権が不良債権化した場合に，企業経営者や従業員がまず考えることは，それが企業経営に与える影響，特に，それが外部投資家等から見たときにどのように映るか，また，経営幹部や担当者にとっては，それが自己の評価にどのようにつながるかということである。債権が不良債権化したときには，当初の貸出自体の正当性や与信評価の妥当性について問われることになるし，資金を相手から回収できなかった場合には責任問題ともなり得る。そして，企業に勤める者としては，そのような責任を回避ないし先送りするため，不良債権が正常な債権に見えるよう，相手に返済資金を回すなどの不正な手段も辞さずに返済があったように装うなど様々な工作を施して問題発覚の先送りに努め，そのため却って傷口を広げていくことが多い。

　以上とは別に，債権を不当に貸倒処理することによって相手方に利益供与をしたり，貸倒処理した債権を簿外で回収して個人的に領得したり裏金にするなどの不正も見られる。

(3) 貸倒引当金をめぐる不正会計事例

　平成22年5月に公表された株式会社リミックスポイントの調査委員会による調査結果報告書[311]には，①甲社に対して売り上げたシステム開発・データ入力業務のうち1億円のデータ入力業務が架空であったこと，②甲社に対する架空の売掛金について貸倒引当金の計上を免れるため，1000万円

---

311) http://ke.kabupro.jp/tsp/20100514/140120100514008796.pdf

の返済資金を貸し付けた上，甲社から1000万円の支払を受けた形を取って正常債権を装い，貸倒引当金の計上をしなかったこと等が記載されている。

平成22年6月に公表された株式会社シニアコミュニケーションに関する外部調査委員会の調査報告書[312]には，同社では，上場前から，売上に関して工事進行基準を悪用し，架空売上を計上していたが，本来，不良債権については，個別貸倒引当金の計上や売上の取消しをしなければならないところ，これを行わず，①正常債権を装い，不良債権化を先延ばししていたこと，②その際，通常であれば契約後1年で入金されるべきところを，特殊な事情があるとして，1年半後に入金されるかのように装って案件自体の長期化を図ったこと，③上場後，既述の不良債権化を先延ばしにしてきた案件について，これ以上の先延ばしは不可能な状況になってきたので，まず自らの手持ち資金（株の売却益）で入金填補し，それでも，不良債権化を防止できなかったことから，株式上場，公募売出による株式売却等により得られた資金を，関与取締役がATM経由で入金填補し，架空に計上された売掛金等が正常債権であるように仮装したこと，④これらにより22億円の売上の粉飾をしていたこと等が記載されている。

平成22年9月に公表された株式会社リンコーコーポレーションの連結子会社における外部調査委員会報告書[313]には，①N社の前渡金債権回収が困難であると明確に認識した以降も会社内規に定める不良債権発生基準に基づいた対処をせず，不良債権を隠蔽してきたこと，②S社に対する債権が不良債権化したことを認識しながら，更に支払手形振出による資金融資を実行し，S社が同手形を割り引き現金化して，これを対象会社に対する支払に充てるといったことを繰り返し，融資金額を増大させていったこと，③不正会計による連結決算への影響額は11億円に上ること等が記載されている。

また，証券取引等監視委員会作成の資料（証取委②）には，貸倒引当金等に関する虚偽記載事案として，①海外販売子会社が，売掛債権等に係る引当金を適切に計上しなかったこと，②滞留債権について回収を装うなどし，滞

---

312) http://www.sasao-office.jp/app/download/4996882772/ 株式会社シニアコミュニケーション_外部調査委員会の調査報告書のご報告について.pdf?t=1365294395
313) http://www.rinko.co.jp/profile/ir/rinko_118.pdf

留債権が認識されず貸倒引当金を過少計上したこと，③資金循環により延滞債権等の回収を装い，貸倒引当金を計上しなかったこと，④これらにより，当社は，当期純損益について，本来は125億円の損失であったにもかかわらず，これを79億円の損失と記載した有価証券報告書などを開示したこと等が記載されている（平成22年度勧告事例）。

　平成25年3月に公表された**明治機械株式会社**の連結子会社に関する社内調査委員会の調査報告書[314]には，同社の連結子会社において，①売上計上した装置機械の代金15億円が長期滞留債権となっており，これについて前社長は，過年度の売上訂正で処理することを要望したが，監査法人の主張に従って貸倒引当金を計上するに至ったこと，②同売掛債権は，押し込み販売や架空売上によって発生したものであり，過年度の売上高を取消修正すべきであったこと等が記載されている。

　平成25年10月に公表された**イオンフィナンシャルサービス株式会社**の台湾子会社に関する第三者委員会調査報告書[315]には，同台湾子会社では，様々な手口の粉飾を行う一環として，①貸倒引当金を設定すべき延滞債権（延滞4か月以上で引当金100％等）を正常債権として虚偽表示した債権残高管理表を作成していたこと，②これによる引当不足額は1.9億台湾ドル（約6.3億円）に上ったこと等が記載されている。

　平成27年1月に公表された**株式会社光通信**の連結子会社**株式会社京王ズホールディングス**に関する社内調査委員会の調査報告書[316]においては，A社長及び同人の個人会社等に対する「債務の弁済に関する合意書」上の貸付金につき，平成26年第1四半期において，貸倒引当金を約1.6億円追加計上し，引当額を債権額の100％に見直しているが，平成25年第1四半期において当該貸付け債権約8.4億円について，その全額の貸倒引当金の計上が必要であったと判断されること等が記載されている。

---

314) http://www.meiji-kikai.co.jp/doc/news/news2013031101.pdf
315) http://www.aeonfinancial.co.jp/corp/news/data/news131004.pdf
316) http://www.keiozu.co.jp/2015/PDF/2015-01-13.pdf

B　有形固定資産

　有形固定資産とは，企業が営業のために保有する資産のうち，正常な営業循環過程になく，通常1年以上にわたって所有する有形の資産をいう。会社計算規則74条3項2号では，有形固定資産として，建物，構築物，機械・装置，船舶，車両・運搬具，工具・器具・備品，土地，リース資産，建設仮勘定等を挙げている。

　有形固定資産は，原則として，取得費用をできる限り企業活動上の収益に対応させるために減価償却を行う。但し，時間の経過によって価値の減少しない土地や書画骨董，未だ事業の用に供されていない建設仮勘定等の非償却資産を除く。減価償却の考え方については，繰延資産（第2編第2章第1節E），減価償却費（第2編第2章第4節4(3)ソ）の項目で説明する。不正会計との関係では，既に減価償却済で帳簿上無価値の資産を簿外で売却して代金を横領したり裏金とする不正会計事例や，無価値又は無用化した有形固定資産を取り壊したとして除却損を計上しながら，実際には除却していなかったり，売却代金を横領したり裏金とする不正会計事例があることを指摘しておきたい[317]。

1　土地・建物

(1)　総　説

　貸借対照表における有形固定資産としての「土地・建物」は，その企業が自社で事業の用に供するために所有している土地・建物のことをいう。これに対して，企業が所有している不動産であっても，賃貸収入を得る等の目的で所有している投資用の不動産については，「投資その他の資産」において管理し，不動産業者が販売目的で所有する土地は，商品と同様，「流動資産」における「営業用不動産」（又は「商品不動産」「販売用不動産」）の勘定科目で，建設業者等が建築途中の販売用不動産は「仕掛不動産」の勘定科目で処理する。ただ，本項では，便宜上，これらの不動産を一括して扱う。

---

317)　なお，税法と減価償却について由比730頁以下，渡辺淑363頁以下。

(2) 土地に関する仕訳

　土地については，その取得価額を帳簿上の価額として計上する（取得原価主義）。土地の取得価額には，仲介手数料等，購入に要した全ての金額，地盛りや防壁工事等の造成・改良のために要した費用も算入する。但し，税法上，不動産取得税や登録免許税等については損金算入することも認められている（法人税基本通達7‐3‐3の2(1)）。

　土地は時の経過により減価する資産ではないので，非減価償却資産となる。

　なお，金融機関，大会社，上場会社については，その資本を増強するため，時限立法である「土地の再評価に関する法律」（平成10年法律34号）により，事業用土地を全て再評価し含み益を「再評価差額金」[318]として計上し，将来事業用土地を売却した場合に発生するであろう税負担を繰延税金負債として計上することが認められていた（平成14年3月まで）。

　その後，企業会計基準委員会「固定資産の減損に係る会計基準の適用指針（企業会計基準適用指針第6号）」（平成15年・最終改正平成21年）[319]により，上場企業，大会社等を対象として，土地，建物を含む固定資産に関する減損会計基準が導入された。減損会計は，固定資産の収益性低下により投資額の回収が見込めなくなったことを財務諸表に反映させる会計処理である。これによると，キャッシュフロー[320]を生み出す最小単位にまとめた複数の固定資産について，営業キャッシュフローの継続的マイナス，経営環境の著しい悪化等の減損の兆候がある場合には，割引前将来キャッシュフローの総額と帳簿価額を比較することにより減損損失を認定することが必要となる[321]。

　また，不動産業者が販売目的で所有している等の棚卸不動産については，「棚卸資産の評価に関する会計基準（企業会計基準第9号）」（平成18年）[322]

---

[318] 貸借対照表上の「資本」の部の一科目であったが，会社法施行後は，「純資産」の部のうち「評価・換算差額」の一科目となった。
[319] http://www.asb.or.jp/asb/asb_j/documents/docs/ketsugou-2/ketsugou-2_11.pdf
[320] 「キャッシュフロー」とは，企業活動（事業活動，投資活動，財務活動）によって実際に企業が獲得した現金（キャッシュ）から外部に支払った現金を差し引いた余剰資金を意味する。「営業キャッシュフロー」「割引前将来キャッシュフロー」の意味については，後記(4)エ及び，第2編第3章第2節も参照。
[321] 河崎他116頁以下。なお，不動産の減損処理を行っても税法上損金算入できないこと等について渡辺142－143頁。
[322] http://www.asb.or.jp/asb/asb_j/documents/docs/tanaoroshi/tanaoroshi.pdf

により簿価又は時価（市場価格に基づく公正な評価額）のいずれか低い方の価格を記載する低価法で処理することとされている。

なお，借地権は無形固定資産として扱われ（会社計算規則74条3項3号ロ），土地と同様，非減価償却資産とされている。また，企業会計においては，物権である地上権も借地権として処理する。

土地に関する主な仕訳は次のとおりである。

○ 土地を購入した（土地価額9700万円を小切手で支払い，仲介手数料等300万円は現金で支払った。）

　　　　土地　　100,000,000 ／ 当座預金　　97,000,000
　　　　　　　　　　　　　　　　現金　　　　3,000,000

○ 土地を売却した。

　　　　当座預金　104,000,000 ／ 土地　　　100,000,000
　　　　　　　　　　　　　　　　固定資産売却益　4,000,000

○ 帳簿価額1億円の土地を時価1.5億円で再評価した。

　　　　土地　　50,000,000 ／ 繰延税金負債　20,000,000 [323]
　　　　　　　　　　　　　　　再評価差額金　30,000,000

○ この土地を1.7億円で売却した。

　　　　当座預金　　170,000,000 ／ 土地　　　　150,000,000
　　　　　　　　　　　　　　　　　土地売却益　　20,000,000
　　　　繰延税金負債　20,000,000 ／ 法人税等調整額　20,000,000
　　　　再評価差額金　30,000,000 ／ 再評価差額金取崩額　30,000,000

○ 1.5億円で再評価した土地について減損損失3000万円を認識した（実効税率40％）。

　　　　減損損失　　　　　　　　30,000,000 ／ 土地　　　　　　　　30,000,000
　　　　再評価にかかる繰延税金負債　12,000,000 ／ 法人税等調整額　　12,000,000
　　　　土地再評価差額金　　　　18,000,000 ／ 土地再評価差額金取崩額
　　　　　　　　　　　　　　　　　　　　　　　　　　　　　　　　　18,000,000

---

[323] 正確には「再評価にかかる繰延税金負債」と表示しなければならない（財務諸表等規則32条の3，52条の2）。将来土地を売却した場合に生じ得るべき法人税の増加額をあらかじめ負債として計上するものである（上記仕訳では実効税率を40％として計上している。）。

○ 借地権の設定を 400 万円で受け，仲介手数料等 15 万円と共に小切手で支払った。

    借地権 4,150,000 ／ 当座預金 4,150,000

(3) **建物に関する仕訳**

建物についても，その取得価額を帳簿上の価額として計上する。仲介手数料等も取得原価に含まれること，登録免許税等を税法上損金算入できることは土地の場合と同様である。また，税法上，建物建設のための調査，測量，設計等の費用で，建設計画変更により不要となった費用についても損金算入が認められている（法人税基本通達 7-3-3 の 2 (2)）。

建物については，減価償却することを要する。耐用年数は，国税庁の耐用年数表[324]によると，例えば，木骨モルタル造の事務所は 22 年，鉄骨鉄筋コンクリート造の事務所は 50 年等とされている。

建物を土地と共に購入した場合やビルやマンションの一室を購入した場合には，購入・建築価格，相続税評価額，固定資産税評価額等を考慮して合理的に妥当と認められる金額に按分して計算する必要がある。

建物に関する主な仕訳は次のとおりである。

○ 建物を購入した（本体価格 4000 万円，仲介手数料等 200 万円，消費税 320 万円）。

    建物   42,000,000 ／ 当座預金 46,000,000
    租税公課 4,000,000

○ 建物について耐用年数 20 年，定額法で減価償却を行った（直接法）。

    減価償却費 2,100,000 ／ 建物 2,100,000

○ 同（間接法）。

    減価償却費 2,100,000 ／ 減価償却累計額 2,100,000

○ 減価償却を 10 年実施後，建物を 2200 万円で売却した（直接法）。

    普通預金 24,100,000 ／ 建物   21,000,000
               仮受消費税 2,100,000
               固定資産売却益 1,000,000

---

324) http://www.keisan.nta.go.jp/survey/publish/34255/faq/34311/faq_34354.php

○　同（間接法）。

　　　　当座預金　　　　　24,100,000 ／ 建物　　　　　　42,000,000
　　　　　　　　　　　　　　　　　　　　仮受消費税　　　　2,100,000
　　　　減価償却累計額　　21,000,000 ／ 固定資産売却益　　1,000,000

(4)　不動産価格の評価方法

　ア　総　説

　不動産価格は，様々な取引の重要な基盤となっている。例えば，不動産の評価額やその変動は，企業の保有する資産価格，売却時の売却損益，企業の最終損益，不動産を担保とする融資の回収可能性，不動産投資信託（REIT）の価格や不動産証券化ビークル（特定目的事業体）の運用損益，不動産を主たる現物出資とする第三者割当増資の価格等に大きな影響を与える[325]。

　しかし，不動産は一般に高額物件である上，一つとして同じ不動産は存在しないため，その価格を公正かつ適切に評価することは容易でない。過去にも，不動産価格を恣意的に操作することによる不正会計事例や犯罪事例が数多くある。そこで，本項では，不動産価格の評価方法について説明する。

　不動産価格の評価方法については，国交省から「不動産鑑定評価基準」（平成14年・最終改正平成26年）[326]が公表されている。

　不動産価格の評価方法としては，大きく分けて，①「原価法」に基づく「積算価格」，②「取引事例比較法」に基づく「比準価格」，③「収益還元法」に基づく「収益価格」がある[327]。

　イ　原価法

　原価法は，評価時点における対象不動産の再調達原価を求め，この再調達原価に必要な減価修正を行って対象不動産の資産価格（積算価格）を求める方法である。平たくいうと，対象不動産と同じ土地を今購入し，必要な造成をした後，建物を建てるのに必要な費用から，建物の経年劣化による減耗分を差し引いた価格と言える。建物にあっては，通常の請負契約代金及び付帯

---

[325]　なお，投資信託については渡辺77頁以下，111頁以下及び135頁以下，REITの仕組みと不動産評価については川口148頁以下及び三菱85頁以下，特定目的会社については永沢3頁以下，不動産の証券化については三菱23頁以下。
[326]　http://www.mlit.go.jp/common/001043585.pdf
[327]　川口38頁以下，三菱142頁以下，シグマ58頁以下。

費用の合計額により，土地にあっては，土地の標準的な取得原価に標準的な造成費や付帯費用を加算して求める。その求め方については，対象不動産について直接工事費，間接工事費，一般管理費を積算する「直接法」と，近隣類似不動産から間接的に対象不動産の再調達原価を求める「間接法」がある。そして，このようにして求めた再調達原価に物理的・機能的・経済的要因による減価修正を行う。

　ウ　取引事例比較法

取引事例比較法は，近隣・同一需給圏内の類似地域から事例を多く収集し，
① 事情補正：売り急ぎや買い急ぎ等の特殊事情を補正すること
② 時点補正：取引事例の取引時点と評価時点の価格変動を補正すること
③ 標準化補正：取引事例の類似地域の標準的な土地と，取引事例の個別的要因を比較して，取引事例の取引価格を類似地域の標準的な価格に補正すること
④ 地域要因比較補正：対象不動産の取引事例が異なる地域に存する場合に，対象不動産の近隣地域と取引地域の類似地域の地域要因を比較して補正すること
⑤ 個別要因比較補正：対象不動産の近隣地域の標準的な画地と対象不動産の個別的要因を比較して補正すること

等の補正を行って資産価格（比準価格）を求める方法である。

　エ　収益還元法

収益還元法は，主として賃貸用不動産や事業用の不動産の評価に適する評価方法であり，対象不動産が将来生み出すであろうと期待される純収益の現在価値の総和を求めることにより対象不動産の資産価格（収益価格）を求める手法である。収益還元法には，一期間の純収益を還元利回りによって還元する「直接還元法」と，連続する複数の期間に発生する純収益及び復帰価格（売却時価格）を，その発生時期に応じて現在価値に割り引き，それぞれを合計する「DCF法」がある[328]。

例えば，直接還元法で，年間収益120万円（家賃・礼金），年間経費（維持管理費，修繕費，公租公課，損害保険料，空き室等損失相当額等）が20

万円，還元利回りを5％とすると，

対象不動産の収益価格は，

$$(1{,}200{,}000 - 200{,}000) / 0.05 = 20{,}000{,}000$$

で2000万円となる。なお，還元利回りは，類似の不動産の取引事例との比較，借入金と自己資金の構成割合の加重平均，土地と建物の構成割合の加重平均，割引率を元にした対象不動産の純収益の変動率を考慮すること等によって求めるものとされる[329]。

また，9年間に年間100万円の家賃収入が見込め，10年目に1300万円で売却可能な物件について，銀行に預金すれば年率3％の利息が付くとの仮定の下でDCF法による評価額を求めると[330]，毎年の家賃利益の割引現在価値を9年間合計し，更に1300万円の割引現在価値を合計することになるから，DCF法による不動産費用価額は次式のように，毎年の割引現在価値及び10年後の売却価格の現在価値を合計することによって求められる。

```
    970,874 [331]  （1年目の収益の割引現在価値）
+   942,596        （2年目の収益の割引現在価値）
+   915,142        （3年目の収益の割引現在価値）
+   888,487        （4年目の収益の割引現在価値）
+   862,609        （5年目の収益の割引現在価値）
+   837,484        （6年目の収益の割引現在価値）
+   813,092        （7年目の収益の割引現在価値）
+   789,409        （8年目の収益の割引現在価値）
+   766,417        （9年目の収益の割引現在価値）
+  1047,315        （10年目の売却価格の割引現在価値）
=  18,203,425
```

---

328) Discounted Cash Flow の略であり，直訳すれば「割引キャッシュフロー」。現在価値については，古川28頁以下，GMI31頁以下及び98頁以下，北地他145頁以下，池尾26頁以下。不動産流動化とDCF法について三菱147頁以下。
329) 上記「不動産鑑定評価基準」による。
330) この割引現在価値を求めるための金利としては，現時点から満期日までの期間に対応した満期日の割引債の利回りである「スポットレート」による。もっとも，スポットレート自体市場で直接観察できるものではなく，市場で観察できる金利（例えば，LIBOR（ロンドン銀行間取引金利），スワップ金利）の種類を正しく認識し，適切に変換しながら算出しなければならないことを指摘するものとして杉本他2頁以下。割引現在価値の概念については草野16頁以下，古田他164頁以下，桜井84頁以下。

よって，DCF法による割引現在価値合計は1820万3425円となる（佐藤web）。ここに経費や空き室リスク等の補正を行っていくこととなる。なお，割引率は，類似の不動産の取引事例との比較，借入金と自己資金の構成割合の加重平均，金融資産の利回りに不動産の個別性を加味すること等によって求めるものとされる[332]。

　オ　実勢価格，公示地価，路線価，固定資産税評価額

　国が地価公示法に基づいて行っている地価公示は，標準と認められる画地について，不動産鑑定士による鑑定評価を審査して判定されるもので，「公示地価」の価額は「実勢価格」の90％程度の価格とされる。また，これとは別に，都道府県知事が国土利用計画法施行令に基づいて行う地価調査もあり，これらの結果は国交省のホームページ[333]で閲覧可能である。その他，相続税評価額としての「路線価」は国税庁のホームページ[334]から入手可能であり，公示地価の80％（実勢価格の70～80％程度）を基準とし，「固定資産税評価額」は，総務省の「固定資産評価基準」（昭和39年・最終改正平成26年）[335]により，公示地価の70％（実勢価格の60～70％程度）を基準としている[336]。

　カ　不動産評価額についての留意点

　上記のとおり，不動産の評価額の計算方法には色々な方法があるが，一つとして同じ不動産は存在しない。不動産の価格は，地盤や土壌等の自然的要因，都市・教育・生活様式等の社会的要因，投資・金融・交通等の経済的要

---

331) これらの数値は「現在価値係数表」（又は「現価係数表」）を参照することによって求められる。現在価値係数表は書籍やインターネットで容易に入手できるが，「現価係数＝1／(1＋r)^n」(r＝年利，n＝年数，^n＝n乗) によって求めることも，エクセルでPV (Present Value＝現在価値) 関数，NPV (Net Present Value＝正味現在価値) 関数を用いることによっても求めることができる。
332) 上記「不動産鑑定評価基準」による。なお，割引現在価値の求め方については金子50頁以下，古川237頁以下，津森57頁以下，刈屋27頁以下。配当割引モデルの考え方については金子77頁以下，ダイナミックDCF法について川口116頁以下及び184頁以下，金利の概念について杉本172頁以下。なお，この際の割引率については，加重平均資本コスト（WACC）を用いることについて，GMI108頁以下及び津森203頁。WACCについての基本的な考え方は，第2編第3章第2節2(3)及びその脚注690）を参照。
333) http://www.land.mlit.go.jp/landPrice/AriaServlet?MOD=0&TYP=0
334) http://www.rosenka.nta.go.jp/
335) http://www.soumu.go.jp/main_sosiki/jichi_zeisei/czaisei/czaisei_seido/ichiran13/pdf/tochi.pdf
336) 路線価や評価倍率については梶野51頁以下。

因，利用規制・防災規制・構造規制・税制等の行政的要因，日照・街路幅員・公共供給排出配管・情報通信基盤・騒音・町並み・眺望等の地域的・個別的要因によって大きく左右される。

更に，取引価格も需給関係，物価変動，代替性の有無等の状況によって左右されるものである上，最終的には背景事情や性格の異なる売り手と買い手の合意によって形成されるものである。

つまり，上記の3つの評価方法をどのように精緻なものとしようとしても，価格に影響する変数は無限にあり，そのどれをどの程度重視するかによって評価額は異なってしまうのである。それでも，能力のある公正な不動産鑑定人が努力と知力を尽くして評価をすれば適正な価格に収斂することもあろうが，我々捜査官が取り扱う刑事事件に関連する不動産取引においては，往々にして，「公正な価格」や「時価」とされるもの自体が，一定の思惑によって算出されたり，歪められたものであることも多い。土地の評価額を嵩上げしたいという思惑があり，無数の変数のうち，都合の良いものだけを取り上げたり，変数の裁量幅を全て上振れさせることにより，実態とは全く異なる「時価」が算出された事案もある。そして，このような思惑によって算出された不当な「時価」によって不動産評価や取引が行われるとき，これが利益隠し，損失飛ばし，不公正ファイナンス，詐欺・背任に該当する融資，取引の形態を取った背任的な利益供与，脱税や消費税の不正受還付，マネーロンダリング，賄賂等の利益供与等の様々な不正や犯罪の温床となるのである。

日本不動産鑑定士協会連合会の証券化等鑑定評価特別委員会は，このような不正のうち，不動産の現物出資の絡む不公正ファイナンスに対処するため，平成27年5月，「会社法上の現物出資の目的となる不動産の鑑定評価に関する実務指針」[337] を公表している。同指針においては，①目的不動産の所有者と出資者が異なる場合には，その不動産を払込期間中に取得できるか十分に確認すべきこと，②対象不動産について，係争中，用益権付着，担保権付着，将来発生する権利の付着等の有無を十分に確認すべきこと，③現地

---

337) https://www.fudousan-kanteishi.or.jp/wp/wp-content/uploads/2015/06/20130630_kaisyahosisin_20150522_kaishahosisin.pdf

調査を行い，価格形成要因に大きな影響を与える要因の有無について確認すべきこと，④鑑定評価額を指定するような依頼，異常な短期間での鑑定評価依頼等には十分に注意すべきこと，⑤鑑定依頼が必要となった背景や出資スキーム，事業計画を確認すべきこと等の留意点が記載されている。

(5) **土地・建物をめぐる不正会計事例**

過去に企業の調査報告書等に現れた土地・建物取引に関する不正会計には次のようなものがある。

平成21年10月に公表された**株式会社アルデプロの調査委員会の調査報告書**[338]には，①同社は，簿価合計112億円だが時価合計67億円の不動産22物件について，売却損を計上するのを避け，かつ，利益を計上したように装うため，M社から67億円相当の不動産7件を160億円で購入し，実質的に自社の不動産物件22物件を架空の高値で譲渡することにより，差額利益93億円を架空計上したこと，②この取引により高値で仕入れた不動産のうち，東京都千代田区所在の不動産についての評価損の計上を避けるため，同不動産の信託受益権を18億円の高値でN社に売却した形式を取るため，2社に前渡金を交付し，これをN社に流すことにより，不動産をN社に架空売却したこと，③大阪市内の不動産の信託受益権をR社に17億円で売却するに当たり，当初の売却予定先であったS社との間で，R社から不動産を再取得する旨の覚書を交わし，実質的にR社に17億円で売却した物件を18億円で買い戻したこと，④都内の物件の地上権をめぐる出資契約，地上権売買契約を装って4.5億円の現金受贈益を架空計上し，かつ，10.5億円について必要な引当金の計上をしなかったこと，⑤茨城県内の土地について7.7億円の売上高を前期に前倒しして計上したこと，⑥子会社清算に伴う事業再編費用4億円を計上しなかったこと等が記載されている。

平成23年11月に公表された**株式会社京王ズホールディングスに関する第三者調査委員会報告書**[339]には，同社では，①建設仮勘定で支出した金員を原資として，実在しない者との架空の不動産売買予約証書等に基づく2か所の土地購入予約金に対応する資金の振込入金を行ったこと，②不採算飲食店

---

338) http://www.ardepro.co.jp/files/ir/press/2009/34.pdf
339) http://www.keiozu.co.jp/2011/PDF/saisyuuhoukokusyokouhyou111117.pdf

を売却処分するべく買い手を探したが，思うように見つからなかったため，架空の資産譲渡契約により架空の未収入金，固定資産売却益を計上したこと等が記載されている。

証券取引等監視委員会「証券不公正取引と不動産鑑定士」（八木）においては，同委員会が平成23年に告発した株式会社NESTAGEについて，①同社が平成22年に行ったクロスビズ株式会社への第三者割当増資において，不動産3物件の鑑定価額が合計13億円とされ，12億円の株式が同社に割り当てられたこと，②これにより，NESTAGE社は平成21年2月期の6.9億円の債務超過から同22年2月期には2億円の資産超過に転換したこと，③しかし，平成22年1月にクロスビズ社が同不動産3物件を取得した際の価格は合計1675万円に過ぎなかったこと，④同社は平成22年中に上場廃止となったこと等が記載されている。

平成24年12月に証券取引等監視委員会が公表した「株式会社セイクレスト関係者らによる現物出資制度を悪用した偽計事件の告発について」[340]には，同社の代表取締役が，同社が平成22年3月期決算において債務超過になるとジャスダックの定める株券上場廃止基準に抵触する状況にあったことなどから，虚偽の内容を含む公表を行うことにより現物出資を含む第三者割当増資を実現し，自己資本を大幅に増加させたように装って上場廃止を回避しようと考え，真実は，現物出資財産である和歌山県内の山林には募集株式の払込金額である20億円に相当する価値がなく，セイクレストが本件土地を取得後に他社と共同で開発，販売する具体的な事業計画もない上，株式割当先は割り当てられた株式を短期間で第三者に譲渡する意図であったにもかかわらず，セイクレストの取締役会が本件土地の現物出資を含む第三者割当増資により普通株式合計530万株（払込金額総額21億2000万円）を発行することを決議した旨公表し，有価証券の取引のために偽計を用いたこと等が記載されている。なお，報道[341]によると，現物出資にかかる山林の取得価額は5.5億円であったという。更に，国交省の発表[342]によると，この事件

---

[340]　http://www.fsa.go.jp/sesc/news/c_2012/2012/20121218-1.htm
[341]　平成24年11月29日付日本経済新聞（http://www.nikkei.com/article/DGXNASDG29016_Z21C12A1CC0000/）。
[342]　http://www.mlit.go.jp/common/001016508.pdf

において鑑定を行った不動産鑑定士は，①対象不動産は，形状，規模，現況の利用状況が異なる複数の画地から構成されるが，対象不動産の確定が曖昧なまま，個々の画地別にみた個別的要因の分析及びそれを踏まえた鑑定評価方式の適用を行うことなく評価を行ったこと，②対象不動産は，急傾斜の現況山林部分が多く介在するが，宅地として分譲する想定を置きながら，具体的な分譲事業に係る想定が曖昧なまま，その実現性に係る十分な分析を行うことなく評価を行ったこと，③対象不動産の一部について，具体的な裏付けのないままリゾートマンションや店舗の立地を想定し，合理的な理由のない増価修正を施した評価を行ったこと，④試算価格の再吟味及び説得力に係る合理的な根拠がないまま鑑定評価額を決定したことにより，業務停止の懲戒処分を受けている。

　平成25年11月に公表された**株式会社雪国まいたけ**の社内調査委員会の調査報告書[343]には，①近江八幡市に工場・物流センターを建設するために7億円を土地取得斡旋業者に手付金として交付し，建設仮勘定として計上していたが，その後，進出計画を中止し，竜王町の土地を開発したのであるから，7億円の手付金については費用計上すべきであったのに，これ計上せず，その後も土地勘定として資産計上したこと，②平成18年3月期から企業会計審議会「固定資産の減損に係る会計基準」（平成14年）[344]及び企業会計基準委員会「固定資産の減損に係る会計基準の適用指針（企業会計基準適用指針第6号）」（平成15年・最終改正平成21年）[345]が強制適用されることになったのに，2つの不動産について4.5億円の減損処理を行っていなかったこと等が記載されている。

　平成27年1月に公表された**株式会社アイセイ薬局**の第三者調査委員会の調査報告書[346]には，①上場前に神奈川県藤沢市所在の土地におけるクリニックモール新規開設に係る建築工事代金及び土地の賃貸借に係る保証金名目でC社に対して支払った3億円は，当社社長の関連会社による簿外の金融機関からの借入債務の返済原資に充てることを目的とした仮装取引であった

---

343) http://www.maitake.co.jp/company/pdf/20131105_1.pdf
344) http://www.fsa.go.jp/news/newsj/14/singi/f-20020809-1/f-20020809c.pdf
345) http://www.asb.or.jp/asb/asb_j/documents/docs/impair_2/impair_2_s.pdf
346) http://v4.eir-parts.net/v4Contents/View.aspx?cat=tdnet&sid=1209922

こと，②V市X病院近くの調剤薬局開設に係る差入保証金及び建設協力金名目でE社に対して支払った2.7億円は，当該調剤薬局開設を奇貨として，関連会社に対する事業譲渡代金等1.3億円の回収原資に充てることを目的とした取引であり，そもそも土地の使用許諾も受けていない架空案件であったと認められること，③W法人関連の病院に併設する調剤薬局2店舗の開設に係る差入保証金名目でD社に対して支払った3.6億円は，差し入れるべき合理的な必要性がなかったにもかかわらず，上記①の建築工事代金及び土地の賃貸借に係る保証金名目でC社に対して支出された3億円の回収原資に充てることを目的として行われた架空取引であった可能性が高いこと，④上記②及び③の調剤薬局出店の中止を理由として，E社に対する差入保証金及び建設協力金2.7億円及び3.6億円を回収したこととされていたが，当該回収金は，社長が個人的に第三者から借り入れた資金等を原資とするものであったこと，⑤千葉市中央区所在の土地に係る売買は，形式的・名目的にF社を経由した取引であるものの，実質的には関連当事者である医療法人との取引で，当社社長個人の納税資金等を調達することを主たる目的として，売買契約の締結時期及び代金支払時期を不相当に早めて行われたものであり，取引の合理性に欠けること等が記載されている。

　その他，警察庁の資料「ヤミ金融事犯の検挙状況」（平成26年）[347]，国税庁の資料「適正・公平な税務行政の推進」（平成22年）[348]及び「平成23年度査察の概要」（平成24年）[349]，国税不服審判所の資料「隠蔽，仮装の事実等を認めた事例」[350]，久保田315頁以下等から，不動産取引が犯罪や不正会計に使われた手口を拾うと，

- 不動産の評価益を不当に引き上げて，特別利益等で計上する。
- 子会社や関連会社に土地等を高値売却して売却益を計上する
- 固定資産（建物や設備等）の減価償却の算出方法を定率法から定額法に変えることにより，当初の減価償却額を圧縮し，利益を水増しする。
- 利益が出ている企業の不動産を関連会社に廉価で売却し，損金処理を

---

[347] http://www.kantei.go.jp/jp/singi/saimu/kondankai/dai04/siryou3.pdf
[348] http://www.nta.go.jp/kohyo/katsudou/report/2010/02_3.htm
[349] http://www.nta.go.jp/kohyo/press/press/2012/sasatsu_h23/index.htm
[350] http://www.kfs.go.jp/service/MP/01/0605030100.html

して法人税を脱税したり，譲渡損失を損益通算をすることにより所得税を脱税する。
- 不動産を時価よりも低額で関係者に売却することにより，第三者に対して利益供与をする。
- 仮差押えや仮処分，差押えを避けるために，不動産を関係者やペーパーカンパニーに売却して競売等妨害を図る。
- 循環取引の手段として不動産を循環譲渡して，架空の売上高や利益を計上する。
- 譲渡物件を一括して譲渡したにもかかわらず，これを年度を異にして譲渡した旨の契約書を作成するなどして所得税等を脱税する。
- 実際にはAからCに不動産を直接譲渡をしたのに，中間譲受人Bを介在させたように仮装し，その譲渡所得について脱税する。
- 架空の契約により，建物や機械設備などの固定資産を取得したように仮装し，不正に消費税の還付を受ける。

等の手口があり，摘発事例としては，
- 不動産業やゴルフ場経営等を展開する持ち株会社の関連企業十数社が，グループ内で土地の仮装売買を行って架空の売却損を計上し，脱税をした。
- 暴力団員が路上生活者の住民票等を操作して区役所から顔写真入りの住民基本台帳カードを入手し，このカードを利用して金融機関から詐取した住宅ローンの貸付金を用いて購入した中古マンションの登記をカード上の人物に成り済まして同人名義で行う方法により，犯罪収益の隠匿を行った。
- 登録貸金業者らが，不動産売買を仮装して法定の金利制限を潜脱することを考え，①顧客が所有する不動産を買戻し特約付きの条件で買い取って，買取り代金（＝元金）を顧客に交付し，期日には顧客が買戻し金（＝元利金）を支払う方法又は，②顧客が所有する不動産の買取契約を締結して手付（＝元金）を交付し，その後，顧客が，売買契約を解除したことによる違約金（＝元利金）を支払う方法などにより，超高金利で元利金約74億円を受領した。

○ 不動産会社が，赤字ならば法人税がかからない上，翌年以降最長7年間，利益と相殺して申告できることを奇貨として，実際には4億円の黒字であったのに，社長の個人的な借金の返済金を会社の土地取引費用と仮装して1.6億円の赤字と申告して脱税した。

等の事例が紹介されている。

2 工具，器具・備品

(1) 総説

「工具」とは，加工工具，検査工具，取付工具，金型等工場で使われる加工作業の道具であり，「器具・備品」とは，事務机，椅子，キャビネット，パソコン，テレビ，書画骨董等事務所で使われる道具をいう。

工具，器具・備品も原則として減価償却の対象となるが，税法上，①使用可能期間が1年未満のものや取得価額10万円未満の少額減価償却資産は，事業の用に供した年度に全額費用計上できること，②取得価額が10万円以上20万円未満の減価償却資産については，資産の合計額を一括して3年間で均等償却できること，③書画骨董については原則として減価償却の対象とならないこと[351]，④中小企業者等の少額減価償却資産については，取得価額30万円未満の減価償却資産を事業の用に供した場合には，これを損金算入できること[352]等の例外がある。

減価償却期間については，工具のうち，測定器具は5年，取付工具は3年，切削工具は2年，型枠は2年等の耐用年数が定められ[353]，器具・備品のうち，事務机やキャビネットは15年，応接セットは5年，パソコンは4年，複写機は5年等の耐用年数が定められている[354]。

(2) 工具，器具・備品をめぐる不正会計事例

企業の所有する工具，器具・備品については，企業や公的部門で，従業員

---

351) 国税庁「少額の減価償却資産になるかどうかの判定の例示」（平成26年）（http://www.nta.go.jp/taxanswer/hojin/5403.htm）。
352) 国税庁「中小企業者等の少額減価償却資産の取得価額の損金算入の特例」（平成26年）（http://www.nta.go.jp/taxanswer/hojin/5408.htm）。
353) 国税庁「耐用年数（車両・運搬具／工具）」（http://www.keisan.nta.go.jp/survey/publish/34255/faq/34311/faq_34357.php）。
354) 国税庁「耐用年数（器具・備品）（その1）」（http://www.keisan.nta.go.jp/survey/publish/34255/faq/34311/faq_34358.php）。

が備品を窃取・横領して売りさばいたり，組織的に納入業者に過大架空発注をして，過大発注分を「預け金」として業者に保持させたり，「プール金」として自己で管理したりして，これを他目的又は私的用途に流用していた例は多い。特に，研究・開発部門や病院等においては，機器や備品の金額が多額に上るため，これら不正領得金の金額も多額に上ることがある。このような場合，業者に預け金を管理させ，仕入業者と結託して，実態のない納品書や検品書を作成するなどして，物品が納入されず，あるいは納入後に業者が持ち帰っている例も多い。

　以上の事情から，捜査官としては，工具，器具・備品については，発注，納品に関する伝票と納入物品と管理・費消状況との丹念な突合，検品・物品管理担当者の取調べ等を行う必要がある。また，これが公的な研究・医療部門で行われていた場合には，協力業者との間で，空謝金や裏金の供与等による贈収賄が行われていることもあるので，捜査官としては，このような犯罪が伏在している可能性も念頭に置いて捜査を行う必要がある。

　不正会計事例として，平成25年10月に公表された**那須電機鉄工株式会社の社内調査委員会の調査報告書**[355]には，同社従業員が7年間にわたり，架空の消耗工器具備品の購入費用として，領収証を偽造するなどして2億円を着服横領していたこと等が記載されている。

　また，平成26年7月に**北海道大学**が公表した「公的研究費等の不適切な経理処理について（最終報告）」[356]には，同大学において，①業者と架空取引を行い，契約した物品が納入されていないのに納入されたことにして代金を支払い，その代金を業者に管理させる「預け金」が公的研究費3.6億円を含む4.9億円の規模で行われていたこと，②業者から実際に受け取る物品に対する支払のために，業者に指示してその物品とは別の物品が納入されたなどと偽って代金の請求をさせ，その支払を行う「品名替え（伝票書換）」が5.3億円の規模で行われていたこと等が記載されている。

　なお，「貯蔵品」となる商品券についての不正会計事例として，平成26年4月に公表された**株式会社コマツのニュースリリース**[357]には，同社の商品

---

355) http://www.nasudenki.co.jp/company/ir/item/news/20131030_fseikek.pdf
356) http://www.hokudai.ac.jp/news/140715_siryo.pdf

券・旅行券の発注業務を担当していた子会社の元従業員が，不正に商品券を発注・取得して現金化するという行為を繰り返し，1.2億円を不正領得していたこと等が記載されている。

3 建設仮勘定

(1) 総　説

　建設仮勘定は，企業が自ら使用する建物の建設，機械装置等の製作のために支払った工事費，材料費，労務費等の支出を建物が完成するまでの間，資産化して，これを有形固定資産の仮勘定として管理するための勘定科目である。

　例えば，自社ビル建設工事の建設請負工事代金として建設業者に1100万円を小切手で支払った場合には，

　　　　　建設仮勘定　　　10,000,000 ／ 当座預金　　　11,000,000
　　　　　仮払消費税　　　　1,000,000

と仕訳をし，工事が完成して残金1100万円を小切手で支払って建物の引渡しを受けた場合には，

　　　　　建物　　　　　　20,000,000 ／ 建設仮勘定　　10,000,000
　　　　　仮払消費税　　　 1,000,000 ／ 当座預金　　　11,000,000

と仕訳をする。

　建設仮勘定の対象となる建設中の建物，機械装置等は，未だ事業の用に供されていないため，非減価償却資産として扱う。

　また，建設仮勘定に計上した支出について支払った仮払消費税は，原則としてこの支払を行った期の課税仕入として仕入税額控除を行うが，建物が完成後引渡しを受けた期の仕入として仕入税額控除をすることもできる[358]。

　なお，企業が販売目的建物を建設したり機械の製造を行う場合には，これらは未成工事支出金，仕掛品等の棚卸資産として処理することになる。

---

357) http://www.komatsu.co.jp/CompanyInfo/press/20140425155541203016.html
358) 国税庁「建設仮勘定の仕入税額控除の時期」（平成26年）（http://www.nta.go.jp/taxanswer/shohi/6483.htm）。なお，消費税に関して後記第2編第2章第2節A6。

(2) 建設仮勘定に関する捜査のポイント

　建設仮勘定は，自社で使用する建物等の建設のために行った支払を，その建物等が完成して資産計上されるまでの間，仮に資産として計上するための支出である。しかし，これを悪用すれば，自社で使用する建物等の建設のためでない支出も，費用としてではなく，これを資産として計上することができる上，金額も多額に上ることが多いため，支出の目的を偽って建設仮勘定を不正会計の手段として使う不正が数多くある。既に建物の建設が完了して引渡しを受けているのにこれを本勘定に振り替えないこと等により，減価償却費の計上を先送りし，資産を過大に計上して粉飾を行った事例もある。

　捜査官としては，建設仮勘定が計上されている場合には，その支出の内訳を精査し，顧客から受注した物件の建設代金の支払が含まれていないか，そもそも建設仮勘定に含めることが相当でない支出が含まれていないか，建設工事が実在するか，これが実在するとしても，実際の建物等の建設着工，工事進行，工事完成との整合性は取れているか，建設仮勘定に計上された支出の実際の資金の流れはどのようになっているか等に留意して帳簿，証憑書類，実物等を精査する必要がある。

(3) 建設仮勘定をめぐる不正会計事例

　建設仮勘定をめぐる不正会計事例としては，次のようなものがある。

　平成20年12月に公表された東日本ハウス株式会社の内部調査委員会の調査報告書[359]には，①住・リフォーム事業部秋田営業所所長が，実績を上げるための値引き受注や手直し工事等による原価率の悪化を隠蔽するために，架空や水増しの受注を作り上げ，原価率の悪化した物件の原価を建設仮勘定に振り替えたり，架空売上の発覚を逃れるために，実際に入金した顧客とは異なる顧客名で入金処理を行う等の不正会計を行っていたこと，②架空計上された売上高は4000万円に上ったこと等が記載されている。

　平成21年10月に公表されたフタバ産業株式会社に関する調査委員会の調査報告書[360]には，①建設仮勘定の残高に，既に使用に供されているにもかかわらず本勘定に未振替のまま減価償却費されていなかった金型が含まれて

---

359) http://www.higashinihon.co.jp/company/ir/ir_pdf/20081225-1.pdf

おり，その金額が179億円に上っていたこと，②建設仮勘定の金額が4年間で121億円から641億円と5.3倍に跳ね上がり，有形固定資産残高の30%近くに上っていたこと，③持分法適用会社に対して14億円の不明朗な資金提供を行うに当たり，これを試験研究費の名目として支出した上，建設仮勘定（金型）に資産計上していたこと等が記載されている[361]。

平成23年11月に公表された**株式会社京王ズホールディングス**に関する第三者委員会の調査報告書[362]には，①2か所の土地購入予約金として支出された8000万円が建設仮勘定として計上されていたが，不動産売買予約証書は実在しない者の印鑑を偽造して作成された虚偽のものと認められたこと，②工事前払金名下に支出した3000万円を建設仮勘定に計上したが，工事自体が架空であり，この3000万円は簿外借入金の返済に充てられていたこと，③工事前渡金名下に支出した3500万円，次いで4970万円，7350万円，6500万円を建設仮勘定に計上したが，工事自体が架空であり，その後，工事取消を装って建設会社名義で返金入金されたが，この入金は対象会社社長が自ら行ったものであったこと，④工事代金名下に支出した3200万円を建設仮勘定に計上したが，工事自体が架空であり，その後，建設仮勘定は建物・構築物勘定に振り替えられ，減価償却されたこと等が記載されている。

平成25年11月に公表された**株式会社雪国まいたけ**の社内調査委員会の調査報告書[363]には，近江八幡市に工場・物流センターを建設するために7億円を土地取得斡旋業者に手付金として交付し，建設仮勘定として計上していたが，その後，近江八幡市への進出を中止し，代替地として滋賀県蒲生郡竜王町の土地開発を行ったところ，上記7億円の債権は，竜王町の土地代金の一部に充当されたとして竜王町の土地造成時にこの7億円を土地勘定の一部として計上したが，7億円は竜王町の土地取得価額を構成するものではなく，近江八幡市での開発計画が中止となった時点で費用計上すべきもので

---

360) http://www.futabasangyo.com/news/ld_news/topics/2009/091019_3.pdf。なお，同アドレスは，平成27年7月現在リンク切れとなっているが，http://ke.kabupro.jp/tsp/20090717/140120090717057937.pdf から内容を参照可能である。
361) 内部監査56頁以下の解説も併せて参照した。
362) http://www.keiozu.co.jp/2011/PDF/saisyuuhoukokusyokouhyou111117.pdf
363) http://www.maitake.co.jp/company/pdf/20131105_1.pdf

あったこと等が記載されている。

　平成26年12月に公表された**株式会社エナリスの第三者調査委員会の調査報告書**[364]には，AZ四電力がAO社からディーゼルエンジン発電機を購入するに際し，その購入代金をエナリスが融資して同発電機に譲渡担保を設定し，その後，この譲渡担保権を実行して同発電機をAY社に売却したが代金の支払がなくこれを解除し，更にこれをAX社に売却し，AX社はこれをAW社に割賦販売し，AW社が発電をした電力をエナリスが購入する「トーリング」契約を締結するに至ったが，これらの取引の過程で，①AZ四電力に対する貸付金8.5億円を建設仮勘定に振り替えたこと，②ディーゼル発電所設立に関する仮払金を建設仮勘定に計上し続けたが，これは特別損失として計上すべきであったこと，③建設仮勘定から棚卸資産に5000万円や9億円が振り替えられているが，既に発電所建設計画は頓挫していたのであるから特別損失を計上すべきであったり，固定資産の売却として処理すべきであったこと等が記載されている。

C　無形固定資産

　無形固定資産とは，企業が営業活動を行うために1年以上にわたって所有する無形の資産をいう。会社計算規則74条3項3号では，無形固定資産として，特許権，借地権・地上権，商標権，実用新案権，意匠権，鉱業権，漁業権，ソフトウェア，のれん，リース資産等を挙げている。本項では，不正会計の温床となりやすいソフトウェアとのれんに加えて，無体財産権を取り上げる。なお，無形固定資産の償却は定額法及び直接控除法により，残存価額は0円である[365]。

1　ソフトウェア

(1)　総　説

　ソフトウェアの会計上の処理の原則は，企業会計原則と税法において異なる。主たる相違点は，ソフトウェアの開発や制作，購入に要した費用のどの

---

364) http://v4.eir-parts.net/v4Contents/View.aspx?cat=tdnet&sid=1201629
365) なお，国際財務報告基準における無形資産の扱いについては中尾79頁以下。

部分を費用として計上するか，資産として計上するかに関するものである。費用として計上した場合には，企業会計上は支出期の費用が増加し，より保守的な会計情報の開示ができるのに対して，支出期の損金が増加するため，課税所得は圧縮されることになる。資産として計上した場合には，後述するとおり，資産計上から3〜5年でこれらの資産を減価償却して費用化することになるが[366]，企業会計上は，費用計上した場合に比して，支出期の資産や利益が過大に表示されるのに対して，支出期に初年度減価償却費以外の損金を計上できないため，初年度の税負担は増加することとなる。

そして，企業会計原則上は，保守的な会計情報を外部に提供するという観点から，自社利用目的のソフトウェアの取得費や制作費については，将来の収益獲得・費用削減が確実な場合には資産計上するが，これが不確実なものは費用処理しなければならないものとしている。

これに対して，税法上は，自社利用目的のソフトウェアの取得費や制作費については，その利用により将来の収益獲得又は費用削減にならないことが明らかなものに限って費用計上できる（つまり，資産計上しないことができる）ものとして，将来の収益獲得又は費用削減になるかが不確実なものは資産計上し，減価償却の対象となるものとしている[367]。

ソフトウェアの会計処理は，それ自体が複雑である上，税法の取扱いとも相違があり，これらについて正確に理解しておくことが後に紹介する不正案件の理解や実際の捜査に必要と思われるので，若干煩瑣になるが，以下に要点を述べることとしたい[368]。

(2) ソフトウェアの企業会計上の処理

ソフトウェアの企業会計上の処理については，企業会計審議会「研究開発費等に係る会計基準」（平成11年）[369]が大枠を定め，日本公認会計士協会

---

[366] 但し，ソフトウェア仮勘定は，未だ事業の用に供せられているものではないので，償却の対象とならない。

[367] なお，この両者の相違は，将来の収益を原資とする減価償却により解消されることが見込まれるため，税効果会計により処理されるものと解される。税効果会計については，前述の第2編第2章第1節A10(1)参照。

[368] なお，ソフトウェアを含むコンテンツの購入・取得の会計処理については浅枝他238頁以下，桜井202頁以下，流通販売の会計処理については同263頁以下，減損処理については同328頁以下，ロイヤリティーの計算・管理については同335頁以下，簿外ライブラリの管理・評価については同368頁以下。

「研究開発費及びソフトウェアの会計処理に関する実務指針」(平成11年・最終改正平成23年)及び会計制度委員会「研究開発費及びソフトウェアの会計処理に関するQ&A」(平成11年・最終改正平成23年)[370]，企業会計基準委員会「ソフトウェア取引の収益の会計処理に関する実務上の取扱い(実務対応報告第17号)」(平成18年)[371]等がその実務指針を定めている。

　上記実務指針及びQ&Aにおいては，①研究開発費は，全て発生時に費用処理しなければならないこと，②特定の研究開発目的にのみ使用され，他の目的に使用できない機械装置等を取得した場合の原価は，取得時に研究開発費として処理すること，③ソフトウェアはプログラムのほか，システム仕様書，フローチャート等の関連文書を意味し，コンテンツは，これがソフトウェアと経済的・機能的に一体不可分な場合以外は別個のものとして扱うことを前提とした上，下記の分類に従ってソフトウェアの会計処理方法を定めている(河崎他155頁以下)。

　ア　市場販売目的のソフトウェア

　市場販売目的のソフトウェアについては，①研究開発の終了時点は，「製品マスター」(製品番号が付されて販売の意思が明らかにされた複写可能な完成品)の完成時点であり，同時点までの制作活動は研究開発費として費用処理すること，②製品マスターと言えるかどうかは，製品性を判断できる程度のプロトタイプが完成しているか，製品として販売するための重要機能が完成し，かつ重要な不具合が解消しているかにより判断すること，③製品マスター完成後の制作費は原則として資産計上し，著しい改良と認められる場合には研究開発費として費用処理すること，④製品マスターの制作仕掛品は「ソフトウェア仮勘定」により，完成品は「ソフトウェア」により無形固定資産として計上すること等が指針として示されている。

　イ　自社利用目的のソフトウェア

　自社利用目的のソフトウェアについては，①将来の利益獲得又は費用削減が確実と認められる場合には取得原価を無形固定資産として計上し，これら

---

369)　http://www.fsa.go.jp/p_mof/singikai/kaikei/tosin/1a909e2.htm
370)　http://www.hp.jicpa.or.jp/specialized_field/files/2-11-kkq-2-20110704.pdf
371)　http://www.asb.or.jp/asb/asb_j/documents/docs/soft/soft.pdf

が確実と認められない場合は費用処理すること，②利益獲得が確実であるとは，ソフトウェアを利用して契約に基づく情報提供等を行い，受益者からその対価を得る場合や，人件費の削減効果が見込まれる場合等が該当すること，③自社利用ソフトウェアの資産計上の終了時点は，実質的にソフトウェアの制作作業が完了したと認められる状況になった時点をいうこと，④外部から購入したソフトウェアの設置・仕様変更等にかかる費用は取得原価に含めること，⑤ソフトウェアを大幅に変更した場合には，原則として研究開発費として処理し，例外として将来の収益獲得・費用削減が確実であると認められる場合には無形固定資産として計上すること，⑥機械装置等に組み込まれているソフトウェアについては，当該機械装置の取得原価に算入すること等が指針として示されている。

　　ウ　受注制作のソフトウェア

　受注制作のソフトウェアについては，別途，企業会計基準委員会「工事契約に関する会計基準（企業会計基準第 15 号）」（平成 19 年)[372] 及び「工事契約に関する会計基準の適用指針（企業会計基準適用指針第 18 号）」（平成 19 年)[373] によって処理することになる。

　同基準においては，①制作の進行途上においても，その進捗部分について成果の確実性が認められる場合には，発生主義に基づいて「工事進行基準」が適用され，工事の進行状況に応じた売上を計上できるが，成果の確実性が認められないときには，例外的に実現主義に基づいて「工事完成基準」が適用されること，②成果の確実性が認められるためには，工事収益総額，工事原価総額，決算日における工事進捗度の各要素が信頼性をもって見積もられなければならないこと，③工事収益総額の信頼性のある見積りのためには，工事の完成見込みが確実で，工事契約において対価の定めがあることを要すること，④工事原価の信頼性のある見積りのためには，工事原価の事前の見積りと実績を対比して，適時適切に工事原価総額の見積りの見直しを行う必要があること，⑤決算日における工事進捗度の信頼性のある見積りのためには，「原価比例法」を採用する場合には④の要件を満たすことで足りること，

---

372) http://www.asb.or.jp/asb/asb_j/documents/docs/kouji-keiyaku/kouji-keiyaku.pdf
373) http://www.asb.or.jp/asb/asb_j/documents/docs/kouji-keiyaku/kouji-keiyaku2.pdf

⑥工事進行基準を適用する場合には，工事収益総額，工事原価総額，決算日における工事進捗度を合理的に見積もり，これに応じて当期の工事収益及び工事原価を損益計算書に計上すること，⑦工事進行基準を適用する場合，発生した工事原価のうち，未だ損益計算書に計上されていない部分は「未成工事支出金」等により計上すること，⑧決算日における工事進捗度は，原価比例法その他合理的な方法によること，⑨工事完成基準を適用する場合には，工事が完成し，目的物の引渡しを行った時点で，工事収益及び工事原価を損益計算書に計上すること，⑩工事契約から損失が見込まれる場合には，これを工事損失が見込まれる期の損失として処理し，工事損失引当金を計上すること等の指針が示されている（伊藤173頁以下）。

(3) ソフトウェアに関する税法上の処理

　ソフトウェアの取得価額に関する税法上の基準については，法人税基本通達7-3-15の2が，自己の製作に係るソフトウェアの取得価額，当該ソフトウェアの製作のために要した原材料費，労務費及び経費の額並びに当該ソフトウェアを事業の用に供するために直接要した費用の額の合計額となる旨を定めている。上記(1)で述べたとおり，税法上は，自社利用目的のソフトウェアについては，その利用により将来の収益獲得又は費用削減にならないことが明らかなものに限って費用計上できる（つまり，資産計上しないことができる）ものとして，将来の収益獲得又は費用削減になるかが不確実なものは資産計上し，減価償却の対象となる。また，同通達7-3-15の3は，ソフトウェアの取得価額に算入しないことができる費用として，①自己製作ソフトウェアの制作計画の変更等により，いわゆる仕損じがあったために不要となったことが明らかな費用，②研究開発費の額[374]，③製作に要した少額の間接費，付随費用を挙げている。

　ソフトウェアに係る資本的支出と修繕費の区別について，法人税基本通達7-8-6の2は，ソフトウェア修正が障害の除去に該るときは修繕費，新たな機能の追加や機能向上に該るときには資本的支出に該るものとしている。

　資産として計上されたソフトウェアについては原則として減価償却をする

374）　自社利用目的のソフトウェアについては，その利用により将来の収益獲得又は費用削減にならないことが明らかなものに限る。

必要がある。すなわち、法人税法施行令13条8号リは、減価償却資産としてソフトウェアを挙げ、法人税基本通達7‐1‐8の2は、研究開発のためのソフトウェアであっても減価償却資産に該当する旨を定める。

そして、法人税法施行令48条の2第1項4号は、無形固定資産の減価償却資産の償却の方法として、定額法による旨を規定し、減価償却資産の耐用年数等に関する省令別表第3は、ソフトウェアの耐用年数について、複写して販売するための原本は3年、その他のものは5年と定めている[375]。但し、無形固定資産として計上したソフトウェアの取得原価は、当該ソフトウェアの性格に応じて、合理的な方法により償却する[376]。なお、使用可能期間が1年未満のソフトウェアや取得価額が10万円未満のソフトウェアは少額減価償却資産として使用開始時点で全額損金算入することができ、取得価額が10万円以上20万円未満のソフトウェアは一括償却資産として3年間で均等償却が可能であることは器具・備品と同様である。

次に、ソフトウェアの除却については、法人税基本通達7‐7‐2の2が、ソフトウェアを除却して損金に算入できる場合として、自社利用目的のソフトウェアの対象業務を廃止した場合や、他のソフトウェア使用等により従来のソフトウェアを使用しなくなったことが明らかな場合や、製品マスターに更新があったときの旧バージョンを挙げている。

(4) ソフトウェアに関する捜査のポイント

以上のとおり、ソフトウェアに関する会計処理は、これが市場販売目的であるか、自社利用目的であるか、受注制作であるかによってその方法がかなり異なってくる上、その目的自体、これが偽って表示された場合、不正を外部の者が見抜くことは必ずしも容易でない。しかも、ソフトウェアについては、これが無形固定資産であるために、外部から客観的に価値を評価することが困難であり[377]、資産価額が過大に表示された場合にもその誤りを発見・証明することは容易でない。更に、ソフトウェアを資産計上するか、費用計上するかの基準が複雑で境界線が曖昧である上、企業会計原則と税法で

---

375) なお、研究開発用のソフトウェアの耐用年数は3年。大野他211頁。
376) 具体的には、定額法に加え、未償却残高の残存有効期間に基づく均等配分額を下限として、見込み販売収益や見込み販売数量に基づく償却も認められている（河崎他165頁）。

扱いを異にしているため，不正操作の余地が大きい[378]。

　また，上述した個々の会計処理基準を見ても，研究開発の終了時点をいつととらえるか，プロトタイプとしての完成度としてはどの程度のものであることが必要か，重要な不具合が解消しているとはどの程度のものであることが必要か，重要な機能とはどのような機能をいうのか，著しい改良とはどの程度の改良をいうのか，将来の利益獲得又は費用削減の確実性とはどの程度の確実性をいうのか，成果の確実性の有無をどのように判別するのか，完成見込みが確実であるとはどのように判断するのか，仕損じに算入する計画変更とそうでない計画変更をどのように判別するのか，ソフトウェアの使用見込みがなくなったとはどのような場合がこれに該るのか等，その判別が容易でなく，裁量や不正操作の余地の大きい概念が多用されている。

　また，市場販売目的のソフトウェアの制作過程における「ソフトウェア仮勘定」や，受注制作のソフトウェア開発過程における「未成工事支出金」は不正操作の余地が大きいことは，これまでも建設仮勘定や未成工事支出金についての説明で述べてきたとおりである。

(5)　ソフトウェアをめぐる不正会計事例

　以下に，ソフトウェアをめぐる不正会計事例を見てみよう。

　ア　ソフトウェアについて不正な勘定科目で処理していた事例

　第1に，ソフトウェアに関して不正勘定科目で計上していた事例として次のものがある。

　平成20年4月に公表されたニイウスコー株式会社に関する調査委員会の報告書[379]には，同社では，利益増加の観点から，金融サービス事業における初期開発費用やソフトウェアの開発費用を費用計上せず，一部の費用は循環取引の売上原価を仮装して処理し，また，その他のコストはソフトウェ

---

377)　河崎他170頁以下も，ソフトウェアが無形固定資産であること，外部からその開発の状況や内容を確認することが難しいこと，実際の開発作業においても当事者間でプロジェクトが完結することが多くその当事者以外は開発環境を確認することが難しいこと，ソフトウェアの開発環境には常に著しい変化が生じていること，複合取引を別個の取引とせず，構成要素を同一の契約書において締結していることが多いこと，取引が高度化した段階請負構造のような下請取引が慣行化していること等の問題点を指摘している。
378)　ソフトウェアの資産価値の評価の困難性を指摘するものとして，浜田174頁以下。
379)　http://ir.104site.net/2731-20080430-1.pdf

等の資産として処理していたこと等が記載されている。

　平成24年5月に公表された**株式会社パスコの第三者調査委員会の調査報告書**[380]には，①同社が取引先のソフトウェアを過去に不正利用したことについて，当該取引先との交渉に基づき10億円の損害賠償金を支払い，これを特別損失として計上しなければならなかったのに，相手方から8億円でソフトウェアライセンスを取得したように仮装し，その取得費用としてこれを資産計上するという不正会計を行ったこと，②その際，同社の取締役会で，生産改革本部長が，生産基盤を整備するために必要な費用として10億円の投資が必要であり，償却期間である5年間で15億円の利益改善が見込まれるなどと虚偽報告を行ったこと等が記載されている。

　平成25年10月に公表された**株式会社東芝の連結子会社東芝メディカルシステムズ株式会社に関する調査委員会の調査報告書**[381]には，①売上原価及び一般管理費を仕掛品，ソフトウェアやソフトウェア仮勘定に振り替えて費用を圧縮し，資産を過大に計上していたこと，②利益過大計上額は累計98億円に上ること等が記載されている。

　平成26年10月に公表された**株式会社アイレックスに関する改善状況報告書**[382]には，市場販売目的のソフトウェアで，平成23年5月に開発に着手し，平成25年3月に開発計画が中止決定されたものについて，平成23年7月にバラック試作機ができた時点を，研究開発費等に係る会計基準における最初に製品化された製品マスターの完成時点と判断し，以降発生した費用をソフトウェア仮勘定として2600万円を資産計上していたが，同バラック試作機は量産可能なプロトタイプとは認めがたく，ソフトウェア仮勘定ではなく，発生時に費用処理すべきであったこと等が記載されている。

　　イ　ソフトウェアを架空売上・架空資産の計上・架空売掛金の回収偽装
　　　　等に利用した事例

　第2に，ソフトウェアを架空売上・架空資産計上，売掛金の架空回収に利用した事例として次のものがある。

---

380) http://www.pasco.co.jp/ir/library/pdf/other_12052101.pdf
381) http://www.toshiba.co.jp/about/ir/jp/news/20131030.pdf
382) http://airex.co.jp/csr/ir/pdf/141015_2.pdf

平成22年6月に公表された**株式会社シニアコミュニケーション**に関する**外部調査委員会報告書**[383]には，同社では，上場前から，コンサルティングプロジェクトについて，プロジェクトの進行程度に関して売上を実際よりも前倒しして計上していたが，会社上場後も，ソフトウェアの購入費用の架空計上により資金を捻出しようと企て，データの切り貼りや印鑑の冒用等の方法により，取引先であるC社発行で金額が数百万円から数億円の請求書を多数枚偽造するなどして，会社資金16億円を第三者口座に滞留売掛金入金塡補用資金として不正送金し，当該当該取引先名義から当社に対し滞留売掛金入金塡補資金として合計17.5億円を入金したこと等が記載されている。

平成23年12月に公表された**クラウドゲート株式会社**に関する**第三者調査委員会の調査報告書**[384]には，①同社から関連会社に1.6億円の貸付け及び3750万円の増資を行い，これを原資として，同社が開発したとする競輪オンラインシステムの使用許諾契約金の名目で3社から合計1.5億円を還流させ，売上を架空計上したこと，②関連会社に3億円を貸し付けて，別会社に競輪場紹介DVDの製作をさせたように装い，この使用許諾名目で合計1.45億円を還流させ，売上を架空計上したこと等が記載されている。

平成26年3月に公表された**株式会社ドンキホーテホールディングス**の連結子会社**日本アセットマーケティング株式会社**の第三者調査委員会の調査報告書[385]には，①対象会社は，乙社との間で販売代理契約を締結し，販売代理業務の対価として2000万円及びこれに対する消費税を支払った旨の会計処理を行ったこと，②その後，対象会社は甲社に対してソフトウェア販売契約に基づいて4000万円の売上を計上したこと，③しかしながら，乙社が同販売代理契約に基づく業務を行った事実はなく，甲社から対象会社に支払われた4200万円について，販売代理業務に対する対価として対象会社が乙社に支払った2100万円のうち1722万円が最終的に甲社に還流したこと，④売上高が1億円未満であることは東証マザーズの上場廃止基準に該当することから，対象会社はこれを回避するため，実際には甲社との間では2100万円

---

383) http://www.sasao-office.jp/app/download/4996882772/株式会社シニアコミュニケーション_外部調査委員会の調査報告書のご報告について.pdf?t=1365294395
384) http://www.crowdgate.co.jp/ir/pdf/press/2011/111213_2.pdf
385) http://www.donki.com/shared/pdf/ir/ir_kaiji_shiryou/175/140328_sj1Pc.pdf

とする意図であった売買代金を4000万円に嵩上げすべく本件取引を行ったものと認められること等が記載されている。

平成26年8月に株式会社富士通ビー・エス・シーが公表した第三者調査委員会の調査報告書[386]には，①同社では，各種ソフトウェア開発事業に係る収益計上基準として工事進行基準を採用しており，毎月，作業担当者の工数をプロジェクト管理システム上の「仕事票」を用いて集計し，これに基づき進捗率を算出し，仕事票に基づき，当該工数を「仕掛品」としたオーダーについては，注文書等の受注書類を得意先から受け取った時点で，工事進行基準に基づき売上計上処理をしていたこと，②同社では，㋐架空のオーダーの発行に基づく未契約仕掛品の計上による原価の資産への付け替え，㋑架空のオーダーの発行に基づく当該架空オーダーへの原価の付け替えによる架空売上及び未請求売掛金の計上，㋒真実と異なるオーダーへの原価の付け替えという3つの方法で粉飾売上高は5億円以上に上る不正会計を行っていたこと等が記載されている。

平成26年9月に証券取引等監視委員会が公表した「インスパイアー株式会社に係る有価証券報告書等の虚偽記載に係る課徴金納付命令勧告について」[387]には，同社で，ソフトウェア仮勘定の架空計上により，純資産額を1億円以上過大計上していたこと等が記載されている。

平成27年1月に公表された株式会社グローバルアジアホールディングスに関する第三者調査委員会の調査報告書[388]には，①同社は，平成26年6月に新株予約権の発行及び行使に基づき計2.1億円の増資金の払込を受けたが，同増資金の行方が不明となり，また，同年8月，上記増資金の喪失に対する貸倒引当を含む合計10億円の特別損失を計上したことから第三者調査委員会が設置されたこと，②同調査委員会の調査には対象会社から妨害行為と認められる行為があり，前代表取締役からの聴取ができなかったこと，③上記増資金のうち会社の債務弁済に充てられたのは2800万円で，残額1.9億円は前代表取締役への使途不明金としての支出と認められること，④上記

---

386) http://www.bsc.fujitsu.com/downloads/release/2014/0814-a.pdf
387) http://www.fsa.go.jp/sesc/news/c_2014/2014/20140902-1.htm
388) http://pdf.irpocket.com/C3587/nKx5/uMk8/YBLy.pdf

特別損失の前提となった取引は，事業継続が困難となった事業に関するソフトウェア仮勘定及び運営費用の前払費用相当額でキャッシュフローが見込めない事業に関するものであったこと等が記載されている。

　　ウ　ソフトウェアに関する支出を第三者への利益供与に利用した事例

　第3に，ソフトウェアに関する支出を第三者への利益供与に利用した事例として，平成22年12月に公表されたSBIネットシステムズ株式会社に関する外部調査委員会の調査報告書[389]には，①2.8億円のソフトウェアライセンス販売は，当社が出資した投資事業組合の資金により販売代金を回収していることから，架空販売取引と認められること，②1.9億円のソフトウェア販売と1億円のソフトウェアの仕入についても，仕入先における開発実態がないことに鑑みれば，開発委託業務取引が仮装されており，仕入及び販売双方が仮装取引と認められること，③2億円のソフトウェア仕入取引も，当該取引を利用した資金送金そのものを意図した取引であって実在の取引とは認められないこと等が記載されている。

　また，平成23年3月に公表された株式会社fonfunに関する第三者調査委員会の調査報告書[390]には，①会社の大株主に会社の株式を受け皿会社に譲渡させる代金支払のために，貸付金等の名目により，同株主に対して会社資金2.2億円を流出させており，同受け皿会社を解消して自己株式を取得する際に架空のアプリメール・ソフトウェアの開発外注費支払名目で資金2億円を流出させたこと，②連帯保証に基づき代位弁済をする資金を捻出するために，関連会社に対する貸付金名目で資金2.1億円を流出させた上，これを正常債権と仮装するため，モバイルコンテンツの開発外注費名目等で合計4500万円を社外流出させ，これを仮装返済の原資に充てたこと等が記載されている。

　更に，平成23年11月に公表された株式会社京王ズホールディングスに関する社内調査委員会の調査報告書[391]においては，①会社の第3回新株予約権の第三者割当に関するアレンジフィーを，E社に対するソフトウェア購入

---

389)　http://www.sbigroup.co.jp/news/2010/1210_3706.html
390)　http://www.fonfun.co.jp/cgi/ir/files/20110301_01.pdf
391)　http://www.keiozu.co.jp/2011/PDF/saisyuuhoukokusyokouhyou111117.pdf

費用名目で計上したこと，②このアレンジフィーは新株予約権行使価格の10％にも及ぶ3400万円であり，連結子会社がE社と動画配信サービスに関する業務契約を締結し，同契約に基づくソフトウェアの使用等許諾の対価としてE社に対し3400万円を支払うように装い，E社をトンネル会社として同金額をアレンジャーに供与したこと等が記載されている。

　　エ　ソフトウェアを過大請求の手段に用いた事例

　第4に，ソフトウェアを過大請求の手段に用いた事例として，平成22年5月に公表された株式会社リミックスポイントの調査委員会の調査報告書[392]には，①甲社に対して売り上げたとして計上したシステム開発・データ入力業務のうち1億円のデータ入力業務は架空であったこと，②甲社に対する架空の売掛金について貸倒引当金の計上を免れるため，1000万円の返済資金を貸し付けた上，甲社から1000万円の支払を受けた形を取って正常債権を装い，貸倒引当金の計上をしなかったこと等が記載されている。

　また，平成24年12月に公表された防衛省「三菱電機等による過大請求事案に関する報告書」[393]には，三菱電機関連会社において，防衛関連機器のシステムエンジニアリングやソフトウェア開発に係る請負業務を主に担当する第1技術部において工数の付け替えを行い，防衛省に対する過大請求を行っていたこと等が記載されている。

2　のれん

(1)　総　説

　国語辞典で「のれん」を引くと，「営業活動から生まれる，得意先関係・仕入先関係・営業の秘訣・信用・名声など，無形の経済的財産。グッドウィル。」(『大辞林第3版』(三省堂，平成18年))とある。「のれん」とは，一般にはこのような企業の人的関係やノウハウのように，無形ではあるが企業の収益力の源泉となるものをいう。このような意味での「のれん」には時として高い金銭的価値が認められることが明らかであるが，企業会計原則は，のれんに自ら金銭的評価を与えてこれを無形固定資産として計上すること

---

[392]　http://ke.kabupro.jp/tsp/20100514/140120100514008796.pdf
[393]　http://www.mod.go.jp/j/procurement/kadaiseikyujian/pdf/20121224_2.pdf

（自己創設のれん）は認めていない。そのようなことを認めれば，経営者によるお手盛りで粉飾的な資産計上が横行することになろうし，また，「のれん」の価値を経営者が自ら公正に判断することには無理があると言わざるを得ないからである。

しかし，「のれん」を金銭的に評価して資産として計上できる場合が一つだけある。それは，第三者がその企業に一定の値付けをして企業買収する場合である。買収する企業は，その企業の株価の時価総額や純資産額よりも高い価格を設定して相手方企業を買収しようとするのが一般的である。というのは，買収する企業は，被買収企業の成長力や収益力を高く評価して買収するのが通常である上，企業を買収する場合には，被買収企業から買収が生むシナジー（相乗）効果を正当に評価するよう求められること[394]，更には，買収によって対象会社の支配権を有することになるから「支配プレミアム」[395]が上乗せされること，買収の情報が公開された後は株価が上昇することが見込まれることから，「買収プレミアム」を乗せて企業買収を行うことが一般的だからである。他方で，買収企業としては，できるだけ現金の支出を抑えて安く買収をしたいと考えるのが経済合理的であるといえるから，買収に要した資金合計が被買収企業の純資産額を超過したとしても，特段の事情がなければ，その金額は不当に水増しされたものではない経済合理性の認められる価格であると考えてよいのである[396]。

のれんの会計処理についてみると，企業会計基準委員会「企業結合に関する会計基準（企業会計基準第21号）」（平成17年・最終改正平成31年）[397] 31項では，のれんとは，企業の買収・合併時に，取得原価が，受け入れた資産及び引き受けた負債に配分された純額を上回る場合の超過額のことをい

---

[394] もっとも，シナジー価値は著しく不確定性の高い価値であることを指摘するものとして，鈴木他282頁。
[395] 「コントロールプレミアム」ともいう。経営を支配し，又は経営に影響力を持つようなまとまった割合の株式を取得する場合に支払われる株式買取価格の上乗せ部分をいい，M＆A先進国の米国では20〜30％が目安となっているという（鈴木他256頁，282頁以下）。
[396] なお津森233頁以下，パレ他267頁以下，北地他313頁以下。企業価値の測定についてはGMI134頁以下，買収価格算定として上場株価比較方式，買収事例比較方式，DCF方式，修正簿価方式があることについて後記2(2)，渡辺章59頁以下。企業買収の経済的背景については井手・高橋410頁以下。
[397] 「企業結合会計基準及び事業分離等会計基準に関する適用指針」（企業会計基準委員会適用運用指針第10号。最終改正平成31年）も発出されている。

うものとされている。そして，上記のとおり，通常，買収価格は時価総額や純資産額を凌駕するから，のれんは買収した企業において無形固定資産として計上されることになる[398]。通常，企業買収には多額の資金を必要とし，買収プレミアムが高い場合には，買収後に計上されるのれんも多額となる。

のれんの償却に関する考え方は，我が国の企業会計と国際会計基準との間に相違がある。国際会計基準はのれんの償却を禁止しているのに対して，我が国の企業会計においては，のれんは20年以内の期間に定額法により償却すべきものとされている。なお，非課税の企業結合（適格合併）[399]においては税務上ののれん[400]は生じないが，課税対象となる企業結合では税務上ののれんが生じ得る。この場合，税務上ののれんは5年内に均等償却しなければならない[401]。また，我が国の会計基準とは異なり，国際財務報告基準においては，被買収企業において資産計上されなかったものであっても，無形資産の要件を満たす資産であれば資産計上することが求められるという相違もある。

のれんは減損会計の対象となる。すなわち，企業会計基準委員会「固定資産の減損に係る会計基準の適用指針（企業会計基準適用指針第6号）」（平成15年・最終改正平成21年)[402]においては，のれんを含む資産グループに減損の兆候があるとき，すなわち，のれんを含むより大きな単位において，営業活動から生ずる損益又はキャッシュフローが継続してマイナスの場合，使用範囲又は方法に回収可能性額を著しく低下させる変化がある場合，経営環境が著しく悪化した場合，市場価値が著しく下落した場合には，割引前将来

---

398) なお，取得原価が受け入れた資産及び引き受けた負債に配分された純額を下回る場合には，「負ののれん」が発生する。シリット183頁以下においては，負ののれんを創造することによって将来会計期間の利益を水増ししたコンパック等の事例が紹介されている。
399) 合併による資産引継に課税されない「適格合併」となるためには，①事業関連要件，②事業規模条件又は役員の経営参画要件，③従業員引継要件，④事業継続要件，⑤株式継続保有要件が必要とされる（法人税法2条12号の8）。
400) 「税務上ののれん」は，課税対象となる非適格合併で交付した対価と合併により受け入れた資産の額に差がある場合に生じ，対価が資産を超過する場合には「資産調整勘定」，逆の場合には「負債調整勘定」により処理する。会計と税務でのれんの償却期間について異なる取扱いをする場合には，「資産調整勘定取崩額／資産調整勘定」の仕訳を行うこととなる。
401) のれんと税法上の問題点については，渡辺240頁以下，三宅344頁以下，草野262頁以下。適格合併の手続については中村他287頁以下及び緑川21頁以下，会社法下における企業結合について緑川他15頁以下，適格合併と税法については渡辺淑225頁以下。但し，国際会計基準審議会（IASB）は，2021年にものれんの費用計上を義務化することが報じられている（平成30年9月13日・日経新聞）。
402) http://www.asb.or.jp/asb/asb_j/documents/docs/impair_2/impair_2_s.pdf

キャッシュフロー総額を見積もり，のれんに超過収益力があるかどうかを判定し，これが失われていると判断するときには減損処理をしなければならない旨が示されている[403]。

のれんに関する仕訳を以下に示す。

○ 資産1000万円，負債900万円の会社を300万円で買収した[404]。

現金	2,000,000 /	買掛金	4,000,000
売掛金	3,000,000	短期借入金	3,000,000
土地建物	4,000,000	長期借入金	2,000,000
器具備品	1,000,000		
のれん	2,000,000 /	当座預金	3,000,000

○ のれんを20万円償却した。

　　　　のれん償却費　　200,000 / のれん　　200,000

○ のれん100万円について減損処理した。

　　　　減損損失　　1,000,000 / のれん　　1,000,000

(2) 買収における被買収企業の企業価値評価

以上のように，のれんは，企業の買収・合併時に，取得原価が受け入れた資産及び引き受けた負債に配分された純額を上回る（又は下回る）場合に発生するが，買収企業において，被買収企業の企業評価をどのように見積もるかということは，捜査官にとって，当該企業の買収価額が公正妥当といえるかを判断するに当たって極めて重要である。

この点について，日本公認会計士協会「企業価値評価ガイドライン（経営研究調査会研究報告第32号）」（平成19年・最終改正平成25年）[405]の概要を示すと以下のとおりである。

企業価値概念としては，

---

403) のれんに関する減損会計について河崎他132頁以下。のれんに関する国際財務報告基準についてあずさ225頁以下，中尾182頁以下。
404) パーチェス法においては，被買収企業の資産・負債を公正価値で評価し，資本との差額をのれんとして計上する。これに対して，被買収企業の資産・負債を簿価で引き継ぎのれんを発生させない方法を「持分プーリング法」というが，実務上はパーチェス法に一本化されている。パーチェス法及び持分プーリング法について河崎他269頁以下，三宅172頁以下，伊藤554頁以下。持分プーリング法は，平成20年の「企業結合に関する会計基準」の改正により廃止された。
405) http://www.hp.jicpa.or.jp/specialized_field/files/2-3-32-2-20130722.pdf

- 事業価値：事業から創出される価値
- 企業価値：事業価値に加えて事業以外の非事業資産の価値を含めた企業全体の価値
- 株主価値：企業価値から有利子負債等の他人資本を差し引いた株主に帰属する価値

がある。

評価方法としては，大きく，①インカム・アプローチ，②マーケット・アプローチ，③ネットアセット・アプローチの3つの手法があるが，その概要は下記のとおりである。

1. インカム・アプローチによる評価法
    a. 割引キャッシュフロー法（DCF法）[406]
    b. 調整現在価値法
    c. 残余利益法
    d. 配当還元法
    e. 利益還元法
2. マーケット・アプローチによる評価法
    a. 市場株価法
    b. 類似上場会社法
    c. 類似取引法
    d. 取引事例法（取引事例価額）
3. ネットアセット・アプローチにおける評価法
    a. 簿価純資産法
    b. 時価純資産法（修正簿価純資産法）

これらの評価方法については，総合評価が重要であるが，その方法としては次の3つがある。

1. 単独法：評価アプローチの中から特定の評価法を単独で適用して，価値評価を行う方法
2. 併用法：複数の評価法を適用し，一定の幅をもって算出されたそれぞ

---

[406] DCF法による計算の具体例については，不動産価格の評価方法における例を参照（第2編第2章第1節B1(4)エ）。

れの評価結果の重複等を考慮しながら，評価結果を導く方法
  3．折衷法：複数の評価法を適用し，それぞれの評価結果に一定の折衷割合を適用して，加重平均値から評価結果を導く方法

　実務では，DCF法を中心として，上場株価比較方式，買収事例比較方式及び修正簿価方式が用いられることが多いが[407]，上記「企業価値評価ガイドライン」においては，インカム・アプローチを適用する場合の留意点として次のようなことを挙げている。

　○ 将来のキャッシュフロー等を予測する際の各種仮定は矛盾しないものでなくてはならないこと
　○ 将来キャッシュフロー等の予測期間については，企業が何らかの定常的な状態に至るまでの期間とするべきであること
　○ 加重平均資本コストにおけるウェイトの決定方法には，目標とする資本構成を参考にする方法や事業価値とウェイトを同時決定する方法があること
　○ 評価の過程において負債価値を利用する際に，倒産可能性が高い場合には実質的な負債価値を検討する必要があること
　○ オプション価値を適切に評価する必要があること

(3) のれんをめぐる不正会計事例

　のれんは，企業買収において，買収総額が被買収企業の純資産額を超過する場合に発生する。通常は，買収企業はできるだけ安い価額での買収を目指し，被買収企業はできるだけ高い価額での被買収を目指して交渉し，しかも，買収企業間では競争も行われ得ることから，買収価額はその企業の超過収益力を適正に考慮した価額となるはずである。ここに買収総額から純資産額を差し引いた額をのれんとする根拠がある。

　しかし，そもそも不正会計の手段としてのれんを利用するために経済合理性のない買収を行う場合や，買収企業においてのれんを少額に抑えようとするインセンティブが働かない場合，例えば，被買収企業のキャッシュフローや利益がプラスであって買収によって買収企業の（連結）キャッシュフロー

---

407) トーマツ116頁以下，渡辺章59頁，鈴木他231頁以下。

や収益力の数値が改善することが見込まれるときに金額に糸目を付けずに買収が行われるようなことがあり，その場合，実際の超過収益力を反映しない不相当に高額なのれんが資産として計上されることになる。

そして，日本の会計基準では，のれんは20年以内の任意の期間で均等償却をすることになっているため，実体のないのれんが長期間にわたって計上されることになり得る。また，のれんの償却を認めない国際会計基準を採用した場合であっても，減損会計は適用されるため，のれんや無形資産部分に収益力がないと判断された場合には，のれんについて，いきなり多額の減損処理が行われる可能性がある[408]。

以上のような事情から，企業の買収価額を不適切に設定して多額ののれんを計上する不正会計事例が後を絶たない。その他，制度会計上義務付けられている減損処理を行わないことによる事例や，損失隠しスキームが買収スキームに組み込まれた事例も存する。

平成23年8月に公表された株式会社塩見ホールディングスの公表資料[409]には，アジリティコーポレーションを子会社化した際，監査人の指導によってのれんを15.8億円追加計上し，貸倒引当金を9.7億円追加計上した結果，当社は21億円の債務超過となったため，金融債権者から債務免除を受けることによって20.7億円の当期純利益を計上し，更に第三者割当増資により4億円の資本増強を行ったが，新しく就任した監査人から，のれんに減損の兆候があることからのれんに15.8億円の資産があるとする会計処理には問題がある旨指摘され，最終的に意見不表明の監査報告書の提出を受けたことが記載されている。

平成23年12月に公表されたオリンパス株式会社の第三者調査委員会の調査報告書[410]には，①オリンパスにおいては，1990年代の金融資産の運用失敗のため，1000億円以上の簿外損失を抱えていたこと，②外部コンサルタントの指南を受け，同損失をオリンパスの連結決算から外れるファンドに簿価で買い取らせて，ヨーロッパ，シンガポール，国内のルートでファンドに

---

408) 国際財務報告基準におけるのれんの減損会計についてあずさ376頁以下。
409) http://ke.kabupro.jp/tsp/20110804/140120110804097708.pdf
410) http://www.olympus.co.jp/jp/common/pdf/if111206corpj_6.pdf

合計1550億円の資金を投入して損失計上を先送りしたこと，③これらの損失を解消するスキームの受け皿として，国内で発掘した3社の株式を利用することとし，まず，オリンパスのファンド及びオリンパスの指示により作られたファンドが同社の株式の一部を著しい高値である合計188億円で購入したが，平成19年の会計基準の変更[411]を受けて，オリンパスがファンドから株式を現物で著しい高値で引き取り，時価との差額をのれんとして資産計上したこと，④オリンパスは，監査法人からのれんの簿価と実際の資産価値との差額を指摘され，合計670億円の減損処理を行ったこと，⑤オリンパスは，損失を最終処理するため，医療機器メーカーであるジャイラスを買収するに当たり，外部コンサルタントに買収に関する成功報酬として12億円及びジャイラスの株式オプション及びワラントを付与し，同ワラントはケイマン籍法人に24億円で譲渡されたこと，⑥ジャイラスの買収の際に，外部コンサルタントに更に12億円の報酬及び経費が供与されたこと，⑦ジャイラスの資本再編の際に，株式オプションの対価としてジャイラスの配当優先株を付与することとし，最終的にこの配当優先株を620億円で買い取り，この資金により損失先送りスキームを解消すると共に，オリンパスにおいては，612億円をのれんとして資産計上したこと等が記載されている[412]。

平成24年12月に公表された**株式会社ジャパンケアサービスグループの第三者調査委員会の調査報告書**[413]には，①同社では，平成19年11月にコムスンから13法人を事業承継した際，16億円ののれんを計上したこと，②その後，事業承継を受けた企業の業績が想定を大きく下回ったことから，3億円ののれんの減損処理の必要があったのに，これを行わなかったこと等が記載されている。

平成26年12月に公表された**株式会社エナリスの第三者調査委員会の調査報告書**[414]には，エナリスが**日本エネルギー建設**の株主から株式を譲り受

---

411) 第2編第2章第1節A 5(1)参照。
412) なお，デリバティブやオプションの評価については古川161頁以下，河崎他52頁以下，桜井106頁以下，GMI204頁以下。デリバティブ取引の定義については近藤他42頁以下，川村他63頁以下。国際財務報告基準におけるデリバティブの処理についてはあずさ250頁以下，中尾141頁以下。
413) http://ke.kabupro.jp/tsp/20121210/140120121210047475.pdf

て完全子会社とする株式交換を実施した際，のれん20.6億円を計上したが，のれんの評価の基礎となるフリーキャッシュフローの金額や割引率の算定に疑問があり，のれん計上額全額について減損損失を計上すべきこと等が記載されている。

3 無体財産権

　無体財産権（知的財産権）とは，知的成果物の保護とその利用を促進するための権利の総称である。無体財産権に含まれる権利としては，特許権，実用新案権，意匠権，著作権，商標権等があり，関連する法律としては，特許法，実用新案法，半導体集積回路配置保護法，種苗法，意匠法，商標法，不正競争防止法，景品表示法，商法，会社法，著作権法等がある（土肥2頁）。無体財産権は，必ずしも無体物に限られるわけではなく，意匠や芸術作品のような著作物は有体物である。無体財産権の保護対象物の特徴は，模倣の容易性にある（土肥1頁）。

　特許権とは，製品や製造方法を一定期間，独占的・排他的に使用できる法律上の権利であり，保護の対象は「発明」である。「発明」とは，自然法則を利用した技術的思想の創作のうち高度のものをいう（特許法2条1項）。自然法則を利用した技術的思想の創作であっても，高度でないものは「考案」となり，これが物品の形状，構造，組合せに関するもので，産業利用可能性，新規性，進歩性，先願性の要件を満たせば，実用新案として保護される（実用新案法1条～3条）。

　特許権の価額の計上は，取得原価主義による。特許権を第三者から購入した場合には，その購入価格と特許出願・登録等に要する費用が取得原価となる。自ら発明した際には，研究開発に要した費用や特許権の出願に要した費用（出願料，審査請求料，弁理士費用等）の合計額が取得原価となるが，後記のように（本節E，第2章第4節4(3)チ），研究開発費は，支出時に費用処理する取扱いとなり，また自己創設のれんは認められないため，計上可能な特許権の価額は僅少な金額になることも多い[415]。このことは，無体財

---

414) http://v4.eir-parts.net/v4Contents/View.aspx?cat=tdnet&sid=1201629

産権については，簿価に対して超過収益力を有するものが存在し，この超過収益力が例えばセール・アンド・リースバックや転売，買戻し等を行うことによって簿価として実現され得ることを意味している。筆者が知る限りではこれが無体財産権に関する不正会計に悪用された事例は見当たらないが，捜査官としては，無体財産権の譲渡や使用許諾等によって多額の収益が実現している場合や，無体財産権の買戻し，セール・アンド・リースバックによる多額の資産計上が行われているような場合には，その譲渡等に実態があるかどうかについても精査することを要する。また，このことは，特許権の価値を不当に高く評価して買収を行い，多額ののれんを不正計上するような事案が発生し得ることをも意味している。なお，我が国政府は，特許権や商標権を利用した国際的な課税逃れを防止するため，これらの無体財産権が有する将来的な収益力ではなく，実際に過去に上げた収益力を基準に資産価額評価を行う旨の法改正を行う意向である旨が報じられている[416]。

特許権は，耐用年数8年の定額法で償却する必要がある。実用新案権は8年，商標権は10年，意匠権は7年の定額法で減価償却する。

特許権に関する仕訳を次に示す。

○ 特許権を他社から100万円で購入し，登録免許税その他手数料として合計20万円を支払った。

　　　　特許権　　　1,200,000 ／ 当座預金　　1,320,000
　　　　仮払消費税　　120,000

○ 特許権を減価償却した（直接控除法）。

　　　　特許権償却費　150,000 ／ 特許権　　　150,000

○ 特許権を減価償却した（間接控除法）。

　　　　特許権償却費　150,000 ／ 特許権償却累計額　150,000

---

415) 但し，企業結合の場面においては，第2編第2章第1節C 2(1)で述べたとおり，我が国の会計基準とは異なり，国際財務報告基準では，被買収企業において資産計上されなかったものであっても，無形資産の要件を満たす資産であれば資産計上することが求められるため，企業結合の場面においては無体財産権の有する超過収益力が簿価に実現することがあり得る。
416) 平成27年8月14日付読売新聞。

○ 自社保有の特許権を売却した。

　　　　当座預金　　2,120,000 / 特許権　　　1,200,000
　　　　　　　　　　　　　　　　　仮受消費税　　120,000
　　　　　　　　　　　　　　　　　特許権売却益　800,000

　特許権に関連する不正事例としては，株式会社NTTデータの従業員が特許庁職員に対し，特許庁業務・システム最適化に関する新事務処理システムの開発に関する情報を提供するなど有利便宜な取り計らいを受けたことへの謝礼等としてタクシー乗車の利益合計404万円を供与して贈賄した事例がある[417]。

D　投資その他資産

　投資その他資産とは，有形・無形固定資産以外の長期保有目的の資産をいう。会社計算規則74条3項4号では，投資その他資産として，関係会社株式その他流動資産に属しない有価証券（第2編第2章第1節A5），出資金（第2編第2章第1節A5(1)，なお，第2編第3章第6節3(1)及び(4)の事例参照），長期貸付金（第2編第2章第1節A8），前払年金費用（第2編第2章第1節A7），繰延税金資産（第2編第2章第1節A10）を挙げている。主要な説明は別項目で行ったので，ここでは説明を割愛する。

E　繰延資産

1　総説

　繰延資産というのは若干分かりにくい概念である。繰延資産とは，支出された費用の効果が後年度に及ぶ場合，全額を支払った年の費用とするのではなく，数年度にわたって分割して費用化するために暫定的に資産として計上するものをいう。なお，繰延償却における残存価額は0円である。
　このように，繰延資産は，「資産」とは言いながら，その本質は「費用」である。つまり，本来は，損益計算書の借方（左側）に記載して利益の減額

417）　http://www.nttdata.com/jp/ja/news/information/2010/pdf/2010090601_01.pdf

要素となる費用を，貸借対照表の借方（左側）に記載して資産の増加要素としたものである。何故このような取扱いを認めるかというと，主として2つの理由がある。

1つは，これらの費用を全て実際に支払った年に計上してしまうと，実際には将来に収益を生じさせる前向きな投資や支出であるにもかかわらず，その年の決算が赤字となって，企業の信用評価に悪影響を与えたり，翌年以降は多額の税金を納めなければならなくなるなどの不都合があるためである。

2つは，これらの費用が将来において収益を生む性格を有する以上，費用収益対応の原則（企業会計原則第2）からも，費用を将来に向けて合理的な期間に配分することが望ましいからである。

例えば，会社設立時に当期費用，株式募集のための広告費，設立準備段階で使用した使用人への給与，創立総会開催のための費用等で5000万円をかけて会社を設立した場合には，その影響（収益力）は当然，会社設立後に及ぶ。そこでこれらの費用については「開業費」として設立後5年間に均等償却する，つまり，一時に5000万円を費用計上するのではなく，毎年1000万円ずつ5年間かけて費用化していくのである。

このように言うと，繰延資産というのは貸借対照表の資産項目の中でもかなり異質な資産項目だと感じられるかもしれない。実際，「繰延資産は資産の異端児」（柴山他44頁）と説明されることもある。しかし，よく考えてみると，土地や建設仮勘定のように減価償却されない一部の固定資産を除くと，一般の固定資産は，全て繰延資産の性格を持っているともいえるのである。例えば，500万円かけて機械を購入・設置した場合，固定資産の部に「機械装置」として取得原価である500万円が計上され，これを定額法又は定率法等の方法[418]で減価償却していく。仮に，この機械の耐用年数を5年，5年後の残存価額を1円（備忘価格）とし，定額法で減価償却していくこととすると，この機械装置の貸借対照表上の価格は500万円，400万円，300万円，200万円，100万円，1円と減額されていき[419]，その間，毎年100万円

---

418) 他の減価償却の方法としては，級数法，生産高比例法がある（第2編第2章第4節4(3)ソ参照）。定率法の制限について，注26）参照。
419) 正確には，本文は直接法による場合である。間接法による場合には，簿価から減価償却累計額を控除した金額となる。

が減価償却費として損益計算書に費用計上されていくことになる[420]。これを翻って考えてみると，初年度に500万円を支払ったのであるから，これを初年度に全額費用計上すべきとする考えも成り立つところである（現金主義会計であれば，実際そのように処理する。）。しかし，そのようにすると，上述したように企業の初年度の利益が一時的に大幅に減少したり，翌期以降は大幅な利益を計上するなどの不都合があるし，機械には，それ自体で交換価値があることや，購入した期以降も継続して収益を生み出す力があることを無視することになってしまう。そこで，この機械が持つ交換価値や収益力に資産性を認め，これを固定資産として計上すると共に，これらの収益力や交換価値は時の経過と共に減少していくと見込まれることから，毎年減価償却をしていくとしたものである。しかし，このような交換価値や収益力は，必ずしもその機械の実際の価値を反映したものではない。5年後にその機械の価値が1円になっているというのは，単なる仮定に過ぎず，実際にはそれよりも早く陳腐化することもあり得るし，50年経っても現役で稼働していることもあり得る。このように貸借対照表上の資産価額は，その資産が実際に持っている価値を反映したものではないことがほとんどであり，さはさりながら，それが将来においても収益を生み出す力を有しているであろうという仮定に基づき，法律・規則や公正な会計慣行の規定する仮定的な価格で資産計上されているのである。

このように考えると，創立費や開業費等の繰延資産も，他の資産と同様，これが持つ収益力に着目してこれを資産化すると共に，費用収益対応の原則に基づいて合理的な期間内にこれを償却するものとしたことが理解されるのである[421]。

2　繰延資産の企業会計上及び税法上の取扱いの相違点

次に，繰延資産の企業会計上及び税法上の取扱いの相違点について若干触れておこう。

---

420)　なお，繰延資産の減価償却においては備忘価格はなく，0円まで3～5年間で均等償却する。
421)　桜井206頁以下。なお，繰延資産の税法上の問題について西野625頁以下，渡辺淑425頁以下。

会社法に基づく会社計算規則（平成18年）[422]は，繰延資産について，これを資産の部に計上することとし（74条，139条1項3号），償却累計額は繰延資産の価格から直接控除することとしている（84条）。

これを受けて，企業会計基準委員会「繰延資産の会計処理に関する当面の取扱い（実務対応報告第19号）」（平成18年）[423]においては，繰延資産は，①創立費（5年），②開業費（5年），③開発費（5年），④株式交付費（3年），⑤社債発行費（社債の償還期限内）の5つとし，それぞれ括弧内に記載した期間に定額法により均等償却することとした。このうち，①，②，④，⑤は概ね言葉の意味するとおりに理解してよいが，③の開発費については若干の留意が必要である。

従来，企業が研究開発を行った場合には，これを「研究開発費」として繰延資産計上し，これを5年内に償却することが認められていた。しかし，研究開発で必ずしも収益力のある技術や製品が開発できるとは限らないことや，会計基準の国際会計基準（IAS），国際財務報告基準（IFRS）への統合（コンバージェンス）[424]の観点から，平成18年8月に上記「繰延資産の会計処理に関する当面の取扱い」が策定され，研究開発費については，繰延資産ではなく，発生時にこれを費用（売上原価又は販売費及び一般管理費）として計上することが義務付けられることになった[425]。そこでは，新たに繰延資産とされた「開発費」の概念は，従来の「研究開発費」よりも大幅に狭く，「新技術又は新経営組織の採用，資源の開発，市場の開拓等のために支出した費用，生産能率の向上又は生産計画の変更等により，設備の大規模な配置替えを行った場合等の費用」とされている[426]。

以上の企業会計上の取扱いに対して，税法上の繰延資産の取扱いはこれと異なる。法人税法では，繰延資産とは「法人が支出する費用のうち支出の効

---

422) http://law.e-gov.go.jp/htmldata/H18/H18F12001000013.html
423) http://www.asb.or.jp/asb/asb_j/documents/docs/d_asset/d_asset.pdf
424) あずさ17頁以下，中尾9頁以下。
425) 但し，合併等により受け入れた仕掛試験研究開発費については，企業結合時における時価に基づいて資産として計上することが求められている（企業会計基準委員会「企業結合に係る会計基準（企業会計基準21号）」（平成15年・最終改正平成25年。http://www.asb.or.jp/asb/asb_j/documents/docs/ketsugou/ketsugou_1.pdf））。
426) なお，河崎他146頁以下，伊藤324頁以下。

果がその支出の日以後一年以上に及ぶもので政令で定めるものをいう。」とされ（法人税法2条24号），法人税法施行令14条では，繰延資産には企業会計原則上の繰延資産のほか，①自己が便益を受ける公共的施設等の設置・改良費用，②資産賃借のための権利金・立退費用等，③役務の提供を受けるための権利金等が含まれるものとしている[427]。

3　繰延資産をめぐる不正会計事例

　繰延資産は，今期支出した費用を資産として計上することにより，利益の減額要素を排除する上，資産の増額要素となるのであるから，粉飾の温床となりやすい科目である。つまり，本来当期において全額費用として計上しなければならない支出の全部又は一部を繰延資産として計上するのが不正会計の主な手口ということになる。

　例えば，平成26年10月に公表された株式会社アイレックスに関する調査委員会の改善状況報告書[428]には，市場販売目的のソフトウェアで平成23年5月に開発に着手し，平成25年3月に開発計画が中止決定されたものについて，平成23年7月にバラック試作機ができた時点を，研究開発費等に係る会計基準における最初に製品化された製品マスターの完成時点と判断し，以降発生した費用を開発費等として資産計上していたが，同バラック試作機は量産可能なプロトタイプとは認めがたく，繰延資産としての開発費の計上は妥当でなく，費用処理すべきであったこと等が記載されている。

第2節　負債科目

　企業は，日常的に様々な財やサービスを購入する。典型的なものは，販売業において販売用の商品を購入すること，製造業において原材料を購入した

---

[427]　更に法人税基本通達第8章第1節で詳細に定められている（国税庁「第1節 繰延資産の意義及び範囲等」(http://www.nta.go.jp/shiraberu/zeiho-kaishaku/tsutatsu/kihon/hojin/08/08_01.htm)）。そして，税法上は，繰延資産の償却は任意とされている点でも，企業会計原則上の償却方法と取扱いを異にする（法人税法32条1項，同法施行令64条1項1号）。

[428]　http://airex.co.jp/csr/ir/pdf/141015_2.pdf

り，業務遂行に必要な様々な備品を購入することもある。本社・支店・営業所のオフィスビルの賃料や火災保険料等を支払うこともあろうし，役員・従業員やアルバイト労働者に給与や報酬を支払ったり，作業の一部を外注に出すこともあろう。更に，日常的とは言えないかもしれないが，企業が自社ビル用の建物や機械，設備を購入することもある。

このような財やサービスの購入に対する支払を購入時点で一括して行えば，通常，現預金が減少し，資産又は費用が増加する仕訳を行うことになるし，支払の一部又は全部を後払い（掛け）で行えば，負債が発生することになる。負債は，また，企業が銀行等から借入を起こしたり，投資家に対して社債を発行するなどして資金調達を行うことによっても発生する。

企業が本業用の商品や原材料を仕入れて，代金を掛けにすれば「買掛金」，代金の支払のために手形を振り出せば「支払手形」という負債勘定がそれぞれ発生することになる。仕入については，通常，期中を通じて多数回，多品種・大量の商品・製品について行われるため，期中に単品ごとに管理・仕訳をするのは困難である。そのため，後述するように，通常，「三分法」という特殊な仕訳方法が用いられる。

これに対して，仕入に該当しない事業用の土地・建物[429]，機械・設備，営業車両，器具・備品等を掛けで購入した場合，また，継続契約に基づくものではない役務（サービス）の提供を受けた場合（広告宣伝費，加工外注費，電力費，運賃，修繕費等）には，「買掛金」勘定は用いず，「未払金」勘定を用いる[430]。この場合，商品や原材料の仕入と異なり，期中の購入を一括処理して原価計算をする必要性はないことから，借方（左側）においては「仕入」勘定は用いず，土地，建物，機械・装置，車両運搬具，工具・器具・備品等の資産科目を用いたり，広告宣伝費，加工外注費等の費用科目を用いることになる。例えば，機械を一部掛けで購入した場合には，

　　　　　機械・装置　　1,000,000 ／ 現金　　　　500,000
　　　　　　　　　　　　　　　　　　未払金　　　500,000

---

429) これに対して，不動産業者が販売用の不動産を購入した場合には，仕入，買掛金勘定を用いる。

430) なお，建設工事については，「買掛金」に代えて「工事未払金」勘定を用いる。また，この場合の借方（左側）の勘定は，「未成工事支出金」となる。

と仕訳をすることになる（仮払消費税は捨象）。

更に，提供を受けたのが財や1回限りの役務でなく，一定の契約に従い，継続して役務の提供を受ける場合（例えば，家賃，リース料，利息，保険料等）であって，既に役務が提供されたが期末時点で対価の支払が未払となっている場合には，特に，「未払金」ではなく，「未払費用」勘定を用いて，例えば，

　　　　　　支払家賃　　 500,000 ／ 未払費用　　 500,000

という仕訳を行って，当期に発生した費用を見越計上した上，翌期に支払をした時点で

　　　　　　　未払費用　　 500,000 ／ 現金　　 500,000

と仕訳をすることになる[431]。

A　流動負債

流動負債とは，企業の正常な営業循環過程において発生した負債であって，1年以内に支払期限が到来するものをいう。会社計算規則75条2項1号は，流動負債として，支払手形，買掛金，前受金，1年以内に使用されることが見込まれる引当金，短期間に支払われる未払金・預り金，未払費用，前受収益，繰延税金負債等を挙げている（大野他155頁以下）。

1　買掛金

(1)　総　説

買掛金は，企業の本業のための商品や原材料を代金後払いの掛けで仕入れた場合に発生する。この場合，どのように仕訳を行うのであろうか。

まず，物品販売業を主たる業務とする企業が販売用の商品100万円分を現金で仕入れた場合には，

　　　　　　　仕入[432]　　 1,000,000 ／ 現金　　 1,000,000

と仕訳をする[433]。

---

431)　企業会計原則注解5参照。
432)　「仕入高」，「商品仕入高」という勘定科目名を用いることもあるが，本書では「仕入」と標記することとする。
433)　なお，仮払消費税は捨象する。

ここにいう「仕入」とは，損益計算書の借方（左側）の費用科目である。この場合，一見，100万円分の商品という資産を仕入れたのだから，

　　　　　　商品　　1,000,000 ／ 現金　　1,000,000

とすべきようにも見える。これは，商品（資産）と商品販売益（収益）によって商品や収益を管理する「分記法」に基づく仕訳であって，それ自体誤りというわけではない。この場合，この商品を130万円で現金販売した場合には，

　　　　　現金　　1,300,000 ／ 商品　　　　1,000,000
　　　　　　　　　　　　　　　 商品販売益　　300,000

と仕訳をすることになる。これは感覚的には分かりやすい考えではあるが，この方法によると，日常的に様々な商品を次々に仕入れている企業としては，商品を販売する度にその商品をいくらで買ったかを調べ，商品原価や商品販売益を計算しなければならなくなり，極めて煩雑である。

　そこで，企業は，通常，仕入（費用），売上（収益）及び繰越商品（資産）によって商品売買を管理する「三分法」に基づいて会計処理を行っており，主たる営業に関連する商品を仕入れた場合には，その仕入はまず，費用科目である「仕入」勘定を使い，決算時に，商品が売れ残っている場合には，これを棚卸資産として資産化し，「期末商品棚卸高」を計上すると共に，これを翌期の「期首商品棚卸高」として繰り越すのである。

　この方法によると，期中に100万円分の商品を仕入れたときには，

　　　　　　仕入　　1,000,000 ／ 現金　　1,000,000

と記帳し，資産勘定である「商品」勘定を用いない。また，この商品を現金130万円で売り上げたときには，

　　　　　　現金　　1,300,000 ／ 売上　　1,300,000

とのみ記帳し，商品販売益を商品販売の都度計算することはしない。商品の残高や商品販売益は，決算時に一括して計算することになる。

　そして，決算時の商品売買益は，

　　　　　商品販売益＝売上（収益）－仕入（費用）

となりそうであるが，よく考えてみると，当期仕入をした商品が全て売れるわけではないし，また，当期売れた商品には前期売れ残って当期に繰り越された商品も入っているであろう。したがって，この場合，まず

売上原価＝期首商品（繰越商品）棚卸高＋当期商品仕入高
　　　　　　－期末商品（繰越商品）棚卸高

として売上原価を計算した上[434]，

商品販売益＝売上－売上原価

として当期の商品販売益を求めるのである。

　それでは，期末に売れ残った仕入（費用）はどうなるのであろうか。この売れ残りの商品は，確かに当期においては購入時に「仕入」として費用に計上したが，来期において収益を生み出す力を持っていることから，決算時に資産に振り替えて処理するのである。例えば，期末には，

　　　期末商品（繰越商品）棚卸高　　300,000 ／ 仕入　　300,000

という仕訳をし，翌期にこれを更に仕入に繰り戻す

　　　仕入　　300,000 ／ 期首商品（繰越商品）棚卸高　　300,000

という仕訳をすることになる。

　また，製造業においても，同様に，原材料の仕入をした段階で

　　　原材料仕入　　1,000,000 ／ 現金　　1,000,000

と仕訳し，期末において，直接・間接の材料費，労務費，経費を合計して当期の製造原価を求め，期末に残った原材料，仕掛品，半製品，製品は翌期に資産（期末棚卸高）として繰り越すことになる。

　以上は，現金で仕入を行った場合の仕訳であるが，仕入代金の一部を現金，残部を掛けで支払う場合には，

　　　仕入　　1,000,000 ／ 現金　　200,000
　　　　　　　　　　　　　買掛金　　800,000

という仕訳を行うことになる。

　なお，仕入として計上する金額は，単にその商品の金額だけではなく，買い手が負担すべき運賃，手数料，保険料等を含んだ金額であり，買掛金の金額もこれらの合計額を記載する。

[434) なお，従来は，商品評価損や棚卸減耗損等に原価性があるときには売上原価の内訳科目又は販売費及び一般管理費として，原価性がない場合には営業外費用として，時価の下落が著しい場合には特別損失として処理することとされていたが，「棚卸資産の評価に関する会計基準（企業会計基準第9号）」（平成18年・最終改正平成20年）により，原則として原価処理し，切り下げ額が臨時かつ多額の場合には特別損失に計上することとなった。

このように，販売業者が販売用の商品を，製造業者が原材料を代金後払いの約束で購入した場合，つまり，借方（左側）の勘定科目が「仕入」の取引を掛けで行った場合に「買掛金」勘定が発生することになる。

(2) 買掛金に関する捜査のポイント

買掛金は，本業である営業の仕入に伴って発生する負債であるから，その金額は，売上総利益（粗利益）以下の全ての利益額に影響を与える。企業経営者にとっては，同額の税引前当期利益額を計上するにしても，経常利益よりも営業利益を，営業利益よりも売上総利益を良好に見せることが本業で儲かっている会社であると債権者や投資家に知らしめるプレッシャーを常に感じていることは，これまでもたびたび述べてきたところである。そのため，売上を架空計上したり，仕入を除外することは，粉飾のために最も典型的かつ効果的な手段ということになる。このように，買掛金は仕入によって発生し，売上総利益に直接に影響を与えるものであることを理解することが，捜査官にとって非常に重要である。

また，脱税（裏金作りを含む。）をしようとする場合に，架空の仕入・買掛金を計上することは一つの典型的な不正会計手法である。更に，架空の売上を計上する場合にも，これに対応する仕入を計上する必要があることや，売上高と仕入高のバランスを保つ必要があることから，架空売上が架空仕入を伴うことは珍しくない。

仕入や買掛金に関する不正会計の手口としては，
○ 買掛金を過大又は過少に計上する。
○ 買掛金の発生時期をずらして計上する。
○ 売掛金の不正操作に伴い，買掛金も不正操作する。
○ 在庫の不正操作に伴い，買掛金も不正操作する。
○ 仕入の一部を帳簿から除外して利益を粉飾する。
○ 脱税目的で売上を除外するために，これに関連する仕入を帳簿から除外する。
○ 買掛金を未払金として計上することにより，売上総利益が多いように見せかける。
○ 買掛金を建設仮勘定等の他の科目に振り替えて利益を過大計上する。

○　循環取引に伴い買掛金や売掛金を不正計上する。

等が主なものである。

　また，捜査官は，仕入を行う購買部門（調達部門）は不正が行われやすい部門であることを認識しておく必要がある。

　購買部門は，企業の中で最も社外関係先に対する立場が強い部門である。購買部門は，仕入先の選定から，仕入商品・原材料の数量，価格，品種・品質の決定，検収等に大きな権限を持つ。時に，購買部門は仕入先企業の生殺与奪の権限をも有している。それ故，購買部門は，仕入先に圧力をかけて不当な値引，割戻しを要求して商品の一部を横領したり，バックリベートを受領するなどの不正行為を行いやすい。

　購買部門が行う仕入や買掛金計上に関する不正会計の手口としては，

　○　架空の発注を受けたように装い，自己の管理するペーパーカンパニーの口座等に仕入代金を振り込ませる。

　○　仕入価格・数量を偽る。

　○　買掛金を二重計上する。

　○　虚偽の仕入値引・仕入割戻し（リベート）を利用する。

　○　回収した買掛金を横領，着服する。

　○　貸倒処理した売掛債権を回収して，これを不正に領得する。

等の手口が見られる。

　もちろん，会社も，購買部門における不正を避けるため，購買部門のみで仕入を完結させることなく，他の部門を関与させる業務フローチャートや伝票システム，内部統制システム等を構築することによって不正の防止を図っているのが通常である。そのような内部統制システムとしては，次のようなものがある[435]。

　○　上司による確認と承認を要する。

　○　仕入担当，検収担当，支払担当など職務を分掌する。

　○　請求書と納品書，検収報告書を照合する。

　○　リベートを伴う取引の場合には，契約書においてリベートについて明

---

435) 宝印刷4頁以下，近澤115頁以下，ビズ①12頁以下，ビズ②1頁以下，前田，矢野。なお，内部統制システムについては，第2編第3章第3節で詳しく述べる。

記する。
- リベート額の正確性について担当以外の者がチェックする。
- 倉庫を視察し，実地棚卸を実施する。
- 担当者を定期的に変更する。
- 現金による支払を避ける。

そして，不正は，このような措置が採られていない等の脆弱性を利用したり，これらの内部統制システムを熟知した上で，これをかいくぐって行われることが多い。

以上の説明からも，買掛金に関する捜査をする場合には，以下のような点に着目する必要があることが明らかであろう。

- 仕入，検収，請求書の受領，支払等の権限分掌に関する規程，現実の処理方法がこれに整合しているかの確認
- 買掛金発生に関する仕入の実在性，金額や数量，品物・品番の検討
- 見積書，注文書，発注伝票，請求書，契約書，納品書，検収報告書，納品書，入庫伝票，支払伝票，領収証，返品伝票等の突合・精査
- 上の伝票類は，写しではなく，原本を確認すること。「上様」宛になっているもの，記載内容が訂正・改竄されているもの，用紙や書式が他と異なるもの，市販の用紙を使っているもの等は要注意
- リベートに関する契約書，取引条件の確認
- 倉庫で現物を実査
- 支払が現金でなされている場合には要注意
- 期末買掛金残高の正当性に関する精査。長期滞留，金額過大，仕入値引，仕入返品，仕入割戻しがあるものは要注意
- 販売管理システムの残高と帳簿上の残高の整合性の確認
- 買掛金消し込みの正当性の確認
- 仕入先毎の残高確認
- 仕訳の正当性の確認。例えば，為替手形を使った取引でもなければ，通常は，「買掛金／売掛金」という仕訳は考えがたい[436]。
- 相手方への反面調査
- 計上時期の精査。期をずらして計上することで利益操作をすることは

一般的な手法である。
- ○ 社内の不正防止システム，監査の実施状況の確認

(3) **買掛金をめぐる不正会計事例**

以下，買掛金をめぐる具体的な不正会計事例を見てみよう。

　ア　買掛金過少・期ずれ計上

平成19年5月に公表された井関農機株式会社の連結子会社に関する内部調査委員会の調査報告書[437]には，①同社では，31億円の棚卸資産過大計上，3.5億円の建設仮勘定の過大計上，3億円の買掛金の過少計上が行われていたこと，②買掛金の過少計上は，仕入請求額を不正に減額処理したり，買掛金の計上を送らせて期ずれ計上をしていたこと等が記載されている。

平成20年1月に公表されたサカイオーベックス株式会社に関する社内調査委員会の調査報告書[438]には，①商品を仕入れて倉庫に入荷しているにもかかわらず，商品仕入に係る買掛金2億円を仕入計上しなかったこと，②他方で7700万円の売上を架空計上したこと等が記載されている。

平成21年11月に公表された株式会社KYBの連結子会社に関する外部調査委員会の調査報告書[439]には，①同社では，期末在庫の架空計上及び買掛金の過少計上がなされていたこと，②買掛金の過少計上は，原材料仕入の繰り延べ計上により行われていたこと等が記載されている。

平成25年7月に公表された株式会社フルスピードの連結子会社であったベッコアメ株式会社に関する特別調査委員会の調査報告書[440]には，当社では，循環取引，支出費用の固定資産計上，架空仕入を伴う架空売上の計上等の不正会計が行われていたこと等が記載されている。

　イ　売上・売掛金の不正操作に伴う仕入・買掛金の不正会計

平成24年3月に公表された株式会社ストリーム（パソコン通販・家電通

---

[436] 本書でも取り上げる平成22年3月に公表された近畿日本鉄道株式会社の連結子会社に関する調査委員会報告書，平成22年11月に公表された日立工機株式会社の連結子会社に関する調査結果報告書にはこのような手口による不正会計がなされたことが記載されている。但し，連結会社の決算において連結会社相互間の債権債務を消去する連結消去仕訳でもこのような仕訳が行われることはあり得る（伊藤494頁）。

[437] http://www.iseki.co.jp/news/up_img/1406106405-982555.pdf
[438] http://www.sakaiovex.co.jp/ir/final_report.pdf
[439] http://www.kyb.co.jp/files/ir_20091113_02.pdf
[440] http://www.fullspeed.co.jp/ir/pdf/c680c7696bd2d152f3944595372b6ac4.pdf

販を中心としたネット通販会社）に関する第三者調査委員会報告書[441]には，①仕入先からの仕入の時点で仕入リベートを水増しして先行計上し，売上総利益を増加させていたこと，②このリベートの不正計上のため，仕入値引が過大計上され，買掛金を1億円以上過少に計上していたこと等が記載されている。

平成24年12月に公表された**株式会社オリバーの社内調査報告書**[442]には，①同社の営業部長が複数の取引先と架空・循環取引を行っており，架空の売掛金，買掛金を発生させていたこと，②これらの取引は，直送取引（オリバーが仕入先に商品を発注し，販売先である医療商社又はロケーションベンダー会社[443]に売却するものの，商品は仕入先から医療施設に直送して，設置する）を悪用したものであったこと，③営業部長は，医療福祉営業部を統括する立場にあり，部下にこれら取引に関与させることはせず，仕入先への商品発注，販売先への納品・請求書作成など営業部長の管轄下の営業部事務職員に入力処理を行わせ，単独で全ての業務処理を実行していたこと，④販売先と納入施設が決まり，同時に商品の仕入先も決まっていた取引について，オリバーと仕入先との間にC社を噛ませる帳合(ちょうあい)取引を行い，C社に利益供与をしていたこと，⑤これらの架空取引による累積粉飾売上高は27億円に上ること等が記載されている。

　　ウ　在庫の不正操作に伴う買掛金の不正会計

平成20年5月に公表された**日発販売株式会社に関する内部統制報告書**[444]には，①同社の従業員が販売価格を数倍上回る価格で仕入れるという異常な逆鞘販売取引を行っており，これによる損失を隠蔽するため，販売価格を上回らない価格で仕入を計上し，仕入先に支払うべき金額との差額について架空の品番を設定し仕入計上をしていたこと，②この処理により発生した架空の在庫を圧縮するため，他の仕入先口座において架空の仕入返品を計上し，実体のない商品在庫及び買掛金のマイナス残高を発生させたこと，③不正による損害額は3.87億円に上ったこと等が記載されている。

---

441) http://ke.kabupro.jp/tsp/20120319/140120120319097175.pdf
442) http://www.oliverinc.co.jp/investor/pdf/press_121204_2.pdf
443) 医療施設の病室内におけるテレビ課金システム販売を行う業者をいう。
444) http://www.lexicom.jp/knowledge/2010/06/ic20102.html

平成24年11月に公表された**株式会社ニチリン**の連結子会社に関する調査委員会の調査報告書[445]には，同社では，不正操作による棚卸資産の過大計上が行われていたが，その際に，かねて請求がなく，未払材料費として計上していた仕入先向けの買掛金を棚卸資産の過大計上分と共に取り崩すことにより61万ドルの利益を架空計上したこと等が記載されている。

　エ　従業員の横領・背任に関する不正会計

平成22年5月に公表された**セガサミーホールディングス株式会社**の子会社セガトイズに関する外部調査委員会の調査報告書[446]には，①従業員による不正取引の結果，取引相手10社との関係で当社が認識していない買掛金債務5億円を発生させたこと，②この不正会計の目的は，当社を形式上債務者とする売掛金を相手方各社において計上させ，それにより相手方各社から金員の融通を得ることにあったこと，③従業員は取引相手に5～45%の利ざやを得させると共に，社外の協力者にも3%の利益を得させていたこと等が記載されている。

平成25年6月に公表された**株式会社増田製粉所**の連結子会社に関する調査委員会の調査報告書[447]には，①同社の従業員が，小切手を過大に振り出して現金化し，過大分の一部又は全部を着服したこと，②着服の事実を隠蔽するため，実際には支払われていない買掛金の支払があったかのように記帳していたこと等が記載されている。

2　支払手形

(1)　総　説

支払手形は，本業に関する仕入やサービスの購入をした者が，その代金の支払のために売り手に支払う手形を管理する勘定科目である[448]。手形は，銀行と当座勘定取引契約を締結した者がその銀行を支払場所として振り出し，手形の支払期日（満期）までに当該当座預金に手形の決済資金を入金す

---

[445]　http://www.nichirin.co.jp/news/2012/20121116_1.pdf
[446]　http://www.segasammy.co.jp/japanese/pdf/release/20100506ir.pdf
[447]　http://www.masufun.co.jp/files/release/130612tyousakekka.pdf
[448]　受取手形について第2編第2章第1節A4，手形の決済システムについては第3編第2章7(2)を参照。

る。なお，当座勘定取引の法的性質については，手形・小切手の支払を委託する委任契約と消費寄託契約（又はその予約）との混合契約とするのが多数説である[449]。

　支払手形は，このように仕入代金等の支払のために振り出されるものであり，このような手形を「商業手形」と呼び，「支払手形」勘定を用いて処理する。これに対して，手形が債務保証や信用供与のために振り出された場合には，このような手形を「金融手形」[450]と呼び，「営業外支払手形」勘定を用いて処理する。このように手形取引については，その元となった仕入取引や金融取引の正当性がまずもって問題となる。

　支払手形に関する主な仕訳は次のとおりである。
○　商品を仕入れて代金の支払のために約束手形を振り出した。

　　　　　　仕入　　　　100,000 ／ 支払手形　　　110,000
　　　　　　仮払消費税　 10,000

○　約束支払手形が満期となり，決済された。

　　　　　　支払手形　　108,000 ／ 当座預金　　　108,000

○　A社から仕入れた商品の代金支払のために，売掛金を有するB社を名宛人（支払人），A社を指図人（受取人）として為替手形を振り出し，B社の引受けを得て，A社に交付した。

　　　　　　買掛金　　　100,000 ／ 売掛金　　　　100,000

○　A社から仕入れた商品の代金支払のため，B社への為替手形の引受けを求められ，これに応じた。

　　　　　　買掛金　　　100,000 ／ 支払手形　　　100,000

○　A社に販売した商品の代金支払のため，A社振出，B社引受済の為替手形を受け取った。

　　　　　　受取手形　　100,000 ／ 売掛金　　　　100,000

---

449)　松本102-103頁。なお，手形の振出やその決済の仕組みについては，後に銀行捜査の項目（第3編第2章7(2)参照）で述べる。
450)　金融手形には，手形貸付，融通手形，交換手形等があることについて第2編第2章第1節A4参照。

○ A社から商品を仕入れた後，その買掛金を支払うため，自己を名宛人とする為替手形を振り出し，自己引受の後，A社に交付した。

　　　　買掛金　　100,000 ／ 支払手形　　100,000

(2) 支払手形に関する捜査のポイント

捜査官としては，支払手形については，買掛金の項目で述べたことのほか，特に次のような点に留意して捜査する必要があろう。

○ 手形振出，手形用紙の保管に関する会社の規程の確認。実際にこれが遵守されているかの捜査
○ 手形用紙の発注・購入，これらの記録状況
○ 手形の署名・捺印者の確認
○ 手形金額の記載方法（チェック・ライターを使用しているか）
○ 発行された支払手形の控（いわゆる「耳」）の保管状況
○ 取消し又は書損じの手形の保管状況

(3) 支払手形をめぐる不正会計事例

金融手形を商業手形のように偽って振り出している場合には，本来，「営業外支払手形」として計上すべきものを「支払手形」として計上しているという点で，財務諸表の記載内容に虚偽があることになる。実際にこのような不正経理が行われ，2億円の金融手形を受取手形として計上していた事例として，平成25年5月に公表された日本コンベヤ株式会社の調査委員会の調査報告書[451]がある。また，手形が循環取引に関連して振り出されていた事例として，平成24年12月に公表された株式会社オリバーの社内調査報告書[452]がある。

3　借入金

(1) 総説

借入金は，返済までの期間が1年を超えるか否かによって短期借入金と長期借入金に分かれるが，ここでは両者を一括して取り扱う。銀行その他の金融機関，取引先等から借入をした場合には，通常，利息を支払わなければな

---

451)　http://www.conveyor.co.jp/irinfo/20130528c.pdf
452)　http://www.oliverinc.co.jp/investor/pdf/press_121204_2.pdf

らない。
　借入金に関する主な仕訳は次のとおりである。
○ 借入をして現金を受領した。

　　　　　　　現金　　5,000,000 ／ 借入金　　5,000,000

○ 借入金の利息を支払った。

　　　　　　　　支払利息　　50,000 ／ 現金　　50,000

○ 元本と利息を返済した。

　　　　　　　借入金　　1,000,000 ／ 現金　　1,050,000
　　　　　　　支払利息　　50,000

○ 元本全額を返済した。

　　　　　　　借入金　　4,000,000 ／ 現金　　4,000,000

○ 銀行から手形貸付を受け，現金が普通預金口座に入金された（利息天引きの場合）。

　　　　　　　普通預金　　950,000 ／ 手形借入金　　1,000,000
　　　　　　　支払利息　　50,000

　企業が借入れをする場合，不動産等の物的担保を差し入れたり，保証人のような人的担保を立てたりすることが多い。不動産に抵当権等の担保物権を設定することは，その交換価値を減ずる要因であることは疑いないが，企業会計においては，借入者が担保を設定したことについては特に仕訳を行わない。それは，企業が借り入れをしたことは，負債の部にその借入額が記載されるのであるから，不動産の交換価値の下落を貸方（右側）に記載するとすれば，同じ借入金を負債の増加と資産の減少という意味で二重に評価してしまうからである[453]。

(2) 借入金に関する捜査のポイント

　借入金に関してみられる不正には次のようなものがある。
　○ 借入金の架空計上や元利金支払の架空計上による脱税
　○ 無担保借入[454]

---

453) 但し，第三者の債務を保証するために人的保証や物的保証をした場合には，その内容に応じて債務保証損失引当金を計上することとなる（第２編第２章第２節Ａ５参照）。

454) なお，この場合，例外的ではあるが借入者にも背任罪の共犯が成立し得る（最判昭40.3.16裁判集刑155・57）。

○ 借入金を簿外にすることによる粉飾
○ 借入金に関する取締役会の決議など正規の手続の不履践
○ 借入金の目的外使用
○ 個人的費消や第三者への利益供与
○ 簿外借入等で調達した資金を売掛金の返済を装って会社に入金すること

借入金の資金使途の例としては，設備投資，研究開発費，企業買収等の投資，運転資金，借入金返済，社債償還，福利厚生費等がある。これらのうち，前三者は銀行や投資家から比較的前向きに評価されるのに対して，その余は消極的な評価を受けやすいことから（大和証券11頁以下），資金使途を偽って借入を行うことも多い。

捜査官としては，借入金について検討する際は，次のようなポイントを押さえておく必要があろう。

○ 資金調達に関する定款，規程，業務フロー
○ 財務部門の構成，決裁権限
○ 契約書における借入金額，借入条件，資金使途
○ 借入金返済計画の現実性
○ 借入に関して作成された文書
○ 借入の相手方との関係。特に代表者や利害関係者からの借入や利息の支払状況に留意する必要がある（なお高田42頁以下）。
○ 実際の資金使途。それは，資金調達理由の説明と整合しているか。
○ 借入条件（利率，返済期限，担保等）及びこれが変更された場合の手続，決裁者，理由
○ 借入・返済状況及びその記帳状況
○ 借入金に関する補助元帳の有無及びその記載内容
○ 残高確認状況

(3) 借入金をめぐる不正会計事例

借入金に関する不正会計事例を見てみよう。

平成17年7月に公表された**株式会社サンユウに関する改善報告書**[455]には，同社財務部長が，銀行届出印を不正に使用し，当座貸越を不正に増額し

て簿外で20億円の銀行借入を行い，これを自己の用途に費消していたこと等が記載されている。

平成23年11月に公表された**株式会社京王ズホールディングス**に関する第三者委員会の調査報告書[456]には，①架空の売上高2450万円を計上し，売掛金が振り込まれたように仮装したが，その振込原資は，G社から簿外で借り入れた3000万円等から捻出されたこと，②この3000万円の簿外借入は，V社に対する架空の工事前払金名下に支出した3000万円で返済したこと，③KC社の販売実績に応じてA社から受領するインセンティブ1.8億円の半額について，当社が債務者となる準消費貸借契約を締結したところ，借入金9000万円の過少計上が認められたこと等が記載されている。

平成24年9月に公表された**沖電気工業株式会社**のスペイン連結子会社に関する外部調査委員会の報告書[457]には，①金融機関から70万ユーロの貸付けを受けた際に，これを借入金として負債計上せず，Q社に対する売掛金の返済があったように入金を仮装し，虚偽の売掛金減額の記入をしたこと，②別機会にも金融機関からユーロの貸付けを受け，これを原資として売掛金の入金仮装をしたこと等が記載されている。

平成25年10月に公表された**イオンフィナンシャルサービス株式会社**の台湾連結子会社に関する第三者調査委員会の調査報告書[458]には，同社の台湾における事業会社の総経理係が会社名義で勝手に銀行借入を行い，この金員を自己の個人口座に入金したこと等が記載されている。

平成27年1月に公表された**株式会社SJI**の第三者調査委員会の調査報告書[459]には，SJIグループの前社長が会社の承認を得ずに銀行から19億円の借入を，事業会社から9億円の借入をそれぞれ行ったこと等が記載されている。

---

455) http://www.sanyu-cfs.co.jp/h17.7.20.pdf。なお，このリンクは，本書発行時点では切れているものの，http://web.archive.org/web/20051229111356/http://www.sanyu-cfs.co.jp/h17.7.20.pdf から内容を参照することができる。
456) http://www.keiozu.co.jp/2011/PDF/saisyuuhoukokusyokouhyou111117.pdf
457) http://www.oki.com/jp/ir/filing/2012/f12009.pdf
458) http://www.aeonfinancial.co.jp/corp/news/data/news131004.pdf
459) http://www.sji-inc.jp/Portals/0/pdf/2014/20150130_1_kaiji.pdf

4 未払金・未払費用等

(1) 総　説

　未払金とは，商品・原材料の仕入[460]や，契約に基づく継続的な取引[461]から生じたものではない債務を対象とする勘定科目である。未払金を発生させる取引としては，固定資産や備品の購入代金，広告料，販売手数料，交通費，外注費，役員報酬，退職金，通信費，修繕費，売上割戻金等の未払分がこれに該当する。なお，未払の税金，配当金については，「未払消費税等」「未払法人税等」「未払配当金」等の勘定科目を用いて処理する。

　未払費用とは，一定の契約に従い，継続して役務の提供を受ける場合，既に提供された役務に対して，未だその対価の支払が終わらないものをいう。例えば，既に役務の提供を受けた家賃・地代・賃借料，リース料，利息，保険料，水道光熱費，給与・手当，法定福利費（社会保険料）等で未払のものが該当する。企業会計原則上，未払費用は未払金と区別して計上すべきものとされているが，財務捜査上は両者を区別する実益に乏しいので，本項ではこれらを一括して扱うこととする。

　未払金，未払費用に関する主な仕訳は次のようなものである。

○ 事務用品を会社のクレジットカード決済で購入した。

　　消耗品費　　2,000 ／ 未払金　　2,000

○ 会社のクレジットカードの利用代金が口座から引き落とされた。

　　未払金　　2,000 ／ 普通預金　　2,000

○ 決算に当たり，従業員の日割給与，社会保険料の会社負担分を見越計上した。

　　給与手当　　2,000,000 ／ 未払費用　　3,000,000
　　社会保険料　1,000,000

○ ① 翌期首に上記未払費用を振り替えた。

　　未払費用　3,000,000 ／ 給与手当　　2,000,000
　　　　　　　　　　　　　　社会保険料　1,000,000

---

460) 仕入に基づく負債は「買掛金」となる。
461) このような取引に基づく負債は「未払費用」となる。

- ② 翌期首に上記未払費用を支払った。

    未払費用　　2,000,000 ／ 現預金　　2,000,000

    未払費用　　1,000,000 ／ 現預金　　1,000,000

(2)　未払金・未払費用に関する捜査のポイント

未払金，未払費用に関する不正会計の手口としては，

- 脱税のために，過大な未払金や未払費用を計上する。
- 粉飾のために，未払金や未払費用を簿外とする。
- 未払金や未払費用の期間配分を操作して費用や利益を不正操作する。
- 会社名義のクレジットカードを不正使用する。
- 費用計上すべき支出を資産計上する。

等がある。

　未払金・未払費用に関する捜査のポイントとしては，次のようなことが挙げられるであろう。

- 固定資産や備品・サービスの購入に関する規程。現実の処理方法がこれに整合しているかの確認
- 財やサービスの納入状況，労働者や役員の実在性，実際の購入額，二重計上の有無
- 未払金や未払費用発生に関する取引の金額や数量，品物・品番の検討
- 未払金や未払費用に関する取引の見積書，注文書，発注伝票，請求書，契約書，納品書，検収報告書，納品書，入庫伝票，支払伝票，領収証，返品伝票等の精査
- 上の伝票類は，写しではなく，原本を確認すること。「上様」宛になっているもの，記載内容が訂正・改竄されているもの，用紙や書式が他と異なるもの，市販の用紙を使っているもの等は要注意
- 倉庫・備品庫で現物を実査
- 支払が現金でなされている場合には要注意
- 多額又は長期未払の未払金や未払費用に要注意
- 未払金や未払費用の消し込みの正当性
- 相手方への反面調査
- 計上時期の正当性に関する精査。期をずらして計上することで利益を

操作をすることは典型的な不正会計手法であること

(3) 未払金・未払費用をめぐる不正会計事例

未払金・未払費用をめぐる近時の不正会計事例を見ていこう。

平成21年5月に公表された**株式会社幻冬舎の調査委員会の調査報告書**[462]には，①同社管理局長が売掛金，借受金，未払金勘定を用いて9.1億円の資金を横領していたこと，②同横領行為は，委託商品の返品制度がある出版業界では商品である書籍の出荷と返品が日常的かつ頻繁に行われ，売掛金を個別の取引ごとに管理することが困難であることを利用したものであったこと等が記載されている。

平成23年11月に公表された**株式会社京王ズホールディングスに関する第三者委員会の調査報告書**[463]には，①広告宣伝費1500万円等の未払分を計上せず，費用を簿外にしていたこと，②別の期には，給与手当，広告宣伝費1200万円の未払金を架空計上し，支出金を裏金としたこと等が記載されている。

平成24年5月に公表された**株式会社アテクトに関する社内調査委員会の調査報告書**[464]には，同社社員が，会社に無断で契約した会社名義の法人コーポレートカードを使用して1.3億円を私的に流用していたこと等が記載されている。

平成24年9月に公表された**沖電気工業株式会社のスペイン連結子会社の外部調査委員会の調査報告書**[465]には，同子会社において，簿外とされた未払リベート等の債務が28億円存在したこと等が記載されている。

平成26年6月に公表された**三菱製鋼株式会社の公表資料**[466]には，①同社の従業員が，会社が菱鋼サービス株式会社に委託した，会社従業員が主に海外出張時に使用するコーポレートカードの管理を担当する立場を悪用し，他人名義のカード複数枚を本人に成り済まして自身の遊興の用途に使用すると共に，カード会社からの請求書（利用明細）を改竄して会社を欺き決済さ

---

462) http://plaza.rakuten.co.jp/rodemsmart/diary/201003150009/
463) http://www.keiozu.co.jp/2011/PDF/saisyuuhoukokusyokouhyou111117.pdf
464) http://www.atect.co.jp/ir/IRdata/pdf/120514_shuusei.pdf
465) http://www.oki.com/jp/ir/filing/2012/f12009.pdf
466) http://www.mitsubishisteel.co.jp/cont/docu/2014/20140625.pdf

せていたこと，②不正期間は5年間に及び，不正使用額は3億円に上ったこと等が記載されている。

平成26年10月に公表された**株式会社協和コンサルタンツの内部調査委員会の調査報告書**[467]には，従業員が，①正規の手続で費用計上された取引先に対する未払金について，伝票を改竄して支払予定日より前に小口現金で支払ったよう装い，同額を小口現金から着服したこと，②この着服が発覚することを免れるため，実支払日に同請求書のコピーを用いて未払金を経由しないよう再度費用計上して支払を行ったこと等が記載されている。

5 負債性引当金

(1) 総 説

負債性引当金とは，将来発生すると予想される費用に備えるための引当金である。

引当金の意義や計上基準については，「資産の部」の貸倒引当金について説明する際に総説した。そこで述べたように，引当金は大きく「評価性引当金」（貸倒引当金）と「負債性引当金」に分かれるのであるが，本項では，負債性引当金を扱う[468]。

引当金の種類について，大蔵省企業会計審議会「企業会計原則注解」の注18は，「製品保証引当金，売上割戻引当金，返品調整引当金，賞与引当金，工事補償引当金，退職給与引当金，修繕引当金，特別修繕引当金，債務保証損失引当金，損害補償損失引当金，貸倒引当金等がこれに該当する。」[469]とするが，これらのうち貸倒引当金以外は負債性引当金に該当する。

引当金は，貸倒引当金の項目でも説明したとおり，

① 将来の特定の費用又は損失であること
② 発生が当期以前の事象に起因していること
③ 発生の可能性が高いこと
④ 金額を合理的に見積もることができること

---

467) http://www.kyowa-c.co.jp/inws/pdf/141008-1.pdf
468) 税法と引当金について渡辺淑613頁以下。
469) なお，損失引当金を中心として具体的事例を考察したものとして，CPA③がある。

の4要件を満たせば計上することができる。但し，引当金は純資産（当期利益）を減少させるものであるから，企業会計原則で計上の認められる引当金の全てが税法上損金と認められるわけではないことに注意を要する[470]。

　負債性引当金計上の仕訳は，例えば次のように行う。
○　退職給付引当金を計上した。
　　　退職給付引当金繰入額　　5,000,000 ／ 退職給付引当金　　5,000,000
○　退職給付引当金を取り崩した。
　　　　　　退職給付引当金　　5,000,000 ／ 現金　　6,000,000
　　　　　　退職給付金　　　　1,000,000

　企業会計原則上，負債性引当金は義務的に計上しなければならないものである。例えば，日本公認会計士協会・企業会計基準委員会「中小企業の会計に関する指針」（平成17年・最終改正平成27年）[471] では，「賞与引当金等の法的債務（条件付債務）である引当金は，負債として計上しなければならない。修繕引当金のように，法的債務ではないが，将来の支出に備えるための引当金については，金額に重要性の高いものがあれば，負債として計上することが必要である。」「就業規則等の定めに基づく退職一時金，厚生年金基金及び確定給付企業年金の退職給付制度を採用している会社にあっては，従業員との関係で法的債務を負っていることになるため，……引当金の計上が必要となる。」等とされている[472]。

(2) 負債性引当金をめぐる不正会計事例

　負債性引当金に関する不正としては，不正な会計操作によって，本来計上しなければならない負債性引当金の計上を行わなかったものが多く見られる。

　平成20年2月に公表された真柄建設株式会社の社内調査委員会の調査報

---

470)　なお，これが将来解消されることが見込まれる一時差異である場合には，繰延税金資産として計上され得る。
471)　http://www.hp.jicpa.or.jp/specialized_field/files/0-1-0-2-20150427.pdf
472)　なお，企業会計基準委員会「退職給付に関する会計基準（企業会計基準第26号）」（平成10年・最終改正平成28年。https://www.asb.or.jp/jp/wp-content/uploads/taikyu-5_1.pdf）では，退職給付引当金の計算方法を示している。退職給付に関する会計処理について河崎他174頁以下。なお，負債性引当金に関する我が国の企業会計原則と国際会計基準との違いや今後の方向性について，福山参照。

告書[473)]には，不適切な原価処理を行い，本来計上すべき工事損失引当金11億円の計上をしなかったこと等が記載されている。

　平成24年2月に公表された**戸田建設株式会社**の連結子会社に関する第三者調査委員会の調査報告書[474)]には，①対象会社については工事完成基準しか認められないところ，多数の工事について，工事完成基準に反して売上を前倒し計上したり，一部の工事については売上の繰延計上を行うなどして，不適正な原価管理を行い，本来計上しなければならない受注損失引当金の計上をしなかったこと，②役員の退職慰労金については，支給することについて内規等があり合理的に算定することができ，役員退職慰労引当金を計上しなければならなかったにもにもかかわらず，平成21年3月期までこれを計上せず，平成22年及び23年3月期にこれを計上した際にも，保険金収入と相殺するという不適切な会計操作を行ったこと等が記載されている。

　平成24年1月に公表された**野村マイクロ・サイエンス株式会社**の社内調査委員会の調査報告書[475)]には，①純水製造装置工事において材料費の付け替えが行われていたことにより工事損失引当金が過少計上されていたこと，②これらの不正会計が利益に及ぼす影響は最大3億円であること等が記載されている。

　平成25年9月に公表された**株式会社イチケン**の外部調査委員会の調査報告書[476)]及び平成26年4月に公表された改善状況報告書[477)]には，同社では，工事費用予算が不足して損益の悪化が認められる工事について，工事原価の付け替えによる不正が多数回行われていたが，工事損失引当金の不計上額が3億円に及ぶ期もあったこと等が記載されている。

6　仮受消費税

(1)　総　説

　我が国の消費税法では，事業者は「仕入税額控除方式」により消費税を納

---

473) http://ke.kabupro.jp/tsp/20080204/32040770_20080204.pdf
474) http://www.toda.co.jp/ir/pdf/toda89_240213_01.pdf
475) http://ke.kabupro.jp/tsp/20120110/140120120110063609.pdf
476) http://www.ichiken.co.jp/wp-content/uploads/2013/10/130909info.pdf
477) http://www.ichiken.co.jp/wp-content/uploads/2014/04/140411.pdf

税するシステムが採られている。これは，事業者が売上の際に受領した消費税額をそのまま納税するのではなく，原材料や商品を仕入れた際に支払った消費税額を控除した金額を納税するシステムである。

例えば，物販業者が税込み 550 円（消費税分は 50 円）で仕入れた商品を 880 円（消費税分は 80 円）で販売した場合，納付する消費税は，80 円から 50 円を差し引いた 30 円ということになる。この場合，500 円を「課税仕入高」，800 円を「課税売上高」という[478]。

消費税の納税義務者は，国内取引においては，事業者である[479]。なお，我々消費者は財やサービスを購入する際に日常的に消費税を支払っているが，我々が納税義務者として消費税を国に対して納税しているわけではない。

消費税納税の義務がある事業者は，課税売上高（税抜）が 1000 万円を超える事業者である[480]。

そして，この場合の「課税売上高」は，原則として，当該事業年度の前々年度の事業年度を基準とする。というのは，法人税の申告・納期限は事業年度終了の翌日から 2 か月以内とされているので，例えば，令和 3 年 3 月期[481] の事業年度開始時点では，令和 2 年 3 月期の決算が確定していないため，前々事業年度の課税売上高を基準とせざるを得ないからである[482]。つまり，事業者が事業を開始してから 2 年間は，課税事業者に該らないため消費税の申告・納税の必要はないことになる[483]。

---

478) 本文は，税抜経理の場合である。税込経理の場合には，540 円が課税仕入高，832 円が課税売上高となる。
479) 令和元年 10 月に消費税が 8% から 10% に引き上げられた際，飲食料等生活必需品については引き続き 8% の消費税率（軽減税率）とされ，また，「請求書保存方式」に加えて，複数税率に対応した消費前の仕入税額控除の方式として，「区分記載請求書方式」が導入された。さらに，令和 5 年 10 月からは，適格請求書発行事業者が交付する適格請求書等の保存を条件とする「適格請求書等保存方式」（いわゆるインボイス制度）が導入され，経過措置を経て，適格請求書発行事業者以外の者から行った課税仕入れにかかる消費税額を控除できなくなる見込みである。なお，輸入取引においては，外国貨物を保税地域から引き取る者が納税義務者であり，事業者かどうかを問わない。
480) 当初免税点が 3000 万円であったものが，平成 15 年度改正で 1000 万円に引き下げられたものである。
481) 令和 2 年 4 月から令和 3 年 3 月の事業年度をいう。
482) なお，この点に関する近時の法改正については後述する。
483) 但し，資本金 1000 万円以上の法人又は前年若しくは前事業年度上半期の課税売上高が 1000 万円を超える事業者は例外となる。

事業者が申告納税する消費税額は，

　納税額＝顧客から預かった消費税総額－自社が負担した消費税総額

である。

　この場合，①顧客から預かった消費税総額は，税込経理の場合には課税売上高の10％，税抜経理の場合には仮受消費税の合計額となり，②自社が負担した消費税総額は，税込経理においては課税仕入高の10％，税抜経理の場合には仮払消費税の合計額となる。

　それでは，消費税納付額は，「（損益計算書上の売上高－仕入高）×10％」として計算できるかというと，そのように単純ではない。というのは，課税仕入高には，損益計算書上にいう売上原価や製造原価に該当する商品や原材料の仕入高だけではなく，建物や設備機械，備品のような固定資産の購入費用や，事務所家賃，外注費，運送費のような販売費及び一般管理費の支出も含まれるからである。では，課税仕入高は「企業が行った支払の総額×10％」としてよいかというとそうでもない。というのは，固定資産の購入であっても，土地の購入にはそもそも消費税はかからないし，販売費及び一般管理費であっても従業員給与や役員報酬，寄付金等には消費税はかからず，また，消費税については，原則として，費用収益対応の原則や減価償却は関係なく，課税期間に仕入れたという事実によって仕入税額控除の対象となるからである（小池22頁以下）。

　ここで，消費税課税の有無という観点から企業が行う取引を見ると，次の4種類に分かれる（小池60頁以下）。

1．課税取引：国内において事業者が事業として対価を得て行う取引で下記の2．又は3．に該当しないもの
2．非課税取引：土地の売買・貸付けのように消費に該らず理論的に非課税のものや，医療費，教育費，住宅家賃，保険料のように政策的に非課税とされる取引である。これらは，仕入に当たっても消費税がかからないため，仕入税額控除は認められない
3．免税取引：外国への輸出，国際輸送等。非課税取引と異なり，仕入には課税されているので，仕入税額控除を受けることができ，消費税の還付を受けることができる。

4．不課税取引：贈与，配当等

このように，消費税額の計算は事業者にとって非常に煩瑣であるため，小規模事業者の負担軽減のため，基準期間の課税売上高が5000万円以下の事業者が「簡易課税制度選択届出書」を提出した場合には，課税売上高に一定の「みなし仕入率」を乗じた金額を仕入控除税額とすることができる。このみなし仕入率は，

○ 卸売業（第1種事業）においては90％
○ 小売業（第2種事業）においては80％
○ 農林水産業や製造業等（第3種事業）においては70％
○ 飲食業等（第4種事業）においては60％
○ 不動産業やその他サービス業（第5種事業）においては50％

とされている[484]。

消費税の納期限は，個人事業者にあっては3月末，法人にあっては課税期間終了日の翌日から2月以内[485]とされている。なお，消費税8％のうち1.7％は地方消費税である[486]。

(2) 消費税をめぐる不正会計事例

消費税をめぐる不正の手口は多様であり，奥が深い。捜査官としては，どのような手口で消費税をめぐる不正が行われることがあるのかを念頭に置いておけば，ある企業について捜査をする際，業界・業態別にどのような点に留意して帳簿や取引内容を分析すべきかが分かるであろうし，一見して理由が不明で不自然な取引に出くわしたときに，それが消費税の脱税や不正受還付を目的としているのではないかと見抜くことも可能になるであろう。そのような観点から，以下の消費税をめぐる不正の手口をお読みいただきたい。

ア　輸出取引をめぐる消費税の不正受還付

消費税には仕入税額控除が認められるため，売上税額が仕入税額よりも小

---

[484] 小池132頁以下，同199頁以下。
[485] なお，直前の課税期間の確定消費税額による中間納付制度がある。
[486] 以上につき，国税庁「消費税の仕組み」（平成26年）（http://www.nta.go.jp/shiraberu/ippanjoho/pamph/koho/kurashi/html/01_3.htm），国税庁「消費税はどんな仕組み？」（http://www.nta.go.jp/shiraberu/ippanjoho/pamph/shohi/aramashi/pdf/002.pdf），税務大学校「消費税法（平成27年度版）」（http://www.nta.go.jp/ntc/kouhon/syouhi/mokuji.htm）。

さければ，差額が還付される。特に仕入れた商品を国外に輸出した場合には，国内における課税売上がないことになるので，仕入の際に支払った消費税額が全額還付される。これを悪用し，商品を輸出したように装って消費税の不正還付を受ける事案が後を絶たない（なお，脇本参照）。

報道された事例から見ても，次のようなものがある。

- ダイヤモンドを国内で仕入れ，香港やイタリアに輸出したように仮装し，3年間で2.1億円の消費税の還付を受けたとして真珠・宝石販売業**有限会社エムケイ貿易**の社長が神戸地検に逮捕された（平成20年2月14日付共同通信）。
- カメラレンズを国内で仕入れて海外に輸出したように仮装し，グループ10社で4億円の消費税の還付を受けたとして，**株式会社ハヤナカ**など10社が5億円を追徴課税された（平成24年10月30日付日本経済新聞）。
- 携帯電話を国内で仕入れて中国に輸出したように仮装し，3年間で2000万円の消費税の還付を受けたとして**レイホウ株式会社**の経営者である中国人が2700万円を追徴課税された（平成25年8月5日付日本経済新聞）。
- 国内で釣具を仕入れて米国や豪州に輸出したように仮装し，2年間で2000万円の消費税の還付を受けたとして**合同会社クレッシェンドインターナショナル**の経営者が東京地検に告発された（平成26年4月4日付朝日新聞）。
- 国内で電子機器を仕入れてこれを中国に輸出したように仮装し，1年間で6000万円の消費税の還付を受けたとして，**株式会社東海**の日本人社長及び中国人役員2名が東京地検に逮捕された（平成26年7月9日付産経新聞）。

この種事案には，事業者としては，仕入を水増しして多額の損金・経費を計上することにより，法人税や所得税を脱税すると共に，消費税の不正還付を受けるという一挙両得の手口によるものもある。捜査官としては，輸出業者が不自然に高額の仕入を行っている場合には，消費税の不正受還付事案が伏在しているのではないかということを念頭に置き，その仕入の実在性や商

品価額の正当性について，単に伝票だけではなく，実際の仕入や売上がどのようなものであったかにも留意して十分に捜査をする必要がある。

　　イ　非課税取引や不課税取引を課税取引と偽っての消費税脱税，不正受還付

　上述したとおり，非課税取引としては，土地の売買・貸付けのように消費に該らず理論的に非課税とされるものと，医療費，教育費，住宅家賃，保険料のように政策的に非課税とされるものとがある。また，役員報酬や使用人の給与，現金供与による交際費，金銭による寄付金等の支出はそもそも不課税取引である。そこで，これらの支出の目的が課税取引であるかのように仮装すれば，仕入税額控除を行うことができ，消費税を脱税したり，仕入控除税額が売上にかかる消費税額を上回るときには消費税の不正還付を受けることができることになる。

　人材派遣業において，実際には従業員に対する給与であるものを外注費のように仮装して架空の仕入税額控除をするがごときはその典型例である[487]。

　　ウ　設備投資等の水増しによる消費税脱税，不正受還付

　企業会計において「仕入」と言えば，主たる事業で販売する商品や原材料を購入した際の費用計上のための勘定科目であり，売上原価や製造原価に該当するものの購入を意味するが，消費税額の計算に当たっての「課税仕入」はこれよりも広い概念であり，販売費及び一般管理費に該当するものや，設備機械等の固定資産に該当するものも含み得る。そして，商品や原材料費の仕入であれば，これを売上高に比して過大に膨らませれば，それ自体経済合理性を欠く不自然な取引ということになろうが，設備投資であれば，金額が膨らんでもそれ自体で不合理ということには必ずしもならないので，設備投資金額を水増ししたり，本来設備投資でない支出を設備投資金額に含めることによる消費税脱税や不正受還付がなされることがある[488]。

　　エ　課税売上水増し・架空計上による消費税脱税，不正受還付

　投資のためにマンションを建築したり購入したりした場合，その代金には

---

[487]　ぎょうせい「脱税の手段・方法について」(http://tax.gyosei.jp/data/22sasatu.pdf) 4頁。
[488]　例えば，工場設備を土地と共に購入した場合，購入代金の中で建物や工場設備が占める金額を膨らませれば，それだけ課税仕入額が増えることになる。

消費税が含まれている。例えば，商業ビルを建築して店舗用に賃貸した場合には，商業ビル建築費用は課税仕入，店舗からの家賃収入は課税売上に該たるため，課税売上から課税仕入を除いた部分の消費税が還付されることになる[489]。

これに対して，居住用マンションについては，賃料収入は前述したとおり非課税売上になるため，関連する仕入れについては原則として消費税の還付を受けることができない。そこで，居住用賃貸マンションについて，課税売上を計上して消費税の還付を不正に受けるために，マンションの購入名義となった資産管理会社に中古車販売やコンサルタント業のような名目で架空の売上を計上して全体の売上に占める課税売上の割合を架空上昇させた上，消費税の不正還付を受けた行為について有罪判決が言い渡された事例がある[490]。

同じような考えの下，非課税売上であるマンションの賃料収入発生前に課税売上が発生したように仮装するために自動販売機をマンションに設置して作為的に課税売上を計上し，課税期間を操作することによって，非課税売上である賃料収入が計上される前に自動販売機の売上のみの課税期間を作出し，マンションの購入・建設時に支払った消費税の還付を受けるという事案が相次いだ。

このような事案に対処するため，平成22年の消費税法改正により，このような消費税の還付に関する再調整（還付を受けた消費税の国庫への返還）の規定が設けられるなどの法的措置が講ぜられた[491]。

オ　事業開始後2年間の免税期間や免税点を悪用した消費税脱税

前述したとおり，消費税は，事業開始の3年目の事業年度から課税され（資本金1000万円以上の法人を除く），また，前々年度の課税売上高が1000万円未満の事業者は納税義務を免除されているため，意図的に資本金1000万円未満の新法人を次々に設立して事業譲渡をしたように仮装したり，課税売上高が1000万円以上となった時点で新設法人に営業を譲渡したり，事業

---

489)　もともと課税事業者であった場合や，課税事業者であることを選択し，所定の手続を踏んだ場合に限る。
490)　刑事事件となったものとして，東京高判平成28年1月29日（LEX/DB25542206）。
491)　髙橋他221頁以下，袴田，土屋，西向。

廃止を仮装する等の手段で消費税を脱税する事案が横行している[492]。

そこで，平成23年度消費税法改正により，上半期（正確には「特定期間」）の課税売上高が1000万円を超える等の場合には，翌期から課税事業者に該当する取扱いとなった（なお林29頁以下）。

カ　法人税，所得税脱税に伴う消費税脱税

事業者に係る法人税や所得税脱税の典型的な手段は，経費過大計上，売上過少計上であるところ，これは，通常，課税仕入を過大に，課税売上を過少に仮装するものであるから，申告・納付消費税額も通常減額されることに留意が必要である。

B　固定負債

固定負債とは，通常1年以内に支払期限の到来しない債務及び負債性引当金をいう。会社計算規則75条2項2号では，固定負債として，社債，長期借入金，引当金，退職給付引当金，繰延税金負債，負債性のれん等を挙げている。本項では社債についてのみ説明し，他の固定負債については別項目の説明に譲ることとする[493]。

1　社　債

(1)　総　説

社債とは，企業が投資家から資金を借りるために発行する債券である。企業が金融機関から資金調達をする間接金融と異なり，投資家から直接資金を調達する直接金融である点で新株発行に類似するが，返済の必要がなく資本の部に計上される株式と異なり，返済の必要があり負債の部に計上される[494]。

---

[492] 会計検査院報告書「消費税の課税期間に係る基準期間がない法人の納税義務の免除について」（平成23年。http://www.jbaudit.go.jp/pr/kensa/result/23/pdf/231017_youshi_1.pdf）では，平成18年中に設立された資本金1000万円未満の新設法人で第1期事業年度の売上高が1000万円を超えたものの平均売上高は6400万円，2年目の平均売上高は1億円を超え，設立後3期目に消費税の納税が見込まれたのに，解散したり無申告となっている法人が多数認められたことが記載されている。

[493] 長期借入金については本章第2節A 3，引当金及び退職給付引当金については，繰延税金負債については本章第2節A 5，のれんについては本章第1節C 2参照。

[494] なお森120頁以下，藤縄537頁以下。資金調達の手法とそのメリット・デメリットについてはGMI175頁以下。

社債の発行は会社法上取締役会決議が必要とされ（同法362条4項5号），社債の募集，譲渡，社債権者の権利，社債管理者，社債権者集会等については，会社法第4編（同法676条〜742条）に規定されている[495]。

　社債は，従来，①普通社債（SB），②転換社債（CB），③新株引受権付社債（ワラント債）に区分されてきたが，平成13年商法改正により，①普通社債，②新株予約権付社債に整理され，従来の転換社債は，「転換社債型新株予約権付社債」，従来のワラント債は「新株予約権付社債」と呼ばれるようになった[496]。

　会社が資金調達額900万円，償還期間3年，利息100万円で普通社債を発行しようとする際，①額面900万円の社債と100万円のクーポン（利息部分。例えば，毎年20万円を受け取ることのできるクーポン（利札）を5枚添付する）を発行する方法（利付債）と，②額面1000万円の社債を900万円で売り出し，5年後に1000万円を償還する方法（割引債，またはゼロクーポン債）とがある[497]。

　電力債やJR債等の一般担保付社債（会社の一般財産を引当として他の債権者に優先して弁済を受ける権利の付いている社債）と異なり，一般に企業が発行する社債は，会社の財産を引当としない無担保社債であって，企業の財務状況が悪化したり企業が倒産した場合には，利息の支払や元本の償還が受けられなくなるリスクがある。そのため，企業の信用や社債償還能力が高い場合には利率（クーポン又は割引率）は低くなり，逆に，企業の信用や社債償還能力が低い場合には利率は高くなる関係にある。そこで，社債の利率を決定する際には，企業の財務・経営状況を外部機関が格付した指標が極めて重要となる（後記(2)ア参照）。

　新株予約権付社債とは，普通社債に加えて，その社債を発行した会社の株式を一定価格で買い取る権利（新株予約権又はワラント）が付いている社債である[498]。転換社債型新株予約権付社債においては，社債を一定の価格（転換価格）で株式に転換する権利が付いている。新株を買い取ったり新株に転

---

495) 会社法下における社債発行について根田他340頁以下。
496) 河崎他221頁以下，山田3頁以下，三宅57頁以下，藤縄233頁以下。
497) なお，債券の種類と評価額の算定について，古川他144頁以下。
498) 新株予約権については奈良他79頁以下。

換する価格が安いほど投資家にとって有利，会社にとって不利になるので新株予約権の価値は上がり，逆に新株買取価格や転換価格が高ければ会社にとって有利，投資家にとって不利になるので新株予約権の価値は下がるという関係にある[499]。なお，ワラントは債券と切り離して売買できるものとできないものとがある。

新株予約権付社債の一類型として，「転換価格修正条項（下方修正条項）付転換社債（MSCB）」がある。これは，株式への転換価格を株価の変動に応じて修正できる条項のあるものであるが，投資家が株を空売りして転換価格を下方に修正させた上，当初想定していたよりも多くの株式に社債を転換させて株式を希薄化し，更に株価を下落させて転換株式数を増加させる手段となり得るという弊害があり，これを反社会的勢力が悪用し，一般投資家の損失の下に市場から多額の資金を調達した事例もある（後述(2)エ）。

なお，社債の発行は，次のとおり，会社法以外の法律によっても規律されている。

- 「資産の流動化に関する法律」においては，資産の流動化のために特定目的会社（SPC）が発行する特定社債[500]についての規定が置かれている[501]。
- 「投資信託及び投資法人に関する法律」においては，投資法人が発行する投資法人債についての規定が置かれている（同法139条の2以下）[502]。
- 「金融業者の貸付け業務のための社債の発行等に関する法律」においては，金融業者がその貸付け業務のために行う社債の発行等による貸付

---

[499] 例えば，転換権行使価格が1000円のワラントがあり，株価が1500円である場合，権利行使によって500円の利益が得られる。この差額（株価－転換権行使価格）を転換権行使価格で除したものを「パリティ」という。この事例では，パリティは「(1500－1000)／1000＝50％」となる。また，「権利行使時の株価－（ワラント価格＋転換権行使価格）」を「プレミアム」という。例えば，上記このワラントが500円で売られていれば，プレミアム金額は0円であり，450円で売られているとすればプレミアム金額は50円ということになる。
[500] なお，特定目的会社制度，特定目的信託制度，投資法人制度について渡辺裕82頁以下，近藤他97頁以下。
[501] 第2編（特定目的会社制度）第2章（特定目的会社）第6節（特定社債）。
[502] なお，日本公認会計士協会から「投資信託及び投資法人における監査上の取扱い（業種別委員会実務指針第14号）」（平成11年・最終改正平成27年。http://www.hp.jicpa.or.jp/specialized_field/files/2-9-14-2-20150331.pdf）が公表されている。

け資金の受入れに関する規定が置かれている。
- ○「担保付社債信託法」においては，担保付社債についての信託証書や引受者の募集等に関する規定が置かれている。
- ○「金融商品取引法」においては，社債の公募を行う場合の有価証券報告書の提出義務等の規定が置かれている。

社債に関する主な仕訳は次のとおりである（三輪）。

○ 割引債を発行した。

　　　　当座預金　　900,000 ／ 社債　1,000,000
　　　　社債発行差金　100,000
　　　　社債発行費　　30,000 ／ 現金　　30,000

○ 利付債を発行した

　　　　当座預金　1,000,000 ／ 社債　1,000,000
　　　　社債発行費　　30,000 ／ 現金　　30,000

○ 利付債の中間利息を支払った。

　　　　社債利息　　50,000 ／ 当座預金　50,000

○ 割引債を償還した。

　　　　社債　1,000,000 ／ 現金　1,000,000

○ 利付債を償還した。

　　　　社債　　1,000,000 ／ 現金　1,050,000
　　　　社債利息　　50,000

(2) 社債をめぐる不正会計事例

ア　総　説

　社債発行は，新規株式発行と並んで，市場から直接資金を調達する有力な手段である。しかも，社債の利息は，一般に間接金融である銀行借入よりも低い上，無担保社債が一般的であるため，担保を徴求されることがない。

　しかし，企業が発行した社債を投資家が買ってくれるかどうかは，企業の社債の償還能力と利率の相関関係で決まることが多く，業績が悪化している企業の社債は利率も高くなりがちである。そして，当然のことながら，企業の業績は，まずは財務諸表の内容やその変化によって判断されるし，社債の利率に大きな影響を与える信用格付においても財務諸表の内容やその変化は

重要な考慮要素である[503]。

　そこで，企業としては，市場資金を容易に調達することができるようにすることを一つの主要な目的として不正会計又は利益操作を行いがちである[504]。利益操作が合法的な手段によってなされるのであれば問題はないが，違法な粉飾決算に基づいて社債の公募が行われれば，通常，金融商品取引法違反（有価証券報告書や目論見書への虚偽記載）が成立することになる[505]。

　証券取引等監視委員会のホームページでは，近時の有価証券報告書虚偽記載事件で同委員会が告発又は勧告をした事例として次のような事例が紹介されている[506]。

- ○「三洋電機株式会社に係る有価証券報告書等の虚偽記載事案」（平成19年12月勧告）
- ○「株式会社IHIに係る有価証券報告書等の虚偽記載事案」（平成20年6月勧告）
- ○「株式会社ビックカメラに係る有価証券報告書等の虚偽記載事案」（平成21年6月勧告）
- ○「日本ビクター株式会社及びJVC・ケンウッド・ホールディングス株式会社に係る有価証券報告書等の虚偽記載事案」（平成22年6月勧告）
- ○「株式会社シニアコミュニケーションに係る有価証券報告書等の虚偽記載及び同社役員が所有する同社株券の売出しに係る目論見書の虚偽記載事案」（平成22年9月勧告）
- ○「ワールド・リソースコミュニケーション株式会社による無届社債募集事案」（平成23年4月勧告）

---

503) 世界的には，ムーディーズ，スタンダード・アンド・プアーズ（S&P），日本では，株式会社日本格付研究所，株式会社格付投資情報センター（R&I）等の格付機関がある。各社の格付方法には差があるが，例えば日本格付研究所では，長期格付を良好な方から，AAA，AA＋，AA，AA－，A＋，A，A－，BBB＋，BBB，BBB－，BB＋，BB，BB－，B＋，B，B－，CCC，CC，C，LD，Dに分類している。格付については，古川150頁以下，バレブ他249頁以下，近藤他96頁以下，津森219頁以下，GMI196頁以下，川村他309頁以下，井手・高橋320頁以下，日本格付研究所「コーポレート等の信用格付方法」（平成26年。http://www.jcr.co.jp/rat_corp/pdf/rat_corp20141107_3.pdf）。
504) なお，銀行からの借入でも財務諸表の内容が問われることは当然である。
505) 金融商品取引法違反については近藤他275頁以下。
506) 河野一郎「開示書類の虚偽記載等について」（平成25年）（http://www.fsa.go.jp/sesc/keisai/20130123-1.pdf），証取委①及び②。なお，必ずしも社債発行に関するものではない。

○「オリンパス株式会社に係る虚偽有価証券報告書提出事件」（平成 24 年 3 月告発）
○「株式会社プリンシパル・コーポレーションに係る有価証券報告書等の虚偽記載事案」（平成 24 年 9 月勧告）
○「株式会社ジー・テイストに係る有価証券報告書等の虚偽記載事案」（平成 25 年 4 月勧告）

このような事例から，社債に関する不正会計事例をいくつか紹介したい。

　イ　のれんを過大計上した有価証券報告書に基づいて社債を発行した事例

　当社は，過去に子会社であった関連会社の支配権を再度獲得して子会社とした際の資本連結手続において，同社に対する過去の投資損失等を適切に反映させず，のれんを過大計上するなどしたものである。これにより，当社は，純資産額が 37 億 300 万円であったにもかかわらず，これを 46 億 8300 万円と記載した有価証券報告書などを開示した。その上で，当社は，重要な事項につき虚偽の記載のある継続開示書類組込情報とする有価証券届出書を提出して 4 回にわたり，合計 21 億円の社債を募集し，これを投資家に取得させた（平成 25 年度課徴金勧告）。

　ウ　社債を発行したのに有価証券届出書を提出しなかった事例

　金の採掘などを事業目的としている非上場企業が，発行価額の総額が 1 億円以上となる社債券の発行について，5 名以上の者に対し取得の申込みの勧誘を行ったが，当社は，当該取得勧誘は「有価証券の募集」には該当しないとして，募集の届出を行わなかった（平成 23 年度課徴金勧告）。

　エ　転換価格修正条項付転換社債型新株予約権付社債（MSCB）をめぐる不正資金調達事例

　大阪証券取引所市場第二部に上場する IC 機器製造会社役員が総額 8 億円の転換社債型新株予約権付社債（以下「転換社債」という。）発行による仮装増資を企て，海外投資会社が同製造会社の転換社債を引き受けると共に，同海外投資会社が転換社債に付された新株予約権を行使して新株を取得した際には，その全部を同製造会社役員が実質的に支配する国内投資事業組合に譲渡する旨の契約を同製造会社と同海外投資会社との間で締結させた上，山

口組傘下組織関係企業から8億円を借り入れ，同海外投資会社の代理人である日本人弁護士の銀行口座を経由して，同製造会社の銀行口座宛に払込みを行い，8億円分の新株を入手し，更に，自らの知人等の経営する企業数社に対し，資金運用委託，業務提携等の名目で同製造会社から貸付けを行い，増資金8億円を社外に流出させる一方で，入手した新株を入手直後から約1か月かけて金融ブローカーを通じて証券市場で順次売却し，約6億5000万円の売却代金を得た[507]。

　オ　オプション及びワラントを利用した簿外損失処理事例

平成23年12月に公表されたオリンパス株式会社の第三者調査委員会の調査報告書[508]には，①オリンパスでは，過去の金融資産運用の失敗により生じた簿外損失を最終処理するため，医療機器メーカーであるジャイラスを買収するに当たり，外部コンサルタントに買収に関する成功報酬として12億円並びにジャイラスの株式オプション及びワラントを付与し，同ワラントはケイマン籍法人に24億円で譲渡されたこと，②ジャイラスの資本再編の際に，株式オプションの対価としてジャイラスの配当優先株式を付与することとし，最終的にこの配当優先株式を620億円で買い取り，この資金により損失先送りスキームを解消すると共に，オリンパスにおいては，612億円をのれんとして資産計上したこと等が記載されている。

第3節　純資産

1　総説

「純資産」とは，貸借対照表の「資産の部」の合計額から「負債の部」の

---

[507]　警察庁「平成19年版警察白書」(http://www.npa.go.jp/hakusyo/h19/honbun/html/jc120000.html)。このような事例紹介について，清野①参照。また，投資事業有限責任組合の会計税務について木村142頁以下，有限責任事業組合の会計税務について同178頁以下及び青木他96頁以下，不動産特定共同事業法について永沢311頁以下，投資事業有限責任組合法について永沢389頁以下。

[508]　http://www.olympus.co.jp/jp/common/pdf/if111206corpj_6.pdf

合計額を差し引いたものである（大野他174頁以下）。

　平成17年以前は，「資本の部」と呼ばれていたが，会社法（平成17年），会社計算規則（平成18年），企業会計基準委員会「貸借対照表の純資産の部の表示に関する会計基準（企業会計基準第5号）」（平成17年・最終改正平成21年）[509]により，上述のとおりの単なる差し引き計算上の概念となった[510]。なお，純資産の部の合計額より負債の部の合計額が大きくなって純資産の部がマイナスになっている状態が「債務超過」である。

　上記会計基準によって，純資産の部は下記のとおり区分されることになっている。

1　株主資本
　(1)　資本金
　(2)　資本剰余金
　　①　資本準備金
　　②　その他資本剰余金
　(3)　利益剰余金
　　①　利益剰余金
　　②　その他利益剰余金
2　株主資本以外の各項目
　(1)　評価・換算差額等
　　①　その他有価証券差額金
　　②　繰延ヘッジ損益
　(2)　新株予約権
　(3)　少数株主持分（連結貸借対照表のみ）

　参考までに，純資産の部に関する主な仕訳を掲げる。

---

509)　http://www.asb.or.jp/asb/asb_j/documents/docs/ketsugou-2/ketsugou-2_1.pdf
510)　その背景について，上記会計基準においては，返済義務のない少数株主持分や為替換算調整勘定のような科目は負債の部に記載しない取扱いが連結財務諸表を中心に行われており，資本は報告主体の所有者に帰属するもの，負債は返済義務があるものと明確化した上で貸借対照表に記載する場合，資本や負債に該当しない項目が生ずるため，これは資産と負債の差額概念として記載することが相当と考えられたことが挙げられている。また，井手・高橋21頁以下は，会社法の制定を株主価値重視経営の急速な浸透に対応するためという観点から説明している。

○ 新株を発行し，別段預金に100万円の株式払込みを受けた。

  別段預金　1,000,000 ／ 新株式払込証拠金　1,000,000

○ 払込金のうち50万円を資本金に組み入れると共に，払込金を当座預金に振り替えた。

  新株式払込証拠金　1,000,000 ／ 資本金　　　　500,000
  　　　　　　　　　　　　　　　資本準備金　　500,000
  当座預金　　　　　1,000,000 ／ 別段預金　　1,000,000

○ 繰越利益剰余金から利益配当及び利益準備金積立をする旨の株主総会決議が可決された。

  繰越利益剰余金　5,000,000 ／ 未払配当金　4,000,000
  　　　　　　　　　　　　　　利益準備金　1,000,000

○ 実際に株主に配当を支払った。

  未払配当金　4,000,000 ／ 預金　　3,200,000
  　　　　　　　　　　　　　預り金　　800,000 [511]

2　純資産に関する捜査のポイント

(1)　見せ金による会社設立・増資

「見せ金」とは，発起人又は取締役が一時的に資金調達して株式払込金を仮装して振り込んで会社設立又は増資の登記を行い，その直後に振込金の全額を引き出して資金調達先への返済に充てることをいう。発起人又は取締役が払込取扱銀行から株式払込金を借り入れ，この返済終了まで払込金の払い出しをしないことを銀行との間で約する場合には「預合(あずけあい)」となる（長谷川他273頁以下）。

見せ金による会社設立や増資は公正証書原本不実記録罪を構成する。見せ金による会社設立や増資はその実質において無効であって，見せ金による設立や増資によって商業登記簿上の資本額を増加させた場合，資本金額について不実の内容を登記したことになるからである。

東京相和銀行の架空増資事件に関する最高裁平成17年12月13日決定

---

511)　なお，ここでの「預り金」は源泉所得税の預り分である。

(刑集59巻10号1938頁）では，同銀行役員が，①銀行法26条に基づく早期是正措置の発動を回避するため，第三者割当増資により自己資本比率を増加させようとしたこと，②増資株式の引受は第三者会社名義で行われ，同社から株式払込金が支払われたが，この金員は，東京相和銀行が消費者金融業者や関連会社，その他の会社を通じて株式払込者に迂回融資したものであったこと，③被告人は，資金の逆流スキームの合意がなかったと争ったが，裁判所は，資本金の増加は，東京相和銀行が消費者金融業者又はその関連会社を通じて払込者に間接的に融資したものであり，銀行の資金によりなされたものに過ぎず，払込者には消費者金融業者等に対する返済能力はなかったなどと認定して，被告人の主張を排斥した上，電磁的公正証書原本不実記録罪の成立を認めたこと等が判示されている。

また，反社会的勢力が債務超過に陥った上場企業を「箱企業」として，経営が良好であるように粉飾した上，見せ金による架空の第三者割当増資を行い，これによって発行した新株を市場で売却して多額の資金を入手する事案も発生している[512]。第三者割当増資がこのように反社会的勢力による資金獲得の手段に利用されていることを踏まえ，証券取引所等においても対策を強化している[513]。

平成16年に社長が経営コンサルタントと共に公正証書原本不実記録罪等で逮捕された**丸石自転車株式会社**による架空増資事件においては，丸石自転車が同じく反社会的勢力に経営を支配された**医療法人社団松嶺会**に対して第三者割当増資を行ったが，増資払込金は直ちに松嶺会側に還流され，また，松嶺会が引き受けた株式が市場で高値で売却され，投資家が多額の損失を被った。

同じく平成16年に社長が経営コンサルタントと共に公正証書原本不実記録罪等で逮捕された**株式会社駿河屋**による架空増資事件においては，反社会的勢力が経営に関与していた投資会社飯倉ホールディングスに対して駿河屋が11.5億円の第三者割当増資を行ったが，増資払込金は中華料理店の買取金等の名目で直ちに反社会的勢力側に還流され，また，飯倉ホールディング

---

512) 第三者割当増資については奈良他70頁以下。
513) このような事例の紹介や証券取引所の対策の詳細について，清野①参照。

スが引き受けた株式が市場で高値で売却され，投資家が多額の損失を被った[514]。

更に，証券取引等監視委員会が平成22年3月に告発したトランスデジタル株式会社にかかる第三者割当増資事件，平成23年12月に告発した井上工業株式会社にかかる第三者割当増資事件においては，現金の入金や振替を繰り返すことにより第三者割当増資金の振込があったように仮装したこと（前者にあっては仮装振込額は8.8億円，後者にあっては仮装振込額は15億円）等の事実が指摘されている[515]。

(2) デット・エクイティ・スワップ（DES）

「デット（負債）・エクイティ（資本）・スワップ（交換）」とは，文字とおり，負債を資本に振り替えることである。

負債と資本は，一見すると大変異質のもののようにも思われるが，よく考えると，負債と資本は共に貸借対照表の貸方（右側）に記載され，貸借対照表の借方（左側）に記載されてある資産をどのように調達したか，すなわち，他人からの借入（他人資本）により調達したか，他人からの投資（自己資本）により調達したかの違いがあるだけである[516]。

そこで，債権者の同意を得て負債を株式に交換すれば，債務超過すら解消され，自己資本が充実したように見えるため，財務諸表の数値が改善され，会社の財務状態が健全化したように見えるわけである[517]。

仕訳は，

借入金　　5,000,000 ／ 資本金　　5,000,000

などとなる。

---

[514] なお，この種事件について，どの部分を犯罪として切り取るかということは捜査上よく検討すべきである。検討すべき犯罪としては，電磁的公正証書原本不実記録罪のほか，虚偽内容の有価証券報告書を公表したことに関する金融商品取引法違反，第三者との間に通謀がなかった場合には第三者割当増資の払込金を振り込ませたことに関する詐欺罪，共謀のある株式引受人が株式を市場で高値売却する行為に関する金融商品取引法違反（インサイダー取引や相場操縦），領得した資金についてのマネーロンダリングに関する犯罪（組織的犯罪処罰法違反，犯罪収益移転防止法違反等）等が考えられ，事案の本質や立証の容易性等を考慮して適切な犯罪を選択するべきである。

[515] http://www.fsa.go.jp/sesc/news/c_2013/2013/20130626.pdf

[516] なお，デット・エクイティ・スワップと債務免除益課税等の問題について渡辺230頁以下，検査役検査免除について三宅45頁以下，企業再生の手法としてのデット・エクイティ・スワップについて藤原15頁以下，94頁以下及び557頁以下。

[517] 但し，企業としては債務の免除を受けたに等しいから，債務消滅差益に対して課税されることがある。

デット・エクイティ・スワップ自体は何ら違法なものではなく，むしろ，経営不振に陥った企業の事業再生方法として有力な手法とされている。しかし，デット・エクイティ・スワップにより債務超過状態を解消するような企業は，財務状態が相当に悪化し，資金繰りに窮しているのが通常であろうから，その前後に行われた自己資本の調達（第三者株式割当等）や他人資本の調達（借入れや社債発行）に虚偽や不正があるのではないかについて十分に注意を払って分析する必要がある。

(3) **粉飾決算の結果としての純資産額に関する虚偽表示**

粉飾決算をして売上や利益の過大計上，費用の過少計上，在庫の過大計上をすれば，通常，当期純利額や繰越利益剰余金額，純資産額にも影響を与える。そして，これが投資家の判断にとって重要な事項に関するものであれば，有価証券報告書虚偽記載罪（金融商品取引法197条）が成立する[518]。

これに該当するものとして，オリンパス株式会社による金融商品取引法違反事件がある。これは，金融資産運用の失敗による損失を海外のファンドに付け替えて計上を先送りした上，この損失を最終処理するため，買収した外国医療機器メーカーの資本再編を行う際に外部コンサルタントに付与した株式オプションを配当優先株として高値で買い取り，612億円をのれんとして資産計上したという事案であるが，平成24年に同社社長や役員らが金融商品取引法違反で逮捕・起訴された[519]。

第4節　営業収益

「売上」は企業の本業による収益であり，ここから本業の売上にかかった仕入コスト（売上原価）や製造コスト（製造原価）を差し引くと「売上総利益（粗利益）」となり，ここから販売費及び一般管理費を差し引くと「営業

---

518) なお，目論見書に関する金融商品取引法13条4項，5項違反については同法205条1号に罰則が定められているが，更に会社法964条に定める虚偽文書行使罪が成立するとするものとして近藤他178頁。
519) 詳細は，第2章第1節C2参照。なお，デリバティブやオプションの評価については古川161頁以下，津森147頁以下，GMI218Ⅰ頁以下，井手・髙橋368頁以下。

利益」となる。

本業によらない経常的な投資活動（株式投資や設備投資）や財務活動（借入や利息返済）の収支（営業外収益・損失）を営業利益に加減算すると「経常利益」となる。そして，ここに企業に特別に生じた収支（特別収支）を加減算すると「税引前当期利益」となる。

ところで，何が「売上」「経常収益」「特別利益」に該当するかは，企業の本業が何かによって変わってくる。例えば，同じ金利収入であっても，物販業を本業とする企業が預金の利息として得た収益であれば営業外収益になるし，貸金業者が貸金の回収によって得た収益であれば売上[520]になる。また，同じ有価証券や不動産の売却によって得た収益であっても，物販業を主たる本業とする企業の場合には「営業外収益」（有価証券売却益）又は「特別利益」（固定資産売却益，長期間保有した株式の売却益等）になるし，証券会社や投資業者が証券売買によって得た収益や不動産業者が営業用不動産の売却によって得た収益であれば「売上」（営業有価証券，営業用不動産等）[521]になる。

1 売上

(1) 総説

売上（売上高）とは，企業の主たる営業活動（本業），すなわち物販業であれば仕入れた商品の販売，製造業であれば製造した製品の販売，サービス業であればサービスの販売によって得た収益である。

売掛金や買掛金の項目でも説明したように，「分記法」，すなわち，商品の仕入や販売をする都度，商品勘定を用いて管理する場合には，「売上」「仕入」勘定は用いず「商品」勘定で処理する。「売上」勘定を用いるのは，商品の仕入や販売を「売上」「仕入」勘定で行い，商品勘定を期末の棚卸資産として計上する「三分法」[522]による場合である[523]。

---

[520] なお，銀行業においては「業務収益」と呼ぶ。なお，銀行業においては，有利子負債や営業利益の概念を用いないことについて山口136頁以下。
[521] 但し，証券会社においてはこれを「営業収益」と呼ぶことが多い。
[522] 正しくは広く「分割法」。
[523] なお，他の売上高の記帳方法である総記法，五分法，七分法，九分法等については説明を省略する。

一般論としては，「売上」を計上する時期は，売買契約を締結した時点でも代金の支払を受けた時点でもない。実現主義の原則により，売上は，商品を販売したとき（実際に商品・役務を提供し，その対価である現金や売掛金を取得したとき）にその計上が認められ，商品の種類や業種によって，出荷基準，引渡基準，検収基準等によって計上されることになる[524]。このように，法律論でいう売買と販売基準における「販売」は大分趣が異なるが，敢えていえば，双務契約に基づく当方の債務の履行の提供が完了したと認められるときに売上の実現があったものと考えてよかろう。

売上に関する不正は「売掛金」に関する不正で述べたことと共通するところが大であるのでそちらに譲り，本項では，特に売上に関する不正について説明する。

(2) 売上に関する捜査のポイント

売上は企業の経営分析において最も重要な勘定科目の一つであり，この金額は，売上総利益，営業利益，経常利益，当期純利益の全ての基盤となるものである。それ故，売上をめぐっては，押し込み販売，売上戻り，売上値引，売上割戻，セール・アンドリースバック取引，委託販売，循環取引，売上の期ずれ計上，架空売上等を利用した様々な不正会計がなされることになる。これらをめぐる不正会計については，売掛金の項目（第2編第2章第1節A3(3)及び(4)）で詳説したので，そちらを参照されたい。

ア 売上高の推移に着目

売上高は，投資家や金融機関が企業の財務分析をする際に最も重要な勘定科目の一つである。その企業が本業でいくら稼いでいるのかを示す売上高の重要性を企業経営者は知悉しているから，売上高について一定の指向性を持ってその金額を操作しがちである。その指向性とは，毎期必ず売上高を伸ばしたい，上場企業であれば，期首に示した売上予測を達成したいというものである。更に，売上の伸び率は左程大きくしたくないという指向性が働くこともある。というのは，一時期に無理して多額の売上を計上してしまうとその後の売上の伸びが鈍化するように見えたり，一時期に多額の税金を納め

---

[524] 第1編第2章4，第2編第2章第1節A3(4)イ参照。なお，費用については発生主義の原則が採られていることについては，第1編第2章4参照。

なければならなくなったりするからである。

　企業の業績は景気や株式・為替相場，競合業者の出現，技術開発や国際競争等の経営環境に大きく左右されるものであるから，企業が毎期コンスタントに売上を伸ばしていくことは容易でない。それにもかかわらず，分析対象とする企業が毎期コンスタントな売上高の伸び率を達成している場合や，期首に公表した売上予測を若干上回る程度の売上高を達成している場合には[525]，何か会計操作が行われているのではないか，売上高が伸びた原因は何であるか，その原因はその企業が予測した売上内訳と整合しているか，同業他社の経営成績と比較して異常値はないか等の観点から分析を行うことが必要である（なお，須田他24頁以下）。

　　イ　対象企業の業績予測に関する情報収集

　企業が不正会計をするには動機がある。その主要な動機の一つは，上述したように，企業の売上高・利益予測値を達成しなければならないというプレッシャーである[526]。この観点から，捜査官としては，当該企業について自ら発表した売上高や利益の予測値，アナリストによるこれらの予測値がどのようなものだったのか[527]，企業経営者へのインタビューを主たる情報源として予測値が形成されていたものではないか，予測値と実績値の相違やその原因は何かということを念頭に置いて捜査すべきこととなる。これらの予測値が記載されている情報源としては，

○　企業が公表する決算短信[528]

○　日本経済新聞や週刊東洋経済等の新聞・雑誌・書籍に公表される予測値情報

○　証券取引所のホームページ[529]

等がある[530]。

---

525)　「予想を若干上回った」と「予想を若干下回った」では投資家に与える影響が大きく異なるのである。
526)　これを「利益ベンチマーク仮説」と呼ぶことがある（大城8頁以下）。
527)　なお，須田他24頁，井手・高橋46頁。
528)　通常，四半期の決算内容開示の際に将来予測情報を公表するのが通例である。
529)　例えば，東京証券取引所のアナリストレポートは http://www.tse.or.jp/listing/analystreport/arp.html，http://www.tse.or.jp/listing/analystreport/src.html で参照可能である。

ウ　従業員，企業経営者の評価及び報酬支払に関する規程や実態を知ること

　従業員がその販売実績のみで評価され，また，企業経営者の報酬額が主として会社の上げた利益額によって定まるような企業では，売上や利益の過大計上へのインセンティブが強く働く。捜査官としては，売上高や利益額について分析するに当たり，従業員や経営者の評価方法や報酬支払に関する規程，その実態等について捜査しておくことが有益である。

2　売上原価

　前述したとおり，三分法の下では，売上原価は，
　　　売上原価＝期首商品棚卸高＋当期商品仕入高－期末商品棚卸高
で求められる。

　一般に，売上原価を計算するのは，期中ではなくて期末である。すなわち，期末決算時に，期首商品棚卸高は前年度末から当期期首に繰り越された棚卸高を貸借対照表から上の式に代入し，当期商品仕入高は，仕訳の際に「仕入」として計上された金額を集計して上の式に代入する。

　そして，「仕入」とは，買掛金の項目でも述べたように，企業の主たる事業（本業）で販売又は製造するための商品や原材料の仕入を意味し，これを掛けで購入した場合には，

　　　　　　　　仕入　　1,000,000　／　買掛金　　1,000,000

という仕訳をすることになる。

　そして，上記の式に照らせば，売上原価を増やして脱税し，または裏金を捻出しようとすれば，

　○　期首商品棚卸高を過大
　○　当期商品仕入高を過大

530）　なお，予測値の公表に興味のある方は，日本証券経済研究所「上場会社における業績予想開示の在り方に関する研究会報告書」（平成23年）（http://www.tse.or.jp/rules/kessan/gyouseki/b7gje6000001vb28-att/b7gje6000001vb42.pdf），東京証券取引所「業績予想開示に関する実務上の取扱いについて」（平成24年）（http://www.tse.or.jp/rules/kessan/gyouseki/b7gje6000001vb28-att/b7gje6000002f7t2.pdf），ニッセイ基礎研究所「（資産運用）：アナリストの業績予想の精度について」（平成20年）（http://www.nli-research.co.jp/report/pension_strategy/2008/vol144/str0806b.pdf）を参照されたい。

○　期末商品棚卸高を過少

にすればよく，逆に，売上原価を減らして利益を粉飾しようとすれば，

　○　期首商品棚卸高を過少

　○　当期商品仕入高を過少

　○　期末商品棚卸高を過大

にすればよいことになる。

　また，このうち，期首商品棚卸高は前年度決算内容を引き継ぐことになるから，前年度において不正会計が行われていれば，必然的にその結果を引き継ぐことになる[531]。また，今期変動に係る勘定科目で売上原価について不正会計をしようとすれば，期中の仕入高に不正を加え，または期末の棚卸高に不正を加えることになる。

　これらの不正会計の手段や事例については，それぞれ，棚卸資産（第2章第1節A6），買掛金（第2章第2節A1）等の項目で述べたことと重なるが，一例のみ挙げておくと，平成22年3月に公表された近畿日本鉄道株式会社の連結子会社に関する調査委員会報告書[532]には，同社では，売上や売掛金に関する操作が行われていたほか，売上原価を資産科目である前払費用に振り替えて，原価計上の繰延が行われていたこと等が記載されている。

3　製造原価

(1)　総　説

　製造業においては，当期の製造原価は次の式で求められる。

$$製造原価 = 期首材料・仕掛品棚卸高 + 当期製造費用 - 期末材料・仕掛品棚卸高$$

　期首仕掛品棚卸高や期末仕掛品棚卸高については，基本的には販売業における棚卸高と同様に考えてよい。「当期製造費用」には，①材料費，②労務費，③経費[533]が含まれ，かつ，製造費用には直接費と間接費がある。

---

531)　なお，期末の押し込み販売を翌期初に取り消す不正会計は，このような引継ぎを免れようとする一手段である。
532)　http://www.kintetsu-g-hd.co.jp/common-hd/data/pdf/tyosakekkatou.pdf
533)　但し，製品の製造に直接関係ない経費は製造原価には含めず，販売費及び一般管理費として処理する。

製造原価の内訳や計算方法については，企業会計審議会「製造原価基準」（昭和37年）[534]が基準を示しているが，分類すれば，

　ア　製造直接費
　　①　金属材，木材，ボルト等の材料費[535]
　　②　機械工や組立工賃金等の労務費
　　③　外注加工費，特許使用料等の経費
　イ　製造間接費
　　①　軍手，作業服，工具器具，備品等の材料費
　　②　運搬工，倉庫係，事務員の給与，賞与，退職給付引当金，福利厚生費等の労務費
　　③　保険料，賃借料，減価償却費等の経費

等がある。

原価計算においは，このような費目別に消費額を算出した上（費目別計算），製造部門や補助部門等の原価発生の部門別に集計し（部門別計算），この費用を金額基準や物量基準等の基準によって製品別に配賦する（製品別計算）という計算プロセスをたどる。

そして発生したこれらの費用を，期末に，①直接費については仕掛品勘定に，②間接費についてはまず製造間接費に振り替えた上，これを仕掛品勘定に配賦して振り替える。その上で，仕掛品勘定においては，前期から繰越の仕掛品に当期発生した上記の製造直接費，製造間接費を加算した上，製品が完成したものはこれを製品勘定に振り替え，未完成のものは仕掛品として次期に繰り越すことになる。

具体的な仕訳は次のようになる（仮に，製造直接費と間接費の割合が2：1であるとする）。

---

[534]　http://abc.shudo-u.ac.jp/genkakizyun.pdf
[535]　なお，材料費の消費数量の把握方法としては，①継続記録法，②棚卸計算法，③逆計算法があり，消費単価の把握方法としては，①先入先出法，②後入先出法，③移動平均法，④総平均法，⑤予定価格法がある（伊藤195頁）。

(期中の仕訳)

　　　　　　　　材料　　300,000 ／ 現金　　300,000
　　　　　　　　賃金　　150,000 ／ 現金　　150,000
　　　　　　　　経費　　 30,000 ／ 現金　　 30,000

(各月末・期末決算仕訳)
① 製造直接費の集計

　　　　　　　　仕掛品　　320,000 ／ 材料　　200,000
　　　　　　　　　　　　　　　　　　賃金　　100,000
　　　　　　　　　　　　　　　　　　経費　　 20,000

② 製造間接費の集計

　　　　　　　製造間接費　160,000 ／ 材料　　100,000
　　　　　　　　　　　　　　　　　　賃金　　 50,000
　　　　　　　　　　　　　　　　　　経費　　 10,000

③ 製造間接費の配賦（本来，製造した仕掛品に応じて配賦するが，ここでは1種類の仕掛品に全額を配賦するものとする。）

　　　　　　　　仕掛品　　160,000 ／ 製造間接費　160,000

なお，製品が完成した場合には，仕掛品勘定を製品勘定に振り替える。

　　　　　　　　製品　　480,000 ／ 仕掛品　　480,000

また，製品を販売した場合には，

　　　　　　　　売掛金　　600,000 ／ 売上　　600,000

と仕訳して売上を計上し，販売した製品については

　　　　　　　　売上原価　480,000 ／ 製品　　480,000

と仕訳して製品を売上原価に振り替える。

なお，建設業会計では，上記について用語が異なるものがある[536]。具体的には，

○ 売掛金→完成工事未収入金
○ 仕掛品→未成工事支出金
○ 買掛金→工事未払金

---

536) 西迫，建設業簿記における売上高の計上方法については鈴木117頁以下。

○ 前受金→未成工事受入金
○ 製品保証引当金→完成工事保証引当金
○ 売上高→完成工事高
○ 売上原価→完成工事原価

　また，企業会計基準委員会「工事契約に関する会計基準（企業会計基準第15号）」（平成19年）[537]により，建設業のような長期の請負工事においては，原則として，決算期末に工事の進捗度合いを見積もり，適正な工事収益率によって工事収益の一部を当期の損益計算書に計上する「工事進行基準」によることが義務付けられた。但し，工期の極めて短い工事や成果の確実性が認められない工事については，工事の完了（引渡・検収）時に売上や製造原価をまとめて計算する「工事完成基準」によることができるものとされている。

　より具体的には，同会計基準及び企業会計基準委員会「工事契約に関する会計基準の適用指針（企業会計基準適用指針第18号）」（平成19年）[538]においては，①工事の進行途上においても，その進捗部分について成果の確実性が認められる場合には，発生主義に基づいて「工事進行基準」が適用され，工期がごく短い工事や成果の確実性が認められない工事には，例外的に実現主義に基づいて「工事完成基準」が適用されること，②成果の確実性が認められるためには，工事収益総額，工事原価総額，決算日における工事進捗度の各要素が信頼性をもって見積もられなければならないこと，③工事収益総額の信頼性のある見積りのためには，工事の完成見込みが確実であること，工事契約において対価の定めがあることを要すること，④工事原価の信頼性のある見積りのためには，工事原価の事前の見積りと実績を対比して，適時適切に工事原価総額の見積りの見直しを行う必要があること，⑤決算日における工事進捗度を工事原価総額に占める決算期までに発生した工事原価の割合で測る「原価比例法」を採用する場合には④の要件を満たすことで足りること，⑥「工事進行基準」を適用する場合には，工事収益総額，工事原価総額，決算日における工事進捗度を合理的に見積もり，これに応じて当期の工事収益及び工事原価を損益計算書に計上すること，⑦工事進行基準を適用す

537) http://www.asb.or.jp/asb/asb_j/documents/docs/kouji-keiyaku/kouji-keiyaku.pdf
538) http://www.asb.or.jp/asb/asb_j/documents/docs/kouji-keiyaku/kouji-keiyaku2.pdf

る場合，発生した工事原価のうち，未だ損益計算書に計上されていない部分は「未成工事支出金」等により計上すること，⑧決算日における工事進捗度は，原価比例法その他合理的な方法によること，⑨工事完成基準を適用する場合には，工事が完成し，目的物の引渡しを行った時点で，工事収益及び工事原価を損益計算書に計上すること，⑩工事契約から損失が見込まれる場合には，これを工事損失が見込まれる期の損失として処理し，工事損失引当金を計上すること等の指針が示されている。

但し，日本公認会計士協会が平成27年4月に公表した「工事進行基準等の適用に関する監査上の取扱い（監査・保証実務委員会実務指針第91号）」[539]においては，工事進行基準では，①実行予算に基づく工事損益率及び決算日における工事進捗度等の会計上の見積りが不可欠であるため，経営者の偏向を排除できないこと，②一般的に工事契約は，工事の進行途上において当事者間の新たな合意によって工事契約の変更が行われる傾向にあるが，その変更金額が工事契約の変更の都度決まらない場合があること，③工事契約は基本的な仕様や作業内容が顧客の指図に基づいて行われるため，工事契約内容の個別性が強く，工事契約の管理者による判断が恣意的に行われる可能性があること，④各工事契約に対する監視活動においては，工事進行基準の適用の妥当性という観点からの検討が十分に行われていないこと，⑤外注業者等や監督官署等との間の協議内容が見積担当部署に十分に行き渡っていないこと等の問題点が指摘されており，下記の**株式会社東芝**における不正会計の発覚等を受け，今後，工事進行基準に関する会計制度の見直しが行われる可能性がある。

(2) 製造原価をめぐる不正会計事例

さて，ここまで読んでこられた方には，製品製造に関する会計についても不正会計をする余地がかなりあることに気付かれた方がおられるかもしれない。

すなわち，製造原価（工事原価）を算出する際には，期中に支払った材料費，労務費，経費を各製品（工事）ごとに集計することになるが，別の工事

---

539) http://www.hp.jicpa.or.jp/specialized_field/files/2-8-91-2-20150501.pdf

にこれらの費用を振り替えることができてしまうのではないか，製品製造（工事）の際には外注や下請も多く使われ，発注者（元請）は強い立場にあることから外注先や下請企業を不正に巻き込むことが多いのではないか，工事進行基準が適用されるといっても，工事がどの程度進行しているかの判断にはかなりの裁量の幅があり，裁量逸脱や，売上高や利益の不正操作を許しているのではないか。工事完成が期末に近いとき，完成を期中にするか翌期にするかで利益操作ができてしまうのではないか。

まさにそのとおりである。以下，製造原価をめぐる不正会計事例を見ていこう。

ア　製造原価の期ずれ計上や原価の付け替え

平成 20 年 2 月に公表された**真柄建設株式会社**の社内調査委員会の調査報告書[540]には，工事進行基準における工事原価の付け替えによって 23 億円の売上高を過大計上していたこと等が記載されている。

平成 20 年 5 月に公表された**コクヨファーニチャー株式会社**の社内調査委員会の調査報告書[541]には，①同社では，施工業者との間で実体のない取引を発生させ，施工費・運賃等，施工物件の原価名目で処理を行った不適切な支払や，売上拡大のために建材業者等を介在させた架空取引及び建材業者への利益補填，利益確保のための施工物件における支払原価を翌期以降完了予定の物件に移動させて過大在庫を計上する利益操作が行われていたこと，②利益操作の手口は，同社建設業会計対象物件の物件情報，積算情報，原価情報を管理し，各物件の完了時に売上計上処理を行う「物件プールシステム」の機能を利用して，当期の製造原価を翌期以降に完了予定の物件原価に移動させるものであったこと，③国税局の税務調査によって，4.75 億円の架空在庫が計上されていることが判明したことから，本件が発覚したこと等が記載されている。

平成 21 年 2 月に公表された**北恵株式会社**に関する社外調査委員会の報告書[542]には，①同社アパレル販売部の社員が，長期・高額工事物件において

---

540)　http://ke.kabupro.jp/tsp/20080204/32040770_20080204.pdf
541)　http://www.kokuyo.co.jp/press/news/pdf/20080529_01.pdf
542)　http://www.kitakei.jp/ir/image/library/pdf/timely_20090116_cyuukanhoukoku.pdf

工事管理の不備により発生させた赤字を隠蔽するため，赤字分の仕入を他の現場に付け替える，当該取引に関する請求書を偽造し架空売上を計上する，前受金入金を売掛金入金にすることにより，回収不足額の解消を図る，下請工事業者への架空の仕入発注により，当社からの支払代金を社員に還流させ，架空売上の回収に充当するという不正行為を行っていたこと，②このような不正行為が行われた背景として，会社の工事物件進捗状況管理システムに不備があったこと，前受金と売掛金が明瞭に区分されていなかったことが悪用されたこと等が記載されている。

平成24年1月に公表された野村マイクロ・サイエンス株式会社の社内調査委員会の調査報告書[543]には，①純水製造装置工事において材料費の付け替えが行われていたことにより工事損失引当金が過少計上されていたこと，②これらの不正会計が利益に及ぼす影響は最大3億円であること等が記載されている。

平成24年2月に公表された戸田建設株式会社の連結子会社ジプコー工業株式会社に関する第三者調査委員会の調査報告書[544]には，①対象会社では当初，工事完成基準により原価計算を行っており，多数の工事について，工事完成基準に反して売上を前倒して計上するなどして，本来計上しなければならない受注損失引当金の計上をしなかったこと，②子会社の伝票は4枚複写（正・経・控・現控（工務控））で構成されており正・経伝票は経理課に保管され，現控（工務控）は工務部で保管されており，作業所で起票した伝票は，控と現控（工務控）にのみ工事コードゴム印を押し，正・経伝票には押印しないこととした上，正・経伝票に移動先の作業所の工事コードゴム印を押印することにより，原価付替（原価移動）が行われていたこと，③工事進行基準の強制適用に伴い，平成23年3月期からは未成工事支出金にも間接経費を配賦し，配賦後の残高は原価差額として工事原価とする方法に変更していたが，それ以前の多額の費用の配賦漏れがこの仮勘定に堆積していたことから，これらの費用を配賦しなかったこと，④不正会計により，完成工事高を20億円過大計上していたこと等が記載されている。

---

543) http://ke.kabupro.jp/tsp/20120110/140120120110063609.pdf
544) http://www.toda.co.jp/ir/pdf/toda89_240213_01.pdf

平成25年2月に公表された**明治機械株式会社**の連結子会社に関する第三者委員会の調査報告書[545]には，①機械の仕掛品に関して不適正な原価流用が行われていたこと，②実際には製作されていない機械に製造原価の付け替えを行い，会計監査人による監査の際には，別の簿外品を示して虚偽説明をしたこと，③原価の不正流用は，押し込み販売等による売上計上だけでは債務超過の回避が困難であったため，利益水増しのために行われたこと等が記載されている。

平成25年6月に公表された**大興電子通信株式会社**の特別調査委員会の調査報告書[546]には，顧客Aから受注して納品したノートPC及びルーターの受注登録発注原価について，一度受注計上した数量の半数を取り消し，これを顧客Aと無関係な顧客Bの別案件の受注明細に付け替えるという原価の不適切な付け替えが確認されたこと等が記載されている。

平成25年9月に公表された**株式会社イチケン**の外部調査委員会の調査報告書[547]には，①同社関西支店では，予算が不足して赤字が見込まれる工事等について，契約金額を減額処理する，当初から工事代金の一部を除いて契約する，工事代金全額の支払を留保する方法により工事原価の計上を先送りし，先送りした工事代金は別の工事の代金として支払ったり，別の協力会社を介して支払う等の方法で原価の付け替えを行っていたこと，②不正会計の規模は工事55件，先送りした工事代金額は合計8.6億円，調査時点における簿外債務は3.7億円に上ること等が記載されている。

平成26年4月に公表された**ウチダエスコ株式会社**の社内調査委員会の調査報告書[548]には，①プロジェクト別の個別原価計算を採用しているソリューションビジネス事業部公共営業部において，各プロジェクトの実際の作業時間とは異なる時間を個別原価計算システムに入力することにより，各プロジェクトの労務費を意図的に操作し，期中完成原価から工事進行基準原価又は仕掛品に原価を付け替えることで利益の過大計上を行っていたこと，②不正の影響額は5000万円に上ること等が記載されている。

---

545) http://www.meiji-kikai.co.jp/doc/news/news2013021501.pdf
546) http://www.daikodenshi.jp/dcms_media/other/other_2013_7.pdf
547) http://www.ichiken.co.jp/wp-content/uploads/2013/10/130912info02.pdf
548) http://www.esco.co.jp/ir/pdf/ty20140404.pdf

平成26年8月に株式会社富士通ビー・エス・シーが公表した第三者調査委員会の調査報告書[549]には，①同社では，各種ソフトウェア開発事業に係る収益計上基準として工事進行基準を採用しており，毎月，作業担当者の工数をプロジェクト管理システム上の「仕事票」を用いて集計し，これに基づき進捗率を算出し，仕事票に基づき，当該工数を「仕掛品」としたオーダーについては，注文書等の受注書類を得意先から受け取った時点で，工事進行基準に基づく売上計上をしていたこと，②同社では，㋐架空のオーダーの発行に基づく未契約仕掛品の計上による原価の資産への付け替え，㋑架空のオーダーの発行に基づく当該架空オーダーへの原価の付け替えによる架空売上及び未請求売掛金の計上，㋒真実と異なるオーダーへの原価の付け替えという3つの方法で不正会計が行われていたこと，③架空オーダーを計上する際には，取引先の担当者と同一の名字の印鑑を押した架空の作業依頼書又は議事録を作成し，偽造した作業依頼書又は議事録に基づきオーダーを発行し，取引における各オーダーに係る原価のうち一部を，この架空のオーダーの原価として処理していたこと，④オーダーに係る原価としての作業者の工数管理は，本来であれば，毎月，開発作業担当者が自身の作業実績に基づき，プロジェクト管理システム上の「仕事票」に各自のオーダーごとの作業時間を入力することにより行うが，架空売上分については，毎月，各プロジェクトの工数の状況や各プロジェクトの要員計画等を踏まえ，各オーダーの原価率が85％を超えていないように見せかけるため，真実の工数とは異なる工数を「仕事票」に登録していたこと，⑤取引先から実在するプロジェクトについて正式な発注を受ける都度，契約の分割・統合（顧客の要請に基づき，あるオーダーを分割した上で別の複数のオーダーに振り分けたり，または複数のオーダーを統合すること）を利用して，本件未契約仕掛品の残高を，当該実在するプロジェクトに係るオーダーの原価として計上する一方，当該実在するプロジェクトにおいて生じた原価については，新たに発行した架空のオーダーに付け替えることを繰り返していたこと，⑥売上原価への影響額は1.5億円に上る期もあったこと等が記載されている。

---

[549] http://www.bsc.fujitsu.com/downloads/release/2014/0814-a.pdf

平成26年12月に公表された**日本道路株式会社**の第三者調査委員会の調査報告書[550]には，①工事原価を別の工事原価として付け替える「原価移動」によって不正な会計操作が行われていたこと，②実態と異なる工事への原価付け替えは，不正行為実行者が，取引業者から正式な請求書を入手する前に取引業者から請求書の元となる内訳明細書を入手し，当該内訳明細書の内容及び金額から，自らが担当する工事が赤字になると判断した場合に，取引業者に対し，実行予算等の内容から黒字になる見込みの工事名等を指定し，これに基づき請求書を作成することを依頼し，取引業者がこれに応じて虚偽内容の請求書を発行することにより行われていたこと，③「支払保留」すなわち，不正行為実行者が，取引業者に対し，特定の月の支払の一部又は全部の支払の保留を依頼すると共に，後日，別の工事に係る工事代金として取引業者に支払うことを約する不正も行われていたこと，④支払保留の目的は，日本道路において，実際に発生した原価よりも過少に原価を計上することにより，会計上，実際に原価が発生した工事の損失を過少計上すると共に，当該工事の工事の進捗率及び原価の発生状況によっては，完成工事売上高を過大計上することにあったこと，⑤その他，別の取引業者への付回しによる立替払，得意先（元請）への付回しによる立替払，工事請負金の水増し計上も行われていたこと等が記載されている。

　平成27年3月に公表された**積水化学工業株式会社**の連結子会社に関する特別調査委員会の調査結果報告書[551]には，同社において，①売上済工事物件の原価を他の未売上の工事物件の仕掛原価に付け替えることによる費用発生の繰延べ，または工事の完成前の時点での売上計上による利益の過大計上等の不適切な会計処理が行われていたこと，②連結子会社経営陣を含めて複数人に不適切な会計処理の認識があったものの，高い売上目標値の達成のために不正会計が行われたこと等が記載されている。

　平成27年7月に公表された**株式会社東芝**に関する第三者委員会の調査報告書[552]には，①同社社内カンパニーである電力システム社，社会インフラ

---

550) http://www.nipponroad.co.jp/wp/wp-content/uploads/2014/11/ir08_20141205.pdf
551) http://www.sekisui.co.jp/news/2015/__icsFiles/afieldfile/2015/03/10/150310_2.pdf
552) http://www.toshiba.co.jp/about/ir/jp/news/20150721_1.pdf

システム社，コミュニティ・ソリューション社では，平成20年度以降，工事進行基準，部品取引，経費計上，半導体在庫等を利用した不正会計が行われており，税引前利益に与える影響額は7期累計で1518億円に及ぶこと，②工事進行基準を適用するためには，工事収益総額，工事原価総額及び決算日における工事進捗度の3要素を信頼性をもって見積もることを要するところ，調査対象とした15件の工事のうち，工事進行基準を適用していた全15件において売上の過大計上が認められ，また，2億円以上の損失の発生した「ロスコン」案件13件全てにおいて工事損失引当金（受注損失引当金）の過少計上が認められたこと，これらの基準に違反した会計処理が電力システム社や社会インフラシステム社の多数案件でなされていたこと，③工事進行基準に違反する不正会計は，具体的には，工事を落札するために具体的な裏付けのないコスト削減策が含まれた「チャレンジ値」の安値で工事を落札したが，同「チャレンジ値」を超過する支出分について工事損失引当金を計上しなかったこと，検収後の保証工事の一部について正式な注文書の発行をせず，減額交渉を行っていることを口実に工事代金を見積工事原価総額に含めなかったこと，外貨建ての購入品が含まれる工事原価について為替差損が生じたのに，見積工事原価総額の修正を行わなかったこと，見積工事原価総額の増加見積分について不適切な減額査定を行ったこと，追加工事について損失認識の時期を遅延させたこと，工事契約後の仕様変更や資材価格の上昇に応じた見積工事原価総額の見直しをしなかったこと等の方法によっていたこと，④工事進行基準案件の中には，社内カンパニーから工事損失引当金の計上を進言したのに，経営トップがこれを拒否し先延ばしの方針を示したと認められる案件があり，その他の不正会計についても，経営トップがODM（相手先ブランド設計製造業者）部品の押し込み販売を行わざるを得ない状況になりかねないことを認識しつつ，厳しい「チャレンジ」を課したり，見かけ上の利益を解消する意向に難色を示したことが認められ，本件は，東芝の経営トップの関与に基づいて不適正な会計処理が組織的に行われた事案と認められること，⑤これらの不正会計は，当期利益至上主義，目標必達のプレッシャー，上司の意向に逆らうことのできない企業風土，経営者における適切な会計処理に向けての意識・知識の欠如に起因し，内部統制が機能して

いなかったこと，外部から発見しにくい巧妙な形で行われていたこと等が記載されている。

　　イ　原材料や仕掛品の数量の不正操作

　平成24年2月に公表された**住友大阪セメント株式会社**の新材料事業部高機能フィルム事業グループに関する社内調査委員会報告書[553]には，①原価計算に関する不適切な会計処理は，主に，中国の加工委託先への払出数値が，実態よりも少ない数値に改竄されたり，払出先を実態と異なる品種にすることによって他の半製品在庫に滞留させるという手口により行われていたこと，②具体的には，原材料の払出数量を過少に計上し，その見合いを過大な原材料在庫とする，生産数量を過大に計上した上，次工程に実態より安い単価の原価を払い出し過大な数量の半製品在庫を計上する，発生費用を過年度モデル等の生産していない品種に計上したり次工程払出先に過年度モデル等の生産していない品種を入力することにより発生費用や原材料費を半製品在庫に加えるという手口が採られていたこと，③影響額は，利益額にして14.8億円に上ること等が記載されている。

　　ウ　架空の原価の計上による過大支払分の領得

　平成26年12月に公表された**株式会社クワザワ**の第三者調査委員会の調査報告書[554]には，①同社の従業員（支店の営業課長及び資材課長）が，協力会社と共謀の上，利益が出ている現場について架空の経費や資材の仕入費用を会社に請求させ，その一部を自己に還流させて不法に領得していたこと，②営業所で資材を現金で売り上げた際に，市販の領収証用紙を使用するなどして現金を領得し，資材は他の工事に用いたことにして工事原価として処理していたこと，③請負工事の売上を水増しすると同時に売上原価である外注費も水増しして，協力業者が3割，自己が7割を領得していたこと等が記載されている。

　平成27年3月に公表された**西日本鉄道株式会社（西鉄）の連結子会社西鉄電設工業株式会社**に関する外部調査委員会の調査報告書[555]には，①西鉄

553）　http://www.soc.co.jp/wp-content/uploads/2013/09/20120210_01_News_Release.pdf
554）　http://www.kuwazawa.co.jp/common/dat/2014/1212/14183643801534950837.pdf
555）　http://www.nishitetsu.co.jp/pdf/ir/briefing/150303.pdf

から西鉄電設に対する設備工事の発注前後に，西鉄電設において実行予算を策定するに当たり，西鉄電設従業員が各下請業者にコストダウンを求めることによって一旦西鉄電設の粗利益を増加させる一方，当該増加した粗利益に見合う金額で，特定の一次下請業者に対して架空・水増し発注を行い，一次下請業者から更に，特定の二次下請業者に対して架空・水増し発注を行わせた後，当該二次下請業者から，キックバックを受け取ることにより裏金を捻出していたこと，②同不正行為が平成22年以降数年間にわたり発覚しなかった原因としては，実行予算は，一定の粗利益率を確保できていれば，その他の内容を厳しく確認されることがなかったこと，一次下請業者に対する発注内容の適正性に関するチェック機能が働きにくい状況であったこと，また，工事が夜間に行われることや人手不足を原因として，現場での工事進捗状況の確認や現場での検収時のチェックが不十分であったこと，現場日報や作業員名簿，安全衛生管理体制表等の工事資料の作成も徹底されていなかったこと等があったこと，③不正は33件について5000万円以上の規模で行われ，行為者が領得したキックバックは3500万円に及んだこと等が記載されている。

4　販売費及び一般管理費

(1) 総説

販売費及び一般管理費（販管費）は，企業の営業活動や一般管理業務のために発生する費用である。

具体的には，以下のような勘定科目をいう。

・役員報酬	・旅費交通費	・保険料
・役員賞与	・会議費	・支払手数料
・役員退職金	・交際費	・支払報酬料
・給与手当	・水道光熱費	・諸会費
・賞与	・通信費	・新聞図書費
・退職金	・事務用品費，消耗品費	・研究開発費
・法定福利費	・租税公課	・研修費
・福利厚生費	・寄付金	・リース料
・雑給	・修繕費	・貸倒損失
・外注費	・地代家賃	・貸倒引当金繰入[556]
・販売手数料	・賃借料	・賞与引当金繰入
・荷造運賃	・減価償却費	・退職給付引当金繰入
・広告宣伝費	・繰延資産償却費	・雑費

　これらを「販売費」と「一般管理費」に分けることは可能であるが，その実益はあまりないので，通常，「販売費及び一般管理費」と呼んでいる。
　販売費及び一般管理費は，この金額を小さくすれば営業利益を大きくすることができ，この金額を大きくすれば営業利益を小さくすることができるため，粉飾，脱税や裏金捻出のために不正操作されやすい勘定科目である。特に，架空の人件費，外注費の計上は脱税事案において最もよく見られる手口の一つである。
　また，これらの勘定科目は，従業員による横領・詐欺事案でも頻繁に不正に用いられる勘定科目でもある。例えば，架空の費用を作出して請求書を会社宛に送付させ，自己又は第三者が管理する預金口座にこれを振り込ませる等の手口で金員を不法領得することは，横領，背任，贈賄等の典型的な手口の一つである。このような不法領得の手口は，裏金作りや脱税の手法と共通するため，税務署や国税局の調査の過程で発覚することもしばしばである。
　更に，勘定科目を付け替えることにより利益額を不正に操作したり（例え

---

[556] 但し，営業活動から生じた売掛金・受取手形に貸倒引当金を設定する場合には貸倒引当金繰入額は販売費及び一般管理費として，主たる営業活動から生じたものではない貸付金や未収入金に貸倒引当金を設定する場合には貸倒引当金繰入額は営業外費用として計上する。貸倒損失が発生した場合にも，同様の基準により，販売費及び一般管理費，営業外費用として計上するが，臨時かつ巨額のものは特別損失として処理する。なお，貸倒引当金戻入額は特別利益として処理する。

ば，本来製造原価に計上すべき給与や外注費を販売費及び一般管理費で計上した場合には，営業利益は変わらないが，売上総利益が増加することになる。），税金を減少させようとする不正（例えば，税務上，交際費には損金と認められない限度額があるためこれを会議費として計上すること，本来寄付金として処理すべき支出を福利厚生費として計上すること等）がある。

以下，まず販売費及び一般管理費に関する一般的な不正会計手法を事例に基づいて見た上，個別の費目ごとの留意点や不正事例を検討していくこととしよう。

(2) 販売費及び一般管理費をめぐる不正会計事例

ア　経費の架空・過大計上による詐取・横領・裏金拠出

平成21年5月に公表された**株式会社フォーバル**に関する社内調査委員会の調査報告書[557]には，同社社員が，架空の営業交通費の請求を行い，その支払を受けていたこと等が記載されている。

平成23年6月に公表された**林兼産業株式会社**の社内及び第三者調査委員会の調査報告書[558]には，①同社の従業員が取引先と共謀して架空の運送料の請求を会社に対して行い，合計1億円以上を詐取していたこと，②同社従業員は，取引先と共に同詐取金を折半していたこと等が記載されている。

平成23年11月に公表された**株式会社京王ズホールディングス**に関する第三者委員会の調査報告書[559]には，同社社長が水増し計上した経費（広告宣伝費，消耗品費，給与手当）1250万円を裏金としていたこと等が記載されている。

平成25年3月に公表された**ネットワンシステムズ株式会社**の特別調査委員会の調査報告書[560]には，①購買部門の従業員A，X銀行行員，Y社社員が共謀して，Z社から会社に対する架空請求を行い，7年間，52回にわたり合計7.9億円を詐取したこと，②これらの請求は，個人情報保護コンサルティング費用，セキュリティコンサルティング費用，保守サービス費用等の名目でなされていたこと，③Y社はX銀行のシステムIT化を受注し，X銀

---

[557] http://www.forval.co.jp/news/up_img/1276487659-256210.pdf
[558] http://hayashikane.co.jp/backshirase/os110608b.pdf
[559] http://www.keiozu.co.jp/2011/PDF/saisyuuhoukokusyokouhyou111117.pdf
[560] http://www.netone.co.jp/wp-content/uploads/2013/03/ir_20130308_01.pdf

行行員やAに対する過剰な接待を繰り返していたこと，④これらの不正は国税局による税務調査によって発覚したこと等が記載されている。

平成25年7月に公表された**株式会社ハマキョウレックス**に関する調査委員会報告書[561]には，同社センター長が，①会社の清掃業務委託先業者からバックリベート2900万円を振り込ませていたこと，②その際，同清掃業者と共謀して実態のない作業を捏造して会社に請求書を提出させ，正当な作業経費として振込処理させていたこと等が記載されている。

平成26年3月に公表された**東テク株式会社**の外部調査委員会の調査報告書[562]には，同社の延べ71名の社員が水増し・架空の仕入発注，取引実態のない販売手数料等の支払，社員が関係する会社への発注等により合計8億円を横領していたこと等が記載されている。

　イ　経費の架空・過大計上による利益供与

平成27年1月に公表された**株式会社京王ズホールディングス**に関する社内調査委員会報告書[563]には，①取締役2名に対する役員報酬の支払は，実質的には特定株主に対する利益供与に該当するものであったこと，②取締役に対して厚生貸付け名下に支出した金員は，厚生貸付けの実態がなく，A社長の資金需要等のために既に不正に流出していた金員をいわば穴埋めするための資金を捻出するために厚生貸付けを仮装してなされた不正流出金であったこと，③社長に対する賞与名目で計上されている金員については，実質的には賞与としての実態がなく，かつ，当時当社の特定大株主としての地位にしかなかったA社長の資金需要等に充てられるために支出されたものであること等が記載されている。

　ウ　費用の期ずれ計上

平成23年11月に公表された**株式会社京王ズホールディングス**に関する第三者委員会の調査報告書[564]には，広告宣伝費等1600万円を当期に計上すべきところ翌期に計上したこと等が記載されている。

平成25年11月に公表された**株式会社雪国まいたけ**の社内調査委員会の調

---

561) http://www.hamakyorex.co.jp/news/20130726/upload/20130726.pdf
562) http://v4.eir-parts.net/v4Contents/View.aspx?cat=tdnet&sid=1133210
563) http://www.keiozu.co.jp/2015/PDF/2015-01-13.pdf
564) http://www.keiozu.co.jp/2011/PDF/saisyuuhoukokusyokouhyou111117.pdf

査報告書[565]には，過年度における広告宣伝費 1.8 億円について不当な繰延処理をしたこと等が記載されている。

平成 27 年 7 月に公表された株式会社東芝に関する第三者委員会の調査報告書[566]には，①同社映像事業部門においては，損益目標値を達成するための対策として「キャリー・オーバー」と称する不正会計により，当期利益を嵩上げしており，その損益影響額は，100 億円を超える期もあったこと，②具体的には，映像事業は営業損失を続けていたため，コーポレート部門からの「チャレンジ」と呼ばれる損益改善要求が厳しさを増していたことから，当期利益を嵩上げするため，カンパニートップの了解の下，事業部門の部門長が各地域担当の担当長に対して具体的な金額を明示して不適切なキャリー・オーバーを指示したり，部品を ODM（相手先ブランド設計製造業者）先に供給した時点で東芝においてはこれを製造原価のマイナスとして認識する等の不適正な会計処理がなされていたこと，③パソコン部門においては，費用の計上時期を意図的に延期して利益を過大計上する等の不正会計も行われていたこと等が記載されている。

エ 費用の不正な資産化

平成 23 年 11 月に公表された株式会社京王ズホールディングスに関する第三者委員会の調査報告書[567]には，第三者割当増資に関して支出したアレンジフィー3400 万円は経費（支払手数料）として計上すべきであったのに，これをソフトウェアとして資産計上したこと等が記載されている。

また，証券取引等監視委員会作成の資料（証取委②）には，販売費及び一般管理費に関する虚偽記載事案として，①海外販売子会社が，発生した在庫補償費や営業関係費を計上しなかったこと，②将来の収益獲得が確実とはいえないソフトウェアについて，本来は期間費用処理を行うべきところ，これを行わず，ソフトウェアとして資産計上したこと，③営業費等の各種費用を翌期以降に繰り延べたこと，④これらにより，当社は，当期純損益について，本来は 125 億円の損失であったにもかかわらず，これを 79 億円の損失と記

---

565) http://www.maitake.co.jp/company/pdf/20131105_1.pdf
566) http://www.toshiba.co.jp/about/ir/jp/news/20150721_1.pdf
567) http://www.keiozu.co.jp/2011/PDF/saisyuuhoukokusyokouhyou111117.pdf

(3) 勘定科目別の留意点

次に，販売費及び一般管理費に属する勘定科目のうち，不正会計に使われやすいものについて説明しよう。企業会計上は，ある支出が販売費及び一般管理費のどの勘定科目に該当するかは左程重要な意味を持たず，むしろ，費用の実在性やその額の正確性が問題となるが，税法上は，各勘定科目別に取扱いが異なっているため，その点を意識した分析が必要である。

ア　役員報酬・役員賞与・役員退職金

ここでいう役員とは，法人の取締役，執行役，会計参与，監査役，理事，監事のほか，清算人，総裁，副総裁，会長，副会長，理事長，副理事長，業務執行役員，相談役，顧問等で他の役員と同様に法人の経営に実質的に従事していると認められる者をいう[568]。

従来は，役員に支給される金員のうち，給与及び退職金は損金に算入され，賞与は損金に算入されないものとされてきたが，平成18年4月以降に開始する事業年度分については，一定の要件を満たせば，①定時同額給与，②事前確定届出給与，③利益連動給与も損金算入が認められることとなった[569]。

但し，役員給与・報酬等を不正な利益操作・脱税の手段とさせないため，①事実を隠蔽し，または仮装して経理をすることによりその役員に対して支給する報酬の額，②役員の職務内容，法人の収益及び使用人に対する給与の支給状況，その法人と同種同規模の法人の役員報酬などからみて過大と認められる部分，③定款又は株主総会の決議を超えて支給された部分は損金算入が認められない。また，役員に対する資産を贈与又は低廉譲渡・貸与，債権放棄した場合には，役員に対する臨時の給与となり，これらを譲渡損失，貸倒損失等とすることはできず，損金算入は認められない[570]。

---

[568] 法人税法2条15号，同法施行令7条，法人税基本通達9-2-1，国税庁「役員の範囲」（平成26年。http://www.nta.go.jp/taxanswer/hojin/5200.htm）。

[569] なお，由比658頁以下。国税庁「役員に対する給与（平成18年4月1日から平成19年3月31日までの間に開始する事業年度分）」(http://www.nta.go.jp/taxanswer/hojin/5206.htm)。また，平成28年度税制改正では，自己資本利益率（ROE）や総資産利益率（ROA）に連動した役員報酬の損金算入を認めたり，期中に変更された報酬についても損金算入を認める旨の改正が行われた。

[570] 以上につき，国税庁「役員報酬・役員賞与など」(http://www.nta.go.jp/taxanswer/hojin/houji302.htm)。

不正事案としては，次のものがある。

平成27年1月に公表された株式会社京王ズホールディングスの社内調査委員会の調査報告書[571]には，①平成18年から23年における役員への簿外支出等の不正行為を受けて，A社長らが退任したにもかかわらず，その後も，役員らに対して不相当な役員報酬が支払われていたこと，②これは会社法120条，970条で禁止されている特定株主に対する利益供与に該当すると判断されること等が記載されている。

　イ　給与手当・雑給・賞与・退職金・賞与引当金繰入・退職給付引当金繰入・法定福利費
　　a　総説

従業員の給与に該当するものとしては，基本給のほか，役職手当，家族手当，残業手当，通勤手当等の各種手当がある[572]。そして，事業者が，給与を支払う際には，事業者は，健康保険料，介護保険料，厚生年金保険料，雇用保険料，所得税，住民税等を控除するが，これらは事業者にとっては負債勘定科目である「預り金」勘定で処理する。具体的には，給料からの天引き時に

　　　　給与　　　313,000 ／ 預金等　　　257,000
　　　　　　　　　　　　　　　預り金　　　 56,000

と仕訳をすることになる[573]。なお，従業員賞与も決算時に既に発生し，金額が確定している場合には

　　　　従業員賞与　　500,000 ／ 未払費用　　500,000

と仕訳し，決算時に支給額が確定しておらず，これを見積計上する場合には，

　　　　賞与引当金繰入額　　500,000 ／ 賞与引当金　　500,000

と仕訳して引当金を計上する[574]。

事業者は，従業員に関する所得税の源泉徴収及び住民税の特別徴収の預り

---

571) http://www.keiozu.co.jp/2015/PDF/2015-01-13.pdf
572) なお，通勤手当は福利厚生費として計上することも可能であり，受領者も一定限度で非課税となる。
573) なお，預り社会保険料，預り源泉所得税，預り住民税のように個別に仕訳をすることもある。
574) なお，税法上は賞与引当金が損金と認められないことについて第2編第2章第1節A10(1)の脚注289) 参照。

金は翌月10日までに納付する。また，健康保険料，介護保険料及び厚生年金保険料（併せて社会保険料）は，従業員負担分を給与から控除し，会社負担分を費用として計上した上，これらを併せて翌月末までに納付する。更に，労災保険料と雇用保険料（併せて労働保険料）のうち，労災保険料は全額会社負担，雇用保険料は双方負担となり，労働者負担分は給与から控除し，会社負担分は費用として計上し，毎年7月に概算納付する[575]。

これらの社会保険料や労働保険料を納付したときには，次のような仕訳となる。

　　　　法定福利費　　250,000 ／ 預金　　500,000
　　　　預り金　　　　250,000

また，毎月25日に前月16日から当月15日の給与を支払っているような場合に月次決算で仕訳をする場合には，給与支払日以降の給与については，発生主義に基づいて，

　　　　給与　　150,000 ／ 未払費用　　150,000

という仕訳をすることになる。

なお，従業員に給与としてストックオプションを付与する場合には，次のような仕訳をすることになる[576]。

○ ストックオプションの公正評価額を2万円としてストックオプションを付与した。

　　　　株式報酬費用　　20,000 ／ 新株予約権　　20,000

○ 権利行使価格5万円のストックオプションが行使された。

　　　　現金　　　　　　50,000 ／ 資本金・資本準備金　　70,000
　　　　新株予約権　　　20,000

○ 従業員がストックオプションの権利を行使せず，権利が失効した。

　　　　新株予約権　　20,000 ／ 新株予約権戻入益　　20,000

---

[575] 引当金と税法について渡辺淑613頁以下。
[576] 企業会計基準委員会「ストック・オプション等に関する会計基準（企業会計基準第8号）」（平成17年）(http://www.asb.or.jp/asb/asb_j/documents/docs/stockop/stockop_s2.pdf)。なお，中村他258頁以下，河崎他204頁以下，山田163頁以下。また，ストックオプションが現在の費用の先送りであり，粉飾的な要素を持っていることを指摘するものとして井手・高橋483頁以下。

なお，ストックオプションにおける公正評価額とは，株価から権利行使価格を差し引いたもの（但し，権利行使可能期間，株価の変動性，利子率，配当率等を考慮する。）をいう[577]。

　b　給与等に関する捜査のポイント

給与勘定で犯されやすい不正会計の手段としては，

1. 従業員に対して実際より多額の支払を行ったように仮装することによる架空人件費分についての脱税，横領，利益供与，裏金作り。この場合に利用される従業員としては，実際に稼働する従業員名が用いられることもあるが，既に退職した従業員，実際には稼働していない経営者の配偶者や特殊関係人，存在しない従業員等の名義が用いられることも多い。
2. 高率の累進税率を逃れるために，税率の低い従業員に架空の給与を上乗せして支払い，上乗せ分をキックバックさせるもの
3. 架空の残業代を計上することによる手当の不正受給
4. 本来製造直接費，製造間接費として配賦しなければならない人件費を販売費及び一般管理費である給与として計上することにより，売上総利益が大きくなるよう不正操作するもの
5. 販売費及び一般管理費に計上された人件費（給与等）は発生した期において費用処理されるのに対し，製造直接費，製造間接費として計上した人件費は製造原価となり，決算時に製品が販売されていない場合には製品又は仕掛品として費用計上されることを利用して，利益の不正操作をするもの
6. 本来給与で処理すべき支出を外注費として処理するもの

等がある（新日本 web）。

なお，パートタイム労働者やアルバイト等の臨時の従業員に対して支払われる定期的な給与や諸手当を管理する際には，給与勘定とは別に「雑給」勘

---

[577］　以上について金子 98 頁以下，新日本 web。なお，ストックオプションの算定方法には，大別して離散時間型モデル（二項モデル等）と連続時間型モデルがあるが，多くの場合，後者に属する「ブラック・ショールズモデル」が採用されている。古川 185 頁以下，刈屋 159 頁以下，山田 41 頁以下及び 295 頁以下，中央 15 頁以下，池尾 70 頁以下。また，国際財務報告基準におけるストックオプションの処理についてはあずさ 332 頁以下。ストックオプションの経済的効用については井手・高橋 483 頁以下。

定が用いられることがある。この場合，短期雇用，現金支払であることも多いので，捜査官としては，より不正会計に用いられやすい勘定科目であることを意識する必要がある。

捜査官としては，履歴書，身上票，通勤方法の届出書その他採用に当たって作成されるべき書類，机やロッカーの有無，配席図，組織図，タイムカード，印鑑の有無やその形状，出勤簿・領収証や出張関係書類への押捺状況，源泉所得税や社会保険料等の徴収・納付状況，手当の支給状況，受給者の住所や電話番号とその実在性・正確性の確認，現預金の移動との整合性とその後の資金の移動・費消状況等についても精査し，関係者を取り調べる等の捜査をすることを要する。

また，ストックオプションを採用している場合には，それ自体が粉飾決算による株価維持・吊り上げの動機付け要因となり得ることが指摘されており（大蔵），ストックオプション発行会社の場合には，発行における公正価格や数量，ストックオプションの付与先（経営陣か従業員か），株価を維持しようとして無理又は不正な会計手段を使っていないか等についても留意する必要がある。

不正会計事例としては，平成23年11月に公表された**株式会社京王ズホールディングスに関する第三者委員会の調査報告書**[578]には，架空の給与手当等を計上して裏金としたこと等が記載されている。

ウ　福利厚生費

福利厚生費とは，役員や従業員の福利厚生のために平等に支出する費用を管理するための勘定科目をいう。特定の役員や従業員の福利厚生のために支出された場合には，福利厚生費ではなく，「給与」として処理しなければならない[579]。社会保険料や労働保険料の事業者負担部分は「法定福利費」として処理する。また，従業員だけではなく，取引先を接待するための旅行やパーティーの費用は「交際費」となり，損金算入額に上限がある（下記ケ参照）。

---

578)　http://www.keiozu.co.jp/2011/PDF/saisyuuhoukokusyokouhyou111117.pdf
579)　給与であっても，福利厚生費であっても，それが正当な支払である限り，税法上は共に企業にとって必要経費又は損金となるが，受領した従業員にとって所得税の課税対象となるか否かが異なる。

不正会計事例としては，①架空の福利厚生費を計上して，金員を着服していたもの，②本来は特定の役員や従業員のために支出され，給与として処理しなければならない支出を福利厚生費で処理したものが多い。

福利厚生費関連の不正会計事例として，平成25年6月に公表された**株式会社増田製粉所の連結子会社に関する調査委員会の調査報告書**[580]には，同社の従業員が社会保険料の支払を装い，毎月，福利厚生費としての支払名目で会計帳簿上支出処理することにより合計1400万円の現金を着服していたこと等が記載されている。

エ　外注費

　a　総説

外注費は，会社の業務を請負契約や委任契約によって外部に発注して行わせた費用を処理するための勘定科目である。

会社の業務を従業員に行わせて給与を支払う場合に比べて，源泉徴収義務がなく，法定福利費の事業者負担の軽減，消費税上の仕入税額控除等のメリットがある。

しかし，登録派遣労働者に対する支払や一人親方に対する支払を考えても分かるように，給与と外注費の境界はかなり曖昧であり，これを利用した不正会計事例も多い。両者を区別する判断基準としては，一般論としては，外注費を計上する取引に該当するためには，受注者が自己の危険と計算において，発注者の指揮監督を受けずに業務を遂行することが必要である。具体的には，契約の形態は何か（雇用契約か，請負契約，業務委託契約か），外注先が他社からの業務も請け負っているか，業務遂行に必要な材料や道具は誰が調達しているか，請求書の記載や発行状況はどのようなものか，作業場所や労働時間を誰が管理しているか，受注者が他人に業務内容を下請・再委託により他人に行わせることができるか，受注者が独立して事業を営んでいると評価できるか，金員受領者はこれを給与所得として申告しているか，事業所得として申告しているか等によって判断されることになろう。

---

[580]　http://www.masufun.co.jp/files/release/130612tyousakekka.pdf

b 外注費に関する捜査のポイント

外注費は，不正会計が最も多い費用科目の一つである[581]。不正会計の主なものとしては，①架空外注費の計上（実際の外注費の水増しを含む）による脱税，横領，裏金作り，第三者への利益供与，②外注費支払名目による利益供与，③本来給与で処理すべき支出を外注費で処理することによる源泉徴収義務や社会保険料等の徴収義務の不履行，④外注費の支払を仮装して支出した資金を売掛金の回収を装って還流させること等がある。

捜査官としては，外注費にはこのような不正会計の余地が大きいことを念頭に置いて，請求書や領収証の用紙や記載内容[582]，住居や事業者の実在性，金額算定の根拠，作業日報等との突合，受注事業者における給与の支払状況，工事や作業内容の実在性，支払相手方の性格や実在性，交通費，原材料費等の実在性や支払状況を記載した帳簿類，支払に伴う資金移動が現実に認められるか，資金が支払者の管理する口座に還流していないか等に留意し，その実在性や支出の正確性・正当性を精査する必要がある。

架空・水増しした外注費の支払について相手方と共謀がある場合には，支払者に還流される金額は相手に対する謝礼を控除した金額となるのが通常である。この場合，相手方は，実際よりも高額の売上を計上することで納税額が多額になり得ること，支払者に還流させる金員については損金処理ができないこと，不正が発覚した場合の刑事・民事及びレピュテーションリスクがあるため，上記の謝礼は支払額の2～3割から5割程度となることも稀ではない。

c 外注費をめぐる不正会計事例

外注費をめぐる不正会計事例としては，次のようなものがある。

平成20年6月に公表された株式会社アクセスの社内調査委員会の調査報告書[583]には，架空の外注費名目で外部業者に対して支払を行い，同社に対

---

581) なお，脱漏所得の大きな脱税の手口に関する国税庁の発表によると，脱漏所得ベースで，架空外注費の計上が27％，売上除外が24％，架空人件費の計上が18％，棚卸除外が15％等となっている（国税庁「法人税の課税の状況：3 実地調査の状況」（平成16年）（http://www.nta.go.jp/kanazawa/kohyo/press/15hojin/15hojin_02.htm）。
582) どのような観点から請求書や領収証を見るべきかについては，第2編第1章第2節参照。
583) http://ncsa.jp/ir/ir_access/irnews/h21/pdf/080620.pdf

して利益を供与していたこと等が記載されている。

平成21年2月に公表された北恵株式会社に関する社外調査委員会の報告書[584]には，同社のアパレル販売部の社員が，架空の外注費7480万円を計上してこの金員を領得していたこと等が記載されている。

平成21年5月に公表された西松建設株式会社の内部調査委員会の調査報告書及び外部諮問委員会所見[585]には，①マレーシアで建設事業を展開していた西松コープロ社が経営破綻したため，同社を清算することとしたが，その際，清算資金の提供窓口として香港にペーパーカンパニーを設立し，西松コープロ社の会社清算に必要な資金をタイ王国におけるA工事の外注費支払を仮装して送金し，同資金によって下請業者への債務弁済を終了したこと，②当社からフィリピンのペーパーカンパニーに架空設計料他約1.8億円を支払ったが，これが後の我が国への持ち込み資金（外為法違反を構成）や従業員の横領金の一部となっていったこと，③不正取引により9億円の裏金を捻出し，うち4.2億円はマレーシア事業下請業者に対する債務弁済等に充てられたが，4.7億円は使途目的が判明していないこと等が記載されている。

平成21年9月に公表された遠州トラック株式会社の社内及び社外調査委員会の調査報告書[586]には，①同社のシステム部従業員が，外注先と共謀の上，システム開発・保守管理業務等の取引においてシステム会社に支払った外注費を水増しした上，外注先からその一部を自己に還流させてこれを領得していたこと，②不正流出額は2.9億円に上ること等が記載されている。

平成22年3月に公表された近畿日本鉄道株式会社の連結子会社に関する外部調査委員会報告書[587]には，同社からA社に対して合計8400万円が支出され，これをA社に対する外注費として処理していたが，その実態は貸付金であったと認められること等が記載されている。

平成23年3月に公表された株式会社fonfunに関する第三者調査委員会の調査報告書[588]には，①会社の大株主に会社の株式を受け皿会社に譲渡させ

---

584) http://www.kitakei.jp/ir/image/library/pdf/timely_20090116_cyuukanhoukoku.pdf
585) http://www.nishimatsu.co.jp/ir/report/2009/pdf/20090515_2.pdf
586) http://www.enshu-truck.co.jp/newdata/kabunushi/pdf/press/20090918press.pdf
587) http://www.kintetsu-g-hd.co.jp/common-hd/data/pdf/tyosakekkatou.pdf
588) http://www.fonfun.co.jp/cgi/ir/files/20110301_01.pdf

る代金支払のために，貸付金等の名目により，同株主に対して会社資金 2.2 億円を流出させており，同受け皿会社を解消して自己株式を取得する際に架空のアプリメール・ソフトウェアの開発外注費支払名目で資金 2 億円を流出させたこと，②連帯保証に基づき代位弁済をする資金を捻出するために，関連会社に対する貸付金名目で資金 2.1 億円を流出させた上，これを正常債権と仮装するため，モバイルコンテンツの開発外注費名目等で合計 4500 万円を社外流出させ，これを仮装返済の原資に充てたこと等が記載されている。

平成 24 年 2 月に公表された共同ピーアール株式会社の第三者調査委員会の調査報告書[589]には，①当社から A 社に対して施工関係受諾に向けた契約獲得協力費として 315 万円を支払ったが，実際には，A 社から前社長が個人的に借り入れた 5000 万円の金利を含む謝礼の趣旨であったこと，②当社から B 社に対して業務委託料として 1600 万円を支払ったが，実際には，契約締結の際に本来行われるべきであった検討が行われていない不適切な支出であったこと等が記載されている。

平成 24 年 11 月に公表された神姫バス株式会社に関する調査委員会の調査報告書[590]には，代表者は発注者としての優位な立場を利用して下請建設会社に金銭の貸付けを要求し，400 万円の貸付けを受けており，これらの貸付金の返済について，神姫バス株式会社が同建設会社に発注した工事代金に上乗せして請求するよう指示し，会社から上乗せ代金を支払わせたこと等が記載されている。

平成 25 年 3 月に公表されたネットワンシステムズ株式会社の特別調査委員会の調査報告書[591]には，①購買部門の従業員 A，X 銀行行員，Y 社社員が共謀して，Z 社から当社に対する架空の外注費の請求を行い，7 年間，52 回にわたり合計 7.9 億円を詐取したこと，②これらの架空の外注費の内訳は，個人情報保護コンサルティング費用，セキュリティコンサルティング費用，主サービス費用等であったこと，③これらの不正は国税局による税務調査によって発覚したこと等が記載されている。

---

589) http://www.kyodo-pr.co.jp/news/2012/20120207_01.pdf
590) http://www.shinkibus.co.jp/ir/pdf/others/others_38.pdf
591) http://www.netone.co.jp/wp-content/uploads/2013/03/ir_20130308_01.pdf

平成 25 年 4 月に公表された IT ホールディングス株式会社の子会社に関する特別調査委員会の調査報告書[592]には，同社社員が，10 年間にわたり，外部業者らと共謀し，架空の外注費を仮装して発注元企業に対する不正な請求を行うという手口で 7.9 億円を騙し取っていたこと等が記載されている。

平成 26 年 3 月に公表された東テク株式会社の外部調査委員会の調査報告書[593]には，同社の延べ 71 名の社員が水増し・架空の仕入発注，取引実態のない販売手数料等の支払，社員が関係する会社への発注等を行っていたことにより合計 8 億円を横領していたこと等が記載されている。

平成 26 年 4 月に公表された日本交通技術株式会社の調査委員会の調査報告書[594]には，①同社では，ベトナム，インドネシア，ウズベキスタンにおける ODA に絡む契約獲得のために，政府関係者に対してリベートを提供していたこと，②ベトナムでは，ベトナム鉄道公社発注の工事に関連し，6600 万円のリベートを同公社次長に支払ったが，同リベートは，契約上，会議費及び外注管理費として計上し，リベート分を関係者にキックバックすることにより支払い，社内においては，仮払金として拠出した上，作業未払金として経費化する偽装工作を進めていたが，その中途で国税局の調査により不正が判明したこと，③インドネシアでは同国運輸省鉄道総局発注の工事に関し政府関係者に 2700 万円のリベートを支払ったが，リベートは水増し外注費をキックバックすることにより支払い，社内においては設計等委託費として経費計上したり，未成作業支出金として処理したこと（但し使途秘匿金として課税処理），④ウズベキスタンにおいては，ウズベキスタン鉄道発注の工事に関し，政府関係者に 72 万米ドルのリベートを支払ったが，リベートは外国人エンジニアの宿泊費の水増し分，現地エンジニア・スタッフの給与の水増し分，報告書翻訳料の水増し分をキックバックすることにより支払い，社内においては架空の手数料，設計等委託費に関連する内部証憑を偽造したこと等が記載されている。

平成 26 年 12 月に公表された株式会社クワザワの第三者委員会による調査

---

592) http://www.tis.co.jp/news/2013/__icsFiles/afieldfile/2013/04/26/130426.pdf
593) http://v4.eir-parts.net/v4Contents/View.aspx?cat=tdnet&sid=1133210
594) http://kunihiro-law.com/files/fm/545af31f1prabnadaago_0_0.pdf

報告書[595]には，同社の従業員（支店の営業課長及び資材課長）が，協力会社と共謀の上，利益が出ている現場について架空の外注費等を請求させ，架空支払分の協力会社が3割を領得し，残りの7割をこれを自己に還流させて不法に領得していたこと等が記載されている。

　オ　販売手数料・販売促進費

　販売手数料は，商品，製品，サービスの販売について，あらかじめ定められた契約等に基づいて，代理店等の販売受託者，仲介人等に支払う手数料，仲介料等を管理するための勘定科目である。なお，販売促進費は，販売を促進する費用としての販売手数料，販売奨励金，広告宣伝費，交際費等を含み得る概念である[596]。

　販売手数料，販売促進費に関する主な仕訳は次のとおりである。

○　通常の販売手数料

　　　　販売手数料　　10,000　／　現金　　10,000

○　委託販売の場合

　　　　売掛金　　　　100,000　／　積送品売上　　110,000
　　　　販売手数料　　10,000

　販売促進費や販売手数料の不正で多いのは，リベートをめぐる不正や，税務上損金とならない交際費を販売手数料等として計上することによる不正である。リベートをめぐる不正については，売掛金の「売上割戻し」で詳説したのでそちらを参照いただくこととし，ここでは，下記の事例のみを紹介する。

　平成26年6月に証券取引等監視委員会が公表した**株式会社ドンキホーテホールディングス**の連結子会社「**日本アセットマーケティング株式会社に係る有価証券報告書等の虚偽記載に係る課徴金納付命令勧告について**」[597]には，同社では，ソフトウェアの販売に当たり，実体のない販売代理業務に係る契約を締結し，当該契約に基づき仲介手数料を支払うことにより資金を販売先に還流させると共に，当該仲介手数料に相当する金額を含めたソフト

---

595)　http://www.kuwazawa.co.jp/common/dat/2014/1212/14183643801534950837.pdf
596)　但し，契約によって支払金額や支払方法が確定していない販売報奨金は「売上割戻し」として売上高から控除することもある。
597)　http://www.fsa.go.jp/sesc/news/c_2014/2014/20140619-1.htm

ウェアの販売代金を計上することにより，売上を過大に計上していたこと等が記載されている。

カ　広告宣伝費

a　総説

広告宣伝費は，不特定多数人への商品・製品・サービスの販売促進，会社のイメージアップ，求人等の宣伝的効果を目的として支出した費用を処理するための勘定科目である。マスメディアやインターネットに広告を掲載するための費用だけではなく，広告制作費，新聞折込代金，ダイレクトメール発送費用等も含まれる。

広告宣伝費の外延として問題となる勘定科目としては，交際費（特定人を対象とするもの），販売促進費（広告宣伝費を含む概念）がある。特に，交際費については損金繰入額に上限があるため，本来交際費で処理すべき費用を広告宣伝費で処理する不正が行われやすい。

広告宣伝費は，原則として当期に全額を費用処理するが，立て看板の設置や陳列商品の提供等，広告宣伝の効果が1年を超えて継続する場合には，構築物や繰延資産として資産計上し，減価償却をすることになる。

b　広告宣伝費をめぐる不正会計事例

広告宣伝費は，経営者の裁量幅が大きいことから，その支出額や全体の支出に占める比率が大きくなっても直ちに不適正とはならないことや，業界の特性から大づかみな金額になることもあること，制作費等に不明朗な面もあること等から，架空又は水増し計上による脱税，詐欺・横領，裏金作りに用いられることが多い。また，全額今期に費用計上すべき広告宣伝費を繰延資産やその他固定資産として計上する等の利益操作がなされることもあることに留意が必要である。また，反社会的勢力に対する不適正な支出が広告宣伝費として処理されることもある。

平成23年3月に公表された**株式会社fonfun**に関する第三者調査委員会の調査報告書[598]には，3800万円を広告宣伝費として架空計上し，同金員を社外に流出させたこと等が記載されている。

---

598) http://www.fonfun.co.jp/cgi/ir/files/20110301_01.pdf

平成23年11月に公表された**株式会社京王ズホールディングスに関する第三者委員会の調査報告書**[599]には，①平成15年10月期に計上すべき広告宣伝費1500万円を計上せず，翌期に費用計上したこと，②平成17年10月期には，利益を翌期に繰り越すため，広告宣伝費等の未払金1200万円を架空計上したこと等が記載されている。

平成25年11月に公表された**株式会社雪国まいたけの社内調査委員会の調査報告書**[600]には，平成23年から3年間の広告宣伝費として7.3億円を支出し，これを3年間にわたって分割して費用計上したが，テレビCMの制作実施や広告掲載は大部分が初年度に行われていることから，全額を初年度に費用計上すべきであったこと等が記載されている。

キ　旅費交通費

旅費交通費は，実費精算による場合も多く，その場合，次のように仕訳する。

（支出段階）

　　　　　仮払金　　40,000 ／ 現金　　40,000

（精算段階）

　　　　旅費交通費　36,848 ／ 仮払金　40,000
　　　　現金　　　　 3,152

旅費交通費に関する不正としては，不正請求による詐欺・横領，裏金作り等の犯罪が多い。不正請求の形態としては，架空請求，水増し請求（割引運賃であったものを正規料金で請求するもの，航空賃をビジネスクラスで請求しながらエコノミークラスに変更するもの等），私的用途の旅行を会社のための出張と偽って支出したもの等がある。

その他，捜査官としては，捜査の対象となっている人物が問題とされている日時にどこにいたかを知るために出張関係の帳簿を検討する必要がある場合も多いであろうが，その場合，出張目的や同行者，面談相手についてどのように記載されているか，その記載は真実であるか等を検討する必要がある。

---

599) http://www.keiozu.co.jp/2011/PDF/saisyuuhoukokusyokouhyou111117.pdf
600) http://www.maitake.co.jp/company/pdf/20131105_1.pdf

不正会計事例としては，平成26年11月に奈良先端科学技術大学院大学が公表した「研究活動上の不正行為に関する調査結果について」[601]には，同大学教授が行ったとする64件の出張について旅行命令とおりに出張していない，往路・復路が他の出張と重複する，出張目的を偽った虚偽申請の出張が認められたこと等が記載されている。

ク　会議費

会議費は，会議に関連して，茶菓，弁当その他これに類する飲食物を供与するために通常要する費用を処理する勘定科目である（租税特別措置法施行令37条の5第2項2号）。また，得意先，仕入先その他事業関係者との1人当たり5000円以下の飲食費は，損金算入が原則として認められない交際費としてではなく，損金算入の認められる会議費として処理することが可能である[602]。

会議費については，本来交際費とすべきものを会議費として計上する不正が多く見られる他，下記の交際費と同様の不正があり得ることから，同様の着眼点を持ってその支出の有無，支出の正当性（場所，時間，人，内容，金額）等を捜査をする必要がある。

ケ　交際費

a　総説

交際費とは，交際費，接待費，機密費その他の費用で，法人が，その得意先，仕入先その他事業に関係のある者等に対する接待，供応，慰安，贈答その他これらに類する行為のために支出する費用をいう。但し，①従業員の慰安のために開かれる旅行等（福利厚生費として損金算入可能），②参加者1人当たりの費用が5000円以下の取引先等との飲食費（交際費として処理するのが原則であるが，上記のとおり，会議費として損金算入可能），③その他，カレンダー，手帳等の費用（広告宣伝費として損金算入可能），会議費，取材費，寄付金，給与となる費用等を除く[603]。

交際費は，個人の事業所得を計算する際には，全額を経費として処理する

---

601) http://www.naist.jp/news/pdfs/20141105.pdf
602) 国税庁「交際費等の範囲と損金不算入額の計算」（平成26年）（http://www.nta.go.jp/taxanswer/hojin/5265.htm）。
603) 交際費と税法について渡辺淑527頁以下。

ことが可能である。これに対して，法人については，原則としては損金不算入とされるが，支出額の 50％ までは損金算入可能である[604]。なお，従来は資本金 1 億円超の法人には交際費の損金算入が認められていなかったが，平成 26 年 4 月以降に開始する事業年度から上記のとおり一定額が控除可能となったものである[605]。

 b 交際費に関する捜査のポイント

交際費については，次のような不正が多い。

- 本来交際費に該当しない個人的な支出を交際費名目で支出する。
- 架空の交際費を支出して裏金とする。
- 本来交際費に該当し，損金処理に限度がある支出を会議費，広告宣伝費，給与，寄付金等として処理する。
- 賄賂や違法な利益供与に該当するような支出を交際費名目で支出する。

捜査官としては，支出稟議書，支出報告書，領収証等の書類を精査し，これを出勤簿，出張簿，休暇簿，交通費精算簿，日程表や現金預金の動きと照合し，交際費として処理された支出が実在するか，支出先は支出企業やその従業員が実質的に管理する銀行口座ではないか，交際費として支出された支出が実際にその用途に支出されているか等について精査する必要がある。また，その支出の実在性が裏付けられたとしても，交際費支出の相手方が誰であるかは，当該企業と関係の深い人物等を洗い出すのに有用であることも念頭に置く必要がある。

また，会社の金を不正に領得していた者は，その動機について，会社の交際費の支出基準が厳しく，自腹を切ることができないために会社の金を不正会計により領得していたが，その大部分は会社のための交際費に支出していたなどと弁解することが多い[606]。これが真実であるかどうかは情状面でそれなりに意味を持つため，捜査官としては，当該会社の交際費の支出基準や

---

604) 但し，資本金 1 億円以下の法人については定額控除限度額に達するまでの金額が控除可能である。

605) 以上について国税庁「交際費等の範囲と損金不算入額の計算」（平成 26 年）(http://www.nta.go.jp/taxanswer/hojin/5265.htm) 及びりそな総合研究所「交際費等の範囲と損金不算入額の計算」（平成 26 年）(http://www2.rri.co.jp/soukei/sample/keiei_sample02.pdf)。

606) 前述の東テク株式会社，株式会社クワザワ，日本道路株式会社，西日本鉄道株式会社に関する調査報告書等において同様の記載が見られる。

実際の支払状況，実際の支出が行為者の単なる遊興費や，そもそも会社の経費とすることが許されない部下に対するおごり等ではなかったのかについても捜査をしておくことが有用であろう。

交際費に関する不正会計事例としては次のものがある。

平成22年8月に公表された**株式会社NTTデータの社内調査委員会の調査報告書**[607]には，同社の特許システム担当者が特許庁審判部の職員に対して頻繁なタクシーチケットの供与，ワインバーにおける接待を繰り返していたこと等が記載されている。

コ　通信費・事務用品費・消耗品費

これらの費用については，架空請求，水増し請求，購入した切手や物品を売却して資金を領得することによる横領，裏金作りの事案が多い。この場合，仕入先の業者と共謀して，業者に裏金をプール金（預け金）として保管させておくこともある[608]。

サ　租税公課

「租税」とは，国税，地方税等の税金，「公課」とは，国や地方公共団体等から課せられる会費，組合費，賦課金，交通反則金等の金銭負担をいう。

租税には，税務上，損金算入されるものとされないものとがある。法人税法上損金算入されないものとしては，①法人税勘定を用いて処理する法人税（国税），法人住民税（都道府県民税及び区市町村民税），法人事業税（都道府県税），②仮払・仮受消費税勘定を用いて処理する税抜処理方式を採用している場合の消費税がある。

②に関し，事業者が全ての取引について税込経理方式を選択適用した場合には，課税売上に対する消費税等の額は収入金額又は収益に含まれ，また，課税仕入に対する消費税等の額は仕入金額や経費などの額に含まれる[609]。例えば，税抜100円で仕入れた商品を税抜150円で販売したのが全取引とした場合，税抜方式を採用している場合には，法人税額は，$(150-100)\times 0.4 = 20$円，納付すべき消費税額は$15-10=5$円となる。これに対して，税込

---

607) http://www.nttdata.com/jp/ja/news/information/2010/pdf/2010090601_01.pdf
608) この点については，工具，器具・備品の項目を参照されたい（第2編第2章第1節B2）。
609) 国税庁「納付税額又は還付税額の経理処理」（平成26年）(http://www.nta.go.jp/taxanswer/shohi/6901.htm)。

方式を採用している場合には，納付すべき消費税5円を損金算入した上，法人税の課税所得を計算するので，法人税額は，$(165-110-5) \times 0.4 = 20$円となる。個人事業で経費算入が認められないものとしては，所得税，相続税，住民税，国税の延滞料・加算税等がある[610]。

これに対して，損金算入される税金としては，固定資産税，都市計画税，不動産取得税，登録免許税，印紙税等がある。

交通反則金は企業会計上は公課として計上するが，税法上は損金・経費に算入することは認められない。

租税に関する主な仕訳は次のとおりである。

○ 固定資産税の賦課決定があった。

　　　　　　租税公課　　1,000,000 ／ 未払税金　　1,000,000

○ 固定資産税第1期分を支払った。

　　　　　　　未払税金　　250,000 ／ 預金　　250,000

○ 収入印紙1万円分を購入した。

　　　　　　　租税公課　　10,000 ／ 現金　　10,000

○ 年度末に収入印紙500円分が未使用であり，次期に繰り越した。

　　　　　　　　貯蔵品　　500 ／ 租税公課　　500

　　シ　寄付金

寄付金とは，金銭，物品その他経済的利益の贈与又は無償の供与をいう[611]。

寄付金の外延に関して，法人の事業遂行と直接関係のあるものは，その性質に応じて，広告宣伝費，交際費，福利厚生費等となる。また，法人の役職員が個人として負担すべき支出を法人が負担した場合には，税法上，その者に対する給与となる[612]。

法人が行った寄付金について無制限に損金算入を認めた場合，本来課税されるべきはずの所得が寄付金を通じて減少し，結果的に国が法人に代わって寄付をしたのと同じことになってしまう反面，法人が事業を円滑に実施する

---

610) なお法人税の計算等については大野他250頁以下。
611) 国税庁「交際費等と寄附金との区分」（平成26年）(http://www.nta.go.jp/taxanswer/hojin/5262.htm)，税務大学校「法人税法」（平成27年）83頁。
612) 法人税法37条。法人税基本通達9-4-1。税務大学校「法人税法」（平成27年）83-84頁。

ためには，地域への貢献や福祉活動も必要であることから，法人税法は，一定の寄付金については損金算入を認めることとしている（法人税法37条3項）。

具体的には，①全額を損金算入できるものとして，国や地方公共団体に対する寄付金，財務大臣が指定した寄付金，②一定の範囲内で損金算入できるものとして，特定公益増進法人等に対する寄付金，③全額損金算入できないものとして，完全支配関係にある他の法人への寄付金や国外関連者に対する寄付金がある[613]。

寄付金に関する不正としては，大学等が受け入れた奨学寄付金や研究寄付金の不正使用，寄付金に名を借りた贈賄等がある。

例えば，平成26年6月に公表された**武田薬品工業株式会社**の外部調査委員会による調査報告書[614]には，武田薬品から医師主導型臨床試験に関連して京都大学に提供された30億円の寄付金は，武田薬品の売上最大化を図るために企画から学会発表まで同社の主導の下で行われていたと認められたこと等が記載されている。

また，日本学術会議による「科学研究における健全性の向上に関する検討委員会」（平成25年）[615]では，科学研究における企業側からの多額の寄付金の問題が討議されている。

ス　修繕費

修繕費とは，業務の用に供されている固定資産の修理，改良等のために支出された金額のうち当該固定資産の通常の維持管理等のため，又は災害等により毀損したものを原状回復するために要したと認められる部分の金額をいう（所得税基本通達37-11）。

修繕費の外延で主として問題となるのは，当該支出が固定資産の維持管理や原状回復のために要した支出となるのか，それとも，固定資産の使用可能

---

613)　税務大学校「法人税法」（平成27年）87頁。なお，個人が国や地方公共団体，特定公益増進法人等に対して「特定寄付金」を支出したときには寄付金控除として所得金額から差し引かれ，政治献金や認定NPO法人，公益社団法人等に対する寄付金については所得控除又は税額控除のうち有利な方を選択できる。
614)　http://www.takeda.co.jp/update/files/20140620.pdf
615)　http://www.scj.go.jp/ja/member/iinkai/kenzensei/pdf/kenzen-shiryo2201-1.pdf

期間を延長させたり，価値を増加させたりするための支出となるのかという点である。後者に該当する場合には，当該支出は「資本的支出」となり，当期以降に繰り延べ，減価償却によって費用化されていくことになる[616]。

　修繕費に関する不正会計事例としては，①架空・水増しの修繕費の計上による脱税，詐欺，横領，裏金作り，②修繕費の期ずれ計上による利益操作，③本来修繕費として経費処理しなければならない支出を資本的支出として資産計上することによる利益操作，④受注業者からのキックバックの受領等がある。

　捜査官としては，修繕費について検討する際には，①社内における検討書類，稟議書，予算書，工事・作業の内容・期間等に関する書類等，②発注相手との間に交わされた見積書，発注書，請求書，契約書，領収証，検収書等，③受注業者における工事受注，工事計画・体制表，工事に要する原材料の仕入・使用状況，使用人や下請の使用に関する書類，重機のリース状況等に関する書類，行政関係の許認可関係書類等を精査すると共に，④修繕工事がなされた場所を実査することにより，工事の実在性やその場所，時期，内容，所要金額，会社の業務との関連性等を検討する必要がある（第2章第1節A3(2)エ参照）。

　　セ　地代家賃・賃借料・リース料

　地代家賃，賃借料，リース料の支払をめぐる不正事案で目立つのがセール・アンド・リースバック取引を利用した不正会計であるが，これは売掛金の項目（第2編第2章第1節A3）で詳述したので，そちらを参照されたい。

　　ソ　減価償却費・繰延資産償却費

　会社が事業に使用する建物，機械等の固定資産を取得するために支出した費用を取得事業年度に全額費用計上すると，その期の決算が赤字になったり，翌期から過大な利益が計上されるという不都合が生ずる。そもそも，これらの費用は，その固定資産（減価償却資産）が実際に使用されて収益を生み出す期間（耐用年数）に応じて配分することが合理的であることから，こ

---

616) 但し，この外延の判断はかなり複雑である。法令132，法人税基本通達7-8-1～6を参照，西野646頁以下，国税庁「修繕費とならないものの判定」（平成26年）（http://www.nta.go.jp/taxanswer/hojin/5402.htm）。

れを「減価償却費」として費用化することとしたものである。

　減価償却は，取得価額を基準として，耐用年数に応じて，定額法，定率法，級数法，生産高比例法のいずれかの方法により[617]減価償却を行う[618]。

　繰延資産（第2編第2章第1節E）も，減価償却資産の発想と類似する概念である。繰延資産とは，翌期以降の収益に貢献することが見込まれる費用支出について，それを当期のみの費用として計上するのではなく，資産化して翌期以降に繰り延べて適正な期間内に費用化して償却していくものである。具体的には，創立費，開業費，株式交付費，社債発行費，開発費がこれに該り，税法上は更に公共施設等の設置改良費用，役務提供を受けるための費用等がこれに該る[619]。その他の償却資産としては，のれん（第2編第2章第1節C2），無体財産権（第2編第2章第1節C3）等がある。

　減価償却費や繰越資産（償却費）に関する主な仕訳は次のとおりである。
○ 減価償却費を計上した（直接法）。

　　　　　　減価償却費　　50,000 ／ 車輛運搬具　　50,000
○ 減価償却費を計上した（間接法）

　　　　減価償却費　　50,000 ／ 車輛運搬具減価償却累計額　　50,000
○ 繰延資産を償却した。

　　　　　　　創立費償却　　50,000 ／ 創立費　　50,000

　減価償却費や繰延資産償却費に関する不正会計は，その元となった固定資産や繰延資産に関する不正の結果であることが多い。また，既に減価償却済

---

617) 但し，無形固定資産の償却は定額法により，残存価額は0円である。
618) 従来は，有形固定資産については取得価額の10％の「残存価額」まで減価償却することとしていたが，平成19年の税制改正により，残存価額は0円として，1円の備忘価格まで減価償却することとされた（国税庁「定額法と定率法による減価償却（平成19年4月1日以後に取得する場合）」（平成26年。http://www.nta.go.jp/taxanswer/shotoku/2106.htm））。そして，企業会計においても，同税制改正を受けて，基本的に同改正と整合するように監査上の取扱いが策定されている（日本公認会計士協会「減価償却に関する当面の監査上の取扱い（監査・保証実務委員会実務指針第81号）」（平成19年・最終改正平成24年。http://www.hp.jicpa.or.jp/specialized_field/files/2-8-81-2-20120216.pdf））。具体的な減価償却の計算手順について古川218頁以下，桜井179頁以下。
619) 法人税法2条24号，法人税基本通達8-1，税務大学校「法人税法」（平成27年）67-68頁。また，定率法における償却費は，従来は定額法の償却率を2.5倍した償却率によることとされていたが（250％定率法），平成24年4月以降に取得された減価償却資産については償却率が200％に引き下げられた。なお，平成28年度税制改正では，平成28年4月以降に取得する建物附属設備及び構築物については定率法が廃止された。

で帳簿上は無価値の資産を簿外で売却して代金を横領したり裏金とする不正が行われることもある[620]。

　タ　支払手数料・支払報酬

　架空の支払手数料や支払報酬を計上して脱税，詐欺・横領，裏金作りをしていた不正は数多いが，上述した外注費，販売手数料・販売促進費，広告宣伝費等の不正の手法と共通するので，ここでは説明を省略する。

　チ　研究開発費

　　a　総説

　従来，企業が研究開発費を支出した場合，これを繰延資産として任意に計上し，5年内に償却することが認められていた。しかし，研究開発の結果必ずしも収益力のある技術や製品が開発できるとは限らないことや国際会計基準審議会（IASB）の策定した国際財務報告基準（IFRS）へのコンバージェンス（統合）の必要から，会社法や会社計算規則，平成18年8月に公表された企業会計基準委員会「繰延資産の会計処理に関する当面の取扱い（実務対応報告第19号）」[621]により，研究開発費については，繰延資産ではなく，発生時にこれを費用（売上原価又は販売費及び一般管理費）として処理することが義務付けられることになった[622]。

　　b　研究開発費をめぐる不正会計事例

　研究開発費をめぐる不正会計事例としては，支出の期ずれ計上，建設仮勘定，ソフトウェア仮勘定等として資産計上することによる利益操作が見られる。

　例えば，平成21年5月に公表されたフタバ産業株式会社に関する第三者委員会の調査報告書[623]には，①同社の持分法適用会社に対して15億円の不明朗な資金提供を行うに当たり，これを立替金勘定で支出した上，建設仮勘定（金型）として資産計上したこと，②不正経理発覚後，同建設仮勘定を試験研究費として経費処理したこと等が記載されている[624]。

---

620) この場合は，本来は「固定資産売却益」を特別利益として計上する必要がある。
621) http://www.asb.or.jp/asb/asb_j/documents/docs/d_asset/d_asset.pdf
622) 河崎他146頁以下。なお，経済的付加価値の観点から研究開発の重要性を強調するものとしてスチュワート47頁以下。
623) http://ke.kabupro.jp/tsp/20090514/140120090514091842.pdf

また，平成26年10月に公表された**株式会社アイレックス**に関する改善状況報告書[625)]には，市場販売目的のソフトウェアで平成23年5月に開発に着手し，平成25年3月に開発計画が中止決定されたものについて，これを研究開発費として全額費用処理すべきであったのに，平成23年7月にバラック試作機ができた時点を，研究開発費等に係る会計基準における最初に製品化された製品マスターの完成時点であるとして開発費（又はソフトウェア仮勘定）を資産計上したこと等が記載されている。

　ツ　貸倒損失・貸倒引当金繰入

　貸倒損失・貸倒引当金繰入についての留意点は，既に「貸倒引当金」の項目で説明したとおりである。

　貸倒損失・貸倒引当金繰入に関する仕訳のみを次に掲げておく。

○　貸倒引当金を設定した。

　　　　貸倒引当金繰入　　50,000 ／ 貸倒引当金　　50,000

○　貸倒損失を計上した。

　　　　貸倒引当金　　50,000 ／ 売掛金　　80,000

　　　　貸倒損失　　30,000

○　貸倒処理した売掛金を回収できた。

　　　　現金　　50,000 ／ 償却債権取立益　　50,000

　テ　使途秘匿金等

　会社が行った支出のうち，相当の理由がなく，支払の相手方の氏名や支払事由を帳簿書類に記載していないものを「使途秘匿金」という。使途秘匿金は損金算入ができないだけではなく，使途秘匿金の支出額に40％を加算した特別税率が賦課される（租税特別措置法62条以下）。取引の対価性のない支出であって，利益獲得のための工作資金，ヤミ献金，裏リベート，株主総会対策費等の支出がこれに該る[626)]。

　これに対して，会社が交際費，機密費，接待費等の費目で支出した金銭で，その使途が明らかでない場合には，損金計上できる目的のために支出された

---

624)　なお，国際財務報告基準における持分法について中尾224頁以下。
625)　http://airex.co.jp/csr/ir/pdf/141015_2.pdf
626)　税務大学校「法人税法」（平成27年）119頁以下。

か不明であるので，企業会計上，「交際費」その他の経費算入科目を用いて処理してあったとしても，税法上は，「使途不明金」として損金算入を否認される。逆に言うと，企業としては，このように損金算入されない使途不明金や，更に特別税率の適用される使途秘匿金と認定されることを避けるために，仕入や販売費及び一般管理費等の正当な支出を装って架空の支出をしてこれを裏金としたり，違法・不適正な支出に用いようとする動機付けが働くことになる。

　なお，使途不明金や使途秘匿金は，支出の金額や支出日は判明しており，その使途や相手方が会社にとって不明なものや秘匿しておきたいものを意味するのであって，「使途不明金」「使途秘匿金」という勘定科目があるわけではないし，勘定の残高が合わないものを処理する科目でもない。例えば，現金の実際残高が帳簿上の残高と合わず，その理由が不明の場合には，

　　　　　　　現金過不足　　50,000 ／ 現金　　50,000

などと仕訳をし，決算時まで現金過不足の原因が判明しない場合には，

　　　　　雑損（又は雑損失）　50,000 ／ 現金過不足　50,000

などと仕訳をすることになる[627]。また，仮払金で支出したが，決算時までに支出目的が不明な場合には，

　　　　　　　雑損　　50,000 ／ 仮払金　　50,000

などと処理せざるを得ないであろうが，このような場合には，雑損は，税法上は少なくとも使途不明金となり，損金算入は認められないであろう。なお，火災，盗難などがあり，決算時までにその金額が確定しない場合には一時的に「未決算勘定」を用いて処理することがある。例えば，建物が焼失したが，その損害額が決算期において不明の場合には，次のように仕訳をする。

　　　　減価償却累計額　　2,500,000 ／ 建物　　5,000,000
　　　　減価償却費　　　　　500,000
　　　　未決算　　　　　　2,000,000

---

[627]　なお，預金については元帳があるので，支出日や金額も判明しないということは通常考えられないであろう。

この場合，翌期に損害及び保険金額が確定した場合には，次のように仕訳をする。

　　　　　未収金　　1,400,000 ／ 未決算　　2,000,000
　　　　　火災損失　　600,000

　なお，増資金の大部分が使途不明金となった事例として，平成27年1月に公表された株式会社グローバルアジアホールディングスの第三者調査委員会の調査報告書[628]には，①同社は，平成26年6月に新株予約権の発行及び行使に基づき計2.1億円の増資金の払込を受けたが，同増資金の行方が不明となり，また，同年8月，上記増資金の喪失に対する貸倒引当を含む合計10億円の特別損失を計上したことから第三者調査委員会が設置されたこと，②同調査委員会の調査には対象会社から妨害行為と認められる行為があり，前代表取締役からの聴取ができなかったこと，③上記増資金のうち会社の債務の弁済に充てられたのは2800万円で，残額1.9億円は前代表取締役への使途不明金としての支出と認められること，④上記特別損失の前提となった取引は，事業継続が困難となった事業に関するソフトウェア仮勘定及び運営費用の前払費用相当額でキャッシュフローが見込めない事業に関するものであったこと等が記載されている。

第5節　経常利益（損失）

　第4節冒頭でも説明したとおり，売上高から売上原価や製造原価を差し引いたものが「売上総利益（粗利益）」，売上総利益から販売費及び一般管理費を差し引いたものが「営業利益」であって，企業が本業で利益を稼ぎ出す力を測る最も重要な指標である。
　そして，この営業利益に営業外収益と営業外費用を加減算したものが「経常利益（損失）」であり，企業の副業を含めた利益を稼ぎ出す力を測る重要な指標である。

---

[628]　http://pdf.irpocket.com/C3587/nKx5/uMk8/YBLy.pdf

1 営業外収益

(1) 総　説

営業外収益は，企業の本業ではないが経常的に行っている投資活動や財務活動から生ずる収益である。具体的には，

- 受取利息
- 受取割引料
- 受取配当金
- 有価証券利息[629]
- 為替差益
- 有価証券評価益
- 売買目的有価証券売却益[630]
- 仕入割引[631]
- 不動産賃貸料
- 雑益（雑収入）

等がこれに該る。

(2) 営業外収益に関する捜査のポイント

捜査官としては，営業外収益は，金利，為替，株価等の動きに影響を受けやすい科目であることを認識する必要がある。また，営業活動に関する不正経理を行ったことの影響が営業外利益・損失の金額に影響を与えることもあり，捜査官としてはこれらの観点から営業外利益・費用の数字を分析する必要がある。

営業外収益に関する捜査のポイントとしては次のようなことが挙げられる。

---

[629] 国債，地方債，社債等の債券から生ずる受取利息を処理するための勘定科目をいう。
[630] なお，売買目的有価証券については，企業が経常的な投資活動として有価証券の売買を行うことが想定されるため，その損益は営業外収益・損失となる。これに対して，「投資目的有価証券」とされる満期保有目的債券，子会社・関連会社株式，その他有価証券については，その売却益・損失は特別利益・損失の項目に記載する。また，有価証券の投資を本業とする企業の場合には，収益は売上となり，棚卸資産に「営業投資有価証券」を計上する。
[631] 商品や原材料仕入のための買掛金を支払期日の前に支払った場合の利息の免除分を意味する。これに対して，仕入値引，仕入戻し（返品），仕入割戻し（リベート）は，損益計算書上，仕入高から控除して表示する。但し，実務上，仕入割戻しについては「仕入割戻し」勘定を用い，営業外収益とすることもある（第2編第2章第1節A3(3)参照）。

- 昨今の株価の動向からも明らかなとおり，営業外収益・費用は，金利，為替，株価等の値動きや景気，国際政治・経済動向の影響を受けやすい勘定科目である。それにもかかわらず，企業がコンスタントに売買目的有価証券売却益，有価証券利息，有価証券評価益等を計上している場合には，その真実性を疑い，内訳や明細等を精査する必要がある。このような場合，利益を粉飾していたり，損失を関連会社やファンド等に飛ばしている可能性があることも念頭に置く必要がある。
- 営業収益に対して営業外収益の割合が大きい場合には，会社の財務体質として財テクに依存している可能性がある。特に，デリバティブ取引等のようにリスクの高いレバレッジの利いた取引に手を出している場合には，損失を一気に取り戻そうとして更に損失を拡大させている可能性がある。
- 営業利益を操作しようとして営業活動に関する不正経理を行ったことの影響が営業外利益・損失の金額に影響を与えることがある。
- 破綻懸念先又は破綻先の債権について貸倒引当金や貸倒損失を計上するのを避けるため，債務者に対して追い貸しをして利息を支払わせ，正常先と装う粉飾がしばしば見られる。この場合，貸し手にとっては，受取利息が不自然に増加するという影響が営業外収益に現れる可能性がある。
- 株式売却益を計上して赤字転落を回避している場合，含み益の生じている持ち合い株式を一旦市場で売却して含み益を実現させた上，翌期にこれを買い戻すクロス取引が行われている可能性がある[632]。
- 経常利益の7割以上が雑収入で占められている場合には，本業で稼ぐことができないために雑収入で利益を水増しして粉飾している疑いが濃厚であるという指摘がある（都井22頁以下）。

(3) 営業外収益をめぐる不正会計事例

営業外収益をめぐる不正会計事例としては，別項目でも触れた
- 平成19年11月に公表された**株式会社日興コーディアルグループの調**

---

632) 東京商工リサーチ（http://www.tsr-net.co.jp/mailmagazine/201305_02.html）。

査委員会の調査報告書[633]
○ 平成23年12月に公表されたオリンパス株式会社に関する第三者委員会調査報告書[634]

がある。

2 営業外費用

(1) 総　説

営業外費用は，企業の本業ではないが経常的に行っている投資活動や財務活動から生ずる費用である。具体的には，

- ○ 支払利息
- ○ 支払割引料
- ○ 支払配当金
- ○ 社債利息
- ○ 社債発行費・新株発行費・創立費・開業費償却
- ○ 為替差損
- ○ 売買目的有価証券売却損
- ○ 有価証券評価損
- ○ 売上割引[635]
- ○ 寄付金
- ○ 雑損

等がこれに該る。我が国の企業は，銀行からの借入（間接金融）が多いため，営業外費用の相当部分が支払利息・割引料である企業が多い。

(2) 営業外費用に関する捜査のポイント

営業外費用に関する捜査のポイントとしては，上の営業外収益の項目で述

---

633) http://kunihiro-law.com/files/open/writing/52429af112sqiwifqz0ns_pdf.pdf。第2編第2章第1節A5(2)参照。
634) http://www.olympus.co.jp/jp/common/pdf/if111206corpj_1.pdf。第2編第2章第1節A5(2)，第2編第2章第1節C2参照。
635) 商品や製品を売り上げた際の売掛金を支払期日の前に受け取った場合の利息の免除分を意味する。これに対して，売上値引，売上戻り（返品）については売上高から控除し，売上割戻し（リベート）については，売上高から控除する場合と販売費及び一般管理費（販売促進費，場合により交際費）として計上する場合がある。

べたほか，次のようなことが挙げられる。

- 借入金に対して借入利息が高額の場合，公的融資や銀行借入ができず，商工ローンや消費者金融，場合によってはヤミ金融等の高利息の借入に手を出している可能性がある。特に，営業利益に対する支払金利の割合は，調達金利を上回る収益力があるかを測定する上で重要な数値である。
- 借入金に対し借入利息が少額の場合，借入先から利益供与を得ていたり，簿外預金を担保に借入をしている可能性がある。
- 借入金が増大した場合に，これを代表者個人や関連会社に移して粉飾すると，営業外費用の上では，支払利息の不自然な減少となって現れる可能性がある。
- 支払利息が営業利益の7割以上の場合には，営業利益の大半が支払利息によって消えていることを意味する（都井22頁以下）。

第6節　税引前当期純利益（損失）

「経常利益」に特別利益と特別損失を加減算したものが税引前当期純利益（いわゆる「税引前利益」）である。

特別損益とは業にとって臨時的・突発的に生じた利益，損失をいう[636]。

1　特別利益

(1)　総説

特別利益[637]とは，企業にとって経常的に発生したものでない臨時又は特

---

636) なお，企業会計原則第2（損益計算書原則）の6は「特別損益は，前期損益修正益，固定資産売却益等の特別利益と前期損益修正損，固定資産売却損，災害による損失等の特別損失とに区分して表示する。」と規定しているが，企業会計基準委員会「会計上の変更及び誤謬の訂正に関する会計基準（企業会計基準第24号）」（平成21年）により，過去の誤謬の累積的影響額は，表示する財務諸表のうち，最も古い期間の期首の資産，負債，及び純資産の額に反映させ，表示する過去の期間の財務諸表には当該各期間の影響額を反映することとされた。
637) なお，特別損益は，企業にとって経常的な活動から生ずる「収益」やその獲得ために発生した「費用」に関するものではないので，通常，「特別収益」「特別費用」という用語は用いない。

別の利益をいう。具体的には，
- 固定資産売却益
- 償却債権取立益
- 貸倒引当金戻入益
- 社債償還益
- 保険差益
- 受取損害賠償金
- 前期損益修正益
- 投資有価証券売却益[638]
- 債務免除益

等がある。

例えば，次のような仕訳を行う。

○ 事業用の土地を売却した。

　　　預金　　10,000,000 ／ 土地　　　　　　　9,000,000
　　　　　　　　　　　　　　固定資産売却益　　1,000,000

○ 償却済みの債権を回収した。

　　　現金　　　500,000 ／ 償却債権取立益　　　500,000

○ 減価償却済の機械を売却した。

　　　現金　　2,000,000 ／ 固定資産売却益　　2,000,000

○ 簿価1000万円の建物が火災で焼失し，保険金1200万円が振り込まれた。

　　　預金　　12,000,000 ／ 建物　　　　　　10,000,000
　　　　　　　　　　　　　　保険差益　　　　　2,000,000

○ 前期申告した税額が過大であったので更正請求し，税金の還付を受けた。

　　　預金　　　200,000 ／ 前期損益修正益　　　200,000

○ 投資有価証券を売却した。

　　　預金　　1,050,000 ／ 投資有価証券　　　1,000,000
　　　　　　　　　　　　　　投資有価証券売却益　　50,000

---

[638] なお，売買目的有価証券売却益については営業外収益として計上されることは前節で述べたとおりである。

○ 取引先から債務の免除を受けた。

　　　　　　　買掛金　　500,000 ／ 債務免除益　　500,000

(2) 特別利益に関する捜査のポイント

捜査官としては，特別利益について以下のような点に留意する必要がある。

- ○ 営業損益や経常損益がマイナスであるのに，特別利益を過大計上することによって当期の最終損益の赤字を回避していないか。
- ○ 特に，固定資産売却等の経営判断によって発生する特別損益の計上を期末近くに行っていないか。
- ○ 貸倒れとして処理した債権を簿外で回収することや，既に償却済の固定資産を簿外で売却することによる裏金作り，横領がなされていないか。

(3) 特別利益をめぐる不正会計事例

特別利益をめぐる不正会計事例としては，証券取引等監視委員会資料[639]に，平成21年度勧告事例として，①匿名組合出資先の特別目的会社に不動産の信託受益権を譲渡する不動産流動化スキームにつき，本来，金融取引として会計処理すべきであったにもかかわらず，これを売却取引として会計処理することにより，不動産の買戻しによるスキーム終了時に特別利益として匿名組合清算配当金を利益計上したこと（本来は16.6億円の損失であったのに，41億円の利益と記載），②具体的には，当社は，本店ビル等を対象とする不動産流動化スキームにおいて，当該不動産に係る信託受益権を特別目的会社（A社）に譲渡し，A社は，当該信託受益権の取得資金を当社からの匿名組合出資並びにB〜D社からの融資及び匿名組合出資により調達していたが，当社は，A社に対する匿名組合出資によるリスク負担割合が5％以下であるとして，本件流動化について売却処理（オフバランス処理）を行い，当社は，A社に対する信託受益権の譲渡時に売却益を計上するとともに，その後，本件不動産を買い戻して本件流動化スキームを終了させる際に，A社から受けた匿名組合清算配当金を特別利益として計上したこと，③しかし，

---

639) 証取委②。なお，不動産の証券化と税法上の問題点について，渡辺127頁以下。

A社に匿名組合出資を行ったD社は，当社の緊密者である前会長がその議決権の全てを保有するとともに，同社の資金調達の過半について，前会長の保有する株式等による担保提供があることなどから，当社の子会社として連結対象とすべきであったにもかかわらず，当社は，D社の出資者が当社とは無関係の第三者であるかのように装ったこと，④当社とD社の匿名組合出資を合計したリスク負担割合は5％を大幅に超過することから，本件流動化については，売却取引でなく金融取引として処理すべきであり，A社に対する信託受益権の譲渡が売却処理とは認められないことから，本件不動産を買い戻してスキームを終了させる際に当該匿名組合清算配当金は本来発生することのないものであったこと等が記載されている。

2 特別損失

(1) 総　説

特別損失とは，企業にとって経常的に発生したものでない臨時又は特別の損失をいう。具体的には，

- 臨時・巨額の棚卸資産評価損[640]
- 固定資産売却損
- 固定資産除却損
- 固定資産減損損失
- 投資有価証券売却損
- 社債償還損
- 支払損害賠償金
- 災害損失
- 盗難損失
- 投資損失引当金繰入
- 前期損益修正損

---

[640] 従来は，商品評価損や棚卸減耗損等に原価性があるときには売上原価の内訳科目又は販売費及び一般管理費として，原価性がない場合には営業外費用として，時価の下落が著しい場合には特別損失として処理することとされていたが，「棚卸資産の評価に関する会計基準（企業会計基準第9号）」（平成18年・最終改正平成20年）により，原則として原価処理し，切り下げ額が臨時かつ多額の場合には特別損失に計上することとなった。

等がある。

特別損失は、基本的には上述した特別利益と反対の仕訳となるが、それ以外のものでは次のようになる。

○ 火災により建物が焼失した。

　　　　減価償却累計額　　7,000,000 ／ 建物　　　　10,000,000
　　　　災害損失　　　　　3,000,000

○ 帳簿価額10万円の自動車を廃棄した（廃車手数料1万円、リサイクル処理費5000円）。

　　　　固定資産除却損　　100,000 ／ 車輌運搬具　　100,000
　　　　支払手数料　　　　 15,000　 現金　　　　　　10,000
　　　　　　　　　　　　　　　　　　差入保証金　　　 5,000

(2) 特別損失に関する捜査のポイント

捜査官としては、特別損失について以下の点に留意する必要がある。

○ 発生した特別損失について、そもそもこれを特別損失として計上せず、何らかの資産（売掛金、貸付金、投資有価証券、営業出資金等）の等価を不正に維持しているのではないか。

○ 収益力や資産価値のある固定資産について、資産価値がなくなったと偽って固定資産除却損を計上（有姿除却）して、脱税や横領をしているのではないか。

○ 本来、売上原価、販売費及び一般管理費、営業外費用として計上すべき費用を特別損失として計上することにより営業損益や経常損益を粉飾しているのではないか。

○ 敗訴の可能性のある訴訟提起、過去の粉飾決算の把握等、特別損失が計上される蓋然性が高まった時点で投資家に対する適時開示や引当金の計上はなされていたか。

○ 特別退職金、事業構造改革費用等が計上されているときには、経営悪化に伴うリストラが行われている可能性はないか。

また、ある企業について、一時に巨額の特別損失が計上され、その後に業績が急回復したような会計がなされることがある。これを「ビッグバス会計」という[641]。この場合、翌期以降の業績回復は、単に従来繰り越されてきた

営業損失等を一気に財務諸表に計上したことによるものに過ぎないことが多い。ビッグバス会計は必ずしも違法なものではないが、捜査官としては、このような場合、従来と比較して営業収益の中身が変化したといえるのか、ビッグバス会計によって計上された損失はそれ以前の期に開示・計上すべきものではなかったか、前期以前の有価証券報告書に虚偽記載や隠蔽はなかったか等の視点を持ちつつ捜査を行うことが必要である。

(3) 特別損失をめぐる不正会計事例

特別損失をめぐる不正会計事例としては、次のものがある。

平成20年6月に公表された**株式会社アクセスの外部調査委員会の調査報告書**[642]には、**セール・アンド・リースバック取引**[643]を行っていた取引先G社が破綻し、G社に対するリース料債権について多額の特別損失を計上しなければならなくなったが、金融機関に対する当社の信用悪化や今後の資金調達への悪影響を懸念し、特別損失の計上を避けるため、G社に対してリース料支払の原資の資金支援を行っていたこと等が記載されている。

また、平成24年5月に公表された**株式会社パスコの第三者調査委員会の調査報告書**[644]には、①同社が取引先のソフトウェアを過去に不正利用したことについて、当該取引先との交渉に基づき10億円の損害賠償金を支払い、これを特別損失として計上しなければならなかったのに、相手方から8億円でソフトウェアライセンスを取得したように費用を仮装し、「ソフトウェア」として資産計上するという不正会計を行ったこと、②その際、同社の取締役会で、生産改革本部長が、生産基盤を整備するために必要な費用として10億円の投資が必要であり、償却期間である5年間で15億円の利益改善が見込まれるなどと虚偽報告を行ったこと等が記載されている。

更に、証券取引等監視委員会による特別損失に関する虚偽記載に関する勧

---

641) なお、のれんとビッグバス会計に触れるものとして、勝間159頁以下。また、業績が好調なときに引当金を必要以上に積み、業績不調なときにこれを取り崩す「クッキージャー」という手法が用いられることもある（日本経済新聞「ビッグバス」（平成21年。http://www.nikkei.com/money/investment/toushiyougo.aspx?g=DGXIMMVEW4001001062009000001））。なお、シリット183頁以下においては、負ののれんを創造することによって将来会計期間の利益を水増ししたコンパック等の事例が紹介されている。
642) http://ncsa.jp/ir/ir_access/irnews/h21/pdf/080620.pdf
643) セール・アンド・リースバック取引については、第2編第2章第1節A3(3)エ参照。
644) http://www.pasco.co.jp/ir/library/pdf/other_12052101.pdf

告事例[645]として，

- 当社が当社の役員等に対して貸し付けた金銭や当社保有株式について，当該貸付け取引に係る債権の回収可能性を適切に検討せず，貸倒引当金繰入額の過少計上等を行い，これにより，当社は，当期純損益について，本来は102億円の損失であったにもかかわらず，これを94億円の損失と記載した有価証券報告書を開示した事例
- 連結子会社保有の株式について，実質価額の著しい低下を認識していたにもかかわらず，当該株式を簿価で第三者に売却したように装い，投資有価証券評価損を過少に計上した事例[646]
- 保有する固定資産についての減損の兆候に係る認識が適切ではなく，本来計上すべき減損損失を認識しなかった事例
- 建設仮勘定を固定資産に振り替えず，減損損失を計上しなかった事例
- 保有する著作権について，資産価値が全く認められないにもかかわらず，全額の減損処理を行わなかった事例
- 資産価値のないソフトウェア仮勘定について除却を行わなかった事例
- 買収した子会社について，取得価額と子会社の純資産額の差額をのれんとして計上したが，何ら資産性がなく，全額損失処理すべきであった事例
- 海外ファンドに送金された資金を営業出資金として資産計上していたが，当該ファンドにおける運用の実態はなく，資金は対外的に流出していることから，使途不明金として損失計上すべきであった事例
- 取引先に対する貸付金について，その一部を相手方との合意により債務免除したが，当該債務免除について損失計上を行わなかった事例

等が報告されている。

---

[645] 証取委②。なお，減損会計について河崎他116頁以下，国際財務報告基準における減損会計についてあずさ358頁以下。
[646] なお，税法と資産の評価損について渡辺淑447頁以下。

第7節　税引後当期純利益・損失，当期未処分利益・損失

　税引前当期純利益から法人税・住民税及び事業税，法人税調整額を差し引いたもの（税の還付がある場合にはこれを加えたもの）が「税引後当期純利益・損失」である。ここから更に，前期繰越損益，任意積立金取崩額，中間配当額，中間配当に伴う利益準備金積立額等を加減算したものが「当期未処分利益・損失」であり，いわゆる，当該企業の「最終損益」である。

　当期未処分利益がプラス（利益）であれば株主総会による決算及び株主資本等変動計算書承認により配当が分配されたり，資本に繰り入れられる原資となる。当期未処分利益がプラス（利益）であればその分が純資産の増加要因に，マイナス（損失）であれば，その分が純資産の減少要因となる。

1　当期純損益に関する仕訳

　決算に伴う当期純損益に関する仕訳は次のようになる（三輪，ジャス）。
○　当期の確定消費税を未払消費税として計上した。

　　　　　租税公課　500,000 ／ 未払消費税等　500,000
○　当期の法人税等を未払法人税等として計上した。

　　　　法人税，住民税及び事業税　500,000 ／ 未払法人税等　500,000
○　貸倒引当金の一部について法人税の損金とならないため，税効果会計を適用した。

　　　　　繰延税金資産　50,000 ／ 法人税等調整額　50,000
○　売買目的有価証券について税法上益金と認められない評価益を計上した。

　　　　　有価証券　500,000 ／ 有価証券評価益　300,000
　　　　　　　　　　　　　　　　繰延税金負債[647]　200,000

---

647) この繰延税金負債は，将来株式を売却したときに発生する税金の負担分を計上するものである。なお，平成29年3月に「法人税、住民税及び事業税等に関する会計基準」（企業会計基準第27号）が公表されている。

2　株主総会の決議事項に関する仕訳

　従来，株主総会では決算及び利益処分案について決議するものとされていたが，会社法によって，この点が改正された（なお根田他470頁以下）。

　すなわち，旧商法の下では，計算書類は，貸借対照表，損益計算書，営業報告書，利益（損失）処分案とされていたが，新会社法の下では，計算書類は，貸借対照表，損益計算書，株主資本等変動計算書（会社計算規則96条），個別注記表（同規則97条以下）とされた[648]。

　従来「利益処分案」に記載されていた①剰余金の処分[649]案は，純資産の部の係数の変動（積立金の積立や取崩し等）案と共に「株主資本等変動計算書」（会社計算規則96条）に記載され，また，②役員賞与支給案（会社法361条）は損益計算書に記載されることとされた[650]。なお，役員賞与支給案はこのように従来は会社の利益処分の一環として決議されていたが，一定の要件を満たす定時同額給与，事前確定届出給与及び利益連動給与は当該会計期間の損金として処理することが可能となった[651]。

　定時株主総会決議に伴う仕訳は，次のようになる[652]。
○　当期の未処分利益のうち50万円を繰越利益剰余金とした。

　　　　　未処分利益　500,000 ／ 繰越利益剰余金　500,000
○　株主総会決議により任意積立金を積み立てた。

　　　　　繰越利益剰余金　50,000 ／ 別途積立金　50,000
○　株主総会決議により別途積立金を取り崩した。

　　　　　別途積立金　50,000 ／ 繰越利益剰余金　50,000

---

648)　会社法435条，会社計算規則61条。中村他154頁以下，167頁以下及び484頁以下，大野他218頁以下，あずさ・佐藤443頁以下，伊藤388頁以下。計算書類一般について大野他24頁以下，国際財務報告基準についてはあずさ85頁以下。
649)　配当財産の種類や帳簿価額の総額，効力発生日等。
650)　会社法454条。但し，会計監査人設置会社では取締役会決議により剰余金の配当が可能である（会社法459条1項）。なお根田他229頁以下。
651)　第2編第2章第4節4(3)ア参照。なお，企業会計基準委員会「役員賞与に関する会計基準（企業会計基準第4号）」（平成17年）（http://www.asb.or.jp/asb/asb_j/documents/docs/yakuin/yakuin.pdf）により，役員賞与引当金又は未払役員報酬として計上する。なお，近時の改正動向について，第2編第2章第4節4(3)アの注569)，伊藤66頁以下，381頁以下を参照。
652)　三輪，新日本web。

○ 株主総会において，現金配当，役員賞与支給，利益準備金積立等の決議をした。

   繰越利益剰余金[653] 500,000 / 未払配当金 200,000
             未払役員賞与 100,000
             利益準備金 100,000
             繰越利益   100,000

第8節　まとめ

　第2編第2章の勘定科目分析の説明を終え，次章に進む前に，本章で述べた不正会計が具体的に貸借対照表や損益計算書のどの部分にどのように現れるかについて，次表にまとめてみた。一見複雑に見えるかもしれないが，第2章を読み進めてこられた方にとっては比較的容易に理解できるであろう。

---

653)　なお，会社法の制定により，利益処分案制度が廃止されたため，借方には「繰越利益剰余金」勘定を用いるが，従来通り，「未処分利益」勘定を用いる例もある。

〈主な会計不正の手口一覧〉

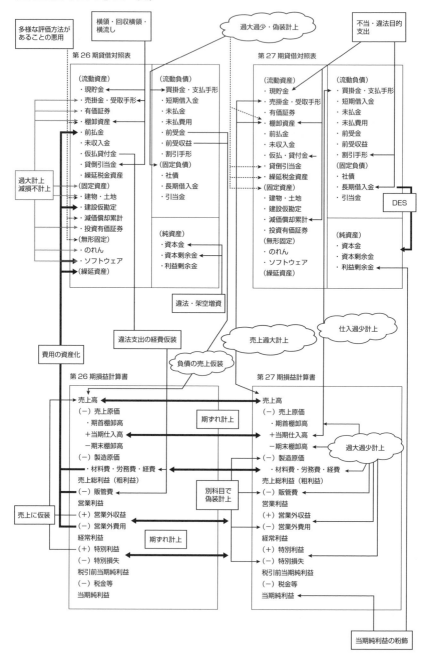

第3章

決算書の分析

第1節　経営分析手法一般

　第2章では，貸借対照表や損益計算書の各勘定科目について，不正操作はどのような手口で行われることが多いかを解説してきた。

　それでは，捜査官が分析対象会社の貸借対照表や損益計算書を手にして，いきなり，現預金，受取手形，売掛金等の勘定科目の配列に従って，その内容や取引の詳細について分析し，これを帳簿や証憑書類と照らし合わせることが不正会計を発見するのに効率的かといえば，そうではない。同様に，仕訳伝票（仕訳帳）や総勘定元帳を一枚目から順に分析していくことも，余りに時間を費やす作業であって，効率的とは言えない。むしろ，捜査官としては，財務諸表を全体を眺めたときに何かバランスのよくない貸借対照表だ，この科目のこの数字は不自然ではないか，などと感じ取ることができれば，ある程度不正の目的や手段の目星を付けつつ，効率的かつ有効に捜査を行うことができるわけである。

　捜査官がこのような目の付け所を的確に会得するための一つの有益な手段は，経営分析手法を学ぶことである。経営分析手法は，企業経営者が自社の収益性や効率性をどのように高めていくかを分析したり，第三者が企業の実態を的確に分析することを目的として生まれたものである。特に，後者の視点は，当該企業が投資家にとって投資をする価値のある企業であるかどうか，銀行にとって融資を行っても回収に問題のない企業であるかどうか，取引先にとって商品を掛け売りしたり，手形を受領しても大丈夫な企業である

かどうか，会計監査人にとって不正会計を行っている企業ではないか等を的確に見抜くことを目的とする[654]。これらの視点は，売上や利益を実態よりも良く見せようとする動機が経営陣に働きがちな企業について，実際の売上や利益が公表財務諸表に記載されているほど良好であるかどうかを公表財務諸表に記載されている数字から分析していくことを主目的としている。

ところで，利益を粉飾するためには，基本的には資産，負債，収益・利益，費用・損失等に関する数字を操作する必要があるのであって，そのことは，逆粉飾である脱税や横領，裏金作りでも共通である。

したがって，経営的手法を学ぶことは，粉飾事案を見抜くだけではなく，脱税，横領，裏金作り等の事案においても捜査を有効に進める上で有益であることが示唆されるのである。

経営分析の手法やその具体的な計算方法を以下で説明する[655]。なお，アクティベート[656]から業種別標準経営指標一覧表を引用すると，次表のとおりである。

1 収益性分析

(1) 資本に対する収益性

① 1株当たり純利益（EPS）

1株当たり純利益は，1株当たりの企業活動の成果を測る指標である[657]。

1株当たり純利益

　　＝当期純利益（200万円）／発行済株式数（100株）＝ 2万円

---

[654] もっとも，会計監査人による監査の限界を指摘するものとして，浜田181頁以下。
[655] 主要財務諸表については津森331頁以下，比率分析についてはパレプ61頁以下，高田222頁以下，西山186頁以下，伊藤613頁以下，近澤②212頁以下，上原29頁以下，小林54頁以下，会計や，宮入，財務分析，経営分析。業界平均値については，アクティベート及び山根Eが有益な情報を与えてくれる。本文に掲記した経営指標一覧表はアクティベートから引用したものである。なお，本文でも引用した経営指標の具体的数値は，各引用文献においてかなりのばらつきがあるが，大まかな数字を捉えるという程度のものとしてご活用願いたい。
[656] http://www.activatejapan.jp/info/H24業種別標準経営指標一覧表.pdf
[657] 計算式内の括弧内の数値は，計算の具体例を示す（以下同じ）。業界平均値は，適宜小数点以下等を四捨五入した数値を示すことがある。なお，具体的な計算方法は，企業会計基準委員会「1株当たり当期純利益に関する会計基準（企業会計基準第2号）」（平成14年・最終改正平成25年。http://www.asb.or.jp/asb/asb_j/documents/docs/touki/touki_1.pdf）による。また，国際財務報告基準における1株当たり利益情報の取扱いについてあずさ581頁以下。1株当たり純利益分析の効果に疑問を投げかける見解としてスチュワート53頁以下。

第3章 決算書の分析 315

■業種別目標経営指標一覧表　出典：平成24年度　TKC経営指標

	項目	算式	全産業 黒字企業	全産業 優良企業	建設業 黒字企業	建設業 優良企業	製造業 黒字企業	製造業 優良企業	卸売業 黒字企業	卸売業 優良企業	小売業 黒字企業	小売業 優良企業	宿泊飲食 黒字企業	宿泊飲食 優良企業	サービス業 黒字企業	サービス業 優良企業
	総資産営業利益率（ROA）	営業利益÷平均総資産	3.7%	10.8%	3.4%	11.1%	4.1%	10.7%	3.4%	10.8%	3.5%	10.7%	3.0%	10.7%	4.3%	10.1%
	総資産経常利益率	経常利益÷平均総資産	4.2%	12.0%	3.9%	12.1%	4.5%	11.8%	3.7%	11.6%	4.4%	12.2%	3.5%	13.1%	5.2%	11.7%
	自己資本利益率（税引前）	当期純利益÷平均自己資本	10.7%	17.8%	9.5%	18.4%	10.3%	17.0%	9.8%	17.7%	12.1%	19.3%	13.0%	23.8%	11.7%	16.6%
収益性	売上高営業利益率	営業利益÷売上高	3.0%	7.6%	2.6%	7.2%	4.0%	10.0%	2.0%	5.5%	1.8%	4.9%	2.7%	6.8%	3.3%	7.4%
利益獲得力	売上高総利益率	売上総利益÷売上高	28.1%	33.3%	18.8%	22.9%	21.0%	26.4%	18.8%	24.5%	30.0%	33.6%	65.3%	69.3%	43.5%	51.6%
	売上高経常利益率	経常利益÷売上高	3.4%	8.4%	3.0%	7.8%	4.4%	11.0%	2.1%	5.9%	2.3%	5.6%	3.1%	8.4%	4.0%	8.6%
	売上高販売管理費率	販売管理費÷売上高	25.1%	25.7%	16.2%	15.7%	17.0%	16.5%	16.9%	19.0%	28.2%	28.7%	62.7%	62.5%	40.2%	44.2%
	経営安全率	(売上高−損益分岐点売上高)÷売上高	8.3%	18.1%	7.9%	18.5%	9.6%	21.7%	10.8%	23.0%	7.5%	16.4%	4.6%	11.8%	6.2%	12.3%
攻撃力 付加価値 創出力	一人当たり付加価値	付加価値÷平均社員数	619千円	834千円	679千円	845千円	667千円	873千円	763千円	1,028千円	539千円	738千円	384千円	534千円	409千円	731千円
	付加価値率	付加価値÷売上高	41.0%	46.5%	37.7%	42.1%	46.0%	50.5%	19.9%	25.9%	30.7%	34.3%	67.9%	71.0%	63.4%	69.6%
	一人当たり人件費	人件費÷平均社員数	327千円	420千円	389千円	451千円	355千円	416千円	380千円	448千円	278千円	374千円	194千円	268千円	258千円	426千円
	人材生産性	付加価値÷人件費	1.9倍	2.0倍	1.7倍	1.9倍	1.9倍	2.1倍	2.0倍	2.3倍	1.9倍	2.0倍	2.0倍	2.0倍	1.6倍	1.7倍
	労働分配率	人件費÷付加価値	52.9%	50.4%	57.2%	53.3%	53.4%	47.6%	50.0%	43.5%	51.7%	50.7%	50.8%	50.2%	63.4%	58.4%
資金 活動力	総資産回転率	売上高÷平均総資産	1.2回	1.4回	1.3回	1.5回	1.1回	1.1回	1.7回	2.0回	1.9回	2.2回	1.1回	1.6回	1.3回	1.4回
	売掛債権回転期間	平均総資産÷売上高×365	297.1日	256.2日	279.3日	235.6日	361.1日	339.3日	211.1日	186.7日	188.9日	167.2日	324.6日	232.7日	279日	267.5日
	売上債権回転期間	平均売上債権÷売上高×365	49.3日	46日	51.1日	43日	71.6日	69.9日	59.2日	48日	24.9日	26.5日	8.3日	7.7日	42.7日	41.6日
運動力	在庫回転期間	平均在庫÷売上高×365	26.2日	18.2日	40.1日	21.0日	34.5日	26.5日	22.3日	18.5日	25.7日	19.5日	4.1日	3.8日	6.9日	5.3日
	仕入債務回転期間	平均仕入債務÷仕入代金(支払基準)	55.4日	46.1日	61.6日	49.4日	74.2日	67.8日	59.3日	39.1日	38.1日	38.9日	33.5日	28.7日	40.9日	40.5日
	運転資金必要日数	平均運転資金÷売上高×365	42.8日	39.4日	53.0日	35.4日	66.1日	62.7日	34.2日	37.4日	24.1日	20.2日	1.6日	3.1日	34.7日	34.7日
守備力	自己資本比率	自己資本÷自己資本	37.8%	62.6%	39.4%	59.8%	40.8%	64.4%	35.7%	60.2%	36.2%	60.6%	27.7%	57.4%	45.0%	67.6%
	流動比率	流動資産÷流動負債	173.4%	289.8%	175.1%	248.3%	184.8%	295.9%	160.2%	271.4%	161.8%	261.2%	124.5%	260.8%	217.8%	349.3%
	当座比率	当座資産÷流動負債	130.2%	240.7%	122.7%	202.6%	142.0%	246.2%	125.5%	221.8%	106.3%	198.9%	100.3%	221.2%	185.3%	315.7%
	固定比率	固定資産÷自己資本	127.8%	55.9%	90.1%	45.5%	111.4%	55.3%	99.4%	45.8%	132.4%	54.3%	278.2%	95.4%	109.3%	54.5%
	固定長期適合率	固定資産÷(固定負債+自己資本)	68.9%	45.1%	56.2%	38.5%	64.5%	45.5%	59.5%	37.6%	70.7%	44.3%	94.5%	66.3%	64.2%	45.0%
財務安定力 デット・エクイティ・レシオ	有利子負債÷自己資本		1.0倍	0.2倍	0.7倍	0.2倍	0.9倍	0.2倍	0.9倍	0.2倍	1.0倍	0.2倍	1.9倍	0.4倍	0.7倍	0.2倍
	借入金月商倍率	有利子負債÷(当期純利益+減価償却費)	5.6年	1.0年	5.5年	0.8年	4.9年	1.0年	6.6年	1.1年	6.2年	0.9年	7.4年	1.5年	4.3年	1.0年
	借入金月商倍率	借入金÷(純売上高÷12)	3.6月	1.2月	2.8月	0.8月	4.4月	1.7月	2.3月	0.9月	2.3月	0.7月	5.7月	1.7月	3.0月	1.1月
	有利子比率	有利子負債÷自己資本−買	95.0%	22.7%	74.5%	17.4%	86.8%	22.1%	89.4%	22.8%	100.5%	20.2%	191.4%	39.6%	71.7%	19.0%
	必要運転資金	売上債権+たな卸資産−買入債務	36,535千円	44,709千円	37,692千円	33,596千円	84,075千円	104,058千円	58,939千円	75,718千円	22,366千円	25,768千円	835千円	2,239千円	18,416千円	22,275千円

② 株価収益率（PER）

株価収益率は，企業の収益に対する株価の割高・割安感を測る指標である。

株価収益率＝株価（20万円）／1株当たり利益（2万円）＝10倍

③ 株式益回り（EY）

株式益回りは，株式投資の有利不利の判断を測る指標である[658]。

株式益回り＝EPS（2万円）÷株価（20万円）＝10％

④ 株価純資産倍率（PBR）

株価純資産倍率は，企業の保有する純資産に対する株価の割高・割安感を測る指標である。

株価純資産倍率

＝株価（20万円）／1株当たり純資産額（20万円）＝1倍

⑤ 総資本経常利益率（ROA）

総資本経常利益率は，投下資本に対する経営の収益効率及び活動効率を測る指標である。分母の「総資本」は貸借対照表の貸方の合計額（つまり，負債の部と純資産の部の合計額）であり，当然ながら，貸借対照表の借方の合計額（総資産）と一致する。そのため，「総資本経常利益率」を「総資産経常利益率」ということもある。但し，ここにいう「総資本」を「株主資本＋有利子負債」としたり，「株主資本＋有利子負債＋社債発行額」とする説明する論者もあり，数字の比較に当たっては注意が必要である。

総資本経常利益率＝経常利益（200万円）÷総資本（5000万円）＝4％

総資本経常利益率の全産業平均値は2.2％程度である（岩森152頁）。

⑥ 投下資本利益率（投資利回り）（ROI）

投下資本利益率（投資利回り）は，投下資本でどれだけの最終的な利益を生み出したのかを測る指標である。投下資本利益率を求める分母には上記⑤と同様の問題がある。投下資本利益率を求める分子につ

---

[658] なお，配当は将来のキャピタルゲインの先食いであり，キャピタルゲインのリスクを高めるに過ぎないとする見解として，スチュワート70頁以下がある。

いては，当期純利益を用いるのが一般的であるが，営業利益を用いたり，経常利益を用いたり，「経常利益＋減価償却費」とする論者もいるので，数字の比較に当たっては注意が必要である。

投下資本利益率

＝当期純利益利益（200万円）÷総資本（5000万円）＝4％

総資本利益率の全産業平均は2.2％で，景気が通常の状態であれば5％程度が平均である（岩森152頁）。

⑦　総資産利益率（資産投資利益率）（ROA）

総資産利益率（資産投資利益率）は，企業の総資産がどれだけの利益をもたらしたかの効率性を測る指標である。分母の「総資産」には上記⑤と同様の問題がある。分子には，当期純利益，営業利益，経常利益を用いたり，「税引前当期利益＋支払利息」「経常利益＋支払利息」「事業利益[659]」を用いる論者がいる。

総資産利益率＝営業利益（200万円）÷総資本（5000万円）＝4％

総資産利益率の全産業平均値は4％（岩森152頁）程度である。

⑧　自己資本利益率（ROE）

自己資本利益率は，自己資本である資本金と剰余金を如何に効率的に使用して利益を獲得したかを測る指標である。分母には自己資本である株主資本を用い，分子には税引後当期純利益，税引前当期純利益等を用いる。

自己資本利益率

＝当期純利益（100万円）÷株主資本（1000万円）＝10％

自己資本当期利益率は，概ね全産業で2.7％（岩森152頁）程度となっている[660]。

(2)　売上に関する効率性

①　売上高総利益率（粗利率）

売上高総利益率

＝売上総利益（300万円）÷売上高（1000万円）＝30％

---

659)　「事業利益」とは，営業収益と投資収益の合計額をいう（岩森152頁）。
660)　なお，会計上の利益に歪みがあるとの観点からROE分析の有効性を疑問視するものとして，スチュワート99頁以下。

売上高総利益率は，建設業で18％，製造業で21％，卸売業で19％，小売業で30％，宿泊飲食業で65％，サービス業で44％，全産業で28％程度となっている（アクティベート）。

② 売上高営業利益率

売上高営業利益率＝営業利益（50万円）÷売上高（1000万円）＝ 5 ％

売上高営業利益率は，建設業で3％，製造業で4％，卸売業で2％，小売業で2％，宿泊飲食業で3％，サービス業で3％，全産業で3.3％程度となっている[661]。

③ 売上高経常利益率

売上高経常利益率＝経常利益（30万円）÷売上高（1000万円）＝ 3 ％

売上高経常利益率は，建設業で3％，製造業で3％，卸売業で4％，小売業で2％，宿泊飲食業で3％，サービス業で4％，全産業で3.4％（アクティベート）又は2.3％程度（岩森153頁）となっている。

④ 売上高当期純利益率

売上高当期純利益率
　　　　　　＝当期純利益（20万円）÷売上高（1000万円）＝ 2 ％

売上高当期純利益率は，概ね全産業で1～4％程度となっている（山根E）。

(3) 損益分岐点（BEP）に関する分析手法

① 損益分岐点分析

損益分岐点分析は，総費用は固定費と変動費の合計であるととらえ，いくら以上の売上高で利益が発生するかを分析する手法である（なお山根148頁以下）。なお，損益分岐点売上高は，全産業平均で3.5億円[662]程度である。

② 勘定科目法

勘定科目法は，損益分岐点分析において固定費と変動費の分解が実務上困難であるため，勘定科目によって大雑把に固定費と変動費を分

---

661) アクティベート，岩森152頁。なお勝間109頁は売上高営業利益率が10％を超えれば要注意とする。
662) 岩森158頁。但し，単位が（千円）となっているが，余りに巨額の数字となってしまうため，単位を（円）とした。

類する手法である（高田152頁以下）。

③　限界利益分析

限界利益分析は，売上が1単位増えることで生ずる利益を用いて目標売上高等を分析する手法である。例えば製品単価が1000円で変動原価（商品ならば仕入原価）が600円の場合，変動比率は60％で1個製品が売れるごとに400円を回収できる。固定費が40万円の場合，固定費を回収するのに100万円の売上が必要で，1000個の製品を販売する必要がある。この場合，目標利益を20万円とすれば，更に500個の製品を販売して50万円を売り上げる必要があるから，これに必要な売上高は150万円となる。

変動費（60万円）／売上高（100万円）＝変動比率（60％）

1－変動比率（60％）＝限界利益率（40％）

損益分岐点売上高

　　　　　　＝固定費（40万円）／限界利益率（40％）＝100万円

目標利益（20万円）達成に必要な売上高＝（固定費（40万円）＋目標利益（20万円））／限界利益率（40％）＝150万円

なお，限界利益率の全産業平均は27％（岩森159頁），上場企業平均は29％（岩森189頁）である。

④　損益分岐点比率（安全率）

損益分岐点比率は，実際の売上高が損益分岐点をどの程度超えているかを測る指標である。

損益分岐点比率

　＝損益分岐点売上高（100万円）／実際の売上高（150万円）＝67％

安全率＝1－損益分岐点比率（67％）＝23％

なお，損益分岐点比率の上場企業平均は，93％である（岩森159頁）。

⑤　売上高販管費率

売上高販管費率は，固定費が大部分を占める販管費の売上高に対する割合を測る指標である。

売上高販管費率

＝販売費及び一般管理費（20万円）／売上高（100万円）＝20％

売上高販管費率は，建設業で16％，製造業で17％，卸売業で17％，小売業で28％，宿泊飲食業で63％，サービス業で40％，全産業で25％程度となっている（アクティベート）。

(4) 企業をめぐるキャッシュの動きから分析する手法

① EBITDA[663]

EBITDAは，営業利益に有形固定資産の減価償却費及び無形固定資産の償却費を加えた額[664]であり，企業のキャッシュ収益力を測るために用いる。このEBITDAを売上高で除したものが「EBITDAマージン」である。

EBITDAマージンは，銀行業で23％，不動産業で11％，旅館業で8％，小売業で5％，卸売業で3％程度となっている（山根E）。

② フリーキャッシュフロー[665]

フリーキャッシュフローは，企業がその活動を通じて実際に入手した現金から流出した現金を差し引いたものであり，営業キャッシュフローと投資キャッシュフローを加算したものである。

具体的には，①税引後営業利益に，②運転資本（売掛金等）の前期比増減額や減価償却費等を加減算し，③投資キャッシュフロー額を加減算することによって求める。

フリーキャッシュフロー＝営業利益（1500万円）×（1－実効税率（40％））＋減価償却費（500万円）－運転資本の増減額（200万円）－投資額（600万円）＝2200万円

なお，③で投資キャッシュフローを加減算しない場合のキャッシュフロー額（上の例では2800万円）が営業キャッシュフローであり，600万円が投資キャッシュフローとなる。

③ 営業キャッシュフロー・マージン分析

営業キャッシュフロー・マージン分析は，営業活動による売上高の

---

663) Earnings Before Interest, Taxes, Depreciation and Amortization（直訳すれば，支払利息，税金，減価償却費，固定資産償却費差引前収益）の略称である。
664) または，税引前利益に特別損益，支払利息，減価償却費及び固定資産償却費を加算した額。
665) なお，キャッシュフロー分析については，第2編第3章第2節で詳述する。

どのくらいの割合をキャッシュで得たかを測る指標である。

　営業キャッシュフロー・マージン
　　＝営業キャッシュフロー（200万円）／売上高（1800万円）＝11％

営業キャッシュフロー・マージンは，銀行業で63％，証券業で22％，不動産業で10％，小売業で4％，卸売業で3％，建設業で1.5％等となっている（山根E）。

④　利益構成比率

利益構成比率は，当期利益と減価償却費の割合を測る指標である。

利益構成比率＝当期利益（100万円）／（当期利益（100万円）＋減価償却費（50万円））＝67％

利益構成比率が50％を超えると，営業キャッシュフローが利益の変動による影響を受けやすいことを示す。

2　活動性分析（効率性分析）

　企業は，現金（資本）を投資して商品・製品を仕入れ・製造し，これを売り上げて代金を回収し，更にこの現金を再投資して商品や製品を仕入れ・製造するという循環によって，永続的に利益を上げていく存在である（古川210頁以下）。そうすると，より多くの利益を上げたい場合には，①投資の規模を増やすこと，または②この一連のサイクルの回転数を上げていくことが必要になる。活動性分析（効率性分析）は，企業の資本，資産，商品・製品，債権・債務等に着目して，その回転の速さを測る手法である。指標としては，売上高に対するこれらの割合を見る「回転率」分析と，これらが1回転するのにかかる日数を見る「回転期間」分析とがある[666]。

(1)　総資本回転率

　総資本回転率＝売上高（1800万円）／（負債＋純資産）（900万円）＝2回転
　総資本回転率の目安は，建設・製造業で2〜3回，卸・小売業で5〜6回転とされている（財務分析）。

---

666)　厳密には，回転期間や回転率を求める際には，資産・負債額については期首及び期末の合計額を2で除した年平均値を用いるが，本書では，捜査の便宜も考慮して，当期の貸借対照表に記載の期末残高から回転期間や回転率を求める方法を採る。

(2) **固定資産回転率**

固定資産回転率＝売上高（1800万円）／固定資産（360万円）
＝5回転（なお高田142頁以下）

固定資産回転率の目安は，流通業で5回転（12回転以上では設備不足，2回転以下では設備過剰），製造業で2.5回転（8回転以上では設備不足，1回転以下では設備過剰）とされている（財務分析）。

(3) **棚卸資産回転率（在庫回転率）**

棚卸資産回転率は，企業の在庫量が適正かを測る指標である（なお，高田132頁以下）。

棚卸資産回転率＝売上高（1800万円）／棚卸資産（150万円）＝12回転
棚卸資産回転期間
＝棚卸資産金額（150万円）／1日当たり売上高（5万円）＝30日

在庫回転期間の目安は，建設業や製造業で40日，製造業，小売業で30日，卸売業で20日程度とされている（財務分析）。

(4) **売上債権回転率**

売上債権回転率は，通常の営業取引から生じた債権がどの程度滞留しているかを測る指標である。

売上債権回転率
＝売上高（1800万円）／（売掛金＋受取手形）（100万円）＝18回転
売上債権回転期間
＝(売掛金＋受取手形)（100万円）／1日当たり売上高（5万円）＝20日

売掛債権回転期間の目安は，不動産業で10日，小売業で30日，製造業で70日，建設業で110日程度となっている（渡邉）。

(5) **買入債務回転率（仕入債務回転率）**

買入債務回転率は，通常の営業取引から生じた債務がどの程度滞留しているかを測る指標である。

買入債務回転率
＝売上高（1800万円）／（買掛金＋支払手形）（90万円）＝20回転
買入債務回転期間
＝(買掛金＋支払手形)（90万円）／1日当たり売上高（5万円）＝18日

買入債務回転期間は，銀行業で1日，不動産業で20日，小売業で30日，製造業で50日，建設業で80日程度となっている（渡邉）。

(6) 商品回転率（製品回転率）

商品回転率は，商品が効率的に回転されて売上につながっているかを測る指標である。

商品回転率＝売上高（1800万円）／商品（120万円）＝15回転

商品回転期間＝商品（120万円）／1日当たり売上高（5万円）＝24日

理想的な商品回転率は，流通業では20回転（10回転以下は要注意），製造業で12回転（6回転以下は要注意）とされる。

3　成長分析

(1) 売上高伸び率（売上高成長率）

売上高伸び率（売上高成長率）は，前年度からどの程度売上が伸びたかを測る指標である。

売上高伸び率＝(当期売上高（100万円）－前期売上高（90万円））／前期売上高（90万円）＝11％

売上高成長率の上場企業平均は2.8％である（岩森186頁）。

(2) 経常利益伸び率

経常利益伸び率は，前年度からどの程度経常利益が伸びたかを測る指標である。

経常利益伸び率＝(当期経常利益（30万円）－前期経常利益（28万円））／前期経常利益（28万円）＝7％

経常利益伸び率の上場企業平均は13.2％．なお，営業利益成長率の全産業平均は約10％である（岩森153頁）。

(3) 純利益伸び率

純利益伸び率は，前年度からどの程度純利益が伸びたかを測る指標である。

純利益伸び率＝(当期純利益（10万円）－前期純利益（8万円））／前期純利益（8万円）＝25％

(4) 売上高研究開発費率

売上高研究開発費率は，企業が売上高のどのくらいの割合を研究開発費に支出しているかを測る指標である。

売上高研究開発費率＝研究開発費（200万円）／売上高（1800万円）＝11％

売上高研究開発費率は，製造業では13％程度であるが（山根E），製薬業界では20％程度である（経営分析）。

(5) 設備投資比率

設備投資比率は，製造業者にとって投資の中で最も重い比重を占める設備投資額を営業キャッシュフローによりどの程度賄っているかを測る指標である（キャッシュフローについては後述第2節参照）。

設備投資比率
　　＝設備投資額（400万円）／営業キャッシュフロー（1800万円）＝22％

(6) 投資比率

投資比率は，営業キャッシュフローが投資キャッシュフローをどの程度賄っているかを測る指標である。

投資比率
＝営業キャッシュフロー（400万円）／投資キャッシュフロー（500万円）＝80％

借入れをせずに，すなわち，財務キャッシュフローに頼らずに設備投資をする，ということができるためには，投資比率は100％以上であることが望ましい。

4 生産性分析

(1) 付加価値分析

付加価値分析とは，企業が外部から購入した商品や原材料に付け加えた価値分析をいう。付加価値分析における付加価値の求め方には2通りある[667]。

① 控除法（中小企業庁方式）

付加価値＝売上高－外部購入価値

---

[667] 付加価値分析の重要性を強調するものとしてスチュワート222頁以下がある。同書では，税引後営業利益（NOPAT）から資本費用（自己資本についての配当金や他人資本についての支払利息）を差し引いたものを経済的付加価値（EVA）としている。同302頁以下，津森303頁以下，西山47頁以下，井手・高橋13頁以下及び62頁以下。なお，減価償却費を算入するものを純付加価値，算入しないものを粗付加価値という（ジャス，ふるて）。

ここでいう「外部購入価値」とは，材料費，購入部品費，運送費，外注加工費等をいう。

② 加算法（日銀方式）

付加価値
　　＝経常利益＋人件費＋賃借料＋減価償却費＋金融費用＋租税公課

付加価値額の全産業平均は約7000万円である（岩森157頁）。

(2) 売上高付加価値率（総生産高付加価値分析）

売上高付加価値率（総生産高付加価値分析）は，売上高に対する付加価値の割合を測る指標である。また，総生産高に対する付加価値率を求める方法もあり，この場合は「総生産高付加価値率」となる。

売上高付加価値率＝付加価値（360万円）／売上高（1800万円）＝20％

売上高付加価値率は，従来，製造業において23％程度，非製造業において13％程度であったが，近時はこれが両産業ともに20％程度となる傾向が見られる。また，産業別では，小売業が10％程度，サービス業が30％程度，運輸業が40％程度と開きがある[668]。売上高付加価値率の全産業平均は18.5％（岩森158頁）である。

(3) 労働生産性

労働生産性は，企業が生み出した付加価値を従業員数で除したものである。

労働生産性＝付加価値（4000万円）／5人＝800万円

更に，これを1日当たり，または1時間当たりの生産性で除して比較することもある。

労働生産性は，我が国の平均で750万円程度[669]であり，時間当たりの生産性で比較すると，大企業においては製造業は7000円，卸売業は6000円，小売業は3500円，飲食店は2200円である（中小企業においては製造業及び卸売業が4000円，小売業が2500円，飲食店が1800円）[670]。

---

[668] 財務総合政策研究所「付加価値率」(http://www.mof.go.jp/pri/reference/ssc/keyword/keyword_11.htm)。
[669] 日本生産性本部「日本の生産性の動向2013年版」（平成25年）(http://www.jpc-net.jp/intl_comparison/intl_comparison_2013_press.pdf)。

(4) 労働分配率

労働分配率は，付加価値に占める人件費の割合を測る指標である。

労働分配率＝人件費（1600万円）／付加価値（4000万円）＝40％

労働分配率の業界別平均は，建設業において35％程度，製造業・小売業において40％程度，飲食業において70％程度である（経営分析）。

(5) 有形固定資産減価償却率

有形固定資産は定額法又は定率法等の方法により減価償却する必要がある（第2編第2章第4節4(3)ソ参照）。この累計額を有形固定資産の評価額と比較することで，償却の進展具合や資産の古さを確認する手法が有形固定資産減価償却率である[671]。

有形固定資産減価償却率＝有形固定資産減価償却累計額（1000万円）／（有形固定資産減価償却累計額（1000万円）＋償却対象資産の残存価額（500万円））＝67％

(6) 労働装備率

労働装備率は，従業員1人当たりどのくらいの設備投資（有形固定資産）があるかを示すもので，生産の合理化の程度を測る指標である。

労働装備率＝有形固定資産（2億円）／従業員数（10人）＝2000万円

労働装備率の平均は，業種ごとに大きな開きがあり，製造業は2000万円，非製造業は5000万円，不動産業は2億円（経営分析），全産業平均で2471万円（岩森157頁）等となっている。

(7) 総資本投資効率

総資本投資効率は，投下した資本によってどの程度の付加価値が得られたかを測る指標である。

総資本投資効率＝付加価値額（4000万円）／総資本（2億円）＝20％

(8) 設備投資効率

設備投資効率は，有形固定資産によってどの程度の付加価値が得られたかを測る指標である。

---

670) 中小企業庁「平成20年版中小企業白書」（http://www.chusho.meti.go.jp/pamflet/hakusyo/h20/h20/html/k2120000.html）。
671) なお，これを売掛債権の長期滞留がないかに関する調査と同様「年齢調べ」ということがある。

設備投資効率
$$= 付加価値額（4000万円）／有形固定資産（5000万円）= 80\%$$
設備投資効率の全産業平均は90％であるが，産業ごとでは，不動産25％，製造業77％，商業100％等となっている（ジャス）。

(9) 1人当たり売上高

1人当たり売上高＝売上高（4億円）／従業員数（10人）＝4000万円

産業別比較では，卸売業が9500万円，製造業・娯楽業が4000万円[672]，全産業平均は8145万円（岩森158頁）となっている。

(10) 1人当たり経常利益

1人当たり経常利益
$$= 経常利益（2000万円）／従業員数（10人）= 200万円$$

(11) 1人当たり人件費

1人当たり人件費＝人件費（1億円）／従業員数（10人）＝1000万円

1人当たり人件費は，証券会社で1300万円，非製造業で930万円，製造業で860万円，全産業で900万円等となっている（経営分析）。

(12) 資本集約度

資本集約度は，会社の総資本（総資産）を従業員数で割ったもので，従業員1人当たりの資産額を測る指標である。

資本集約度＝総資産（2億円）／従業員数（20人）＝1000万円

資本集約度は，非製造業で1500万円，製造業で8600万円，全産業で1100万円等となっている（経営分析）。

5 安全性分析

安全性分析は，企業の支払能力を測定することを目的とする分析手法である。

(1) 短期安全性

① 流動比率

流動比率は，1年以内に支払期限の到来する債務を流動資産でどの

---

672) 総務省統計局「経済センサスと経営指標を用いた産業間比較－平成24年経済センサス－活動調査の分析事例①〔経理項目〕－」(http://www.stat.go.jp/data/e-census/topics/topi731.htm)。

程度支払うことができるかを測る指標である。

　　流動比率＝流動資産（1300万円）／流動負債（1000万円）＝130％

　流動比率は，上場企業平均で120％台，製造業平均で140％台であるが，少なくとも100％，できれば150％程度であることが望まれる（岩森155頁）。

② 当座比率

　当座比率は，1年以内に支払期限の到来する債務を当座資産[673]でどの程度支払うことができるかを測る指標である。

　　当座比率＝当座資産（1000万円）／流動負債（1000万円）＝100％

　当座比率は，全産業平均では約84％である（岩森155頁）。

③ 手元流動性比率

　手元流動性比率は，売上高に対して，有価証券のように即座に現金化できる資産をどの程度有しているかを測る指標である。

　　手元流動性比率＝(現預金＋有価証券)（1000万円）／1月当たり売上高（500万円）＝2月

　手元流動比率は，通常1〜1.5月分が多く，全産業平均は1.76月である（岩森155頁）。

④ 売掛債権対買掛債務比率（売掛仕入債務比率）

　売掛債権対買掛債務比率（売掛仕入債務比率）は，売掛金（受取手形を含む）の買掛金（支払手形を含む）に対する割合を測る指標である。

　　売掛債権対買掛債務比率

　　　　　　　　　＝売掛金（120万円）／買掛金（100万円）＝120％

　企業が安く買った商品を高く売って収益を上げる存在である以上，売掛債権対買掛債務比率）は100％を超えるのが通常であり，上場企業平均は150％程度である（岩森156頁）。

　但し，売掛金の額が買掛金の額よりも少ないことが直ちに異常とまでは言えないことには注意を要する。売掛金は速く回収し，買掛金は遅く支

---

[673] 現預金，売掛金，受取手形，有価証券のように換金性の高い資産をいい，棚卸資産等の換金性の低い流動資産を含まない。

払っているのがその原因であるとすれば，資金繰りの観点からはむしろ望ましいからである。但し，この数値が100％を切ったり200％を超えるような場合には，売掛金や買掛金の内容に問題があるのか，回収・支払までの期間（回転率）の違いによるのか，現金売りが多い等の商売上の特性や資金繰りの特性によるのかを捜査するとよいであろう。

(2) **長期安全性**

① 固定比率

固定比率は，長期的な投資である固定資産を返済の必要のない自己資本でどの程度賄っているかを測る指標である。

固定比率＝固定資産（1000万円）／自己資本（1000万円）

通常，100％以下であることが望ましいとされる。固定比率の全産業平均は163％である（岩森156頁）。

② 固定長期適合率

固定長期適合率は，長期的な投資である固定資産を自己資本や長期負債でどの程度賄っているかを測る指標である。

固定長期適合率
＝固定資産（1000万円）／（自己資本＋固定負債）（1500万円）＝67％

固定長期適合率は100％以下であることが望ましく，上場企業の平均は80％である（岩森156頁）。固定長期適合率が100％以上となった場合，固定資産の調達を流動負債にも依存していることから，資金繰りが悪化していることが想定される。

③ 自己資本比率

自己資本比率は，総資本のうち自己資本[674]がどの程度占めるかを測る指標である。

自己資本比率＝自己資本（800万円）／総資本（2000万円）＝40％

自己資本比率の全産業平均は約27％である（岩森154頁）。

④ 株主資本比率

株主資本比率は，総資本のうち株主資本がどの程度占めるかを測る

---

674) 自己資本は，広義には「純資産の部」の合計金額をいうが，自己資本比率等を計算する際には，株主資本を指し，新株予約権や少数株主持分は含まないことが多い。

指標である。

　　株主資本比率＝株主資本（600万円）／総資本（2000万円）＝30％

　　株主資本比率の全産業平均は31.6％である（岩森156頁）。

⑤　負債比率

　　負債比率は，③とは逆に，総資本又は自己資本のうち他人資本がどの程度占めるかを測る指標である。

　　負債比率＝総負債（1200万円）／総資本（2000万円）＝60％

　　負債比率＝総負債（1200万円）／自己資本（1200万円）＝100％

　　負債比率は，「レバレッジ比率」「ギアリング比率」ともいい，低いほど財務の安定性が高いといえる。総負債／自己資本の比率は，100％以下であることが理想であるが，伝統的に株式発行等の直接金融より銀行借入れ等の間接金融に依存することの多かった我が国の企業では，一般に負債自己資本比率は100％をはるかに超えている（岩森156頁）。

(3)　金融費用支払能力

①　インタレスト・カバレッジ・レイシオ

　　インタレスト・カバレッジ・レイシオは，支払わなければならない利息の何倍の利益を稼いでいるかを測る指標である。

　　インタレスト・カバレッジ・レイシオ＝（営業利益＋受取利息＋受取配当金）（2000万円）／（支払利息＋割引料）（800万円）＝2.5倍

　　インタレスト・カバレッジ・レイシオは，1以下は危険，2～3倍が標準で10倍以上が理想とされ，上場企業平均は4.4，製造業平均は6.9である（岩森166頁）。

第2節　キャッシュフロー分析手法について

1　総説

キャッシュフロー分析は，もともと，企業会計原則に基づいて作成された

損益計算書や貸借対照表が現実の企業活動を反映しているかを現金（キャッシュ）の出入りの観点から分析するものである。ここで「キャッシュ」とは，現金，当座預金，普通預金，通知預金，3か月以内に満期の到来する定期預金や譲渡性預金を意味し，「キャッシュフロー」とはこれら「キャッシュ」の年間の増加・減少を意味する（碓氷3頁）。

　キャッシュフロー分析の対象とするキャッシュフローには，①営業キャッシュフロー，②投資キャッシュフロー，③財務キャッシュフローの3種類がある。①「営業キャッシュフロー」は，本業の活動に関して支出・獲得されたキャッシュの増減（碓氷8頁），②「投資キャッシュフロー」は，金融関係投資（有価証券，貸付け等）及び有形・無形の投資活動（設備投資，有形・無形固定資産等）に関して支出・獲得されたキャッシュの増減（碓氷77頁），③「財務キャッシュフロー」は，金融や資金の調達と返済等の活動に関して支出・獲得されたキャッシュの増減のことである[675]。

　企業は黒字だから倒産しないわけでも，赤字だから倒産するわけでもない。企業が倒産するのは，手元現金がなくなって目前にある支払のための資金繰りが付かなくなるためである。売上が伸びて利益が上がっているように見えても，実際には売掛金が増えて現金の回収ができていないこともあるし，費用が増えて営業利益が減っているように見えても，対外的に資金が流出しない減価償却費が増えているだけのこともある（営業キャッシュフローにおける検討対象）。また，貸借対照表上は資産の総額に増減がないように見えても，収益を生み出さない土地・建物・設備や有価証券に手元現金が流出している場合もあるし，固定資産が増えているように見えても，実際には将来的には費用化しなければならない仮勘定や繰延資産が増えているだけのこともある（投資キャッシュフローにおける検討対象）。更に負債が減少したといっても，それを現預金で返済をした場合には，手元現金が減少しているのであって，資金繰りの悪化原因となる（財務キャッシュフローにおける検討対象）。

　キャッシュフロー分析は，貸借対照表や損益計算書上は売上や利益が上

---

675) 碓氷77頁，高田172頁以下。

がっているように見えても，これを現実の現金の移動の観点から，つまり現金（キャッシュ）の裏付けのある売上や利益であるかという観点から貸借対照表や損益計算書を分析するものである[676]。キャッシュフロー分析は，もともと企業が関連する会計監査や犯罪捜査に親和性がある分析手法であり，粉飾等の利益操作を見抜くのに極めて有用な手法である[677]。そこで，本節においては，特にキャッシュフロー分析を具体的にどのように行うかについて説明していきたい[678]。

2 キャッシュフローの求め方

(1) 営業キャッシュフロー

まず，営業キャッシュフローを求める際の基本的な考え方について説明したい。

企業会計原則は，会社債権者や投資家等の利害関係者に企業の財務状況について正しい情報を提供することを目的としている。しかし，ここでいう「正しさ」は我々捜査官が考える「実体的真実」とは多少異なる。「実体的真実主義」に基づいて財務諸表を作成するとすれば，むしろ，現金主義，つまり，収益や費用の認識時点を現金の移動があった時点と捉えることがむしろ整合的である。しかし，現金主義会計によると，多額の設備投資を行った年には多額の当期費用が発生するとか，信用取引を行っても売掛金や買掛金は全く当期の利益や費用に反映されないなどの不都合があり，却って企業の財務状況に関する正確な情報を外部に提供できない[679]。

そこで，企業会計原則は，基本的には発生主義に基づいて収益や費用を認

---

676) キャッシュフローを用いた経営分析について萩原238頁以下。
677) なお，キャッシュフロー計算書は1990年前後から企業への作成義務付けが行われるようになった比較的新しい経営分析手法である。しかし，比較的古い書物を見ると，2期分の貸借対照表を比較して資産負債の増減を分析したり，減価償却費等の非資金取引を修正する等の分析が「資金運用表」の作成において行われており（上原134頁以下，小林196頁以下），これらはキャッシュフロー分析と類似の考えによると見ることも可能と思われる。
678) 津森47頁以下，GMI 4頁以下，大野他324頁以下，桜井112頁以下，パレプ83頁以下，高田288頁以下，山根121頁以下，伊藤231頁以下，萩原12頁以下，平林162頁以下。キャッシュフロー重視への流れについては井手・髙橋77頁以下。なお，国際財務報告基準におけるキャッシュフローについては，あずさ196頁以下。
679) 勝間50頁，154頁。減価償却費について第2編第2章第1節B，第2編第2章第4節4(3)ソ参照。

識し，一部の費用についてはこれを資産化した上，収益に対応した合理的な期間に費用を配分することとしたり，損失の発生が見込まれるときにはこれに備えて負債科目である引当金を設定すること等により，より適切な財務状況を外部に提供するようにしているのである。つまり，ここでいう財務状況は，「実体的真実」というよりも「会計的真実」と言うべきものであり，現金主義会計では本来発生しない収益，費用，資産，負債が生ずることになる。これを「会計発生高（accrual・アクルーアル）」と呼ぶ。会計発生高の典型的なものは，

① 減価償却費[680]（損益計算書上は，販売費及び一般管理費に属するものと製造原価における経費に属するものとがある。）：支出を伴わない費用
② 各種引当金繰入額（貸倒引当金，賞与引当金，退職給付引当金，修繕引当金）：支出を伴わない費用
③ 棚卸資産（商品，製品，仕掛品等）の前期比増減額：現金収入に結び付かない資産増減
④ 繰延資産（創業費，開業費，開発費，株式交付費，社債発行費）の計上額：既に支出した費用の資産化
⑤ 評価益・評価損：現金の出入りを伴わない損益
⑥ 売掛金（受取手形）・買掛金（支払手形）の前期比増減額：現金の出入りを伴わない売上・仕入

である[681]。

営業キャッシュフローを求める方法には，営業活動から生じる現金収入及び現金支出を直接求める「直接法」もあるが，実務ではほとんど採用例がなく，税引前当期純利益からこれらの変動要素を加減算することによって求める「間接法」が一般的な手法である[682]。

---

[680] のれんや繰延資産の償却費を含む。
[681] なお，古川 210 頁以下。
[682] 但し，この点は，何を「直接法」と呼び，何を「間接法」と呼ぶかについても混乱があるようであり，萩原 79 頁では，営業収入に営業支出，利息の受払額等を加減算することにより営業キャッシュフローを求める方法を「直接法」と説明しているし，古川 213 頁は本文で紹介したような方法を「直接法」と称している。本文で紹介した「直接法」「間接法」の区別はパレプ 84 頁によるものである。

間接法による営業キャッシュフローは，次のようにして求める[683]。

　　　税引前当期純利益
　　　　－特別利益
　　　　＋特別損失
　　　　＋減価償却費などキャッシュの支出を伴わない費用
　　　　－棚卸資産の増加額
　　　　－売掛金・受取手形の増加額
　　　　＋買掛金・支払手形の増加額
　　　　－法人税

但し，営業キャッシュフローの計算方法は一律ではなく，次のような計算方法によることもある（古川他213頁）。

　　　売上高
　　　　－売上債権の増加
　　　　－売上原価
　　　　－販売費及び一般管理費
　　　　－棚卸資産の増加
　　　　＋仕入債務の増加
　　　　＋減価償却費
　　　　－営業利益に対する税金

なお，

　会計発生高＝（当期純利益＋特別損失－特別利益）－営業キャッシュフロー
と求めることもできるし[684]，

　会計発生高＝（流動資産の増加分－現預金の増加分）－（流動負債の増加分－
　　　　　　資金調達項目の増加分）－（長期性引当金の増加分＋減価償却費）
と求めることもできる[685]。

　キャッシュフロー分析は，このような会計発生高を貸借対照表や損益計算書に繰り戻し，いわば，現金主義会計に基づいて財務諸表を修正し，企業の

---

683) 須田26頁，勝間57頁。
684) 勝間55頁以下。
685) これを「間接導出法」という。須田他91頁以下。

財務状況を実体的真実主義に基づいて眺める手法とも言い得る。

　ここで，捜査官が財務分析でキャッシュフロー分析を行う際の視点について筆者なりの考えを述べておきたい。

　上記のとおり，一般的なキャッシュフロー分析では，上記①から⑥の会計発生高を営業キャッシュフロー算出の際の加減要素とし，固定資産であるソフトウェア仮勘定，建設仮勘定及びソフトウェアの取得費や増加額，企業買収に伴うのれんの増加額は投資キャッシュフローにおいて考慮するのであるが，筆者は，

⑦　建設仮勘定，ソフトウェア仮勘定
⑧　ソフトウェア
⑨　のれん（営業権・連結調整勘定）
⑩　投資その他資産

についても，営業キャッシュフローを導出する際に，これを変動させる可能性のある要素として併せて考慮しておくことが問題点や捜査上のポイントを的確にあぶり出す上で重要と考える。

　その第1の理由は，建設仮勘定は，本来費用として計上したり固定資産として計上したりして減価償却の対象とすべきものを減価償却の不要な固定資産として計上することができ，また，金額も通常多額に上ることから粉飾の手段として用いられる可能性が高い勘定科目であること，ソフトウェアについても製品マスターの完成時点をいつと捉えるか等によって資産とするか費用とするかが分かれたり，無形固定資産であること等から粉飾の余地が大きいこと，ソフトウェア仮勘定はこの両者の性質を併有すること，のれんも無形固定資産である上，企業買収の対価をいくらに設定するかのよってその価額を大きく変動させることが可能で，粉飾に用いられる危険性の高い勘定科目であること，投資その他の資産の中には，特定目的会社，有限会社や組合，タックス・ヘイブンに設立された法人や組合等を用いた複雑なスキームにより利益や損失の飛ばしに用いられるものが含まれている可能性があること，⑦～⑩の資産は，時として多額の資産計上がなされることがあること等のためである。

　第2の理由は，捜査においては，営業キャッシュフローと投資キャッシュ

フローを区別することに左程の実益はなく，却ってこの2つを区別することで企業の会計的実態を見誤る危険性があると思うからである。企業は，本来，営業で儲かった利益（プラスの営業キャッシュフロー）を本業や副業に投資して（マイナスの投資キャッシュフロー），これらに必要な資金を市場や金融機関から調達したり，配当を支払ったり借入金を返済する（マイナスの財務キャッシュフロー）というのが外部投資家から見ても通常の姿であるから，そもそも，企業経営者にとっては，営業キャッシュフローをプラスにしようとするインセンティブが強く働く。つまり，本業で損をしていながら，過剰な金融商品投資をして財テクで稼ごうとしたり，市場や銀行から調達しようとすることなど，投資家や金融機関から見ればもってのほかということになる。しかも，上場企業については，平成12年以降は，キャッシュフロー計算書も財務諸表の一つとして公表することが義務付けられたから[686]，不正会計により売上や利益を粉飾をしている企業経営者にとっては，貸借対照表や損益計算書だけではなく，キャッシュフロー計算書まで粉飾しなければならないというインセンティブが働くようになった。そして，一般の企業については，営業，投資，財務の全てのキャッシュフローがプラスということはほとんどあり得ず，健全な企業というものは，営業キャッシュフローは黒字で（つまり，本業で利益を稼いでおり），投資キャッシュフローが赤字で（つまり将来の収益力の見込める設備や企業買収等に資金を投資しており），財務キャッシュフローも赤字である（つまり，銀行からの借入金を返済したり社債を償還する）のがむしろ通常の姿とも言える。それ故，企業経営者としては，実際は営業キャッシュフローをマイナスにする支出（例えば費用や損失）であっても，これを投資キャッシュフロー（例えば固定資産取得費や企業買収に伴うのれんの計上）として仮装したいというインセンティブが働く。このように考えると，捜査官にとっては，ある資産や負債の増減が営業キャッシュフローを修正する要素か，投資キャッシュフローを修正する要素かということは，左程意味のあることではないということが理解されるであろう。

---

[686] 日本公認会計士協会「連結財務諸表等におけるキャッシュフロー計算書の作成に関する実務指針（会計制度委員会報告第8号）」（平成10年・最終改正平成23年）（http://www.hp.jicpa.or.jp/specialized_field/files/2-11-8-2-20120412.pdf）。

捜査官にとっては，資産の増減はキャッシュの増減を伴うものであるか，資産の増減は実体のあるものであるかどうかが最も重要なことであって，上で述べた⑦ないし⑩の科目は，資産の増加が実体を伴わない虞れが多分にあるから，これらを営業キャッシュフローを導出する際に正しい営業キャッシュフローを変動させ得る要素として考慮することが有益であると言い得るのである。この意味で，営業キャッシュフローと投資キャッシュフローを合計したフリーキャッシュフローこそ，捜査官が着目すべき数字であると言える[687]。その具体例については後記2⑷で述べることとしたい。

 第3の理由は，以上のような検討の結果，①ないし⑩も考慮したキャッシュフロー[688]に問題があると思われる場合には，財務キャッシュフロー計算書に記載の資金調達方法に何らかの違法行為，犯罪が含まれる可能性が高いという視点が与えられるからである。つまり，違法な資産計上や損失隠し等によって売上や利益を粉飾している企業において，株式新規公開，株式第三者割当，社債の発行，銀行借入れ等による資金調達が行われている場合，これらの資金調達先又は株式引受人から市場を通じて株式を購入した一般投資家が財産的被害を受けている可能性があり，その過程で金融商品取引法違反や詐欺等の犯罪が伏在している可能性があることに特に留意することが必要である。

⑵ 投資キャッシュフロー

 投資キャッシュフローは，当該企業が将来の収益獲得のために投資した現金の出入りを分析するものである。ここでいう将来の収益獲得のための投資の具体例としては，工場の建設，機械の更新等の設備投資（内部投資），企業買収，合併，業務提携のような新規事業への投資，余剰資金を活用した財テク投資等（外部投資）が含まれる。いずれにしても，営業キャッシュフローが本業による現金の出入りを分析するものとすれば，投資キャッシュフローはこれら投資活動による現金の出入りを分析するものと言い得るであろう。

---

[687] なお古川214頁においては，関連会社への投融資や持ち合い株式は，余裕資金の運用というより営業目的で行っていると考えられることから，フリーキャッシュフローの計算に含めるべきとする。

[688] その内容は，営業キャッシュフローと投資キャッシュフローを合わせた「フリーキャッシュフロー」に近いものとなる。

投資キャッシュフローの増減項目としては，
- 有形固定資産の取得・売却
- 無形固定資産の取得・売却
- 投資有価証券の取得・売却
- 貸付金の支出・回収

等がある。キャッシュフロー分析は，企業を主体として現金の出入りを見るものであるから，上記のうち取得・支出とあるものが投資キャッシュフローのマイナス要因，売却・回収とあるものが投資キャッシュフローのプラス要因ということになる[689]。

投資キャッシュフローは，一般に，将来の収益獲得のための前向きな投資であるから，本業に対して不相当に多額の支出でなく，実際に収益を上げる見込みがある限りは，市場から前向きな企業活動として受け止められる。

(3) 財務キャッシュフロー

財務キャッシュフローは，営業キャッシュフローから投資キャッシュフローを差し引いたフリーキャッシュフローがマイナスの場合，その資金調達をどのように行っているかを示すものである。

会社への財務キャッシュフロー流入要因としては，
- 短期借入れ
- 長期借入れ
- 社債発行
- 株式発行

等が主なものであり，財務キャッシュフロー流出要因としては，
- 借入金の元利金の返済
- 社債の利払い及び償還
- 株主配当

等が主なものである（碓氷87頁以下）。

なお，財務キャッシュフローとの関係では，銀行の金利や株主に対する配当は，企業の業績，担保価値の有無等によって様々であるが，一般に借入金

---

[689] 参考文献として，碓氷84頁以下。

利が年率3％，株主の求めるリターンが年率8％程度であるとすると，その加重平均資本コスト（WACC）[690]は年率6％程度となることを覚えておくとよい。

(4) 具体例

それでは，実際の貸借対照表及び損益計算書からキャッシュフローを導き出してみよう。ここでは，敢えて，本書第2編でたびたび取り上げたニイウスコー株式会社（平成20年東京証券取引所上場廃止）の第14期有価証券報告書[691]に記載されている同社の第13期及び第14期の貸借対照表及び損益計算書を題材として営業キャッシュフローを求めてみよう[692]。

上場企業については，キャッシュフロー計算書も作成・開示が義務付けられているが，ここでは敢えて，1期分の損益計算書と2期分の貸借対照表をもとに，間接法によりキャッシュフローを求めてみたい[693]。

同社の第13期及び第14期の連結貸借対照表を下記に示す。

区分	注記番号	前連結会計年度（13期）（平成17年6月30日）		当連結会計年度（14期）（平成18年6月30日）	
		金額（千円）	構成比（％）	金額（千円）	構成比（％）
（資産の部）					
Ⅰ　流動資産					
1.　現金及び預金		14,471,786		14,712,940	
2.　売掛金		14,522,255		13,947,135	
3.　商品		6,014,093		6,272,330	
4.　仕掛品		557,396		242,265	
5.　前渡金		87,144		755,841	
6.　前払費用		971,281		1,115,482	
7.　未収入金		558,414		577,497	
8.　未収法人税等		58,387		303,966	

---

690) WACC は，Weighted Average Cost of Capital の略である。WACC の基本的な考え方は，株主資本にも配当等のコストがかかっており，資金調達は株式発行と有利子負債の借入れの最適なバランスによって行うことが利益増加，企業価値の最大化につながるという考えに基づき，有利子負債コストと株主資本コストとを加重平均したものである。山口146頁以下。WACC の計算方法については金子75頁以下，津森194頁以下，GMI86頁以下。課税とWACC の修正について草野178頁以下。なお，WACC を割引現在価値（NPV）を求める際の割引率に用いることについて，GMI108頁以下及び津森203頁。
691) http://www.kabupro.jp/edp/20060921/0060E65U.pdf
692) なお，以下では金融商品取引法の計算について間接法による。
693) 勝間56頁以下。キャッシュフローの直接法による求め方について萩原98頁以下及び162頁以下，間接法による求め方について同100頁以下及び188頁以下。

項目				
9. 未収消費税等		101,577		564,596	
10. 繰延税金資産		303,687		206,795	
11. その他		58,298		30,673	
貸倒引当金		—		△1,100	
流動資産合計		37,704,322	78.6	38,728,426	54.4
Ⅱ 固定資産					
1. 有形固定資産					
(1)建物	1,646,173			1,816,694	
減価償却累計額	△359,826	1,286,346		△499,683	1,317,011
(2)工具器具及び備品	337,553			480,947	
減価償却累計額	△183,208	154,344		△155,247	325,700
(3)土地		469,024		797,880	
(4)建設仮勘定		—		4,650,651	
有形固定資産合計		1,909,715	4.0	7,091,243	10.0
2. 無形固定資産					
(1)ソフトウェア		2,811,323		8,358,151	
(2)電話加入権		10,146		5,573	
(3)ソフトウェア仮勘定		2,035,775		8,820,196	
(4)連結調整勘定		550,877		1,658,397	
(5)著作権		—		475,000	
(6)営業権		—		302,798	
(7)その他		—		1,330	
無形固定資産合計		5,408,122	11.3	19,621,447	27.6
3. 投資その他の資産					
(1)投資有価証券		1,162,391		3,347,463	
(2)長期貸付金		114,260		—	
(3)従業員長期貸付金		21,622		26,586	
(4)敷金及び保証金		1,457,115		1,467,446	
(5)長期前払費用		70,067		765,515	
(6)繰延税金資産		79,082		77,362	
(7)会員権		76,100		67,950	
貸倒引当金		△36,250		△36,250	
投資その他の資産合計		2,944,389	6.1	5,716,075	8.0
固定資産合計		10,262,227	21.4	32,428,766	45.6
Ⅲ 繰延資産		26	0.0	—	—
資産合計		47,966,576	100.0	71,157,192	100.0

(負債の部)				
I　流動負債				
1.　買掛金	18,379,744		17,711,800	
2.　短期借入金	3,050,000		1,953,655	
3.　未払金	511,672		5,015,533	
4.　未払費用	319,175		355,793	
5.　未払法人税等	1,797,543		1,640,955	
6.　未払消費税等	47,064		101,286	
7.　前受金	3,624,104		4,026,658	
8.　預り金	704,999		2,792,664	
9.　繰延税金負債	4,475		1,387	
10.　賞与引当金	—		97,000	
11.　その他	3,359		—	
流動負債合計	28,442,139	59.3	33,696,733	47.3
II　固定負債				
1.　長期借入金	—		10,059,942	
2.　長期未払金	23,911		10,276	
3.　退職給付引当金	104,754		26,204	
固定負債合計	128,666	0.3	10,096,423	14.2
負債合計	28,570,805	59.6	43,793,156	61.5
(少数株主持分)				
少数株主持分	128,358	0.2		
(資本の部)				
I　資本金	5,346,377	11.2	—	—
II　資本剰余金	5,944,377	12.4	—	—
III　利益剰余金	7,976,657	16.6	—	—
資本合計	19,267,411	40.2	—	—
負債, 少数株主持分及び資本合計	47,966,576	100.0	—	—
(純資産の部)				
I　株主資本				
1.　資本金	—	—	8,564,007	12.1
2.　資本剰余金	—	—	9,162,007	12.9
3.　利益剰余金	—	—	9,549,771	13.4
株主資本合計	—	—	27,275,785	38.4
II　少数株主持分	—	—	88,250	0.1
純資産合計	—	—	27,364,036	38.5
負債純資産合計	—	—	71,157,192	100.0

区分	注記番号	前連結会計年度 (自 平成16年7月1日 至 平成17年6月30日)		当連結会計年度 (自 平成17年7月1日 至 平成18年6月30日)	
		金額（千円）	百分比(％)	金額（千円）	百分比(％)
Ⅰ 売上高		78,908,735	100.0	77,180,672	100.0
Ⅱ 売上原価		60,129,379	76.2	58,158,438	75.4
売上総利益		18,779,355	23.8	19,022,233	24.6
Ⅲ 販売費及び一般管理費		12,667,761	16.1	13,166,632	17.0
営業利益		6,111,594	7.7	5,855,600	7.6
Ⅳ 営業外収益					
1. 受取利息配当金		1,385		7,682	
2. 販売仲介手数料		8,310		—	
3. 受取賃貸料		23,550		40,497	
4. 受取解約違約金		—		48,155	
5. その他		13,268	46,514	0.1	25,953	122,289	0.2
Ⅴ 営業外費用					
1. 支払利息		127,790		150,125	
2. 支払手数料		1,921		11,240	
3. 債権売却損		33,491		52,067	
4. 新株発行費		55,558		62,032	
5. その他		7,838	226,600	0.3	20,288	295,754	0.4
経営利益			5,931,508	7.5	5,682,135	7.4
Ⅵ 特別利益					
1. 貸倒引当金戻入		—		76	
2. 投資有価証券売却益		—		500	
3. 関係会社株式売却益		—	—	—	217,377	217,953	0.3
Ⅶ 特別損失					
1. 固定資産除却損		59,971		35,068	
2. 会員権評価損		1,952		8,350	
3. 貸倒引当金繰入額		27,000	88,923	0.1	—	43,418	0.1
税金等調整前当期純利益			5,842,585	7.4	5,856,670	7.6
法人税，住民税及び事業税		2,611,114		2,632,787	
法人税等調整額		△215,702	2,395,411	3.0	132,064	2,764,852	3.6
少数株主利益			△34,044	△0.1	△3,272	△0.0
当期純利益			3,413,128	4.3	3,088,545	4.0

　では，上記の貸借対照表及び損益計算書から当社のキャッシュフローの概数を求めてみよう。

　営業キャッシュフローを求める際に，まず元となるのは，税金等調整前当期純利益である。当社では損益計算書のⅦ3に記載してあるとおり，59億

円である。

　この税引前当期純利益にまず減価償却費及び償却費[694]を加算する。その趣旨は，減価償却費は，実際の資金流出を伴わない費用の増加項目なので，キャッシュフローを導出する際には，この支出を繰り戻してやる必要があるためである。但し，この減価償却費の金額は上記の貸借対照表や損益計算書には出て来ない。一般の減価償却費は販売費及び一般管理費の一項目として計上され，更に製造業においては工場・機械等の減価償却費は製造（売上）原価の一項目[695]として計上されているので，この内訳を確認して合計金額を求めなければならない[696]。当社においては，キャッシュフロー計算書が公表されており，減価償却費及び償却費の合計額は12億円と記載されているので，これを加算する71億円となる。

　続いて，貸倒引当金の前期からの増加額を加算する。これは実際の現金の流出を伴わない資産減算項目だからである。貸倒引当金は資産の減算項目として貸借対照表の資産の部に記載されている。当社では，貸借対照表資産の部Ⅰ11をみると，前期には計上されていなかったものが当期には1100万円計上している。ここでは，金額が僅少なので概数計算上は無視して次に進む。

---

[694] のれん，無形固定資産，ソフトウェア等の償却費を言う。以下，減価償却費と償却費をまとめて「減価償却費」ということがある。
[695] 製造原価は，材料費，労務費，経費に分かれるところ，減価償却費はそのうち経費の一項目として計上されている。
[696] 貸借対照表及び損益計算書しか手元になく，キャッシュフロー計算書や総勘定元帳が手元にない場合，正確な減価償却費は判明しないものの，ある程度の推測をすることは可能である。というのは，減価償却費（償却費を含む。）は固定資産や繰延資産に対して計上されるものであるから，非償却資産である土地や建設仮勘定を除いた固定資産や繰延資産の計上額が大きければ大きいほど減価償却費の計上額も大きくなると予想できる。そして，耐用年数（償却期間）は，建物にあっては概ね15年から50年程度，機械・装置にあっては概ね5年から10年程度，車両にあっては概ね5年程度，工具にあっては概ね3年程度，器具備品にあっては概ね5年〜10年程度，のれんにあっては20年以内の任意の期間（利益を大きく見せたいという動機付けが働くときには20年の償却期間が選択されることが多い。）である。償却方法が定額法による場合には，計上額を上記年数で除すればよいし，定率法による場合には，購入（新規計上）当初により多くの償却をしていると想定できる。過去数年の貸借対照表を見れば，固定資産科目に大きな変動があるかどうかも判明する。なお，「当期純利益／（当期純利益＋減価償却費）」を「利益構成比率」という（第2編第3章第1節1(4)④）。利益構成比率が低いということは，現金流出を伴わない費用である減価償却費が多く計上されており，安定経営であることを意味する。一般的には利益構成比率は50％以下であることが望ましいとされる。ニイウスコーにおいては，利益構成比率は，「3088／（3088＋1180）＝72％」となる。

同様に，他の引当金の増加額も加える。当社では，前期計上がなかった賞与引当金が当期に9700万円計上されている。他面，前期は1億円の計上があった退職給付引当金が2600万円に減少している。差し引き2300万円の増加であるが，概数計算上は無視して次に進むことにする。

続いて，売掛金（受取手形を含む）の増加額を差し引く。売掛金が増加したことは売上の増加に寄与しているが，売上を現金で回収できていないということはキャッシュフロー上はマイナスの要因だからである。当社では，売掛金は，145億円から139億円に減少しているので，キャッシュフロー計算上は6億円をプラスする。ここまでの計算で77億円となる。

続いて，買掛金（支払手形を含む）の増加額を加算する。買掛金が増加したことは，売上原価の増加要因で利益を減少させる要因ではあるが，それを現金でまだ支払っていないという点では，キャッシュフロー計算上はプラスの要因だからである。当社では，買掛金は184億円から177億円に減少しているから，7億円を差し引くことになる。ここまでの計算で70億円となる。

続いて，棚卸資産の増加額を減算する。勘定科目の説明でも述べたとおり，期末棚卸資産は当期売上原価の減算要素，当期利益の増加要素であるが，棚卸資産は未だ実際の現金収入に寄与しているわけではないので，その増加額を差し引くのである。当社の棚卸資産の変化を見ると，

・商品が60億円から63億円に3億円増加
・仕掛品が5億円から2億円に3億円減少

となっている。キャッシュフロー計算上の差し引きはゼロであるとして概数計算上は無視する。

但し，ここで目を引くのが貸借対照表上の無形固定資産の金額の増加である。

既にソフトウェアのところでも説明したとおり，例えば，市場販売目的ソフトウェアの製品マスターの制作費は，①製品マスターが完成するまでの間は「研究開発費」として費用計上し，②製品マスター完成後の制作仕掛品については「ソフトウェア仮勘定」等で資産計上し，③完成品については「ソフトウェア」等で資産計上する。つまり，製品マスターとして完成したかどうかの認定基準の適用を操作することにより，費用計上されていてもおかし

くない科目が無形固定資産として資産計上され，キャッシュフローが粉飾されている可能性のあることを念頭に置かなければならないし，そもそも，第2編第2章第1節C1で見たとおり，ソフトウェアは粉飾の余地が多分にある資産科目である。

　当社では，前期から当期にかけて，無形固定資産としてのソフトウェアの金額が28億円から84億円となり，56億円も増加している。ソフトウェア仮勘定も，20億円から88億円となり，実に68億円の増加である。ソフトウェア関連のみで124億円の増加である。

　固定資産の増加分は，通常，投資キャッシュフローで考慮するが，上記のソフトウェアの特質に鑑み，これを仮に先程の70億円から差し引いてみると，この時点でキャッシュフローは54億円のマイナスに転落することになる。更に，同社では，建設仮勘定が前期には0円であったものが当期には47億円も計上されている上，連結調整勘定（「のれん」の旧称）が前期の6億円から今期は17億円となって11億円増加している。建設仮勘定（第2編第2章第1節B3）やのれん（第2編第2章第1節C2）が不正会計に用いられる危険性が高い勘定科目であることを考慮すると，その内容如何によっては，キャッシュフローのマイナス額は更に膨らむ可能性がある。

　最後に，法人税等の支払額を減算する。法人税額は，税引前利益の40％と考えておけばよい[697]。当社は税引前利益が59億円だから，法人税額は24億円程度と予想できる。実際の当社のキャッシュフロー上では法人税等の支払額は31億円となっているので[698]，この数字を使うと，ソフトウェアやソフトウェア仮勘定を考慮しない場合には営業キャッシュフローは70億円から31億円を差し引いて39億円となる。

　これに対して，ソフトウェアやソフトウェア仮勘定の資産価値に疑問がある可能性を考慮すれば，54億円のマイナスから更に法人税額31億円を差し引いて，キャッシュフローは85億円のマイナスとなる。更に，建設仮勘定

---

697) 但し，平成24，25年度は37％，同26年度以降は35％程度となる（財務省「国・地方合わせた法人税率の国際比較」(http://www.mof.go.jp/tax_policy/summary/corporation/084.htm)。
698) 売上や利益について粉飾決算を行った場合，本来納付義務のない多額の税金を不正経理の代償として納付していることも多い。本件も，粉飾決算がこのような面でも企業に多額のコストをかけていた典型例といえよう。

の増加額47億円及び連結調整勘定(のれん)の増加額11億円も資産価値に疑問がある可能性を考慮すれば,キャッシュフローは143億円のマイナスなる。

以上は,公表されている貸借対照表及び損益計算書等の数字から同社のキャッシュフロー額の概数を計算してみたものである。

もちろん,実際のキャッシュフロー計算においては,更に多数の項目の加減算を行うことになる。ニイウスコーは株式会社は上場会社であるから,実際に公表したキャッシュフロー計算書が存在する。これを以下に見てみよう。

区分	注記番号	前連結会計年度 (自　平成16年7月 1日 至　平成17年6月30日) 金額(千円)	当連結会計年度 (自　平成17年7月 1日 至　平成18年6月30日) 金額(千円)
Ⅰ　営業活動によるキャッシュ・フロー			
税金等調整前当期純利益		5,842,585	5,856,670
減価償却費		785,777	993,477
連結調整勘定償却		132,946	111,078
営業権償却		—	75,799
退職給付引当金の増加額 　(△は減少額)		6,858	6,101
賞与引当金の増加額 　(△は減少額)		—	△39,428
貸倒引当金の増加額 　(△は減少額)		27,000	292
受取利息及び配当金		△1,385	△7,682
支払利息		127,790	150,125
為替差損(△は為替差益)		△42	△1,100
繰延資産の償却額		233	26
固定資産除却損		59,971	35,068
商品評価損		—	48,312
商品除却損		32,821	5,374
会員権評価損		1,952	8,350
投資有価証券売却益		—	△500
関係会社株式売却益		—	△217,377
売上債権の減少額(△は増加額)		2,294,372	△1,444,108
たな卸資産の減少額(△は増加額)		△1,018,581	2,110,393

	前渡金の減少額（△は増加額）	199,335	△ 613,723
	前払費用の減少額（△は増加額）	△ 308,461	△ 149,661
	未収消費税等の減少額（△は増加額）	59,965	△ 571,375
	その他流動資産の減少額（△は増加額）	△ 481,219	△ 20,626
	仕入債務の増加額（△は減少額）	△ 2,469,503	△ 703,343
	未払費用の増加額（△は減少額）	△ 306,779	△ 158,090
	未払金の増加額（△は減少額）	△ 41,471	△ 41,638
	未払消費税等の増加額（△は減少額）	△ 55,392	36,306
	前受金の増加額（△は減少額）	225,322	339,589
	預り金の増加額（△は減少額）	—	2,089,901
	その他流動負債の増加額（△は減少額）	617,807	—
	役員賞与の支給額	△ 25,000	△ 172,167
	小計	5,706,905	3,505,256
	利息及び配当金の受取額	1,385	6,520
	利息の支払額	△ 124,128	△ 153,101
	法人税等の支払額	△ 2,119,854	△ 3,145,966
	営業活動によるキャッシュ・フロー	3,469,307	212,709
II	投資活動によるキャッシュ・フロー		
	有形固定資産の取得による支出	△ 1,178,670	△ 1,061,342
	有形固定資産の売却による収入	—	88,203
	無形固定資産の取得による支出	△ 2,602,079	△ 11,575,722
	無形固定資産の売却による収入	—	45,797
	投資有価証券の取得による支出	△ 1,021,915	△ 2,296,340
	投資有価証券の売却による収入	—	823,500
	敷金及び保証金の差入による支出	△ 187,946	△ 13,534

	敷金及び保証金の返還による収入	138,432	50,413
	貸付けによる支出	△134,673	△19,474
	貸付金の返済による収入	12,083	540,014
	会員権（預託金）の取得による支出	—	△12,000
	会員権（預託金）の返還による収入	—	11,800
	連結範囲の変更を伴う子会社株式の取得による支出	—	△1,363,002
	連結範囲の変更を伴う子会社株式の売却による収入	—	312,202
	営業譲受による支出	—	△616,587
	その他	△16,892	△697,467
	投資活動によるキャッシュ・フロー	△4,991,662	△15,783,540
Ⅲ	財務活動によるキャッシュ・フロー		
	短期借入金の増減額	△515,000	833,655
	長期借入による収入	—	10,000,000
	長期借入金の返済による支出	△15,952	△98,014
	株式の発行による収入	7,499,754	6,435,260
	有償減資による支出	—	△66,666
	少数株主からの払込による収入	—	34,000
	配当金の支払額	△586,341	△1,322,460
	その他	—	△4,887
	財務活動によるキャッシュ・フロー	6,382,460	15,810,885
Ⅳ	現金及び現金同等物に係る換算差額	42	1,100
Ⅴ	現金及び現金同等物の増加額	4,855,148	241,154
Ⅵ	現金及び現金同等物の期首残高	9,600,804	14,471,786
Ⅶ	新規連結子会社の現金及び現金同等物の期首残高	15,833	—
Ⅷ	現金及び現金同等物の期末残高	14,471,786	14,712,940

同社のキャッシュフロー計算書を見ると，同社の営業キャッシュフローは税引前で33億円のプラス，税引後で２億円のプラスであり，ソフトウェア関係の投資増加額を考慮した投資キャッシュフローは158億円のマイナスである。先程２期分の財務諸表から算出したキャッシュフローは，営業キャッシュフローは39億円のプラス，ソフトウェア，建設仮勘定，連結調整勘定の増加額を差し引いたキャッシュフローは143億円のマイナスと算出したが，大体の傾向は捉えているといえるのではなかろうか。

このように捜査官としてキャッシュフローの概数の計算方法を知るメリットは，たとえキャッシュフロー計算書を公表していない非上場企業にあっても，損益計算書及び２期分の貸借対照表があれば[699]，キャッシュフローの大まかな傾向や問題のある勘定科目等の捜査のポイントを摑むことができることにある。

なお，筆者が上記で行ったキャッシュフローの計算方法は，税金等調整前当期純利益から実際の現金の出入りを伴わない資産や負債の増減項目[700]を調整したものである[701]。

次に，同社の投資キャッシュフローを見ると，
・有形固定資産について差額11億円の支出
・無形固定資産について差額116億円の支出
・子会社株式の取得について差額14億円の支出
等で，差し引き158億円のマイナスとなっている。

本業の営業キャッシュフローが33億円（税引後は２億円）しかないのに，158億円もの投資活動を行っていること自体，極めて不自然であり，捜査官としては，実際にこの支出がなされたのか，支出が実際になされたとすればその理由，取得した資産の性質，そのことが何らかの犯罪と関連しないかという問題意識を持ちつつ，捜査を行うべきこととなろう。

また，同社が税引後の営業キャッシュフローで辛うじて利益を計上しつつ，多額のマイナス投資キャッシュフローを計上しているのは，本来は営業

---

699) 更に減価償却費の２期分の数字があればなお望ましい。
700) これによって影響を受ける利益を「会計発生高」ということがある。
701) キャッシュフローの求め方に関する参考文献として，勝間42頁以下，碓氷92頁以下，古川212頁以下，大城35頁以下。

キャッシュフローで計上すべき支出や損失を投資キャッシュフローで計上することによりキャッシュフローを粉飾しているのではないかという疑いを生じさせる。そして，後述するように，当社では実際に，ソフトウェアの開発費用等に関連する不正会計が行われていたのであるから，上記の分析は，少なくとも捜査すべきポイントを正しく示したものと言い得るであろう。

次に，同社の財務キャッシュフローをみると，当社はフリーキャッシュフローが160億円ものマイナスであったが，その資金調達は，

・短期借入　8億円
・長期借入　100億円
・株式発行　64億円

で賄い，かつ，株主配当が13億円であったので，財務キャッシュフローとしては差し引き158億円のプラスであったことが分かる。そして，捜査官としては，仮に上記の158億円の投資キャッシュフローが外部機関からの短期・長期借入や株式発行という市場から資金調達によったのであれば，金融機関や投資家を巻き込んだ犯罪の端緒があるのではないかということにも思いを及ぼすべきなのである。

3　キャッシュフローの比率分析等

キャッシュフローについても，様々な比率分析が試みられている。第2編第3章第1節で触れた比率分析と多少重複するものもあるが，主要なものを挙げると以下のとおりである（西村）。

(1) 収益性に関する分析

① キャッシュフロー・マージン
　キャッシュフロー・マージン＝営業キャッシュフロー／売上高
　売上高から営業キャッシュフローがどれほどの割合でもたらされたかを測る指標である。

② フリーキャッシュフロー対売上高比率
　フリーキャッシュフロー対売上高比率
　　　　　　　　　　　　　＝フリーキャッシュフロー／売上高
　企業の営業活動と投資活動により資金が流出した額が売上原価に対

してどのくらいの割合を占めるかを測る指標であり，数字が小さければ企業の借入れ依存度が小さいと想定できる。
　③　当期純利益対営業キャッシュフロー比率
　　　当期純利益対営業キャッシュフロー比率
　　　　　　　　　　　　　　　＝当期純利益／営業キャッシュフロー
　④　営業利益対営業キャッシュフロー比率
　　　営業利益対営業キャッシュフロー比率
　　　　　　　　　　　　　　　　＝営業利益／営業キャッシュフロー
　　営業キャッシュフローが営業利益の60〜120％程度に収まっているかが一つの着眼点となる[702]。
　⑤　1株当たり営業キャッシュフロー
　　　1株当たり営業キャッシュフロー
　　　　　　　　　　　　　　　＝営業キャッシュフロー／発行株式総数
(2)　支払能力に関する分析
　①　営業キャッシュフロー対流動負債比率
　　　営業キャッシュフロー対流動負債比率
　　　　　　　　　　　　　　　　＝営業キャッシュフロー／流動負債
　②　キャッシュフロー・インタレスト・カバレッジ・レイシオ
　　　キャッシュフロー・インタレスト・カバレッジ・レイシオ
　　　　＝(営業キャッシュフローの小計＋利息配当金の受取額)／利息支払額
　③　キャッシュフロー対有利子負債比率
　　　キャッシュフロー対有利子負債比率
　　　　　　　　　　　　　　　　＝営業キャッシュフロー／有利子負債
　　キャッシュフロー対有利子負債比率は，営業キャッシュフローで有利子負債をどの程度賄えるのかを測る指標である。単にキャッシュフロー比率ということもある。
　④　営業キャッシュフロー適合率
　　　営業キャッシュフロー適合率

---

[702]　勝間118頁。なおグロービス17頁以下，105頁以下。

　　　　　　＝営業キャッシュフロー／（資本的支出＋長期債務の返済）
(3) 投資活動の健全性に関する分析
　① 設備投資対営業キャッシュフロー比率
　　設備投資対営業キャッシュフロー比率
　　　　　　　　　　　　＝設備投資額／営業キャッシュフロー
　② 投資比率
　　投資比率＝投資キャッシュフロー／営業キャッシュフロー
(4) 営業キャッシュフローの伸び率の分析
　前年度比の営業キャッシュフローの伸び率を測る指標である。
(5) 企業の成長段階に関する分析
　同一企業の数年来にわたる営業・投資・財務の3つのキャッシュフロー計算書を分析することで、その企業が投資期、安定期、停滞期、低迷期、後退期、破綻期のどこに位置するのかを分析することができる。すなわち、①投資期には投資キャッシュフローが大幅なマイナス、②安定期には営業キャッシュフローが大幅なプラスで、この時期にも投資キャッシュフローが大幅なマイナスであれば、将来の発展に向けて利益を積極的に投資に振り向けていることが想定されるし、この時期に投資キャッシュフローのマイナスが少なければ速やかに停滞期に入ることが見込まれ、③停滞期には営業キャッシュフローが次第に減少し、④低迷期以降は営業キャッシュフローもマイナスとなり、これを財務キャッシュフローのプラスでカバーするようになり、破綻期に至ることになる（山口103頁以下）。このように同一企業について数年にわたるキャッシュフローの動きを見ることで、その企業の真の業績の動きが見えてくることを知っておくことは、捜査官に有益な情報を与えてくれるであろう。

4　キャッシュフローの粉飾

(1) 総　説
　キャッシュフロー分析は、上述したとおり、発生主義会計に基づいて作成されている企業の財務諸表を現金主義会計の観点から分析し、会計発生高を排除することにより、企業の金の流れに即した実体的真実に基づく姿を追求

しようとする手法である。

　キャッシュフロー分析は，このような理由から，一般的には粉飾が困難であるとされ，特に監査や財務捜査においては有用性の高い手法である。

　そして，まさにこの有用性の故に，平成12年からキャッシュフロー計算書の公表が上場企業に義務付けられ[703]，また，銀行融資実務における資産重視から収益性やキャッシュフロー重視への流れを受けて，非上場企業においても，キャッシュフローの改善を意識した経営（いわゆる「キャッシュフロー経営」）が求められるようになっているのが現状である。

　しかしながら，そのことが却って，企業経営者や財務担当者に対して，貸借対照表や損益計算書を粉飾する以上は，キャッシュフロー計算書も不自然に見えない程度には不正操作するインセンティブを与えることとなった。捜査官としても，企業側にはこのようなインセンティブがあることを意識しながらキャッシュフロー計算書や財務諸表の分析をする必要がある。

　キャッシュフローといえども，その元となる数字は貸借対照表及び損益計算書に表れる数字であるから，その粉飾の手口は，会計不正一般に見られる手口と共通する項目も多いが，特にキャッシュフローの粉飾を意識した手口もある。

　以下では，キャッシュフローの粉飾の具体的方法を説明する[704]。

(2) 現金の期末における一時的増加

　現金を期末に一時的に増加させる方法である。例えば，

① 売掛金や受取手形を期末に一時的に回収すれば（そして翌期初に改めて売掛金を計上すれば），営業キャッシュフローがプラスになる。

② 投資有価証券や固定資産を期末に益出しのために売却すれば（そして翌期初に買い戻した形にすれば），投資キャッシュフローがプラ

---

703) キャッシュフロー計算書の公表の義務化に関しては，企業会計審議会「連結キャッシュ・フロー計算書等の作成基準の設定に関する意見書」（平成10年。http://www016.upp.so-net.ne.jp/mile/bookkeeping/data/cashflow.pdf），キャッシュフロー計算書の作成方法については，企業会計審議会「連結キャッシュ・フロー計算書等の作成基準」（平成10年。http://www.fsa.go.jp/p_mof/singikai/kaikei/tosin/1a909b2.htm）及び日本公認会計士協会「連結財務諸表等におけるキャッシュ・フロー計算書の作成に関する実務指針（会計制度委員会報告第8号）」（平成10年・最終改正平成23年。http://www.hp.jicpa.or.jp/specialized_field/files/2-11-8-2-20120412.pdf）が公表されている。

704) 商工を大いに参考にした。

スになる。

　③　借入れをすれば財務キャッシュフローがプラスになる。
というようなものである。

　現金の期末における一時的増加に該当するものとしては，他にも次のような方法がある。
- 受取手形を期日前に売却して現金を入手する。
- 債権流動化による入金，すなわち，期限未到来の債権を売却して手数料を差し引いた現金を入手する。
- 期末近くに持ち合い株式を売却して利益を計上し，翌期に買い戻す（クロス取引）。
- セール・アンド・リースバック取引を活用して資産の流動化を図る。

(3) 本来計上しなければならない損失の不計上

　一定の損失の計上が求められるような場合に，これを計上しない方法である。

　例えば，本来貸倒損失や有価証券評価損等を計上しなければならないのにこれを計上せず，資産や引当金の温存を図るようなものである。

(4) 簿外取引・仮装処理

　本来企業に帰属する取引を簿外で行ったり，本来企業に帰属しない簿外取引の成果を正規の取引のように仮装して会社に帰属させる方法である。例えば，簿外で固定資産を売却し，その売却金を売掛債権の回収を仮装して会社に入金するようなものである。

　これに該当するものとしては，他には次のようなものがある。
- 簿外借入金による売上債権の回収仮装
- 売上債権を担保にした簿外借入れによる入金
- 売上債権，有価証券を簿外譲渡しての入金
- 商品を簿外売却して得た資金の入金
- 発注をキャンセルし，前渡金を簿外回収しての入金
- 特許権など無形固定資産の簿外譲渡により得た資金の入金
- 出資金の簿外譲渡や簿外払戻しによる入金
- 仕入代金を代表者個人が支払い，企業の現金の減少を抑える。

○ 代表者個人の借入金による架空売掛金の仮装回収入金
○ 親族会社の振出小切手を現金化することによる入金
○ 架空増資に伴う見せ金の入金

(5) 各キャッシュフロー間の振替え

　上述したように，企業にとって，営業キャッシュフローがマイナスであるということは，本業で損をしているということであるから，株価維持や新規資金調達の観点からも，そのような事実の公表は何としても避けたいところである。これに対して，投資キャッシュフローはマイナスとなることが通常であり，マイナスになったとしても将来の収益力のある本業や副業への投資と積極的に理解され得る。また，財務キャッシュフローがマイナスであるということは，借入金を返済しているという意味でむしろ肯定的に評価されることもあるから，企業としては，営業キャッシュフローで計上すべき資金の流出を投資キャッシュフローや財務キャッシュフローに振り替えて計上するという方向性での粉飾を行う動機付けが働くことになる。前述したニイウスコー株式会社の事案では，営業キャッシュフローで考慮すべきソフトウェアの研究開発費という費用が，製品マスターが完成したものとして資産計上されたり，無形固定資産たるソフトウェアの取得費用として投資キャッシュフローで計上されていた可能性があることを指摘した。

　また，平成26年10月に公表された**株式会社アイレックスに関する改善状況報告書**[705]には，市場販売目的のソフトウェアで平成23年5月に開発に着手し，平成25年3月に開発計画が中止決定されたものについて，平成23年7月にバラック試作機ができた時点を，研究開発費等に係る会計基準における最初に製品化された製品マスターの完成時点と判断し，以降発生した費用をソフトウェア仮勘定として2600万円を資産計上していたが，同バラック試作機は量産可能なプロトタイプとは認めがたく，ソフトウェア仮勘定に計上すべきではなく，発生時に費用処理すべきであったこと等が記載されている。これは，本来営業キャッシュフローをマイナスにする支出を固定資産の取得費用とすることにより，投資キャッシュフローをマイナスにする支出

---

705) http://airex.co.jp/csr/ir/pdf/141015_2.pdf。

に振り替えたものと評価できる。

　更には，全く実態がないにもかかわらず，営業キャッシュフローをプラスに，投資キャッシュフローをマイナスにする粉飾が行われることもある。

　平成23年12月に公表されたクラウドゲート株式会社の第三者調査委員会の調査報告書[706]には，①同社から関連会社に1.6億円の貸付け及び3750万円の増資を行い，これを原資として，同社が開発したとする競輪オンラインシステムの使用許諾契約金の名目で合計15.5億円を還流させ，売上を架空計上したこと，②関連会社に3億円を貸し付けて，別会社に競輪場紹介DVDの制作をさせたように装い，この使用許諾料名目で当社に4500万円の入金をさせ，売上を架空計上したこと等が記載されている。これは，架空の固定資産の取得によって，マイナスの投資キャッシュフローを計上し，使用許諾料名目で売上を架空計上することによってプラスの営業キャッシュフローを計上することをリンクさせて行っていたものであり，実態としては，流出した資金（固定資産取得費用）と流入した資金（コンテンツ使用許諾料収入）が同じ現金を循環させたものであったのに，キャッシュフロー計算書を良好なものと見せかけていた典型例と言えよう[707]。

第3節　内部統制システムの検討

1　内部統制システムの意義

　企業は，株式・社債発行や借入れによって資金を調達し，これを設備や原材料・商品の購入，従業員の雇用等に投資して物品を製造・販売し，収益を獲得し，利益を分配したり更にこれを再投資して収益を獲得する活動を行

---

706) http://www.crowdgate.co.jp/ir/pdf/press/2011/111213_2.pdf
707) http://fuseijirei.jimdo.com/不正事例／5－不正な報告/12－3クラウドゲート/。さらに，株式会社シニアコミュニケーションの決算において，投資有価証券から営業投資有価証券に振り替えることによって，営業キャッシュフローを黒字に，投資キャッシュフローをマイナスにするというキャッシュフローの粉飾が行われた可能性があることについて，後記第2編第3章第6節3(4)参照。

う。そして，詐欺会社のような企業を除いて，通常の企業で組織的な不正会計が行われるのは，企業経営者や幹部が不正な手段を用いても資金調達をしようとしたり，倒産を回避しようとしたり，上場廃止を免れようとしたり，経営責任の追及を逃れようとしたり，利益を獲得・隠匿しようとするためであることが多い。また，個人的な不正会計が行われるのは，従業員が会社の資金を横領したり，不正に利益の供与を受けたり，第三者に不正に利益を供与したり，自己の営業成績が良好であるように仮装したり，またはこのような不正会計の隠蔽を図るためであることも多い。

　企業やその役員，従業員がこのような不正会計を行った場合，その影響は，当該企業やその従業員，取引先，一般投資家等に広く及ぶ。このようなことを避けるために，企業においては，業務の適正を確保するための体制を構築する必要がある。この体制のことを内部統制システムという[708]。

2　会社法上の内部統制

　我が国企業の監査は，①内部監査，②監査人監査，③会計監査人監査（外部監査）という「三様監査」によることが多い。内部統制システムは，このうち①及び②に関するものであるが，この内部統制システム自体も外部監査の対象となる（後記3参照）。

　監査については，会社法第4章第7節が監査役，第8節が監査役会，第9節が会計監査人，第9の2節が監査委員会を含む委員会について規定している。そして，同法362条4項6号では，取締役会の決定権限事項として「取締役の職務の執行が法令及び定款に適合することを確保するための体制その他株式会社の業務並びに当該株式会社及びその子会社からなる企業集団の業務の適正を確保するために必要なものとして法務省令で定める体制の整備」を挙げており，これが内部統制体制の整備義務の根拠規定となっている。

　同号にいう「体制の整備」については会社法施行規則98条1項が，
　　一　取締役の職務の執行に係る情報の保存及び管理に関する体制
　　二　損失の危険の管理に関する規程その他の体制

---

708)　宝印刷4頁以下，近澤115頁以下。内部統制システムの限界を指摘するものとして，浜田213頁以下。

三　取締役の職務の執行が効率的に行われることを確保するための体制

四　使用人の職務の執行が法令及び定款に適合することを確保するための体制

五　当該株式会社並びにその親会社及び子会社からなる企業集団における業務の適正を確保するための体制

を掲げ，更に同条2項以降では，

2　業務の決定が適正に行われることを確保するための体制（取締役が2名以上いる株式会社）

3　取締役が株主に報告すべき事項の報告をするための体制（監査役非設置の株式会社）

4　下記の体制（監査役設置会社）

　一　監査役がその職務を補助すべき使用人を置くことを求めた場合における当該使用人に関する事項

　二　前号の使用人の取締役からの独立性に関する事項

　三　取締役及び使用人が監査役に報告をするための体制その他の監査役への報告に関する体制

　四　その他監査役の監査が実効的に行われることを確保するための体制

が掲げられている[709]。

3　金融商品取引法上の内部統制

　金融商品取引法においても内部統制システム整備のための規定が置かれている。同法24条の4の4においては，上場会社等に対して，「当該会社の属する企業集団及び当該会社に係る財務計算に関する書類その他の情報の適正性を確保するために必要なものとして内閣府令で定める体制について，内閣府令で定めるところにより評価した報告書」（内部統制報告書）を有価証券報告書と共に内閣総理大臣に提出する義務を課している（小谷他269頁以下）。

　そして，同法に基づく「財務計算に関する書類その他の情報の適正性を確

---

709)　会社法施行規則100条にも同趣旨の規定がある。

保するための体制に関する内閣府令」においては，次のような事項を内部統制報告書に盛り込むことが求められている。
- ○ 評価の範囲，基準日及び評価手続に関する事項
- ○ 財務報告に係る内部統制の評価が行われた基準日
- ○ 財務報告に係る内部統制の評価に当たり，一般に公正妥当と認められる財務報告に係る内部統制の評価の基準に準拠した旨
- ○ 財務報告に係る内部統制の評価手続の概要
- ○ 財務報告に係る内部統制の評価の範囲
- ○ 財務報告に係る内部統制の評価範囲及び同範囲を決定した手順，方法
- ○ 財務報告に係る内部統制は有効である旨
- ○ 評価手続の一部が実施できなかったが，財務報告に係る内部統制は有効である旨並びに実施できなかった評価手続及びその理由
- ○ 財務報告に係る内部統制の有効性の評価に重要な影響を及ぼす後発事象
- ○ 事業年度の末日後に重要な欠陥を是正するために実施された措置がある場合には，その内容

　このような内部統制報告書に関する規定は，平成18年に証券取引法を改正して成立した金融商品取引法に盛り込まれたものであり，米国のSOX法（サーベンス・オクスリー法）に倣って「J-SOX法」とも呼ばれている[710]。

　そして，企業会計審議会においては，米国のトレッドウェイ委員会支援組織委員会（COSO）の内部統制モデルの内容等を踏まえ，「財務報告に係る内部統制の評価及び監査の基準並びに財務報告に係る内部統制の評価及び監査に関する実施基準の設定について（意見書）」（平成19年）[711]において，「内部統制とは，基本的に，①業務の有効性及び効率性，②財務報告の信頼性，③事業活動に関わる法令等の遵守並びに④資産の保全の4つの目的が達成されているとの合理的な保証を得るために，業務に組み込まれ，組織内の全ての者によって遂行されるプロセスをいい，①統制環境，②リスクの評価と対応，③統制活動，④情報と伝達，⑤モニタリング（監視活動）及び⑥

---

710) なお，平成26年の同法改正で，市場の活性化のため，新規上場後3年間は内部統制報告書の監査免除が選択可能とされた。
711) http://www.fsa.go.jp/singi/singi_kigyou/tosin/20070215.pdf

IT（情報技術）への対応の6つの基本的要素から構成される。」とされている。

また，日本公認会計士協会は，「財務報告に係る内部統制の監査に関する実務上の取扱い（監査・保証実務委員会報告第82号）」（平成19年・最終改正平成24年)[712]を示して，内部統制監査のポイントを示している[713]。

4 内部統制システムに関する捜査のポイント

内部統制システムを構築している企業にあっては，内部統制報告書が内閣総理大臣（財務局）に提出される。また，一般に，内部監査結果や内部統制上の問題点，法令違反，リスク情報等については，取締役会，監査役，監査役会，監査委員会，経営会議等に報告される。更に，各種文書，帳票類，議事録等は文書管理規程等に基づいて適切に保存することが求められている。

捜査官としては，対象企業からこれらの文書を適切に押収するためにも，内部統制システムや内部統制の実施等に関する文書を検討する必要がある。また，これらの文書を押収した場合には，その内容を精査し，捜査対象となっている違法行為について，その内容が法令違反やリスク情報として幹部に報告されているか否か，されているとしてどのような措置がとられたのか，されていないとしてその理由は何かについても精査する必要がある。

また，内部監査を実施するに当たっては内部監査項目一覧表があらかじめ作成されているはずである。これは，一般に，公認会計士による外部監査における監査項目一覧表と比較して，当該企業の事務処理フローや実態を踏まえたものであるはずであって，捜査に有益な着眼点を与えてくれるものでもあるので，捜査官としてはその内容や各項目についての監査結果を把握しておくことが有益である[714]。

---

[712] http://www.hp.jicpa.or.jp/specialized_field/files/2-8-82-2-120615.pdf
[713] 内部監査については，松井，土田，箱田他，重泉他，川村①②浜口他11頁以下，宝印刷93頁以下を参照。
[714] 川村241頁以下及び251頁以下には内部監査の要点及び項目，同247頁以下には外部監査項目の記載があり，参考となる。なお，日本公認会計士協会「内部監査の実施状況の理解とその利用（監査基準委員会報告書第15号）」（平成10年・最終改正平成14年。http://www.hp.jicpa.or.jp/specialized_field/files/00539-001655.pdf）においても，外部監査と内部監査の連携の重要性が指摘されている。

第4節　会計監査手法等について

　財務捜査を行う場合に，一般的に会計監査人がどのような手法で監査を行うかを知っておくことは非常に有益である。その具体例をいくつか紹介したい[715]。

1　日本公認会計士協会による諸資料

(1)　不正調査公表事例の分析

　日本公認会計士協会は，平成22年4月に「上場会社の不正調査に関する公表事例の分析（経営研究調査会研究報告第40号）」（CPA①）を公表しているが，その中では，不正調査手法として下記のものが掲げられている。
　1．情報の収集
　　a．ハードコピーの収集
　　　ⅰ．契約書，帳票等
　　　ⅱ．取引先等への確認
　　　ⅲ．外部への検証依頼
　　b．電子媒体の収集・復元
　　　ⅰ．不正関与者等のPC
　　　ⅱ．共有サーバー
　　　ⅲ．E-mailサーバー
　　　ⅳ．監視カメラ
　　　ⅴ．会計データ，取引データ等
　　c．その他の情報収集
　　　ⅰ．従業員，取引先，退職者等へのインタビュー
　　　ⅱ．対象資産等の検証（視察，観察，実査等）
　　　ⅲ．公的情報，公的文書

---

715)　なお，下記で解説する会計監査手法等については，原典の記載をそのまま移記したものではなく，本書の性格に鑑み，適宜取捨選択したり，表現を変えるなどした点があることを特にお断りしておく。

　　　　iv．信用調査（法人，個人）等
　　　　v．不正関与者等の個人通帳（任意提出）等
　２．情報の分析
　　a．財務数値をベースとする分析
　　　　i．趨勢分析[716]
　　　　ii．回転期間分析
　　　　iii．会計データのデータマイニング[717]
　　　　iv．取引データのデータマイニング
　　b．財務数値以外の分析
　　　　i．各データの整合性分析
　　　　ii．不正リスクの要因分析
　　　　iii．時系列プロファイリング
　　　　iv．地理的プロファイリング
　　　　v．コンピュータ解析，Keywords検索
　３．仮説検証アプローチ
　４．インタビュー技法
　　a．情報収集のためのインタビュー
　　　　i．開かれた質問（Open Questions）
　　　　　１．導入のための質問
　　　　　２．具体例を引き出す質問
　　　　　３．経過を聞く質問
　　　　　４．感情を聞く質問
　　　　ii．閉ざされた質問（Closed Questions）：限定的に用いるべき
　　　　iii．誘導質問（Leading Questions）

---

[716] 日本公認会計士協会「分析的手続監査基準委員会報告書第1号（中間報告）」（平成4年・最終改正平成14年。http://www.hp.jicpa.or.jp/specialized_field/pdf/00543-001691.pdf）において，「趨勢分析は，財務情報の変動分析であり，一般的に，財務情報の変動に係る矛盾又は異常な変動の有無を確かめるために効果的な手法である。趨勢分析においては，単に前事業年度と比較するより，数事業年度にわたって比較する方が有効である。」とされている。

[717] データマイニングとは，大量のデータに統計学，人々のプロファイル，行動分析，パターン認識，人工知能等のデータ解析技法を応用することにより，有用な知識を取り出す技術とされる。

ⅳ．複雑な質問（Complex Questions）：避けるべき
　ｂ．自白を求めるためのインタビュー
(2) **不正調査ガイドライン**
　日本公認会計士協会は，平成25年9月，「不正調査ガイドライン（経営研究調査会研究報告第51号）」（CPA ②）を公表している。同報告で触れられている主な不正調査手法で財務捜査でも参考になりそうなものを取り上げると，次のようなものがある。
　1．不正調査業務の体制と計画管理
　　ａ．不正調査委員会の体制
　　　ⅰ．実態調査担当チーム
　　　ⅱ．要因分析・是正措置案件等担当チーム
　　　ⅲ．情報管理広報担当チーム
　　ｂ．業務の計画と管理
　　　ⅰ．初動対応での留意事項
　　　　1．初回公表時期の決定
　　　　2．情報収集方法と証拠保全の方法
　　　　3．情報統制とマスコミ対応
　　　　4．調査対応者への対応
　　　　5．ホットライン設置の有無の検討
　　　ⅱ．不正調査環境の整備と情報の統制
　　　　1．不正調査チーム専用の作業スペースの確保
　　　　2．不正調査チーム専用の各種機器の使用
　　　　3．盗聴器の有無の定期的なチェック
　　　　4．ホットラインの設置
　　　ⅲ．ワークプランによる業務管理
　　　　1．重要なマイルストン
　　　　2．業務の実施担当の能力とリソースに基づいた担当の決定
　　　　3．調査場所の選定と管理
　　　　4．調査項目の設定
　　ｃ．他の専門家等の利用及び協働

2．情報の収集と分析
　　a．仮説検証アプローチにおける情報の収集と分析の位置付け
　　b．情報の収集源別分類
　　　ⅰ．被調査者に提供を求める非公開情報
　　　ⅱ．情報の収集方法と法的面での留意点
　　　ⅲ．情報の収集・分析・仮説構築・仮説検証の連環
　　　　　1．公開情報：ウェブサイト，有価証券報告書，決算短信，企業情報データベース，業界紙，プレスリリース，インターネット掲示板，裁判記録，登記情報，公的・私的機関における公表情報
　　　　　2．一般的な情報：法人の資本関連図，不正関与者等の略歴，氏名入り組織図と問合せ先，職務権限書，業務記述，業務フロー，各種規程類，取締役会及び監査委員会議事録，その他会議体の議事録，施設所在地，文書保存場所
　　　　　3．財務関連情報：過去の財務諸表，直近の監査済財務諸表，監査報告書，税務申告書，過去及び現在の管理会計資料（予算，実績管理表等），会計に関する帳票（総勘定元帳，関連科目の補助簿，仕訳帳等），資金繰表，銀行取引明細書，通帳，給与台帳，請求書や他の取引の証憑書類（船荷証券，預金入金票，納品受領書，小切手等），契約書
　　　　　4．その他情報：システム鳥瞰図，システム管理者と問合せ先，電子メールに利用可能なバックアップテープとメインシステム，経営者による内部統制の評価，内部監査報告書，過去や現在進行中の不正調査関連資料，ホットラインの記録
　　c．情報の形態別分類
　　　ⅰ．ハードコピー
　　　ⅱ．電子データ
　　　ⅲ．インタビュー
　　　ⅳ．対象資産等現物（視察，観察，実査等）
　　　ⅴ．監視
　　d．情報の十分性と情報の管理

第 3 章 決算書の分析 365

- ⅰ．情報の十分性
    1．情報の関連性
    2．情報の信頼性
    3．情報の適時性
- ⅱ．情報の管理
- e．情報の分析手法
    - ⅰ．一般的な財務分析手法
    - ⅱ．財務分析の例
        1．趨勢分析
        2．比率分析
        3．合理性テスト，回帰分析[718]
    - ⅲ．非財務的分析
        1．財務会計データの非財務的分析
        2．時系列・地理的プロファイリング
        3．復元した PC 等の解析，キーワード検索
    - ⅳ．整合性分析
    - ⅴ．不正リスクの要因分析
- 3．不正に対する仮説の構築と検証
    - a．財務諸表監査と不正調査の比較
        - ⅰ．不正調査と財務諸表監査の比較
            1．財務諸表監査におけるリスク・アプローチ
        - ⅱ．不正及び不正調査の特性
            1．不正の手口の存在

---

[718] 前出の日本公認会計士協会「分析的手続監査基準委員会報告書第 1 号（中間報告）」において，「合理性テストは，監査人が算出した金額又は比率による推定値と財務情報を比較する手法である。合理性テストの適用例としては，平均借入金残高及び平均借入れ利率を用いた支払利息の妥当性の検討，減価償却資産の残高，平均耐用年数及び減価償却方法を用いた減価償却費の妥当性の検討がある。」「回帰分析は，統計的手法による合理性テストの一種であり，統計的なリスク比率と精度の水準を利用して求めた金額による推定値と財務情報を比較する手法である。統計均手法には幾つかのモデルがあるが，回帰分析の利点は，(1)推定値の算出が明確かつ客観的に可能となり，精度の高い推定値が算出できること，(2)推定値の算出に当たって，多くの関連する独立変数を含めることができること，(3)推定値の精度の水準が直接的に，かつ数値により明らかにされることである。」とされている。

　　　　2．証拠の必要性
　　　　3．不正の事実の調査
　　　　4．不正関与者の身元
　　ⅲ．仮説検証アプローチ
　b．不正に対する仮説の構築と不正
　　ⅰ．不正に対する仮説の構築
　　ⅱ．財務報告関連の不正の類型
　　　　1．資産の流用
　　　　2．粉飾決算
　c．仮説検証のための主な調査手続
　　ⅰ．書類の査閲・分析（Document Review）
　　ⅱ．不正関与者に対するインタビュー（Interview）
　　ⅲ．バックグラウンド調査（Background check）
　　ⅳ．PC等の解析（Digital Forensic）
　　ⅴ．反面調査
　　ⅵ．不正調査の調査手続と調査範囲
　d．事実認定
　　ⅰ．証拠の収集
　　ⅱ．証拠の評価
　　ⅲ．証拠と事実認定
4．不正の発生要因
　a．動機・プレッシャー
　b．機会
　c．姿勢・正当化

2　不正会計の発見方法

　不正会計の手法やその発見方法は洋の東西を問わず共通している。

　シリット64頁以下では，財務粉飾を見抜くために次のような手法を提唱している。

　1．限定意見に注目せよ。監査委員会が存在しないときには用心せよ。

2．委任状説明書[719]を読むことで会社の実態や特色をより把握できる。
3．財務諸表に付した脚注に注目せよ。
4．保守的な会計方針の会社を支持せよ。
5．攻撃的又は不適当な棚卸資産評価に警戒せよ。
6．継続中の訴訟又は差し迫った訴訟を考慮に入れよ。
7．長期確定購入契約に疑問の眼を向けよ。
8．会計原則の変更を監視せよ。
9．社長からの近況報告で「チャレンジング」という言葉があれば注意せよ。
10．社長からの近況報告は割引して読め。
11．経営陣と彼らの予測に焦点を当てよ。
12．経営幹部の大きな異動は社内混乱の表れである。
13．経営者の意見や分析が問題を回避していないかに着目せよ。
14．証券取引法違反に対する報告内容に着目せよ。
15．会社インタビューで会社の全体的性格を把握せよ。
16．公正な開示指針があるか。

また，大城34頁以下では，不正会計の検出方法として次のものを紹介している。
1．決算書の定量的アプローチ手法
 a．会計発生高分析
  i．裁量的発生高分析
 b．統計・判別モデル分析
  i．統計的手法[720]

---

[719] 米国において，公開会社が年次株主総会に当たり株主宛に郵送する書類の一つで，株主による議決事案について説明し，経営者報酬，経営者ストックオプション，経営者・取締役の特別取引，利害関係取引，監査人の変更等に関する情報が含まれているものをいう（シリット63頁）。なお，我が国では，株主総会招集通知に添付すべき書類として，会社法上，事業報告（貸借対照表，損益計算書，株主資本等変動計算書，個別注記表等），計算書類，連結計算書（会社法437条，同法施行規則133条），株主総会参考書類（会社法301条，302条）等が掲げられている。取締役の報酬等は，事業報告中の「取締役及び監査役の状況」「取締役及び監査役の報酬等に係る事項」及び株主総会参考書類中の「議案　当社の取締役に対するストックオプション報酬額及び内容改訂の件」等に記載されることが多い。
[720] その具体例としてDSRI, GMI, AWI, SGI, DEPI, SGAI, LEVI, TATAが挙げられているが，説明は省略する。

　　　　ⅱ．データマイニング手法[721]
　　　　ⅲ．修正再表示検出モデル[722]
　　　　ⅳ．デフォルト企業を対象としたモデル
　　ｃ．デジタル分析
　２．非財務要因の定量的アプローチ手法
　　ａ．ガバナンス要因分析
　　　　ⅰ．社外取締役の比率
　　　　ⅱ．監査人の担当期間
　　　　ⅲ．監査委員会の独立性，開催回数
　　　　ⅳ．財務の専門性を有した独立役員の有無
　　　　ⅴ．最高財務責任者（CFO）の経済学修士（MBA），公認会計士（CPA）資格の有無，CFOの在任期間
　　ｂ．有価証券報告書等の分析
　　　　ⅰ．会計の保守性
　　　　ⅱ．テキスト分析
　　　　ⅲ．音声情報分析
　３．その他のアプローチ
　　ａ．非財務情報からのアプローチ
　　ｂ．メディア情報からのアプローチ

3　粉飾決算の見分け方

　都井1頁以下においては，次のような粉飾決算の見分け方の手法が紹介されている。
　１．企業・経営者関係
　　ａ．2つの会社を持つオーナーに要注意
　　ｂ．関連会社を利用した利益操作も粉飾

---

[721] ニュートラルネットワーク，遺伝的アルゴリズム，サポートベクターマンション，判別木（TREE）分析等の手法があり，不正会計企業であるか否かの判別することを目的とすると説明されている。
[722] 過去に公表した財務諸表について誤謬が存在した場合に，その訂正を過去に遡及して反映するための修正をいう。

2．資産関係
   a．有価証券売却による益出しは粉飾
   b．仮払金に資産性はない。
   c．低価法を採用している会社でも評価損を計上していない場合がある。
   d．架空資産とは資産の含み損部分も指す。
   e．短期貸付金も仮払金と同様に資産性に乏しい。
   f．不健全資産は資産と純資産から共に落として考える。
   g．不健全資産の増加額は当期純利益からマイナスして考える。
   h．正味運転資本は，不健全資産と担保定期預金を流動資産からマイナスして求める[723]。
   i．正味運転資本の大幅マイナスは倒産の兆候である。
   j．仲間取引は資金融通に利用されやすい。
   k．従業員向け貸付金は資金が会社に戻っていないか確かめる。
   l．売上債権，有価証券，棚卸資産，関連下位者向け債権は全て虫食いのケースが多い。
   m．その他の流動資産はゼロ評価が妥当
   n．実地棚卸をしていなければ意図せざる粉飾
   o．実地棚卸は，在庫以外にも固定資産について必要
   p．在庫の陳腐化による評価損，債権についての貸倒引当金は漏れやすい。
   q．その他流動資産の滞留は良くて固定資産，悪ければ損失
   r．有価証券，ゴルフ会員権の含み損に注意
   s．その他固定資産は資産性が薄い。
   t．繰延資産には本当は資産性がない。
3．負債関係
   a．簿外負債は本来あるべきはずの負債を知ることで見抜く。
   b．債務保証をしている場合，債務保証損失引当金が簿外負債になりや

---

[723] なお，一般には正味運転資本は流動資産から流動負債を控除したものと説明される。正味運転資本については髙田217頁以下。

すい。
　　c．未払金，未払費用も漏れやすい。
4．売上関係
　　a．関係会社向け売上は操作しやすい。
　　b．「その他」営業収入は一番怪しい科目
　　c．買戻し条件付売上は売上ではない。
5．原価関係
　　a．売上原価中の固定資産は売上を操作するための粉飾
　　b．在庫の積み上がりは経営実態の悪化
　　c．在庫の滞留では原価率は一定又は上昇
　　d．在庫の水増しでは原価率低下
6．販売費及び一般管理費関係
　　a．雑費が大きい会社は管理面でのルーズさを表す。
　　b．社長の交際費と役員賞与は個人的費用を会社が負担しているもの
　　c．減価償却費，引当金は税法上の最高限度額が会社法上の最低限度額
7．その他損益
　　a．特別損益は科目数に注意
　　b．雑収入で経常利益を確保している会社は粉飾
　　c．わずかな利益は税金と信用のバランスを保つために作られる。
　　d．雑収入は特別利益から作られる。
　　e．貸借対照表の前期比較で雑収入の内容を推測する。
　　f．賞与と税金は未払計上が漏れやすい。
　　g．多額の役員報酬は赤字に対する緩衝材
　　h．多額の役員報酬は実質的な営業利益に加えて考える。
　　i．支払利息と借入金の比率は最低限チェックする。
　　j．利率は異常に高くても低くてもおかしい。
8．比較・比率分析
　　a．粉飾を見抜くためには前期比較が必要
　　b．わずかな利益はそのほとんどが粉飾決算
　　c．「支払利息／営業利益」が70％以上で危険

d．「雑収入／経常利益」が70%以上で危険
　　e．表面上の粉飾は他の資料との整合性でチェックできる．
　　f．経常収支比率は倒産を予知，粉飾を発見するのに役立つ．
　　g．翌期の売上を先取りしても経常収支比率は変化しない．
9．その他
　　a．粉飾は科目を分散して行われる．
　　b．操作された利益は取り除く必要がある．
　　c．益出しの利益は評価益
　　d．税金は粉飾のコストとなる．
　　e．損切りにより一時的に資金収支が改善することもある．
　　f．法人税申告書別表の3番（法人税額の特別控除）は優良会社の証，12番（源泉徴収所得税の税額控除）をしていない会社は粉飾の可能性有り，9番（同族会社の留保金課税）は優良会社の証
　　g．建設業は完成工事未収入金，未成工事支出金の中身，不動産の含み損，関連下位者向け債権，債務保証に注意
　　h．不動産業では含み損，未収入金の回収可能性，買戻し条件付売上に注意
　　i．小売業では売上低迷，営業利益と営業外費用，営業外収益と経常利益の関係，修正流動比率，その他資産の増加分に注意
　また，都井13頁以下では，最近の粉飾の手口やその発見方法が次のように解説されている．
　1．依然として資産水増しの粉飾が主流：アイ・エックス・アイ，ミサワホーム九州，サンビシ，TTGホールディングス，環境建設
　2．循環取引等による売上高粉飾：加卜吉，アイ・エックス・アイ，ユニコ・コーポレーション，アドテックス
　3．利益先食いの粉飾：ミサワホーム九州
　4．繰延税金資産水増しの粉飾
　5．子会社や投資事業組合等を利用した連結逃れ：サンビシ
　6．のれん償却年数の変化：楽天，アクセス
　7．一部の部門や子会社等で行われる局地型：加卜吉，マルヤ，井関農機，

ネットマークス
8．会社ぐるみの大規模粉飾：みらい建設グループ，マキ製作所，平和奥田，ニイウスコー
9．粉飾の発見法
　a．売上高伸び率：異常な売上増が継続している場合には循環取引を疑う
　b．各種利益率
　c．自己資本比率・純資産回転期間
　d．借入金依存度・借入金回転期間
　e．総資産，基礎資金等の回転期間
　f．キャッシュフロー分析
　g．四半期情報の活用
　h．個々の科目の残高推移
　i．継続企業の前提に関する注記の利用
　j．セグメント別業績推移の分析
　k．時価総額と業績の関係分析
　l．借入金依存度

また，かなり古い書物であるが，手元に近澤弘治「粉飾経理」（昭和49年）がある。これを見ると，粉飾の基本的な手口はほとんど変化していないことに驚かされる。その多くは，本書の勘定科目分析（第2編第2章）で触れたところと重なるが，確認も兼ねて，同書で触れられている勘定科目別の粉飾の手口をご紹介することとしたい（同書23頁以下）。

1．現　金
　a．現金の収入，支払を悪用して流用・着服する。
　b．見誤りやすい数字をもって現金を横領する。
　c．甲仕入先から受け取った領収証を乙仕入先から受け取った領収証のように仮装し，これを提出して金銭を窃取する。
　d．代理人の領収証が支払に対する証憑書類として提出される。
　e．請求書が支払に対する証憑書類として提出される。
　f．小切手を偽造・変造して現金を着服する。

第3章　決算書の分析　373

　　g．書き損じの小切手を控えに添付しない。
　　h．巧妙な欺瞞の手段によって手元現金の不足を隠蔽する。
　　ｉ．自己案出の領収証用紙中の填充要項記載を偽作する。
　　ｊ．虚偽又は誤謬によって現金の二重払いを行う。
　　ｋ．土地，建物の取得に無関係な金額を手数料その他の項目中に包含せしめる。
　　ｌ．土地建物の評価が困難である点を利用して不当に高値で売買する。
　　ｍ．現金売上高を着服する。
　　ｎ．現金出納係が使い込みを隠蔽するために不足額を他から融通し，監査人に見せ金として提出する。
　　ｏ．過大の現金を手元に持つ。
　　ｐ．不動産，備品などの売却代金，仕入先からの割戻金，保険金受取高について虚偽不正を行う。
２．小口現金
　　ａ．小口現金をもって購入した収入印紙や切手類の不適切管理
　　ｂ．一方の残高の不足を埋め合わせるための他の残高の流用
　　ｃ．小口現金係が小口現金の支払伝票の金額を訂正して差額を着服する。
　　ｄ．正式の処理を行わずに小口現金から貸付けを行い，借用証書を現金代用に供する。
３．預　金
　　ａ．預金の個人用途への流用
　　ｂ．出金と入金の双方を簿外とすることによる浮貸し
　　ｃ．現金出納係が預入を全て数日ずつ引き延ばすことにより金銭を他に融通する。
　　ｄ．貸借対照表作成当日に現金に不足がある場合に他から領収した金額等を現金出納帳に記入して不足の事実を隠蔽する。
　　ｅ．ある銀行宛に不足分の小切手を振り出して他の銀行に預金するなどして残高の不足を隠蔽する。
　　ｆ．手元現金の不足を隠蔽するため，小切手に換えて受け入れた現金を

　　　　直ちに手元現金に加算するが，当座預金勘定への記入は決算日後に
　　　　延ばす。
　　　g．株金払込を翌日に払い出す。
　　　h．会社の小切手を私用に濫用する。
　　　i．預金がないのにあるように装う。
　　　j．定期預金証書を紛失したように仮装する。
　　　k．入金人記帳日にずれがあるために残高が一致しないなどと説明する。
　4．預り金
　　　a．借入金を預り金として処理する。
　　　b．従業員預り金の残高合計が元帳の預り金勘定残高に一致しない。
　5．仕　入
　　　a．利益を過大に表示するため，仕入を仕入帳に記入しない。
　　　b．購入しない物品を購入したように装って利益金を隠蔽する。
　　　c．仕入手続未済の物品を棚卸勘定で決済する。
　　　d．二重仕入に関する計算を行う。
　　　e．不利益な物品の仕入を行う。
　　　f．仕入手数料を横領する。
　　　g．手付金を横領する。
　　　h．仕入帳の合計額又は転記を誤る。
　　　i．決算直前の仕入を決算直後に記入して営業成績を良好に見せかけ
　　　　る。
　　　j．相手との話し合いによって仕入単価を引き上げて利益を隠蔽する。
　　　k．虚偽の送り状を利用して私利を貪る。
　6．売　上
　　　a．他人の名義を利用して売上代金を横領する。
　　　b．現金売りを掛売りとして回収金を横領する。
　　　c．割引及び値引をしたとしてその差額を横領する。
　　　d．手付金を不正流用する。
　　　e．二重売上に対する計算を行う。
　　　f．廃物となった固定資産を売却した際にこれを売上として記録する。

g．利益を増大せしめる目的を持って虚偽の売上高を記載する。
　　h．売上とそれに対する仕入を帳簿から脱漏させる。
　　i．次の決算期に属する売上を当期の売上額として記帳する。
　　j．積送品を発送した段階で売上を計上する。
　　k．履行し終わった注文を帳簿に記載せずに代金を着服する。
　　l．売掛金の現金回収を現金売りのように記帳する。
　　m．利益を増大させる目的をもって売上帳の合計額を過大にする。
　　n．延べ渡し注文や予約注文を受けた段階で売上を計上する。
　　o．以前の注文で未履行のものを新規の売上として記帳する。
　　p．試用販売又は試験販売として発送したものを売上に計上する。
　　q．返品受けの契約で販売したものを売上高に計上する。
　　r．本支店間又は部門間の物品の振替高を仕入又は売上に計上する。
　　s．相手方との話し合いによって売上単価を切り下げて利益を隠匿する。
　　t．現金売りを帳簿に記帳せず，掛売りのみを記帳して利益を隠匿する。
　　u．売上代金の入金を借入金として処理する。
7．棚卸資産
　　a．棚卸資産の数量や価格を不当に過大・過少に計上したり，棚卸資産の実在性を偽って記録する。
　　b．決算日以降に仕入れた物品を決算期前に仕入れたように棚卸表に計上する（又はこの逆）。
　　c．棚卸資産の数量に食い違いがある。
　　d．積送品や委託品を発送したのにこれを棚卸資産として計上する。
　　e．他から預かった物品を棚卸資産として計上する。
　　f．機械・備品等の固定資産を棚卸資産に加算する。
　　g．決算期に残存する作業進行中の建設工事及びその材料を棚卸資産に包含せしめる。
　　h．物品受払帳と棚卸表の誤差が多額であるのに，これをむやみに雑損又は雑益に振り替える。
　　i．担保の用に供せられている棚卸資産を貸借対照表に明示しない。
8．売掛金

a．時効消滅，架空，取立不能等の不良売掛金を良好な売掛金のように見せかける。
　　b．売掛代金の入金があったのにこれを記帳しない。
　　c．売掛入金の費消を隠蔽するため，戻り品の仮装記録をする。
　　d．流動資産が豊富にあることを示すため，貸借対照表上の売掛金額を故意に増加する。
　　e．営業が不良であることを示すため，貸借対照表上の売掛金額を故意に減少させる。
　　f．貸倒金として処理した売掛金を後日回収しながらこれを着服する。
　　g．売掛金の回収に関する領収証を利用して虚偽不正を行う。
　　h．売掛金の回収であるのにこれを現金売りのように記録する。
　　i．内部部門の帳簿間で同額であるはずの売掛金の額が食い違う。
　　j．定額以上の回収金を横領する。
　　k．記入漏れによる売掛金を横領する。
　　l．破産者に対する売掛金をいつまでも計上する。
　　m．売掛金の貸倒見込額に対して十分な引当金を設けない。
 9．買掛金
　　a．買掛金を記入漏れしたり二重記入する。
　　b．故意に割引又は値引に関する減額訂正をせずに，納入会社と共謀して不正を行う。
　　c．同一送り状を2度記帳する。
　　d．仕入先との記帳日のずれを利用して不正記帳を行う。
 10．有価証券
　　a．一時他から借り入れて監査人に提出する。
　　b．有価証券を売却して代金を横領する。
　　c．配当金を横領する。
　　d．担保品を引き出す。
　　e．他人所有の有価証券を自己所有のもののように装う。
 11．貸付金
　　a．不当貸付けを隠蔽するために二重口座の記帳法を採る。

12. 借入金
    a．借入金を記帳せずに隠蔽する。
    b．満期となった借入金及び利息の支払をしない。
    c．滞り利息や債権者からの請求のない利息を貸借対照表に表示しない。
13. 仮払金
    a．領収証を受け取らないで仮払金を支出する。
    b．現金係や重役の私用に仮払金を流用する。
    c．仮払金が完全・適法に決済されていない。
    d．仮払金の支払先や金額が適正でない。
14. 仮受金
    a．仮受金として受け入れた手付金を返却したように装って横領する。
    b．商品売上等を仮受金で整理して利益隠匿を行う。
15. 土地・建物
    a．土地・建物の取得に無関係な金額を取得手数料に含める。
    b．付近の土地・建物の値上がりを利用して評価額を引き上げる。
    c．土地・建物の評価が困難であることを利用して不当に高い価格で売買する。
16. 機械
    a．機械の評価を偽る。
    b．機械台帳や機械据え付け図面の記載事項が実際と一致しない。
17. 備品
    a．備品台帳の残高と実際有高が一致しない。
18. 受取手形
    a．取立不能と見られる売掛金を手形に書き換える。
    b．重役又は従業員への立替金を受取手形として表示する。
    c．貸借対照表の当日前に銀行に割引を求めた受取手形について不正表示を行う。
    d．融通手形を振り出したりその割引を行う。
    e．有力者の名前を騙って偽造の手形を振り出したり，これを割り引く。

19. 支払手形
    a．支払手形の支払手続の準備を行ったが，手形交換に回ってきていないことを利用して支払準備金を他に流用する。
    b．支払手形帳への記録の脱漏や虚偽記入
20. 未達勘定
    a．虚偽不正の目的のために発生した残高不一致を隠蔽する手段として未達勘定を用いる。
    b．本支店間で物品を売買する際に原価に付加率分を加えた金額を棚卸価格とする。
21. 創業費
    a．初年度の営業成績を良好に見せるために会社の設立に関係のない営業費まで創業費に含める。
22. 繰延勘定
    a．営業成績不良の企業が損費として計上すべきものを繰延資産として処理する。
23. 見越勘定[724]
    a．未収収益の記入及び修正記入を行わない。
    b．未収収益の勘定中に曖昧な項目を包含させる。
    c．未払損費の計上をしない。
    d．未払損費を架空計上する。
    e．未払損費を計上したのに，その支払を行った際にこれを広告費や支払利子・手数料等として整理する。
    f．利息，諸税等の未払勘定を過少計上する。
24. 社債
    a．社債発行に関する費用でないのにこれを社債発行費として処理する。
25. 資本金

---

[724]　「見越勘定」とは，継続的して役務の提供を行う一定の契約に従い，既に提供が行われている役務に対して未支払の対価を管理する勘定科目であり，未収収益，未払費用等が含まれる。なお，これに対して，前受収益，前払費用を「繰延勘定」という。

a．払込株金について虚偽不正を行う。
　　　b．現実の払込がないのに払込があったように見せかける。
　　　c．資本を水増し表示する。
　　　d．資本を水増しして蛸配当を行う。
　26．剰余金
　　　a．法定積立金の積立を行わない。
　　　b．法定積立金を欠損塡補以外の目的に取り崩す。
　　　c．別途積立金を不正流用する。
　　　d．不正経理を行い秘密積立金を設定する。
　27．偶発債務
　　　a．偶発債務を表示しない。
　28．戻り品及び割引，割戻金
　　　a．売掛代金の回収分を売上に対する割引，割戻しがあったように記帳してその金額を着服する。
　　　b．決算日以前に積み戻された物品を売上帳又は戻り品記入帳に表示しない。
　29．広告費
　　　a．当期の損費に計上すべき広告費を後期に繰り延べる。
　　　b．支払っていない広告費を支払ったように仮装する。
　　　c．既に支払を行った広告費を二重払いしたように仮装して横領する。
　　　d．広告費の割引・割戻しがあったのにこれがなかったように仮装して横領する。
　30．給与・工賃
　　　a．給与・工賃に関する人数や金額を偽る。
　　　b．給与・工賃の合計金額がこれを支払うために振り出された小切手金額と一致しない。
　　　c．給与・工賃の領収証に照らして，各人への支払が正当に行われていない。
　　　d．時間払い制度の場合に，実際の作業時間と支払額が一致しない。
　　　e．出来高払い制度の場合に，実際の出来高と支払額が一致しない。

f．支払工賃明細表の計算に誤りがある。

　　g．支払工賃明細表の改竄を行い，または実在しない人名を記入することによって不当に工賃の支払を仮装する。

31．賞与金

　　a．賞与金の合計額よりも多額の現金を出金して差額を着服・横領する。

32．消耗費

　　a．品質を低下し，数量を減ずる。

　　b．公用の消耗品を私用で消費する。

33．交際費

　　a．専決範囲を超えて交際費を支出する。

　　b．社業と関係ない方面に交際費を支出する。

　　c．不当に多額の交際費を支出する。

　　d．支払のない交際費を支出したように仮装して差額を着服する

34．旅費

　　a．私用の旅費を公用のように仮装する

　　b．航空機を利用していないのに利用したように装う。

　　c．出張回数や旅程を故意に拡大して差額を着服する。

35．貸倒金

　　a．貸倒金として処理する必要がないものを貸倒処理して故意に債権を消滅させる。

　　b．失踪，死亡，破産，解散，裁判の確定等によって債権が回収できないのに貸倒処理しない。

　　c．貸倒処理した債権について後日入金を受けたのに，これを帳簿に記入しないで着服する。

　　d．売掛金の入金があったものの，これを貸倒処理し，その金額を着服する。

　　e．売掛金の貸倒見込額に対して十分な引当金を設けない。

36．保険料・保管料

　　a．保険料や保管料を不当支出する。

b．保管料を本部と支部で二重払いし，差額を裏金とする。
37．減価償却費
　　a．減価償却費の計算が正当に行われていない。
　　b．利益の留保を意味する特別償却が原価部分として計上されている。
　　c．過去における過大償却費の一部をその後重複計上する。
　　d．減価償却費として認められない建設利息などの償却額を減価償却費として計上する。
　　e．減価償却費の部門別配賦が正当に行われていない。
38．支払利子及び割引料
　　a．既に経過済の利子，割引料が正確に計上されていない。
　　b．未経過の支払利子を当期の損費として計上する。
　　c．相手方との契約以上に利子を支払ったように装い，これを横領する。
　　d．虚偽目的で不当に高率の利子を支払わなければならないような借入れを行い，その間に虚偽の利益を得ようとする。
　　e．負債の多い企業における支払利子の一部を資産勘定に計上する。
39．受取利子及び割引料
　　a．利子等の回収見込みがないのに，これがあったように仮装して利益を誇張する。
　　b．受取利子や割引料で後期に計上すべきものを当期に計上する。
　　c．公社債の利息を受け取りながらこれを計上しない。
　　d．多額の現金を無利息の当座預金とし，他方多数の借入金に対する利子を支払う。
40．資本的支出及び収益的支出
　　a．建物・設備の大修繕・改造について資本的支出と収益的支出の区別を偽る。

4　内部監査手法について

　内部監査人による監査は，単に不正の発見を目的とするものではなく，リスクの発見とその低減策の提言，業務の効率性や有効性に関する監査等も目的としているため[725]，財務捜査の視点とは必ずしもリンクしない部分もあ

る。しかし，会社の実態や問題点を的確に理解するためにも，内部監査報告書の内容の概略を把握しておくことは有用である。

土田91頁以下では，内部監査において留意すべき不正の兆候の例として次のようなものが挙げられている。

1．商品の棚卸で，説明のつかない在庫不足がたびたび発見される。
2．回収期限を大きく超過した売掛債権がある。
3．営業担当者が滞留売掛金の督促を嫌う。
4．一人の残業，若しくは休日出勤を頻繁に繰り返す。
5．連続の休暇を取らない。
6．購買や営業の担当替えを嫌う。
7．用事を作って監査を忌避する。
8．理由がないのに月末に大きな取引が集中する。
9．月末に売り上げた取引が翌月の初めに返品される。
10．取引価格が通常の価格とかけ離れている。
11．取引の記録漏れがたびたび発見される。
12．パスワードを多数の者が知っている。
13．金庫の鍵の保管場所を多数の者が知っている。
14．取引の実施，承認，記録，資産の保管を同一人が行っている。
15．上司の承認が必要なのに，承認がない取引がある。
16．取引内容の説明に矛盾がある。

また，松井152頁以下によると，内部監査でよく用いられる監査技術は，利用頻度の多いものから順に掲げると，

1．関係資料・帳票をチェックする。
2．業務担当者から実情を聴取する。
3．責任者から概況を聴取する。
4．現金・有価証券等の実査をする。
5．執務状況・作業環境を見る。
6．現金・有価証券等以外の現物をチェックする。

---

725) 土田2頁以下，箱田他32頁以下，松井47頁以下。

等とのことである。

5　脱税の手口について

　不正な会計操作は，脱税（裏金作り，横領を含む。）又は粉飾を意図している場合がほとんどである。そこで，捜査官としては，脱税の手口としてどのようなものがあるのかを把握しておくことも有用である。

　大村 36 頁以下には，次のような脱税の手口が紹介されている。

1. 外国からの仕入を水増しした上，売上金を租税回避地の金融機関に隠匿
2. 非居住者を仮装
3. 宗教法人と葬儀社との共謀による所得隠し
4. 無申告ほ脱
5. 人材派遣会社が人件費を仕入費と仮装して消費税を脱税
6. 架空仕入・架空輸出による消費税の不正受還付
7. 特定日の売上，現金収入，特定客への売上，社長が自分で行った仕事の売上等の隠匿
8. レジを使った脱税（一部を通さない，時間帯によって打たない，1つのレジを簿外にする，レジを打ち直す）
9. 伝票を破棄する。
10. 副収入や特別収入を除外する。
11. 公表外口座を使って売上を隠す。
12. 架空内容の領収証を使って経費を仮装する。
13. アルバイト，外国人労働者等の経費を水増しする。
14. 架空仕入，架空外注費を使う。
15. バックリベート，値引を利用する。
16. 通信費，備品，交際費，寄付等を使う。
17. 敢えて倒産する。
18. 在庫を不正操作する（売れ筋の商品を隠す，不良在庫を処分したように見せかける，仕掛品を過少評価する。）。
19. 事業の所在地を転々としたり，代表者をあやふやにする。

20. 投資組合，財団，タックス・ヘイブンを利用して不正会計を行う。

6 監査人の資質について

近澤206頁以下では，監査人が備えるべき資質として次の事項を挙げている。その多くは財務捜査を行う捜査官としても備えるべき資質であるように思われる。

1. 簿記，会計，監査の理論と実務について十分な知識と経験を持つこと
2. 商業，経済，経営，法規に明るいこと
3. 語学，科学，哲学，歴史などの学芸教養科目に明るいこと
4. 徳望及び信用が厚いこと
5. 秘密を漏洩せず，またはこれを悪用しないこと
6. 誠直であること
7. 妥協的でないこと
8. 廉潔であること
9. 被監査人に悪行があるのではないかというような疑惑の念をもって接するのではなく，相互の信頼と理解の上に立たなければならないこと
10. 事物を綿密，忠実，公平，敏速に検査すること
11. 事物を直ちに理解し得る能力を持つこと
12. 経理記録を分析して解説する能力を持つこと
13. 経理組織の改善，立案など企業経営上の諸事実をまとまった形態に完成する能力を持つこと
14. 経理記録における数字について説明して監査依頼人に理解せしめる能力を持つこと
15. 大局を把握し得る能力を持つこと
16. 自己の検査した事項に付いて遺漏なく文章に表現し得る能力を持つこと
17. 創始力に富んでいること
18. 堅忍不抜の精神に富んでいること
19. 自制力に富んでいること
20. 一般公衆や自己の所属している団体に奉仕するに足るだけの社交性に

富んでいること
21. 被監査人に対して同等又はそれ以上の能力であること
22. 検査に耐え得るだけの体力があること

第5節　企業評価手法について

　企業の本質的な価値を，公表されている財務諸表のみにとらわれることなく，公正・的確に判断することが求められる場合がある。それは，企業買収時における買収対象企業の価値評価である。被買収企業はその企業価値を最大限高く評価させようともくろみ，時には不正会計や粉飾も辞さないのに対して（渡辺章67頁），買収企業は資金流出を抑えるためにも対象企業をシビアに分析・評価する必要があるからである。財務捜査を行うに当たって，この企業評価手法を対象企業に適用することが常に必要となるわけではないが，いくつかの手法は，有益な着眼点を捜査官に提供してくれるものである。

　企業評価の主な手法については，既にのれんの項目（第2編第2章第1節C2）で述べたところであるので，本項では，企業評価の手順を中心に見ることとしたい。

　渡辺章59頁以下では，買収対象企業の3種類の価値算定手法の手順に関する次のような事項が説明されている（鈴木他231頁以下も参照）。

1. 上場株価比較方式
    a. 類似企業の探し方
        i. S&P株式ガイド[726]の活用
        ii. 標準産業分類手引（SICコード）の活用
    b. 株価乗数の算定[727]

---

726) 格付会社であるスタンダード・アンド・プアーズ社の報告書である（http://www.standardandpoors.com/ja_JP/web/guest/home 参照。）。なお，格付会社については，第2編第2章第2節B1(2)ア参照。また，上場会社の財務諸表比較に便利なサイトについては，第1編第3章参照。

727) 株価乗数とは，類似企業の現在の株価を売上高，利益，簿価などの財務数値（基準指標）によって割ったものをいう。総資本株価乗数は，支払利息・税引前利益（EBIT），EBITキャッシュフロー，売上高，有形資産簿価を基準にして求める。（渡辺章71頁以下）

　　　　ⅰ．総資本乗数
　　　　ⅱ．持分乗数
　　　ｃ．支配プレミアムと非流動性割引
　　２．買収事例比較方式
　　　ａ．買収事例の探し方
　　　ｂ．売買価格乗数の算定
　　　ｃ．支配プレミアムと非流動性割引
　　３．DCF（Discounted Cash Flow）方式[728]
　　　ａ．作業手順
　　　ｂ．キャッシュフローの計算
　　　ｃ．残存価値の予測
　　　ｄ．割引率の決定
　　　ｅ．外部借入金の控除とその他の修正科目
　　４．修正簿価方式
　　　ａ．修正簿価方式の基本的な考え方
　　　ｂ．貸借対照表項目の修正
　また，渡辺章159頁以下には，買収対象企業の価値算定における具体的な調査手順及び検討事項が以下のとおり掲げられている。
　　１．事前詳細調査
　　　ａ．事前詳細調査の種類[729]
　　　　ⅰ．ビジネス・デュー・ディリジェンス[730]
　　　　ⅱ．フィナンシャル・デュー・ディリジェンス[731]
　　　　ⅲ．リーガル・デュー・ディリジェンス[732]
　　　ｂ．事前詳細調査の目的

---

[728] なお，トーマツ123頁以下，パレプ他131頁以下，山根160頁以下も参照。
[729] デュー・ディリジェンスについては，トーマツ160頁以下，北地他178頁以下，奈良他196頁以下も参照。
[730] 企業買収は買収ターゲットのビジネスを買うという意識に立ち，買い手の買収プロジェクトチームとアドバイザーが対象企業の事業活動，ビジネスの現状と将来性，経営者や従業員の質，顧客や仕入先との関係，販売力，製造能力，将来の損益予測その他の経営上の問題点を調査することをいう。
[731] 買い手の公認会計士が買収ターゲットの財務面，生産，販売，労務，訴訟問題，収益性，資産の実在性，負債の網羅性，税務，従業員の福利厚生，事業計画等を調査することをいう。

c．事前詳細調査の実務手続
　　　d．事前詳細調査における問題
　　　　ⅰ．企業会計原則の限界
　　　　　1．会計基準は買い手にとっても公正妥当であることを意味しない
　　　　　2．引当金などの見積もりは主観的である。
　　　　　3．会計基準は隠れた債務を黙認している。
　　　　　4．インフレ下における取得原価主義の弊害
　　　　　5．無形資産の計上基準の違い
　　　　ⅱ．財務諸表監査とその限界
　　　　ⅲ．スタンド・アローン問題[733]
　2．事業の概況調査
　　　a．会社の概況調査
　　　　ⅰ．基本的事項の確認
　　　　　1．法人格
　　　　　2．設立登記地，所在地
　　　　　3．株主名と持分比率
　　　　ⅱ．関連事業体の概況：子会社，事業部・支店，関連会社，パートナーシップ
　　　　ⅲ．成長・発展の歴史
　　　　ⅳ．その他の事項
　　　　　1．決算年月日
　　　　　2．株主契約書及び既存株主の権利
　　　　　3．公認会計士，弁護士，保険代理店
　　　　　4．議事録及び会計記録等の保管場所
　　　b．事業活動全般の調査

---

[732] 買い手の弁護士が買収ターゲットに関する各種契約の内容，訴訟・係争事件，製造物責任，製品補修責任，環境問題，反トラスト法関係，特許，技術ライセンスなどの分野について調査することをいう。
[733] 買収ターゲットが企業集団の子会社や部門である場合，企業集団全体の財務諸表の一部である部門・子会社の財務諸表は，買収ターゲットの独立企業としての財政状態や経営成績を的確に表示しているものとはいえないという問題をいう。

　　　　ⅰ．主たる事業活動の内容
　　　　ⅱ．業界・市場に関する情報
　　　　ⅲ．内部的成長力
　　　　ⅳ．その他の事項
　３．人的資源の調査
　　　ａ．経営陣の調査
　　　　ⅰ．業界や社内での評価
　　　　ⅱ．経営陣の経歴と概略
　　　　ⅲ．経営者の報酬と雇用契約
　　　　ⅳ．その他の事項
　　　ｂ．一般従業員の調査
　　　　ⅰ．労務面の基本的事項
　　　　ⅱ．企業年金と従業員福利厚生
　　　　ⅲ．労働組合
　４．生産・販売活動の調査
　　　ａ．製造設備関係の調査
　　　　ⅰ．概要
　　　　ⅱ．製造能力と稼働状況
　　　　ⅲ．生産技術関係
　　　　ⅳ．環境問題
　　　　ⅴ．製造物責任
　　　　ⅵ．外注と購買関係
　　　　ⅶ．製造原価の内容
　　　ｂ．顧客関係の調査
　　　　ⅰ．顧客関係
　　　　ⅱ．受注・販売管理
　　　　ⅲ．信用管理
　　　　ⅳ．販売促進
　　　　ⅴ．その他の事項
　５．財務諸表項目の調査

a．資産項目の調査
　ⅰ．売掛金の内容と回収可能性
　ⅱ．棚卸資産の評価
　ⅲ．固定資産の会計処理方針
　ⅳ．その他の資産
b．負債及び偶発債務の調査
　ⅰ．買掛金の内容と支払状況
　ⅱ．借入金の条件
　ⅲ．未払費用の網羅性
　ⅳ．偶発債務と引当金の計上
　ⅴ．租税債務
　ⅵ．関係会社未払金
c．損益計算項目の調査
　ⅰ．売上・収益項目の分析
　ⅱ．売上原価・費用項目の分析
　ⅲ．買収後の損益見通し
d．管理システム整備状況の調査

第6節　経営分析手法の具体例への応用

1　はじめに

　経営分析手法の概要は第1節2節で説明したとおりであるが，手法が理解できただけでは，なかなかこれを具体的事件に応用するイメージが摑みにくいかもしれない。そこで，本節では，上記の経営分析手法を実際の企業に応用するとどうなるかという具体的イメージを示したいと思う。
　通常，経営分析に関する書物においては，日本を代表する大企業の経営分析が行われるのであるが，本節においては，敢えて，本書で取り上げた不正会計を行った企業が不正会計を行っていた期間に公表していた有価証券報告

書を取り上げ，そこから不正会計の兆候を実際に看取することができるかを検証してみることにしたい。これらの企業の会計不正に関する調査報告書はこれらの企業が過去に公表した各種資料[734]，有価証券報告書はEDINET[735]等から容易に入手できる。しかし，筆者が直接捜査に携わったわけでもなく，単に公表に係る貸借対照表，損益計算書及びキャッシュフロー計算書のみを分析することによりどのような点に着目して不正会計の端緒を摑むかという可能性としての分析結果を示すものに過ぎないし，かつ，現に活動している企業について勝手な憶測をして実際の株価や経営に影響を与えることも本意ではないことから，本節では，既に現在は上場廃止となっており，かつ，既に実質的に営業活動を終了したと認められる企業を検討対象として取り上げることとしたい。

このような観点から，本書で取り上げた企業で既に上場廃止となって活動を終了していると認められるのは，次の5社であり，不正発覚直前に公表された（つまり粉飾決算を行っていたと思われる）下記の有価証券報告書を分析の対象とすることとしたい。是非，読者の皆様も分析の過程にお付き合いいただき，公表に係る財務諸表の分析により不正会計の糸口を実際に摑むことができるのかに着目しながら読み進めていただけると幸いである。

(1) 株式会社クロニクル（平成25年大阪証券取引所上場廃止）
　　第32期有価証券報告書[736]
(2) 株式会社塩見ホールディングス（平成23年大阪証券取引所上場廃止）
　　第6期有価証券報告書[737]
(3) 株式会社エフオーアイ（平成22年東京証券取引所上場廃止）
　　第16期第3四半期報告書[738]
(4) 株式会社シニアコミュニケーション（平成22年東京証券取引所上場廃止）

---

[734] 当該企業のウェブサイトや，過去のIR情報等を保存・公開している決算プロ（http://ke.kabupro.jp/），重要IR情報一覧（http://ir.104site.net/）等を参照。
[735] http://disclosure.edinet-fsa.go.jp/
[736] http://www.kabupro.jp/edp/20111226/S0009ZZ8.pdf
[737] http://www.kabupro.jp/edp/20100630/S0006947.pdf
[738] http://www.kabupro.jp/edp/20100215/S00057S5.pdf

第 9 期有価証券報告書[739]

(5) ニイウスコー株式会社（平成 20 年東京証券取引所上場廃止）
第 14 期有価証券報告書[740]

2 財務諸表を読む8手順

　捜査官としては，まず大づかみにどの科目が疑わしいかの目星を付けることが重要である。そのためには次のような8段階の手順で分析をしていくとよいと思う。

(1) 売上高の規模と前期比較

　捜査官は，まず損益計算書上の当期売上高を見て会社の規模を把握し，前期と比較してこの売上高が異常数値を示していないかを見るとよい。また，損益計算書を見た際に，併せて貸倒引当金計上額や全体の中で多額を占めている数値や異常値を示している科目がないかをざっと眺めておくとよい。

(2) 売掛金の回転数と前期比較・資産科目の異常値

　続いて，貸借対照表を見て，先程の売上高に対して売掛金（売掛金及び受取手形をいう。本節において以下同じ。）が何割程度あるかを見るとよい。第1節の経営分析の手法で説明したとおり，売上高を売掛金で割ると売上債権回転数が求められる。売上債権回転数は，流通業においては5回転程度が望ましく，2回転以下では回転不足，製造業においては2.5回転程度が望ましく，1回転以下では回転不足である。また併せて，前期比売掛金が異常値を示していないかを見る。売掛金は，現金収入を伴わない売上であることを忘れてはならない。更に，貸借対照表の資産科目をざっと見て，高値・異常値・異常変動値を示している科目がないかをチェックするとよい。

(3) 買掛金の対売掛金比と前期比較・負債科目の異常値

　続いて，買掛金（買掛金及び支払手形をいう。本節において以下同じ。）を見るとよい。企業は，通常，仕入れた商品を販売し，または仕入れた原材料を加工して販売するのであるから，現金販売のような場合を除いて，売掛金と買掛金の金額には左程の相違はないはずである。売掛金の買掛金に対す

---

739) http://www.kabupro.jp/mark/20090630/S0003KF8.htm
740) http://www.kabupro.jp/edp/20060921/0060E65U.pdf

る割合（売掛債権対買掛債務比率）は1を超えるのが通常であり，上場企業平均は1.5程度とされる。但し，売掛金の額が買掛金の額よりも少ないことが直ちに異常とまでは言えない。売掛金は早く回収し，買掛金は遅く支払っているとか，現金売り商売であるという営業上の特性によることもあるからである。但し，売掛債権対買掛債務比率が1を切ったり2を超えるような場合には，売掛金や買掛金の実在性に疑問を持って捜査対象としておく必要があろう。これに加えて，前期比買掛金が異常値を示していないかを見る。また，併せて貸借対照表の負債科目をざっと見て，高値・異常値・異常変動値を示している科目がないかをチェックするとよい。

(4) 棚卸資産の規模と売上高比

続いて，棚卸資産（商品，製品，半製品，仕掛品，原材料の合計額をいう。建設業にあっては，未成工事支出金，仕掛販売用不動産，不動産業にあっては販売用不動産を含む。以下同じ。）を見る。棚卸資産は，第三者の協力がなくとも粉飾することが容易であり，帳簿に記載されている在庫が記載とおりには存在しない可能性があることを念頭に置かなければならない。売上高を棚卸資産で割った数値が10～15程度であればよいが，これよりも大幅に小さい数値であれば，在庫が過大ではないかと疑う必要がある。売上に対して過大な在庫を抱えている場合や，棚卸資産の金額が高値，異常値，異常変動値を示している場合には，その内容を精査する必要がある。また，実際に在庫が存在したとしても，不良製品，陳腐化した製品を大量に抱えているにもかかわらず，強制評価減をしないことによる粉飾決算をしている可能性も念頭に置く必要がある。

(5) 費用性資産[741]，無形固定資産，外部投資の規模と内容

続いて，粉飾の余地の大きい資産科目について検討する。第1に，費用性資産（その意味については第2編第2章第1節A7(2)参照）及び無形固定資産の規模と内容を見る。費用性資産は，既に現金が支出されており，その収益力が将来に及ぶため資産として計上されているものであり，ここでは，

---

[741] 棚卸資産も将来売上原価となり，有形固定資産も減価償却費として費用化されるという点では，費用性資産に当たるが，本節では粉飾の余地の大きいものを重点的に取り上げる趣旨である。

特に粉飾の余地の大きい建設仮勘定，ソフトウェア仮勘定，繰延資産に着目するとよい。第2に，無形固定資産であるのれん（営業権），ソフトウェアも要注意である。第3に，「投資その他」に分類される投資有価証券，関係会社株式，出資金，投資を本業とする企業にあっては，流動資産の部に計上される営業投資有価証券，営業出資金についても要注意である。これらは，投資の形式をとった損失飛ばしや利益供与である可能性がある。また，投資に名を借りて資金流出を行い，流出させた資金を売掛金や貸付金の返済を仮装して会社に還流させたり，私的用途に流用している可能性もあるので，実際の資金の流れを精査する必要がある。

(6) **収益・費用科目の規模，内容，異常値**

続いて，損益計算書における収益・費用（利益，損失を含む）科目をざっと見て，高値・異常値・異常変動値を示している科目がないかをチェックするとよい。

(7) **営業キャッシュフローの営業利益比，営業利益の売上高比**

以上の数値をチェックした後，キャッシュフロー計算書の検討に移る。非上場会社でキャッシュフロー計算書がない場合には，第2節で説明したような方法で，2期分の貸借対照表と損益計算書からキャッシュフローを計算してみるとよい。

営業キャッシュフロー計算書を見るときに，何よりも大切なことは，通常は，営業利益の上がっている会社であればそれなりの営業キャッシュフローがあるはずであるということである。目安としては，営業キャッシュフローの営業利益に対する割合が60～120％程度に収まっているか否かである[742]。営業利益を問題なく計上しているように見える場合であっても，営業キャッシュフローが営業利益の20～30％を下回っていたり，赤字である場合には，相当額の会計発生高を発生させている可能性がある。なお，通常，営業利益は売上高の10％以下であることも覚えておくとよい[743]。

営業キャッシュフローが正常値に収まっているからといって安心してはな

---

742) 勝間123頁。なおナビ（http://www.ipo-navi.com/pickup/final_accounts/cf/sales.html）。
743) 売上高営業利益率が3％程度にとどまることについては第2編第3章第1節1(2)②参照。なお勝間109頁は売上高営業利益率が10％を超えれば要注意とする。

らない。税引前利益に対してどのような加減算によってその数値となったのかの内訳を見て，異常値を示す科目がないかを見ておく必要があるし，投資キャッシュフローにも着目する必要がある。

(8) 投資キャッシュフローの内容，対営業キャッシュフロー比

投資キャッシュフローではその投資先がまず問題である。前記(1)で触れた建設仮勘定，ソフトウェア仮勘定，繰延資産，のれん，ソフトウェア，有価証券，出資金等がその内容である場合には，その実在性，資産価値の真実性，資金の現実の流れ等について十分捜査する必要がある。

また，通常，投資は営業キャッシュフローの範囲内で行うことが正常といえるから，営業キャッシュフローに比して過大な投資キャッシュフローが支出されている場合には，これもまた要注意である。原因としては，多額の銀行借入れ等をしながらこれを株式や有価証券に投資する財テク好きの経営者がいるためである場合もあるし，他方では，投資キャッシュフローの支出自体が虚偽であって，損失の飛ばしや損失の資産化，営業キャッシュフローから投資キャッシュフローへの振替が行われている可能性を念頭に置く必要がある。

上記(1)～(8)のような検討で不正会計がなされている可能性が判明した場合には，財務キャッシュフローで調達されたと記載されている資金調達が金融商品取引法違反や詐欺，建設会社であれば建設業法違反等の犯罪を構成する可能性を念頭に置き，問題点について十分に捜査を尽くす必要がある。

もちろん，以上の8段階の分析に加えて第2編第3章第1節で述べた様々な経営分析手法を応用し，異常数値がないかをあぶり出していくことが有効であることは言うまでもない。

3 具体的適用例

それでは，上記で示した方法を実際に不正な会計操作をしていた企業の貸借対照表及び損益計算書の分析に適用した場合，どのようになるのかを見てみよう。

(1) 株式会社クロニクル（平成25年大阪証券取引所上場廃止）

第32期有価証券報告書[744]

---

744) http://www.kabupro.jp/edp/20111226/S0009ZZ8.pdf

①【連結貸借対照表】

(単位:千円)

	前連結会計年度 (平成22年9月30日)	当連結会計年度 (平成23年9月30日)
資産の部		
流動資産		
現金及び預金	540,378	165,096
売掛金	284,201	212,145
営業投資有価証券	61,866	2,862
営業出資金	895,392	911,616
営業貸付金	308,000	—
商品	940,029	613,809
繰延税金資産	19,066	9,758
その他	67,639	74,496
貸倒引当金	△69,296	△43,715
流動資産合計	3,047,277	1,946,069
固定資産		
有形固定資産		
建物及び構築物	57,103	57,103
減価償却累計額	△13,371	△14,545
減損損失累計額	△9,712	△9,712
建物及び構築物(純額)	34,018	32,844
工具, 器具及び備品	76,259	79,857
減価償却累計額	△61,339	△64,699
減損損失累計額	△9,970	△11,749
工具, 器具及び備品(純額)	4,948	3,409
車両運搬具	4,830	4,830
減価償却累計額	△2,570	△2,570
減損損失累計額	△2,259	△2,259
車両運搬具(純額)	0	0
土地	75,445	75,445
有形固定資産合計	114,413	111,700
無形固定資産		
のれん	1,814,491	1,644,435
その他	39,200	35,852
無形固定資産合計	1,853,692	1,680,288
投資その他の資産		

投資有価証券	37,719	37,719
破産更生債権等	1,098,514	1,430,567
長期貸付金	13,799	29,562
長期未収入金	94,579	89,968
繰延税金資産	14,922	—
その他	110,668	114,631
貸倒引当金	△1,093,845	△1,480,216
投資その他の資産合計	276,358	222,231
固定資産合計	2,244,464	2,014,220
資産合計	5,291,741	3,960,289
負債の部		
流動負債		
買掛金	129,727	100,739
未払金	81,593	84,027
短期借入金	—	9,184
未払法人税等	29,046	5,078
賞与引当金	3,424	3,312
その他	69,589	64,239
流動負債合計	313,381	266,582
固定負債		
長期借入金	—	13,856
退職給付引当金	7,456	7,879
その他	2,647	2,666
固定負債合計	10,104	24,402
負債合計	323,485	290,984
純資産の部		
株主資本		
資本金	5,461,500	5,000,000
資本剰余金	5,218,220	1,076,598
利益剰余金	△5,708,882	△2,400,933
自己株式	△524	△525
株主資本合計	4,970,313	3,675,138
その他の包括利益累計額		
その他有価証券評価差額金	△2,057	△5,833
その他の包括利益累計額合計	△2,057	△5,833
純資産合計	4,968,256	3,669,305
負債純資産合計	5,291,741	3,960,289

② 【連結損益計算書】

(単位：千円)

	前連結会計年度 (自　平成21年10月 1日 　至　平成22年 9月30日)	当連結会計年度 (自　平成22年10月 1日 　至　平成23年 9月30日)
売上高	3,509,825	2,780,189
売上原価	1,673,092	1,521,034
売上総利益	1,836,733	1,259,154
販売費及び一般管理費	2,485,719	2,016,001
営業損失（△）	△ 648,986	△ 756,846
営業外収益		
受取利息	4,028	878
受取配当金	925	1,838
受取家賃	9,728	9,504
還付加算金	578	—
債務戻入益	15,045	15,448
雑収入	17	2,532
有価証券売却益	12	—
営業外収益合計	30,335	30,202
営業外費用		
支払利息	150	95
支払保証料	—	130
為替差損	54,710	61,097
貸倒損失	1,531	—
貸倒引当金繰入額	10,721	331,658
雑損失	5,191	8,141
持分法による投資損失	—	1,200
営業外費用合計	72,306	402,323
経常損失（△）	△ 690,957	△ 1,128,967
特別利益		
有価証券売却益	118,551	—
貸倒引当金戻入額	108,669	—
賞与引当金戻入額	5,734	1,351
受取補償金	2,130	—
受取保険金	—	100,078
その他	18	8,674
特別利益合計	235,103	110,104
特別損失		

減損損失	112,824	146,824
商品廃棄損	—	29,627
訴訟和解金	—	12,000
株主名簿引継手数料	—	25,948
委託商品回収不能損	—	154,866
固定資産除却損	9,599	—
貸倒引当金繰入額	294,992	—
その他	—	5,554
特別損失合計	417,417	374,820
税金等調整前当期純損失（△）	△873,270	△1,393,683
法人税，住民税及び事業税	29,313	3,619
過年度法人税等	53	△359
法人税等調整額	△8,969	24,230
法人税等合計	20,398	27,490
少数株主損益調整前当期純損失（△）	—	△1,421,174
当期純損失（△）	△893,668	△1,421,174

③【連結キャッシュフロー計算書】

(単位:千円)

	前連結会計年度 (自 平成21年10月 1日 至 平成22年 9月30日)	当連結会計年度 (自 平成22年10月 1日 至 平成23年 9月30日)
営業活動によるキャッシュ・フロー		
税金等調整前当期純損失(△)	△ 873,270	△ 1,393,683
減価償却費	61,765	19,358
無形固定資産償却費	―	14
減損損失	112,824	146,824
のれん償却額	182,186	163,669
貸倒引当金の増減額(△は減少)	199,353	360,715
賞与引当金の増減額(△は減少)	△ 26,483	△ 111
退職給付引当金の増減額(△は減少)	△ 3,758	422
固定資産売却損益(△は益)	―	△ 2,705
固定資産除却損	9,599	―
その他の特別損益(△は益)	―	△ 952
受取利息及び受取配当金	△ 4,953	△ 2,716
支払利息	150	95
為替差損益(△は益)	238	97
営業投資有価証券の増減額(△は増加)	83,116	59,004
営業出資金の増減額(△は増加)	△ 150,000	△ 20,000
売上債権の増減額(△は増加)	72,242	58,223
たな卸資産の増減額(△は増加)	305,308	326,219
仕入債務の増減額(△は減少)	54,848	△ 33,631
未収入金の増減額(△は増加)	52,307	20,095
その他の資産の増減額(△は増加)	25,393	5,060
未払金の増減額(△は減少)	△ 45,645	636
その他の負債の増減額(△は減少)	△ 30,122	△ 18,459
破産更生債権等の増減額(△は増加)	―	946
持分法による投資損益(△は益)	―	1,200

小計	25,103	△309,675
利息及び配当金の受取額	4,535	2,262
利息の支払額	△150	△95
法人税等の支払額	744	△30,598
営業活動によるキャッシュ・フロー	30,231	△338,106
投資活動によるキャッシュ・フロー		
定期預金の払戻による収入	10,078	—
定期預金の預入による支出	△7	—
有形固定資産の取得による支出	△3,988	△4,238
有形固定資産の売却による収入	—	4,859
貸付けによる支出	△61,100	△42,810
貸付金の回収による収入	63,739	22,230
敷金及び保証金の差入による支出	△1,550	△700
敷金及び保証金の回収による収入	—	3,781
その他の支出	△14,474	△14,724
連結の範囲の変更を伴う子会社株式の取得による支出	—	△3,914
投資活動によるキャッシュ・フロー	△7,302	△35,516
財務活動によるキャッシュ・フロー		
借入れによる収入	—	5,374
借入金の返済による支出	—	△6,934
自己株式の取得による支出	△0	△1
財務活動によるキャッシュ・フロー	△0	△1,561
現金及び現金同等物に係る換算差額	△238	△97
現金及び現金同等物の増減額（△は減少）	22,689	△375,282
現金及び現金同等物の期首残高	517,689	540,378
現金及び現金同等物の期末残高	540,378	165,096

クロニクルの当期売上高は 28 億円である。前期比 8 億円の減少である。

売掛金は 2.1 億円であり，売上高に対する回転数は 13 回転と順調である。売掛金の水増しによる粉飾の可能性は少ないと考えてよいだろう。前期比 25 ％の減少であるが，これは売上高の減少に連動したものと考えてよかろう。

ただ，貸借対照表における資産の部を見ると，前期比で流動資産が 30 億円から 19 億円に 11 億円も減少していることが目を引く。主要な内訳を見ると，現金が 5.4 億円から 1.6 億円と 3.8 億円の減少，営業貸付金が 3 億円の減少，棚卸資産が 3.3 億円の減少となっている。破産更生債権は 11 億円から 14 億円に増加しているが，売上高 21 億円の企業でその 7 割近くの額の破産更生債権があるのは異常というほかない。債権の発生原因や実在性，資金の移動状況，これが破産更生債権となった経緯は重要な捜査事項となる。貸倒引当金もこれに伴って 11 億円から 15 億円に増加しているが，破産更生債権の増加と整合するものと思われる。前期から今期にかけて営業貸付金 3 億円が消えているが，これに見合った資産の増加が見当たらず，むしろ現金は大幅に減少しているのは奇異である。仮に同営業貸付金が破産更生債権の増加分 3 億円に組み込まれたものであるとすれば大いに問題であり，同営業貸付金の発生原因，実際の資金の動き，与信判断の正当性や破産更生債権となった経緯は捜査事項となる。

買掛金は 1 億円で，売掛金とのバランスも異常ではないし，前期比の異常値もない。他の負債科目にも目立った動きはない。

棚卸資産は 6 億円あり，売上高の 2 割以上に上る。前述したとおり，通常は，棚卸資産は売上高の 10～15 分の 1 程度の金額であることが望ましい。棚卸資産の実在性は捜査項目となる。

また，費用性資産であるのれんが前期比 2 億円減とはいえ，なお 16 億円も計上されている。売上高の 6 割近くにも及ぶもので，企業買収における相手企業の価値評価の妥当性，のれんに減損がないかも重要な捜査項目になる。更に，前期に引き続いて営業出資金が 9 億円も計上されている。営業出資金は，ベンチャー企業のように投資を本業とする企業による株式会社以外の会社である合名会社，合同会社，有限会社や匿名組合等への出資を意味す

るものであって，粉飾の余地が多分にある科目であることから，同営業出資金の出資経緯，資金の移動状況や現実の資産価値等についても併せて捜査する必要があろう。

当社は，売上高の大幅減少という経営悪化を受けて純資産額が50億円から37億円に減少しているが，のれんと営業出資金で25億円，棚卸資産が6億円計上されていることを考えると，この純資産額の実在性についても留保を付けてみる必要がありそうである。

次に，キャッシュフロー計算書を見ると，営業収支が7.6億円の損失であるのに対して，営業キャッシュフローは，その倍近くの14億円のマイナスとなっている。やはりキャッシュの動きは経営の悪化をより如実に反映していると言えそうである。しかも，営業キャッシュフローの増加要素を見ると，貸倒引当金の増加額3.6億円が含まれているが，これは先程見たとおり，破産更生債権の増加分に符合している可能性があるから，損失が実現することが強く見込まれるのであって，貸倒引当金の増加分を営業キャッシュフローの増加要素とすることが相当かには多分に疑問の余地がある。

投資キャッシュフロー及び財務キャッシュフローに目立った動きはない。

総じて，当社の捜査ポイントは，経営の悪化を除くと，多額の破産更生債権の発生・変動経緯，営業貸付金の発生・消失理由，棚卸資産の大幅減少，それにもかかわらずなお売上高に比して過大な棚卸資産，企業買収における多額ののれん，多額の営業出資金，これらの資産の実在性や評価の妥当性にありそうである。

そのように考えてから，平成25年4月に公表された**株式会社クロニクルに関する第三者委員会調査報告書**[745]を読み返すと，同社の代表取締役会長や社長らは，①A社の子会社であるB社を株式交換により買収することを計画し，買収をめぐる混乱を解決するため，B社に対して5億円の貸付けを実施したが，そのうち3億円について返済がなされなかったこと，②シンガポールにファンドを組成し，同ファンドへの営業出資金を仮装してその資金を私的に流用したこと，③子会社が時計の販売で委託販売を行っており，預

---

745) http://ke.kabupro.jp/tsp/20130419/140120130419020549.pdf

け在庫がある旨資産計上していたが，取得価額4.1億円の商品について実在性がなかったこと等が記載されているのであり，上記分析結果は，捜査のポイントをかなり的確に示していると言えるであろう。

(2) 株式会社塩見ホールディングス（平成23年大阪証券取引所上場廃止）

第6期有価証券報告書[746]

① 【連結貸借対照表】

(単位：千円)

	前連結会計年度 （平成21年3月31日）	当連結会計年度 （平成22年3月31日）
資産の部		
流動資産		
現金及び預金	218,432	75,590
受取手形及び完成業務・工事未収入金等	1,657,810	108,463
未成業務及び工事支出金	69,088	—
仕掛販売用不動産	156,188	—
その他のたな卸資産	38,036	—
繰延税金資産	843	—
短期貸付金	1,560,545	174,593
未収入金	399,696	1,279,885
立替金	423,599	25,783
その他	198,274	134,563
貸倒引当金	△ 82,417	△ 20,699
流動資産合計	4,640,097	1,778,179
固定資産		
有形固定資産		
建物及び構築物	3,979,261	2,465,644
減価償却累計額	△ 699,022	△ 524,268
建物及び構築物（純額）	3,280,238	1,941,375
機械装置及び運搬具	69,286	61,088
減価償却累計額	△ 37,932	△ 38,196

---

746)　http://www.kabupro.jp/edp/20100630/S0006947.pdf

機械装置及び運搬具（純額）	31,353	22,892
土地	3,906,228	6,933,652
その他	53,208	14,542
減価償却累計額	△ 15,231	△ 13,130
その他（純額）	37,977	1,412
有形固定資産計	7,255,797	8,899,332
無形固定資産		
のれん	1,865,872	3,323,965
その他	5,494	1,322
無形固定資産計	1,871,366	3,325,288
投資その他の資産		
投資有価証券	228,784	33,075
長期貸付金	8,708,551	3,442,191
破産更生債権等	1,092,606	1,999,531
長期未収入金	—	1,110,943
その他	324,027	146,561
貸倒引当金	△ 2,212,688	△ 2,891,255
投資その他の資産計	8,141,281	3,841,047
固定資産合計	17,268,446	16,065,668
資産合計	21,908,543	17,843,848
負債の部		
流動負債		
支払手形及び業務・工事未払金等	111,572	—
短期借入金	14,616,706	14,845,843
1年内償還予定の社債	100,000	—
未払金	983,868	2,896,493
未払法人税等	26,195	28,244
預り金	438,318	17,008
未成業務・工事受入金等	68,662	—
賞与引当金	1,453	—
受注損失引当金	803	—
その他	551,694	415,317
流動負債合計	16,899,275	18,202,907
固定負債		
長期借入金	2,989,934	1,206,281
繰延税金負債	211,448	—

債務保証損失引当金	614,000	475,015
負ののれん	610,308	—
その他	103,136	90,677
固定負債合計	4,528,827	1,771,974
負債合計	21,428,103	19,974,882
純資産の部		
株主資本		
資本金	2,534,105	2,819,805
資本剰余金	2,514,772	2,800,472
利益剰余金	△ 4,608,640	△ 7,755,417
自己株式	△ 947	△ 947
株主資本合計	439,289	△ 2,136,088
評価・換算差額等		
その他有価証券評価差額金	△ 4,299	5,054
評価・換算差額等合計	△ 4,299	5,054
少数株主持分	45,450	—
純資産合計	480,440	△ 2,131,033
負債純資産合計	21,908,543	17,843,848

② 【連結損益計算書】

(単位：千円)

	前連結会計年度 (自 平成20年4月 1日 至 平成21年3月31日)	当連結会計年度 (自 平成21年4月 1日 至 平成22年3月31日)
売上高	26,660,054	1,074,441
売上原価	23,943,064	532,045
売上総利益	2,716,989	542,395
販売費及び一般管理費	4,064,849	854,604
営業損失（△）	△1,347,859	△312,208
営業外収益		
受取利息	237,019	12,320
受取配当金	1,227	331
受取賃貸料	25,516	5,322
負ののれん償却額	328,095	91,435
その他	187,239	52,984
営業外収益合計	779,097	162,395
営業外費用		
支払利息	583,935	263,096
支払手数料	102,008	28,265
持分法による投資損失	60,062	16,826
株式交付費	—	44,166
遅延損害金	254,629	812,317
その他	217,775	39,379
営業外費用合計	1,218,410	1,204,051
経常損失（△）	△1,787,173	△1,353,865
特別利益		
固定資産売却益	338,266	13,135
投資有価証券売却益	6,031	1,131
関係会社株式売却益	314,996	102,070
事業譲渡益	1,191,910	192,790
債務保証損失引当金戻入額	—	146,643
その他	19,684	1,453
特別利益合計	1,870,889	457,224
特別損失		
固定資産売却損	21,813	452,858
固定資産除却損	48,705	875
投資有価証券売却損	132	4,569
投資有価証券評価損	34,152	21,750
関係会社株式評価損	40,747	—

関係会社株式売却損	2,484,240	88,227
債務保証損失引当金繰入額	614,000	7,212
貸倒引当金繰入額	1,954,929	726,051
貸倒損失	10,743	—
減損損失	114,511	946,956
事業整理損	379,842	—
その他	21,363	16,138
特別損失合計	5,725,182	2,264,640
税金等調整前当期純損失（△）	△5,641,466	△3,161,281
法人税，住民税及び事業税	42,121	8,635
法人税等還付税額	△25,275	△26,314
法人税等調整額	281,523	—
法人税等合計	298,368	△17,679
少数株主利益	—	2,509
当期純損失（△）	△5,939,935	△3,146,111

③【連結キャッシュフロー計算書】

(単位：千円)

	前連結会計年度 (自 平成20年4月1日 至 平成21年3月31日)	当連結会計年度 (自 平成21年4月1日 至 平成22年3月31日)
営業活動によるキャッシュ・フロー		
税金等調整前当期純損失（△）	△5,641,466	△3,161,281
減価償却費	563,167	106,425
のれん及び負ののれん償却額	△174,350	18,529
貸倒引当金の増減額（△は減少）	2,142,343	763,918
賞与引当金の増減額（△は減少）	△10,752	△1,453
完成工事補償引当金の増減額（△は減少）	△7,706	—
受注損失引当金の増減額（△は減少）	30,160	1,896
退職給付引当金の増減額（△は減少）	△78,698	
役員退職慰労引当金の増減額（△は減少）	85,656	—

項目		
受取利息及び受取配当金	△ 238,246	△ 12,651
支払利息	583,935	263,096
固定資産売却損益（△は益）	△ 316,452	439,723
固定資産除却損	48,705	875
減損損失	114,511	946,956
投資有価証券評価損益（△は益）	34,152	21,750
投資有価証券売却損益（△は益）	△ 5,899	3,437
関係会社株式売却損益（△は益）	2,243,283	△ 13,842
関係会社株式評価損	40,747	—
貸倒損失	10,743	—
遅延損害金	254,629	799,824
債務保証損失引当金の増減額（△は減少）	614,000	△ 138,984
事業整理損失	379,842	—
事業譲渡損益（△は益）	△ 1,191,418	△ 192,790
販売用不動産の増減額（△は増加）	△ 575,584	—
前渡金の増減額（△は増加）	38,231	△ 20,695
持分法による投資損益（△は益）	60,062	16,826
売上債権の増減額（△は増加）	3,296,679	587,342
未成業務・工事支出金の増減額（△は増加）	△ 2,657,168	37,773
その他のたな卸資産の増減額（△は増加）	12,880	38,036
仕入債務の増減額（△は減少）	553,292	76,076
未払消費税等の増減額（△は減少）	8,526	24,093
未成業務・工事受入金等の増減額（△は減少）	2,046,661	△ 26,757
その他	△ 697,155	△ 421,834
小計	1,567,315	156,288
利息及び配当金の受取額	107,963	11,387
利息の支払額	△ 437,689	△ 31,888
法人税等の支払額	△ 26,315	△ 15,555
営業活動によるキャッシュ・フロー	1,211,274	120,232

投資活動によるキャッシュ・フロー		
定期預金の預入による支出	△126,304	—
定期預金の払戻による収入	459,288	52,953
有形固定資産の取得による支出	△1,242,092	△9,386
有形固定資産の売却による収入	1,713,586	388,162
無形固定資産の取得による支出	△13,509	△2,115
無形固定資産の売却による収入	4,057	136
投資有価証券の取得による支出	△1,377	△148
投資有価証券の売却による収入	32,786	10,311
連結の範囲の変更を伴う子会社株式の売却による収入	△596,922	1,460
関係会社株式の取得による支出	△176,404	—
関係会社株式の売却による収入	116,057	38,847
事業譲渡による収入	103,032	200,000
事業譲受による支出	△5,956	—
短期貸付けによる支出	△8,943,254	△2,195,335
短期貸付金の回収による収入	5,842,479	2,086,886
長期貸付けによる支出	△1,893,011	△353,280
長期貸付金の回収による収入	1,521,868	716,056
その他	95,393	6,400
投資活動によるキャッシュ・フロー	△3,110,282	940,949
財務活動によるキャッシュ・フロー		
短期借入金の純増減額（△は減少）	2,008,987	△1,414,485
長期借入れによる収入	970,550	234,211
長期借入金の返済による支出	△1,912,062	△491,078
社債の償還による支出	△69,000	—
株式の発行による収入	—	515,033
新株予約権の発行による収入	—	15,000

自己株式の取得による支出	△6	—
配当金の支払額	△327,098	△245
ファイナンス・リース債務の返済による支出	△22,613	—
財務活動によるキャッシュ・フロー	648,757	△1,141,563
現金及び現金同等物に係る換算差額	△72	—
現金及び現金同等物の増減額（△は減少）	△1,250,323	△80,381
連結除外に伴う現金及び現金同等物の減少額	△14,372	△12,676
現金及び現金同等物の期首残高	1,385,490	120,794
現金及び現金同等物の期末残高	120,794	27,736

　塩見ホールディングスの当期売上高は11億円である。前期比215億円，率にして96％の大幅減少である。このような場合，捜査官としては，単に経営悪化により売上が大幅に減少したというような説明に満足することなく，そもそも前期までの売上は真実であったのかという視点を持ちつつ捜査する必要がある。売上総利益は5億円を確保している。販売費及び一般管理費が41億円から9億円に32億円減少し，営業利益は3億円の損失である。多額の借入金を反映して支払利息2.6億円が計上されている上，遅延損害金8億円が発生し，14億円の経常損失を計上している。経営悪化から事業を遂行できず，納期までに顧客に引渡しができなった状況が窺える。

　次に，貸借対照表の「資産の部」を見ると売掛金（受取手形）は1億円であり，売上に対する回転数自体は10回転と問題ない。売掛金の水増しによる粉飾の可能性は少ないと考えてよいだろう。前期比93％の大幅減少であるが，これも売上高の減少に連動したものと考えて間違いない。

　併せて貸借対照表上の資産の多額・異常数値・異常変動値を見ると，棚卸資産が17億円から1億円に16億円の減少，短期貸付金が16億円から2億円に14億円の減少，短期未収入金は4億円から13億円に9億円の増加，立替金が4億円の減少，建物が40億円から25億円に15億円の減少，土地が39億円から69億円に30億円の増加，のれんが18億円から33億円に15億円の増加，長期貸付金が88億円から34億円に54億円の減少，破産更生債

権等が11億円から20億円に9億円の増加、長期未収入金が11億円発生、長期貸倒引当金が22億円から29億円に7億円の増加と動きが激しい。

　貸借対照表の負債の部の多額・異常数値・異常変動値を見ると、短期借入金が微増して148億円の多額のまま存在し、社債が1億円の減少、未払金が10億円から29億円に19億円の増加、預り金が4億円の減少、長期借入金が30億円から12億円に18億円の減少、繰延税金負債2億円が不計上、債務保証引当金が6億円から5億円に1億円の減少、負ののれん6億円が不計上となっている。

　いずれの数値も異常ないし激しい変動を示しており、その原因については捜査対象となるが、基本的に、資産減少、負債増加の方向の動きは経営悪化を反映したものと考えられるから、その逆の動きに着目すると、長期・短期の未収入金が20億円増加、土地が30億円増加、のれんが15億円の増加という動きが特に注目されるところである。

　固定資産としての土地は、販売用の土地ではなく事業用の土地を意味する。この経営逼迫状況下で新たに30億円の事業用地を購入するというのも不自然である。併せてのれんが15億円増加していることを考えると、簿価30億円の土地を有する企業買収により財務諸表の粉飾を図った可能性があり、取引の経緯や真実性に関する捜査は最重要事項となる。また、短期長期貸付金が合計68億円減少しているが、上記の未収入金、土地、のれんの増加額が合計で65億円となるので、貸付金の減少が何らかの形で土地や企業買収に関連している可能性がある。もっとも、他方で、破産更生債権等が9億円増加、長期借入金が18億円減少、預り金が4億円減少、未払金が19億円増加という動きも見られるので、先程の関連性はあくまでも単なる可能性にとどまり、これらの変動経緯を捜査する必要がある。なお、貸倒引当金の7億円の増加は破産更生債権等の増加9億円の一部である可能性がある。

　買掛金（支払手形）は計上されていないが、これは経営の悪化によって事業が事実上ストップしたためと考えてよかろう。

　資本関係も、上記のような経営状況の悪化を受けて、利益剰余金が46億円の損失から78億円の損失と32億円の損失増加、純資産合計額は5億円のプラスから21億円のマイナスとなって債務超過に転落しており、このまま

であれば上場廃止や倒産が間近であることが窺える。

　次に，キャッシュフロー計算書を見ると，営業利益が3億円の損失であるのに対して，営業キャッシュフローは逆に1.2億円のプラスになっている。上記のとおり，当社はほとんど営業活動がなされていないことが窺えるのに，営業キャッシュフローがプラスになるというのは奇妙である。そこでその内訳を見ると，その原因は，主として，貸倒引当金の増額分，減損損失の増加分，遅延損害金の増加分，売上債権の減少分を繰り戻したためであることが分かる。しかし，貸倒引当金は破産更生債権の増加に対応するために設定したものと思われ，損失の実現がほぼ確実である。その他の営業キャッシュフローの増加要素も，経営悪化をそのまま反映した減損損失及び遅延損害金の増加，売上債権の減少が原因であるように見受けられる。

　次に，投資活動によるキャッシュフローが9.4億円のプラスになっているのは，有形固定資産売却による収入，事業譲渡による収入，長期貸付金の回収による収入のためとなっており，実在性や取引経緯について捜査する必要がある。

　財務キャッシュフローは11億円ものマイナスとなっており，その原因は，短期借入金を14億円，長期借入金を5億円返済させられたことによるものであり，借入れ先からも見放されつつある状況が見て取れる。他面，株式発行により5億円を調達しており，引受人は誰であるか，株式発行において正しい財務諸表が開示されていたか，先程の土地購入，のれん発生を生じさせた企業買収との関連性の有無等については金融商品取引法違反等の犯罪の端緒を摑む上での重要な捜査事項となろう。

　総じて，当社に関する当面の重要捜査事項は，前期までの売上高の真実性及びこれが当期に激減した理由，多額の土地購入とのれんの計上，短期長期の貸付金や長期借入金，預り金が減少した経緯，破産更生債権等及び未払金が増加した経緯，その他，上記激しい数値変動を生じさせた経営状況の変化や取引の実態・経緯の解明，株式発行の経緯と引受状況，株式払込金の使途等にありそうである。

　そのように考えてから，平成23年8月に公表された株式会社塩見ホールディングスの公表資料[747]をみると，アジリティコーポレーションを子会社

化した際，監査人の指導によってのれんを15.8億円追加計上し，貸倒引当金を9.7億円追加計上した結果，当社は21億円の債務超過となったため，金融債権者から債務免除を受けることによって20.7億円の当期純利益を計上し，更に第三者割当増資により4億円の資本増強を行ったが，新しく就任した監査人から，のれんに減損の兆候があることからのれんに15.8億円の資産があるとする会計処理には問題がある旨指摘され，最終的に意見不表明の監査報告書の提出を受けたこと等記載されているのであって，やはり上記の分析結果は，捜査すべきポイントを相当程度的確に示しているものと思われる。

(3) 株式会社エフオーアイ（平成22年東京証券取引所上場廃止）
第16期第3四半期報告書[748]

① 【四半期連結貸借対照表】

(単位：千円)

	当第3四半期連結会計期間末 （平成21年12月31日）	前連結会計年度末に係る要約連結貸借対照表 （平成21年12月31日）
資産の部		
流動資産		
現金及び預金	2,546,184	2,661,860
売掛金	26,621,076	22,895,952
仕掛品	3,628,557	3,325,763
その他	376,927	528,852
貸倒引当金	△579,500	△579,500
流動資産合計	32,593,245	28,832,928
固定資産		
有形固定資産	168,248	220,826
無形固定資産	14,147	13,302
投資その他の資産	179,028	110,772
固定資産合計	361,424	344,900
資産合計	32,954,670	29,177,829

---

747) http://ke.kabupro.jp/tsp/20110804/140120110804097708.pdf
748) http://www.kabupro.jp/edp/20100215/S00057S5.pdf

負債の部		
流動負債		
買掛金	509,313	599,374
短期借入金	6,660,264	9,616,730
未払法人税等	394,525	859,999
引当金	193,484	225,401
その他	1,249,709	873,341
流動負債合計	9,007,297	12,174,846
固定負債		
社債	300,000	470,000
長期借入金	2,031,440	2,724,310
その他	10,809	11,076
固定負債合計	2,342,249	3,205,386
負債合計	11,349,546	15,380,233
純資産の部		
株主資本		
資本金	9,485,924	6,009,533
資本剰余金	9,428,413	5,955,033
利益剰余金	2,676,261	1,821,839
株主資本合計	21,590,599	13,786,405
評価・換算差額等		
為替換算調整勘定	△13,902	△18,233
評価・換算差額等合計	△13,902	△18,233
新株予約権	28,426	29,423
純資産合計	21,605,123	13,797,596
負債純資産合計	32,954,670	29,177,829

② 【四半期連結損益計算書】

(単位：千円)

	当第3四半期連結累計期間 (自　平成21年4月1日 至　平成21年12月31日)
売上高	8,563,162
売上原価	5,102,076
売上総利益	3,461,086
販売費及び一般管理費	1,469,159
営業利益	1,991,927
営業外収益	
受取利息	1,432
還付加算金	4,462
その他	2,080
営業外収益合計	7,975
営業外費用	
支払利息	254,299
資金調達費用	109,490
為替差損	118,715
その他	90,822
営業外費用合計	573,327
経常利益	1,426,575
特別利益	
新株予約権戻入益	1,242
特別利益合計	1,242
税金等調整前四半期純利益	1,427,817
法人税，住民税及び事業税	599,880
法人税等調整額	△26,485
法人税合計	573,394
四半期純利益	854,422

③【四半期連結キャッシュフロー計算書】

(単位:千円)

当第3四半期連結累計期間
(自 平成21年4月1日
 至 平成21年12月31日)

営業活動によるキャッシュ・フロー	
税金等調整前四半期純利益	1,427,817
減価償却費	61,625
引当金の増減額(△は減少)	△30,960
受取利息及び受取配当金	△1,432
支払利息	254,299
為替差損益(△は益)	217
売上債権の増減額(△は増加)	△3,724,817
たな卸資産の増減額(△は増加)	△306,089
仕入債務の増減額(△は減少)	△90,060
その他	414,552
小計	△1,994,847
利息及び配当金の受取額	789
利息の支払額	△260,419
法人税等の支払額	△1,059,828
営業活動によるキャッシュ・フロー	△3,314,305
投資活動によるキャッシュ・フロー	
定期預金の預入による支出	△33,360
定期預金の払戻による収入	133,718
有形固定資産の取得による支出	△1,129
無形固定資産の取得による支出	△5,000
貸付けによる支出	△1,950
貸付金の回収による収入	2,071
その他	564
投資活動によるキャッシュ・フロー	94,914
財務活動によるキャッシュ・フロー	
短期借入金の純増減額(△は減少)	△3,046,096
長期借入れによる収入	80,000
長期借入金の返済による支出	△683,240
社債の償還による支出	△50,000
株式の発行による収入	6,902,038
その他	△1,626
財務活動によるキャッシュ・フロー	3,201,075

現金及び現金同等物に係る換算差額	855
現金及び現金同等物の増減額（△は減少）	△17,459
現金及び現金同等物の期首残高	2,546,997
現金及び現金同等物の四半期末残高	2,529,537

　エフオーアイの当期売上高は86億円である。なお，前期数値は公表されていないが，売掛金が前期比37億円増加しているので，売上も少なくとも同額程度増加しているものと推察される。そうすると，売上高伸び率は前期比76％という異常値を示していることが分かる。ベンチャー企業には高い売上高の伸び率を示すものもあるので，このことのみから直ちに売上が虚偽と断じられるわけではないが，捜査官としては，売上の実在性は重要な捜査事項となる。

　売掛金は266億円もある。通常，売掛金は売上の5〜2分の1程度が望ましいところ，当社では，売上高の3.1倍もの売掛金を計上している。換言すれば，通常，売掛金の回収期間は2か月程度以内であることが望ましいところ，当社では売掛金の回収までに3年を要していることになる。これは売っても売っても売掛金になっているだけで，現金収入がないことを意味しているのであって，正常な企業の体をなしていない。よほどの事情がない限り，この売掛金の巨額さが不正会計と関連があると考えざるを得ない。巨額の長期滞留売掛金があり，しかも，売掛金は前期比37億円増加しているのに，貸倒引当金は前期と同様6億円しか計上されていないことも粉飾を疑わせる要因となる。

　棚卸資産も仕掛品が36億円計上されている。棚卸資産は，通常，売上高の10〜15分の1程度が望ましいところ，売上高の約4割というのも過大又は水増し在庫の疑いがあり，捜査を要する。製造業（半導体製造装置）であるにもかかわらず，固定資産がわずかしか計上されていないことも特徴的である。経営分析の項目で，売上高を固定資産で除した固定資産回転率は，製造業においては8回転以上で設備不足，1回転以下では設備過剰ということを述べたが（第2編第3章第1節2(2)参照），当社では固定資産回転率は24もある。一体，どのような設備を用いて半導体製造装置を製造していたのか疑問である。むしろ，売上高粉飾の疑問を生じさせる数字である。

買掛金は5億円である。買掛金が少ないのは一般的には財務的に好ましいことであるが，売掛金の巨額さに比して，余りに少額と言わざるを得ず，巨額の買掛金を簿外としているか，売掛金自体が架空である疑いを強めさせる。

負債は，短期借入金が前期比30億円減少して66億円となり，長期借入金及び社債も前期比9億円減少して23億円となっている。現金収入が乏しいと思われるのにどのようにして39億円もの借入金を返済したのか疑問である。また，負債の半分以上を短期借入金が占め，負債に対して流動負債が占める割合は80％に及ぶ。売掛金の回収期間が短いのであれば，短期借入金に頼った資金繰りを行うことも理解できるが，上記のとおり，売掛金の回収に3年もかかるビジネスモデルであるのに短期借入金に依存しているということは理解に苦しむ。このような企業に貸付けをする主体が誰であるかも理解に苦しむが，有価証券報告書の別の箇所を読むと，投資ファンドが主体であると判明する。捜査官としては，投資ファンドが出資の主体である企業は，時として短期利益計上至上主義に走る危険があること，仮に企業が粉飾をしていた場合には，投資ファンドが引き受けた株式等が市場で売却されて一般投資家が被害を受ける可能性を念頭に置く必要がある[749]。

負債関係では，未払法人税が4億円に上っていることにも注目する必要がある。粉飾を行っている企業は，本来法人税を支払う義務がないにもかかわらず，粉飾により売上や利益を計上しているために法人税を納めざるを得ず，これが粉飾決算のコストとなって更に経営を圧迫する要因になることはよく見られることだからである。

資本金については前期比35億円の増資を行い，資本剰余金も35億円積み増している。これだけを見ても，約70億円の株式発行を行い，株式払込金の半額を資本に組み入れたものと推察される。他方で，先程長期短期の借入金・社債が前期比合計39億円減少したことを述べたが，負債の減少・資本の増加が経営不振企業が資本健全化のために行う負債資本スワップ（DES）によるのではなく，株式発行によってなされたとすれば捜査官としては大い

---

749) なお，投資ファンドと課税に関する問題点について田井205頁以下。

に注意が必要である。というのは，既存債権者（貸主）が株式発行により会社が得た資金で貸金の返済を受けたとすれば，一般投資家が多額の負担を被った可能性があるからである。もしその可能性が正しいとすれば，株式発行の目的が偽って表示されたことは疑いない。何故ならば，資金使途が借入金の返済という株式発行に投資する投資家がいるはずはないからである。

純資産合計額は，前期比78億円増加して216億円となっているが，回収まで3年近くを要する売掛金を266億円も抱え，その現実の資産性には疑問の余地がある上，貸倒引当金をわずか6億円しか積んでいないこと，株式発行によって調達された70億円の資金も半分以上が借入金の返済に充てられた可能性があることを考えると，果たして216億円の純資産に実在性があるかは疑わしい。

次に，キャッシュフロー計算書を見ると，営業利益が20億円であるのに対して，営業キャッシュフローは33億円ものマイナスになっている。その主要因はやはり売上債権が37億円増加したことにあり，売上が現金回収につながっていないビジネスモデルであることがキャッシュフロー計算書からも裏付けられている。しかも，このように売掛金の回収ができずに資金繰りが悪化していると思われるのに，11億円の法人税等をキャッシュで支払っていることが更に資金繰りを悪化させているものと見受けられる。

投資キャッシュフローに見るべき動きはない。

財務キャッシュフローを見ると，やはり先程の貸借対照表から推察されたとおり，長短借入金の返済で37億円が流出し，その穴を69億円もの株式発行収入で埋めたことが注目される。恐らく第三者割当増資であろう。仮にこの財務諸表が粉飾によるものであった場合，第三者割当増資を受けた投資ファンドがこれを市場で高値で売り抜け，一般投資家が被害を受けていることが強く懸念され，金融商品取引法違反等の犯罪を念頭に置いて捜査をすべきであろう。また，39億円の借入金返済経緯についても，株式発行経緯との関連を含めて十分に捜査すべきと思われる。

さて，このように検討した上で，同社の上場後の動きをみると，同社は，平成21年11月に東証マザーズに上場し，その後間もなく，上場審査時の粉飾決算が判明し，上場後わずか半年である平成22年5月に上場廃止となっ

ているのである。上場廃止の理由は，上場時，実際の売上高が3億円であったものを118億円に粉飾したことにあり，同社の社長が金融商品取引法違反（有価証券届出書の虚偽記載）の疑いで逮捕されたこと[750]，更に，売上高を水増しした決算書を記した「目論見書」で52億円の新株を募集した疑いで再逮捕されたこと[751] が報道されているのであって，公表の財務諸表から容易に読み取れる懸念が残念ながら現実のものとなってしまったものである。

(4) 株式会社シニアコミュニケーション（平成22年東京証券取引所上場廃止）

第9期有価証券報告書[752]

①【連結貸借対照表】

（単位：千円）

	前連結会計年度 （平成20年3月31日）	当連結会計年度 （平成21年3月31日）
資産の部		
流動資産		
現金及び預金	1,434,216	801,753
受取手形及び売掛金	1,254,808	1,233,259
営業投資有価証券	—	402,813
たな卸資産	57,530	5,334
未収還付法人税等	102,790	14,091
未収消費税等	—	18,732
その他	42,340	17,653
貸倒引当金	△1,613	△12,006
流動資産合計	2,890,072	2,481,631
固定資産		
有形固定資産		
建物及び構築物	58,501	57,571
減価償却累計額	△13,543	△17,092
建物及び構築物（純額）	44,957	40,478
車両運搬具	269	269
減価償却累計額	△218	△245

---

750)　平成22年9月15日付日本経済新聞（http://www.nikkei.com/article/DGXNASDG15022_V10C10A9000000/）。
751)　平成22年10月7日付日本経済新聞（http://www.nikkei.com/article/DGXNASDG0603P_W0A001C1CC1000/）。
752)　http://www.kabupro.jp/edp/20090630/S0003KF8.pdf

車両運搬具（純額）	50	23
工具，器具及び備品	42,122	39,294
減損償却累計額	△26,697	△26,194
工具，器具及び備品（純額）	15,425	13,099
有形固定資産合計	60,432	53,601
無形固定資産		
ソフトウェア	217,965	574,697
その他	186	186
無形固定資産合計	218,152	574,883
投資その他の資産		
投資有価証券	1,487,266	755,546
繰延税金資産	34,813	—
その他	145,904	220,837
貸倒引当金	△118	△31,588
投資その他の資産合計	1,667,865	944,794
固定資産合計	1,946,450	1,573,279
資産合計	4,836,522	4,054,911
負債の部		
流動負債		
支払手形及び買掛金	62,245	22,696
短期借入金	830,000	730,000
1年内返済予定の長期借入金	145,200	245,200
未払法人税等	—	2,032
繰延税金負債	6,361	—
ポイント引当金	—	11,715
その他	29,681	24,305
流動負債合計	1,073,488	1,035,949
固定負債		
長期借入金	418,500	448,300
固定負債合計	418,500	448,300
負債合計	1,491,988	1,484,249
純資産の部		
株主資本		
資本金	1,419,872	1,419,872
資本剰余金	1,452,405	1,452,405
利益剰余金	468,114	△174,850
自己株式	—	△96,892

株主資本合計	3,340,392	2,600,534
評価・換算差額等		
その他有価証券評価差額金	△23,394	△37,829
為替換算調整勘定	△4,401	△20,048
評価・換算差額等合計	△27,795	△57,878
新株予約権	30,022	28,006
少数株主持分	1,914	—
純資産合計	3,344,533	2,570,662
負債純資産合計	4,836,522	4,054,911

②【連結損益計算書】

(単位:千円)

	前連結会計年度 (自 平成19年4月1日 至 平成20年3月31日)	当連結会計年度 (自 平成20年4月1日 至 平成21年3月31日)
売上高	1,578,280	1,326,572
売上原価	787,827	1,057,390
売上総利益	790,453	269,181
販売費及び一般管理費	497,057	582,999
営業利益又は営業損失(△)	293,395	△313,817
営業外収益		
受取利息	2,091	3,115
受取配当金	433	1,388
還付加算金	—	3,042
その他	571	976
営業外収益合計	3,095	8,533
営業外費用		
支払利息	6,004	12,142
持分法による投資損失	58,538	85,822
株式交付費	112	—
その他	202	1,981
営業外費用合計	64,858	99,946
経常利益又は経常損失(△)	231,632	△405,241
特別利益		
投資有価証券売却益	26,139	14,953
新株予約権戻入益	—	2,393
特別利益合計	26,139	17,347
特別損失		
投資有価証券評価損	196,282	116,203
固定資産除却損	—	593
固定資産売却損	61	—
たな卸資産評価損	1,166	—
商品評価損	—	49,990
その他	—	2,041
特別損失合計	197,510	168,828
税金等調整前当期純利益又は税金等調整前当期純損失(△)	60,261	△556,722
法人税,住民税及び事業税	40,800	4,901

過年度法人税等	—	44,438
法人税等調整額	9,918	12,402
法人税等合計	50,719	61,742
少数株主損失（△）	△7,270	△1,914
当期純利益又は当期純損失（△）	16,813	△616,550

③【連結キャッシュフロー計算書】

(単位:千円)

	前連結会計年度 (自 平成19年4月1日 至 平成20年3月31日)	当連結会計年度 (自 平成20年4月1日 至 平成21年3月31日)
営業活動によるキャッシュ・フロー		
税金等調整前当期純利益又は税金等調整前当期純損失(△)	60,261	△556,722
減価償却費	30,533	98,837
貸倒引当金の増減額(△は減少)	△47	41,862
ポイント引当金の増減額(△は減少)	―	11,715
受取利息及び受取配当金	△2,524	△4,503
支払利息	6,004	12,142
株式交付費	112	―
持分法による投資損益(△は益)	58,538	85,822
投資有価証券評価損益(△は益)	196,282	116,203
株式報酬費用	10,958	―
たな卸資産評価損	1,166	―
投資有価証券売却損益(△は減少)	△26,139	△14,953
有形固定資産売却損益(△は減少)	61	―
有形固定資産除却損	―	593
売上債権の増減額(△は増加)	△61,943	△41,396
営業投資有価証券の増減額(△は増加)	―	326,046
たな卸資産の増減額(△は増加)	△53,909	52,196
未収消費税等の増減額(△は増加)	―	△18,732
その他の流動資産の増減額(△は減少)	△11,453	3,786
仕入債務の増減額(△は減少)	△75,412	△39,548

未払消費税等の増減額 （△は減少）	△ 10,278	△ 223
その他の流動負債の増減額 （△は減少）	△ 23,911	△ 4,416
その他	△ 11,972	△ 1,979
小計	86,325	66,731
利息及び配当金の受取額	2,524	4,503
利息の支払額	△ 7,432	△ 11,604
法人税等の還付額	—	94,527
法人税等の支払額	△ 396,059	△ 47,703
営業活動によるキャッシュ・フロー	△ 314,641	106,454

(単位:千円)

	前連結会計年度 (自 平成19年4月1日 至 平成20年3月31日)	当連結会計年度 (自 平成20年4月1日 至 平成21年3月31日)
投資活動によるキャッシュ・フロー		
有形固定資産の取得による支出	△ 6,286	△ 5,857
有形固定資産の売却による収入	192	―
無形固定資産の取得による支出	△ 192,158	△ 443,494
無形固定資産の売却による収入	8	―
投資有価証券の取得による支出	△ 579,570	△ 331,420
投資有価証券の売却による収入	41,464	120,233
敷金及び保証金の差入による支出	△ 22,703	△ 2,360
敷金及び保証金の回収による収入	200	―
保険積立金の積立による支出	―	△ 12,578
その他	―	12,168
投資活動によるキャッシュ・フロー	△ 758,854	△ 663,308
財務活動によるキャッシュ・フロー		
短期借入れによる収入	3,450,000	3,100,000
短期借入金の返済による支出	△ 3,120,000	△ 3,200,000
長期借入れによる収入	600,000	300,000
長期借入金の返済による支出	△ 36,300	△ 170,200
株式の発行による収入	41,399	―
自己株式の取得による支出	―	△ 96,892
配当金の支払額	―	△ 25,983
新株予約権の発行による収入	4,175	―
財務活動によるキャッシュ・フロー	939,275	△ 93,076
現金及び現金同等物に係る換算差額	―	△ 15
現金及び現金同等物の増減額(△は減少)	△ 134,220	△ 649,946
現金及び現金同等物の期首残高	1,587,113	1,452,893
現金及び現金同等物の期末残高	1,452,893	802,946

シニアコミュニケーションの当期売上高は13億円で，前年度比2.5億円の減少である。他方，売上原価が7.9億円から10.6億円に2.7億円増加し，販売費及び一般管理費も1億円増加していることから，売上総利益は前期比5.2億円減の2.7億円，営業利益は前期比6億円の減少で3億円の損失に転落している。

　連結貸借対照表の資産の部をみると，売掛金及び受取手形は12億円であり，売上高に匹敵する。通常，売掛金は売上の5〜2分の1程度が望ましいところ，売上高に匹敵する売掛金を抱えているということは，明らかに過大であると共に，売掛金の回収まで1年を要しているということであって，ビジネスモデルとしても問題がある。売掛金の回収に難儀をしているか，売掛金の実在性を疑う余地がある。前年度も15億円の売掛金に対して13億円の売掛金があり，同様の問題が継続していることを窺わせる。他面，このような多額の売掛金が滞留債権となっていることが窺われるのに，貸倒引当金が売掛金のわずか1％しか積まれていないということも粉飾決算の疑いを強める。

　前期に，14億円という多額の現金が計上されていたが，今期，8億円に大幅減少している。そこには，売上の減少，売上原価及び販売費及び一般管理費の増加が反映されたものと思われ，売上原価及び販売費及び一般管理費として流出した現金の行方についても捜査することを要する。更に，売掛金の回収に1年を要しているのに，なお現金保有額が売上高の6割に達している点についても疑問を持って捜査を行う必要がある。棚卸資産はほとんど存在しない。

　固定資産では，ソフトウェアが2.2億円から5.7億円に3.5億円増加していることに注目しなければならない。ソフトウェアは不正会計発見における要注意資産である。その他に，当期になって営業投資有価証券4億円が登場している。投資有価証券は不正会計に用いられことが多いため，捜査官としては問題意識を持ってその内容を捜査する必要があることはこれまでも述べてきたとおりである。「営業投資有価証券」はベンチャーキャピタル等の投資事業を営む企業が売買目的で保有する有価証券の在庫を意味するが，「投資有価証券」という固定資産ではなく，流動資産として計上できることや，

これを売却したときに「売上」を計上できる点に，会計上のうまみがある。当社の事業目的は，「シニアマーケット専門のコンサルティング業務などを行う会社」とあり，営業投資有価証券を計上したことやその金額の正当性については疑問を持って捜査を行う必要があろう。また，投資有価証券が前期15億円であったものが8億円となり7億円減少している。ソフトウェアと営業投資有価証券の増加額が投資有価証券の減少額に符合するので，これらは関連する可能性があるが，その原因や取引の実態について捜査する必要がある。

買掛金はほんのわずかしか計上されていないが，売掛金の巨額さに比べて不自然の感を否めないところである。多額の買掛金が簿外とされているのではないか，売掛金が実在するのか捜査する必要を感じる。

純資産については，前期33億円から8億円減少して25億円になっている。これは売上高の減少，売上原価や販売費及び一般管理費の増加を受けた現金流出を反映したものと思われるが，この推測が正しいか否かは捜査項目となる。但し，純資産25億円といっても，先程の多額の売掛金を含んだものであることにも留意が必要である。

次に，キャッシュフロー計算書を見ると，営業利益が3億円の赤字であるのに対して，営業キャッシュフローは1億円の黒字になっている。売上総利益が5億円も減少しているのに営業キャッシュフローが黒字になるのは奇妙だと思って内訳を見ると，主として営業投資有価証券の増加額3億円で営業キャッシュフローを黒字化していることが分かる。先程，当期になって営業投資有価証券4億円が登場しているところ，前期から投資有価証券が7億円減少しているので，これを振り替えたものである可能性があることを指摘したが，その差額がちょうど3億円であるので，投資有価証券を営業投資有価証券に振り替えることによって，何とか営業キャッシュフローを黒字化して体面を取り繕った可能性がある。この見立てが事実であるとすると，投資有価証券から営業投資有価証券に振り替えることによって，営業キャッシュフローを黒字に，投資キャッシュフローをマイナスにするというキャッシュフローの粉飾が行われた可能性がある。

投資キャッシュフローは6.6億円の赤字である。本来，投資は営業キャッ

シュフローの中で行うのが望ましいところ，営業キャッシュフローが辛うじて1億円の黒字にとどまるのに，営業キャッシュフローの6倍もの投資をしているという点で異常である。しかも，その内訳を見ると，無形固定資産の取得，投資有価証券の取得のためとされている。無形固定資産の取得費4.4億円は，貸借対照表上のソフトウェア増加額3.6億円に対応すると考えて間違いないだろう。ソフトウェアやソフトウェア仮勘定が不正会計に頻繁に用いられる要注意科目であることは本書で度重ねて述べてきたとおりである。投資有価証券の取得費3.3億円は，営業投資有価証券の増加分4億円に対応する可能性があるが，その問題点については上に述べたとおりである。ソフトウェア及び営業投資有価証券の取得状況やその会計処理の正当性は重要な捜査事項となる。

　総じて，当社については，多額の売掛金の実在性，ソフトウェア及び営業投資有価証券の取得経緯と実在性，売上原価や販売費及び一般管理費で流出したと思われる現金の行方等を重点的に捜査すべきということになろう。

　さて，このように検討した上で，平成22年6月に公表された株式会社シニアコミュニケーションに関する外部調査委員会報告書[753]を見ると，①同社では，上場前から，売上に関する進行基準を悪用し，架空売上を計上していたが，本来，不良債権については，個別貸倒引当金の計上や売上の取消しをしなければならないところ，これを行わず，正常債権を装い，不良債権化を先延ばしにしていたこと，②その際，通常であれば契約後1年で入金されるべきところを，特殊な事情があるとして，1年半後に入金されるかのように装って案件自体の長期化を図ったこと，③上場後，既述の不良債権化を先延ばしにしてきた案件について，これ以上の先延ばしは不可能な状況になってきたので，まず自らの手持ち資金（株の売却益）を入金填補し，それでも，不良債権化を防止できなかったことから，株式上場，公募売出による株式売却等により得られた資金を，関与取締役がATM経由で，架空に計上された売掛金等に対し，入金填補を行ったこと，④ソフトウェアの購入費用や給料の支払を装い，社外に流出させた金員を売掛金回収を装って還流させたこ

---

[753] http://www.sasao-office.jp/app/download/4996882772/ 株式会社シニアコミュニケーション_外部調査委員会の調査報告書のご報告について.pdf?t=1365294395

と，⑤これらにより22億円の売上の粉飾をしていたこと，⑥同社では，クライアントからの入金が見込めなくなっている債権を一旦長期営業債権として固定資産に移すなどの工作もしようとしていたこと等が記載されているのであって，上記の分析結果は捜査のポイントを正しく示しているということができよう。

(5) ニイウスコー株式会社（平成20年東京証券取引所上場廃止）

同社の第14期有価証券報告書[754]における貸借対照表，損益計算書，キャッシュフロー計算書は，第3章第2節2で掲記したとおりである。

ニイウスコー株式会社の当期売上高は772億円で，前年度比17億円の減少である。

売掛金は139億円であり，売上高の約2割という適正水準にある。前年度比微減である。併せて貸借対照表の資産の部についてみると，147億円という潤沢な現金を抱えている。しかし，140億円もの売掛金に対して貸倒引当金をほとんど積んでいないということも捜査官としては注目すべきである。過去に貸倒実績がないために引当金を積んでいないということなのかもしれないが，返済を仮装して貸倒引当金や貸倒損失の計上を回避しているためかもしれない。捜査官は，この点については十分な問題意識を持って捜査する必要がある。

棚卸資産は，65億円あり，売上高の12分の1である。在庫回転期間は1か月であり，これも良好な数字である。前払費用が11億円に上っているので，その内訳は念のため確認しておいた方がよかろう。

次に，要注意の費用性資産についてみると，前期計上のなかった建設仮勘定が今期47億円も計上されている。また要注意資産であるソフトウェアが前期には28億円計上されていたものが55億円も増加して84億円計上されている。更にこれに加えてソフトウェア仮勘定も前期の20億円から88億円に68億円も増加している。どのようなソフトウェアを制作又は購入したのか分からないが，相当異様な数字であり，ここまでのところ，まず第一に捜査しなければならない対象である。

---

754) http://www.kabupro.jp/edp/20060921/0060E65U.pdf

また，投資有価証券が11億円から22億円も増加して33億円となり，更に，連結調整勘定が6億円から17億円に11億円増加していることと併せて要注意である。連結調整勘定は，会社計算規則（平成18年）施行以前の「のれん」の旧称であり，時価評価額の低い企業を多額の資金で買収した場合に差額を資産計上できる要注意科目である。当該合併の経緯や被買収企業の評価方法，買収金額の合理性が捜査事項となってくる。

　連結貸借対照表の負債の部をみると，買掛金は177億円で，売掛金より3割多い数字であることが若干気にはなる。一般的には，企業が仕入れた商品を高く販売することで利ざやを稼ぐ存在である以上，売掛金の買掛金に対する割合は1を超えるのが通常であり，上場企業平均は1.5程度とされる。但し，売掛金や買掛金が実体のあるものであれば，売掛金は早く回収し，買掛金はゆっくりと支払っているということを意味することもあり，むしろ資金繰りの観点からは望ましいこともあり，この程度であれば直ちにおかしいということにはならない。しかし，当社の売上総利益（売上高から仕入高を差し引いた利益）の売上高に対する割合は24%と良好であることに徴しても，買掛債務が売掛債権の3割増というのは若干奇異であり，一応，売掛金及び買掛金の内訳や回収・支払までの期間を確認する必要性を感じるところである。

　負債の部でほかに気になるところは，未払費用が前期比45億円増の50億円計上されていること，前受金が前期比4億円増の40億円計上されていること，預り金が前期比21億円増の28億円計上されていること，長期借入金が新規に100億円計上されていることである。資産であるソフトウェア，建設仮勘定及びソフトウェア仮勘定の増加額が合計170億円，未払費用，前受金，預り金及び長期借入金の負債増加額が合計170億円であることを考えると，これらが関連していることは間違いなさそうである。仮に当社が粉飾経理を行っており，長期借入金が事情を知らない第三者からのものであるとすれば，同借入れについては詐欺等の犯罪の成立も問題となり得る。

　純資産の合計額は274億円であるが，上記のとおり，170億円のソフトウェア，建設仮勘定及びソフトウェア仮勘定が計上されていることに留意してこの数字を見る必要がある。

次に，キャッシュフロー計算書を見ると，営業利益が59億円であるのに対して，営業キャッシュフローはわずか2億円の黒字にとどまる。営業キャッシュフローは営業利益の60～120％程度が目安とされるところ，余りに少な過ぎる金額であり，逆に言うと，営業利益の59億円の実在性に疑問を投げかける数字である。その原因としては，売上債権の増加14億円，棚卸資産の減少21億円が大きいのであるが，貸借対照表上は売上債権は6億円の減少，棚卸資産は6000万円の微減となっており，貸借対照表の数字と齟齬がある[755]。貸借対照表上は，売掛金の実在性については一応捜査事項になる程度である旨述べたが，営業キャッシュフローを見ると，今やはっきりと売掛金のみならず棚卸資産の実在性や内容が重要な捜査対象となる。

なお，営業キャッシュフローを押し下げている原因として31億円の法人税があり，仮に当社が利益を粉飾しているとすると，粉飾経理自体に多額のコストがかかっており，更に粉飾額が膨らんでいく典型例ということになる。

しかし，更に問題であるのは投資キャッシュフローであり，有形固定資産の取得支出に11億円，無形固定資産の取得支出に116億円，投資有価証券の取得支出に23億円，連結範囲の変更を伴う子会社株式の取得支出に14億円が投じられている。そもそも投資活動は，営業キャッシュフローの範囲内で行うことが望ましいところ，営業キャッシュフローの実に75倍もの投資を行うというのは尋常でない。これらの支出の目的及び実在性が第一の捜査対象となることは前述したとおりである。

財務キャッシュフローでは100億円の長期借入れ，64億円の株式発行収入があることが目を引く。その他，短期借入金も8億円増加している。もし上述したソフトウェアや仮勘定の資産性に粉飾があれば，これらの借入れは詐欺罪を構成する可能性があり，更に，64億円の株式発行が第三者割当の方法によりなされたとすれば，引受人や一般投資家が損害を受けた可能性があり，金融商品取引法違反の犯罪を構成する可能性を念頭に置いた捜査を行

---

[755] なお，仮勘定を棚卸資産として計上した可能性もあるが，建設仮勘定の増加額が46.5億円，ソフトウェア仮勘定の増加額が68億円であること徴しても奇異であり，その理由について捜査することを要する。

う必要がある。

　さて，このように検討した上で，平成20年4月に公表されたニイウスコー株式会社に関する調査委員会の報告書[756]を見ると，①同社では，実体のないスルー取引や循環取引が行われていたこと，②利益5％以上を計上したセール・アンド・リースバック取引が行われており，セール時点で一時に利益の計上が先行して行われる一方，その後のリース料の支払に応じて徐々に費用計上が行われるため，計上した期の利益が実態に対して過大になっていたこと，③売上利益の獲得，または損失計上の回避を目的として，リース契約（会社）を利用し，滞留在庫，他のプロジェクトで経費計上していなかったSE作業コスト，自社における設備投資物件に関わる製品等を売上原価として，一旦売上計上し，売却先又は転売先経由で，会社がリース会社からリース資産又は買取資産として計上するスキームが行われ，売上が水増しされていたこと，④③と同様の目的で，会社の代わりに，取引先がリース会社とリース契約を締結し，会社と取引先は別途サービス契約を締結して，リース料に見合うサービス料を支払うというスキームも行われ，売上が水増しされていたこと，⑤これらの背景として，経営陣が利益増加の観点から，金融サービス事業における初期開発費用やソフトウェアの開発費用などについて，費用計上することを認めなかったため，これら費用は循環取引の売上原価として処理され，また，その他のコストはソフトウェア等の資産として処理されていたこと等が記載されており，やはり上記検討は捜査すべきポイントを的確に示したものと言い得るであろう。

(6) 財務諸表を読む8手順の有効性

　上記で財務諸表を検討した5社の事例は，本書の勘定科目分析の箇所で調査報告書を紹介した企業の中から，本書執筆時点で既に上場廃止となり，かつ，破産手続の開始等により活動を停止したと認められるものを純粋に機械的に選んだものである。そして，上で分析対象とした財務諸表は不正会計を公表する直前に実際に公表されていた有価証券報告書（これがないものは四半期報告書）であり，その分析手法は，上述した財務諸表を読む8手順をそ

---

[756] http://ir.104site.net/2731-20080430-1.pdf

のまま適用したもので，何らの作為も結論の先取りもしていない。そのことは，読者の皆様が本書でも掲記した各社の財務諸表の勘定科目を本書で説明したとおりの方法で分析していけばすぐにお分かりいただけることである。そして，その結果は，ほとんどのケースにおいて当該企業が実際に行っていた粉飾の手口を的確にあぶり出し，捜査すべきポイントを正しく示すものであったと言えるのではなかっただろうか。

　筆者が上記で提示した方法は，実際に試みればお分かりのとおり，決して複雑でも難解でもない。むしろ，驚くほどシンプルである。是非，読者の皆様には，この手法を試み，財務諸表を読み解くことや財務捜査がかくも知的好奇心をそそられ，実際にも役立つものであったのかというおもしろさをご自身で体験していただければ筆者の喜びもこれに勝るものはない。

第3編
知能犯事件における帳簿捜査以外の捜査について

　知能犯事件の捜査は，単なる帳簿捜査にとどまらない。知能犯事件の捜査は，有能な捜査主任官の下で他の捜査手法と有機的に連環をして初めて螺旋階段を上るように進展するのである。
　第3編においては，そのような意味で重要な銀行捜査（第2章），物読み（第3章），取調べ（第4章），国際捜査（第5章）の進め方について解説したい。

第1章

帳簿捜査と他の捜査手法との連携の重要性

　財務捜査で最も重要なものは何であろうか。それは帳簿捜査であろうか。答えはイエスである。

　では，帳簿捜査は，他のどの捜査手法にも増して重要なのであろうか。答えはノーである。

　私の考えでは，財務捜査において，帳簿捜査は，銀行捜査，証拠物の精査（通常，「物読み」と呼び慣わしているので，以下，「物読み」ということとする。），関係者の取調べと切っても切れない関係にあり，この4者が相互に連関し，有機的に結合したとき，財務捜査は，あたかも螺旋階段を上っていくように進展するのである。

　規模の小さな事件では，この捜査を1人ないし数名で行うこともあるが，それなりの知能犯事件ともなれば，多くの事件では，複数の捜査官が物読み担当，取調べ担当，帳簿捜査担当（経理捜査担当），銀行捜査担当等に分かれて捜査を行い，これを捜査主任官が統括するというのが通常の捜査態勢となろう。その他にも，事件の規模により，これらに加えて，裏付け捜査担当，所在捜査担当，国際捜査担当等が置かれることもあろうし，事件のヤマごとにサブキャップを置いて，その中で更に物読み，取調べ，帳簿捜査担当（経理捜査担当）等が置かれることもあろう。

　この場合，銀行捜査，物読み，取調べ等を担当する捜査官も，相当程度の帳簿解析能力を有し，これらの各担当班が帳簿捜査班と共に相互に緊密に連携して捜査を実施しなければ，複雑困難な事件の捜査が成功することは決してないであろう。

例を挙げれば，銀行捜査班においては，帳簿捜査，物読み，取調べ等で明らかになった銀行口座やこの口座における不審な入出金等を調べ，仮名口座・借名口座を発見したり，賄賂の原資となる出金を発見したり，裏金を保管している貸金庫を発見したり，被疑者や関係者の供述の裏付けを行うことになろう。

また，物読み班においては，捜査の端緒を発見し，これを取調べや帳簿・銀行捜査で裏付け，更に，取調べで判明した事実の裏付けに関する証拠物の発見に努めたり，取調べにおいて真実を解明するのに必要な材料を取調べ班に提供する役割を求められるであろう。

捜査の端緒についても同様のことが言える。財務捜査の端緒が内部者通報や被害申告，マスコミ報道のような形で外部からもたらされる場合もあるが，他の事件の捜査を端緒とすることも実に多い。後者のような場合，事件の端緒は，帳簿捜査や銀行捜査，証拠物の精査，被疑者や関係人の取調べによって得られるが，これらはどれも等しく重要であって，優劣をつけられるものではない。つまり，帳簿捜査，物読み，取調べ班の連関のどれか一つでも分断されていれば，捜査が螺旋階段を上るように進展することは決してないのである。

このような観点から，本書においては，主として知能犯事件を念頭に置いて銀行捜査，物読み，取調べ，国際捜査の手法について解説する。もっとも，これらの捜査手法は，知能犯事件だけでなく，どのような犯罪捜査においても必要となり得る手法であるから，全ての捜査官を読者として想定している。

第2章

銀行捜査

1 総説

　銀行捜査の目的は，現金の実際の流れを摑むことにある。企業や人は，色々な目的のために現金を移動する。そして，しばしば，現金の移動の名目上の理由が現実の現金の動きと離齬することがある。その場合，基本的な考え方は，「金は嘘をつかない。」ということである。当事者がどのような弁解をしようが，その弁解内容が実際の現金の動きと離齬するものであるならば，その弁解は排斥され得る。例えば，自分は主犯でないと主張している者がいたとしても，現金が実行犯からその者に流入し，そのほとんどがその者によって費消されているとすれば，これはその者が主犯である有力な証拠となり得る。また，逆に自分はこの犯罪や組織の主犯であると言い張っている者がいたとしても，現金の大部分が別の者に流出し，そこで費消されているとすれば，その者を庇って虚偽の供述をしている疑いが濃厚となろう。また，現金の一部が反社会的勢力に流れている事実が解明されれば，反社会的勢力が事件に関与した疑いが濃厚であるという見立ての下に捜査を実施することになろう。捜査官は，金の実際の流れを解明し，この金の流れに整合する事実は何かを探求することにより，事件の構図を描き直すことも可能となる。銀行捜査によって隠し預金口座や裏金が発見されたり，犯行動機が解明されたり，共犯者が解明できたりもすることもしばしばである。

　銀行捜査を十全に実施するためには，銀行業務に関する理解が必須であると共に，緻密で骨の折れる作業を実施しなければならない。その具体的な内容について以下に述べることとしたい。

2 銀行実務に関する基礎的な理解と知識が必須であること

　当然のことではあるが，銀行捜査を行う以上，銀行実務に関する基礎的な理解と知識が必須である。

　個別の知識については，次項以降で述べることとして，ここでは，銀行は，何よりも信用を重視する業種であることを指摘しておきたい。

　そのため，一般的には，捜査関係事項照会のために銀行の営業店に赴いた際には，一般顧客と同様に同店の顧客用入り口から入店するが，周囲の一般顧客に注意しながら，案内係又は窓口の行員に対し，身分証を提示し捜査関係の照会で来店した旨を簡潔に伝え，預金窓口責任者（お客様サービス課の課長等）に取次ぎを依頼し，会議室等で同人に対し捜査関係事項照会書を示し，照会内容を詳細に伝えて協力を依頼する。なお，照会対象者や照会内容によっては，預金窓口の責任者に取り次いでもらった後，同人に対して支店長との面談を求め，支店長と預金窓口の責任者がそろった段階で照会内容を伝えて協力を依頼することが必要となる場合もあろう。

　また，当然であるが，服装や言動に留意する必要がある。クールビズ期間に敢えて背広・ネクタイを着用する必要まではないであろうが，良識ある社会人であることを疑われるような粗野な服装・言動をすることは厳に避けるべきである。

　これとは別に，銀行が信用を重んずる業種であるということは，捜査官に別の問題を惹起することがある。それは，銀行が犯罪被害に遭ったことが明白であっても，被害届を出し渋ることがあるということである。例えば，ある銀行の支店が反社会的勢力が関与した住宅ローン詐欺に引っかかったとしよう。その場合，たとえ一千万円以上の被害額であったとしても支店長が被害届を提出することを渋ることがある。それは，融資が焦げ付いたということ自体，審査の甘さを示すものに他ならず，営業担当者や支店長にとって「失点」であり，本部から何らかの処分を受けたり，自己の昇進を阻害する要因となり得るからである。ましてや，反社会的勢力が犯行に関与していたとなれば，たとえ銀行が善意・無過失であったとしても，反社会的勢力の取引からの排除審査が甘い銀行であると社会から思われたり，内部審査，金融

庁検査，日銀考査等において指摘事項となることも考えられる。捜査官としては，犯罪者を処罰し，反社会的勢力の資金源を断つことの重要性，コンプライアンスとは上のような事情があっても犯罪者を処罰することに協力することを意味するものであることを粘り強く銀行に訴え，被害届を提出するよう説得すべきである。それでも銀行が被害届を出し渋る場合には，銀行本部のコンプライアンス部門や銀行の顧問弁護士に相談することも考慮すべきであろう。

3　銀行のコンピュータ化の変遷について

　銀行業務がコンピュータ化される以前は，現金入金，現金出金，口座振替等の業務は，各営業店において手作業で行われ，預金種別ごとに顧客別に一覧性のある預金元帳が紙ベースで作成されていた[757]。そのころの銀行捜査は，顧客が銀行口座を有する営業店に捜査官が赴き，印鑑票綴りによって対象者の取引の有無を確認し，口座がある場合には，この紙ベースの預金元帳を確認することによって行われていた。

　しかし，昭和40年ころから銀行業務がコンピュータ化[758]され，現金入金，現金出金，口座振替等の事務は，銀行の事務センター（コンピュータセンター）の磁気ディスク装置にリアルタイムで書き込まれ，預金元帳に記載されるデータが保管されるようになった。そして，銀行の主要な取扱いとしては，各営業店では紙ベースの顧客別預金元帳が作成されなくなり，銀行の事務センターのコンピュータ磁気ディスクに書き込まれた日計，月計等の取引を営業店ごとに集計した取引移動明細表を撮影したコム[759]が事務センターから各営業店に送付されるようになった。これによって，顧客が口座を有する営業店以外でも同じ銀行であれば振込送金等の方法によらずに直接現金の入出金ができるようになったり，キャッシュ・ディスペンサー（CD）やオー

---

[757]　伊藤誠彦「銀行編(2)伝票処理をソフトで忠実にオンライン化，決済は銀行業界全体で対応」（平成20年）(http://itpro.nikkeibp.co.jp/article/lecture/20080228/295023/?ST=lecture)。
[758]　銀行本店を中心とする第1次オンライン化，本支店間や他銀行との接続を中心とする第2次オンライン化をいう。
[759]　または，コム・フィッシュ。Computer Output Microfilmの略。1枚のフィルムに60枚，4200の取引が撮影されているもの。

トマティック・テラーズ・マシーン（ATM）による入出金も可能となった。しかし，銀行捜査の観点からは，紙ベースの顧客別元帳（取引移動明細表）が例外的にしか作成されなくなったため，銀行捜査で顧客別の元帳を作成する際には，コムリーダーで該当する口座番号を含むページを印刷し，これを切り貼りする作業が必要となった（石原）。

しかし，ここ十数年の間に銀行は顧客別元帳もコムで保存したり，データとして出力できるようにシステム改築等を推進してきたようであり，最近の取引については，取引状況の照会に対しても，コムの画面を張り合わせたものではなく，顧客別の元帳のコム画面や，顧客別に出力されたデータによる回答が大多数になってきている。例えば，報道によると，りそな銀行においては平成17年ころにコムを廃止する計画を策定し[760]，三菱東京UFJ銀行においては，平成20年12月をもってコムを廃止したようである[761]。

4 顧客管理システムについて

銀行業務がコンピュータ化される以前は，顧客管理は各営業店ごとに紙ベースで行われており，銀行捜査で対象者との契約の有無を確認するためには，顧客が銀行口座を有する営業店に対する文書照会や往訪照会をして，印鑑票綴り[762]を確認することによって対象者の取引の有無を確認していた。

その後，昭和40年ころ以降の銀行業務のオンライン化，とりわけ，昭和60年代ころに導入された銀行の第三次オンラインシステムにより，顧客情報ファイル（Customer Information Files（CIF））等の強化が図られ，家族等の関連顧客の名寄せが銀行勘定系システムに組み込まれ，顧客の営業面からの管理の強化が図られた。

現在では，銀行本店総務部等に対する全店照会により，対象者が営業店に口座を有するかを照会し，これがあると判明した場合には，各営業店に対して口座開設状況や取引の明細の照会をするという取扱いが主流となっている。

---

[760] 埼玉りそな銀行「「地域密着型金融推進計画」の進捗状況について」（平成17年）（http://www.resona-gr.co.jp/saitamaresona/pdf/sr_shinchoku_0509.pdf）。
[761] 三菱東京UFJ銀行「お客さま情報の紛失について」（平成24年）（http://www.bk.mufg.jp/news/news2012/pdf/news1113.pdf）。
[762] 解約されている場合には解約分の印鑑票綴り，これがない場合には解約時の出金伝票の精査。

5　対象者管理に係る口座の発見方法

　会社や個人の隠し銀行口座を発見することは，銀行捜査における最も重要な目的の一つである。隠し口座は，裏金や脱税により留保した資金の隠匿手段として，または，会社の取引を簿外にして裏取引をする際の資金精算や利益供与の原資として，更には，収賄金等不正に入手した資金の隠匿手段としても用いられる。

　対象者管理に係る隠し口座の発見は，必ずしも容易ではないが，次のような方法を用いることは隠し口座の発見に有効である[763)]。

- ○　主要銀行や地域主力銀行の本店に対して全店照会をする。
- ○　被疑者宅やその実家，稼働先等主要立ち回り先の周辺や経路途中にある金融機関を確認し，この営業店に取引の有無を照会をする。
- ○　銀行に対してCIFに基づく名寄せ情報の照会をする。但し，ここで判明するのは，親族関係がある場合等の形式的な名寄せ情報であることが多い。
- ○　対象者が借名，仮名等で銀行口座を管理している場合，営業店においては真の管理者が誰であるかを把握していることも多い。特に，対象者が「大物」であったり，大口預金者である等，営業店において重要顧客である場合には，入出金される現金の持出しや持帰り等のサービスをしていることもある。借名・仮名口座に関する規制が強化されている昨今，銀行においても相当のコンプライアンス体制を敷いていると思われるが，捜査官においては，借名・仮名口座を営業店が把握している可能性があると合理的に疑う根拠がある場合には，銀行に対してこれを明らかにするよう粘り強く説得する必要がある。
- ○　隠し口座の発見も意識しつつ，証拠物の押収・精査や他の機関に対する捜査関係事項照会を行う必要がある。例えば，物読みにおいて，公共料金の支払，保険料の支払等が銀行口座からの自動引き落としになっていることから銀行口座が判明することがある。借金の返済が銀

---

763)　なお，マイナンバー社会保障・税番号制度の実施後は，同制度が隠し口座の発見に大きな威力を発揮する可能性がある。

行口座からの振込でなされていたり，請求書や領収証に銀行口座が記載されている場合もある。貸付けに関する稟議書を精査することにより，本人が低利で借り入れしている理由が簿外の定期預金を担保にしているためであると判明することもある。本人が株取引をしている場合や自宅に証券会社名の入ったカレンダー等があった場合には，主力証券会社やその証券会社に対する取引照会から銀行口座が判明することもあろう。対象者の金回りの悪さが犯行の原因と考えられる場合には，消費者金融会社や信用情報機関に対する照会を実施すべきであるが，その取引内容から銀行口座が判明することもある。

○ 捜索において銀行取引明細表を押収したからといって，これに頼って銀行照会をすることを怠ってはならない。会社犯罪を行う者は，会社の内部・外部監査による発覚を免れるために，しばしば銀行取引明細表すら偽変造することがある。

○ 顧客別元帳に記載された取引における入出金先を捜査することは隠し口座を発見するのに最も有効で，最も骨の折れる作業である。元帳から振込や手形・小切手入金であることが明らかな場合には，その入金元や入金状況に関する捜査をすればよい。しかし，入出金が現金でなされている場合にはより手間のかかる捜査が必要である。

○ 表計算ソフトで銀行口座の入出金を照合していく作業は最も基本的なものではあるが，捜査官としては，各現金の入出金にはどのような意味があるかを考えることが重要であり，決して，金の金額や時期のみを表面的に照合するだけに終わってはならない。

○ まず，入金がATMからなされており，これが自行ATMでなされている場合には，取扱い支店番号が元帳に記載されているから，適宜の方法[764]で支店名を調べ，直ちに防犯カメラ映像を確認すべきである。また，入金が他行ATMからの振込でなされている場合には，他行に対して入金状況を確認し，同様に支店名等を把握した上，防犯カメラ映像を入手すべきである。なお，防犯カメラの映像に表示される時間

---

764) 銀行に対する問い合わせ又は「金融機関コード・銀行コード検索」(http://zengin.ajtw.net/) 等のインターネット情報。

については，時報サービス等と照らし合わせて，正確な時間が表示されているかを確認すべきことは言うまでもない。
○ 更に，入金が ATM でなされている場合，ATM ジャーナルを入手し，防犯カメラの映像との確認及び取引以外に連動する口座の有無を調査する必要がある。但し，防犯カメラの映像及び ATM ジャーナルの保管期間は，各店舗によって異なるため，早期に確認する必要がある。
○ また，入金が入金伝票でなされている場合であっても，銀行実務においては，必ずしも現金持込みによる入金がなされているとは限らないことに注意を要する。すなわち，他の口座から現金を払い戻した上，これを別の口座に入金する場合には，出金伝票（払戻請求書）と入金伝票（振込取扱票）が別個に作成されることになる。定期預金の払戻金を当該口座に入金した場合や，定期預金の更新の場合にも同様の手続がとられることがある。要するに，現金入金があった場合には，その日にその営業店で取引のあった伝票を一枚一枚確認して，入金の原資を発見する作業が必要となるのである。そして，伝票はその営業店に一定期間（数か月ないし2年程度）保管された後は倉庫等で集中保管されるのが通常であるから，銀行に頼んで倉庫から営業店に伝票を運んでもらうか，捜査官自身が倉庫に行って伝票を確認しなければならなくなる。その際，着目すべきことは，通常，金額の同一・類似性（数枚の伝票の合計金額の場合を含む。），担当者印や役席印の同一性，筆跡，出金から入金までの先後関係と時間の近接性ということになろう。この場合，伝票に特異な記載・記入がある場合や，窓口担当者ではなく営業担当者や役席等の印鑑が押されているもの，窓口の待ち番号の記載のないもの等については，現金の持出しや引取り等の特別な配慮が払われた可能性もあり，十分な注意が必要である。
○ 入出金については，基本的には全ての入出金に当たるべきであるが，これが実務上困難な場合には，明らかに犯罪と無関係と認められる入出金を除外し，金額が多額のもの，金額がラウンドのもの，繰り返し類似の入出金があるもの等を優先的に当たることになろう。但し，その場合でも，これらの形式的な基準に全面的に依存することは極力避

け，個々の現金の入出金にどのような意味があるのかを考えながら捜査を実施することが肝要である。
- 隠し口座ではないかと思われる銀行口座を発見した場合には，口座開設関係書類を確認し，申込者の人定と対象者との関係，住所や連絡先が持つ意味，申込者の筆跡等を精査すると共に，当該口座についても上記と同様の資金移動に関する精査分析をする必要がある。
- 隠し口座の疑いが濃厚になった場合には，銀行が発送した書類で転居先不明等で配達できなかった状況の一覧表や営業員の外回り記録等との照合をすることが有用であることもある。
- 当然であるが，銀行員が隠し口座の存在やその管理者について供述した場合には，その旨及びその具体的根拠，その後の取引や資金移動状況等について説得力のある供述調書を作成すべきである。

6 貸付けに関する捜査

銀行の貸付け（与信）に属する主要な業務は以下の4種である。
1. 手形貸付：借入れ側が借用証書の代わりに約束手形（単名手形）を振り出すもので，主として短期貸出に用いられる[765]。
2. 証書貸付：金銭消費貸借契約書により行われる貸付けで，主として長期貸出に用いられる[766]。
3. 手形割引：銀行取引約定書を締結した企業から，期日到来前の商業手形を利息や手数料を差し引いた金額で買い取るもの[767]
4. 当座貸越：銀行取引約定書を締結した企業に，融資限度枠の範囲内で自由に融資・返済を認めるもの[768]

その他の貸付け業務としては，
5. 支払承諾：銀行が取引先の負担する金銭債務を保証するもの[769]
6. 代理貸付：銀行が他の金融機関（中小企業金融公庫，農林中央金庫等）

---

765) 関沢140頁以下，松本175頁以下。
766) 関沢152頁以下，松本172頁以下。
767) 関沢163頁以下，松本179頁以下。
768) 関沢175頁以下，松本182頁以下。
769) 関沢184頁以下，松本187頁以下。

から委託を受けてその代理人として貸付け業務を行うもの[770]
7. 消費者金融：個人の衣食住，文化・教養，レジャー等に使用する資金の供給を目的とする融資その他の信用の供与をするもの[771]
8. シンジケートローン：複数の金融機関が協調融資団を組成して，同一の融資条件に基づいて融資や保証等の大型の信用供与をするもの[772]
9. コミットメントライン（特定融資枠契約）：一定の期間及び極度額の限度内において消費貸借を成立させる権利を当事者の一方に付与し，その対価として手数料を支払うことを約するもの[773]
10. コベナンツ：金融機関が取引先に対して融資を行う際に締約する約束・合意事項[774]

等がある[775]。

なお，消費者金融業界においては，消費者の多重債務及び過剰借入れの防止を目的として，「個人信用情報センター」を設置し，その会員の行った個人に関する取引情報を収集登録し，会員から照会があったときに回答している。我が国では，

1. 一般社団法人全国銀行協会全国銀行個人信用情報センター（JBA）：会員は，金融機関，銀行系クレジットカード会社，銀行系住宅金融会社，銀行系信用保証会社等
2. 株式会社CIC：会員は，信販会社，家電業者，販売信用系会社等
3. 株式会社日本信用情報機構（JICC。旧称・全国信用情報センター連合会）：会員は，消費者金融専業者等

があり，これらが共同のシステム（CRIN，FINE）で結ばれている[776]。

貸付けに関する捜査で留意すべき点は次のとおりである。

---

[770] 関沢195頁以下，松本191頁以下。
[771] 松本193頁以下。
[772] 関沢201頁以下。
[773] 関沢206頁以下。
[774] 関沢209頁以下。具体的には，担保提供制限条項（ネガ・プレ条項），クロスデフォルト条項，財務制限条項（キャッシュフロー・カバレッジ条項，純資産維持条項，配当制限条項）等がある。
[775] 銀行取引約定書につき，関沢50頁以下，松本201頁以下。また，銀行における貸付管理業務について松本268頁以下。
[776] 松本197頁以下，日本信用情報機構「他信用情報機関との情報交流」（http://www.jicc.co.jp/whats/about_06/index.html）。

○ 銀行取引約定書，融資稟議書，融資に当たって提出された財務諸表，キャッシュフロー計算書，資金繰表等の書類を漏れなく収集し，かつ，銀行捜査により貸付金の現実の流れを解明すること。

○ 資金使途や返済原資は何と説明されたか。例えば，通常，設備資金であれば長期資金となり，返済原資はフリーキャッシュフローから行われることになる。また，買掛金の支払を目的とする短期運転資金であれば，売掛金の回収と買掛金の支払のずれが原因であることから，回収した売掛金が返済原資となる[777]。

○ どのような信用調査が行われたか。その際，虚偽内容の財務諸表やキャッシュフロー計算書等が提出されていないか。

○ 保証・担保としては何が提供されているか。その保証・担保は十分なものと言えるか。不十分な場合，その理由は何か[778]。

○ 物的担保や人的担保よりも収益（フリーキャッシュフロー）による回収を重視するというのが近時の傾向であるが，キャッシュフローの計算は正しくなされているか。

○ 利息はどのように定められたか。金利は，同種の融資と比較して高いか，低いか。金利が低い場合，その理由は何か。簿外の隠し定期預金が担保に差し入れられていることはないか。

○ 資金使途をどのように確認しているか。稟議書記載の資金使途と実際の資金使途は整合しているか。整合していない場合，それは銀行の明示・黙示の合意を得ているものか。

○ 返済原資は何か。簿外取引や簿外資金から返済がなされていないか。稟議書記載の返済原資と実際の返済原資は整合しているか。整合していない場合，その理由は何か。

以上のような点については，証拠書類の精査だけでは十分に事実を解明できないことも多い。その場合には，融資担当者や営業担当者，役席等の取調べや供述調書の作成をためらうべきではない。

---

[777] フリーキャッシュフローについて第2編第3章第2節(1)，設備資金については高田187頁以下。
[778] 融資契約における保証や物上保証実務について，関沢78頁以下，松本224頁以下。

7 為替に関する捜査

(1) 総　説

　為替業務は，銀行の行う主要業務の一つである。銀行の行う為替業務は，現金のやり取りをすることなく銀行口座間で資金を移動することを意味する[779]。

　為替業務に属するものとしては，手形や小切手の決済，振込送金，口座振替，外国への送金等がある[780]。

(2) 手形・小切手の決済

　手形や小切手の振出については，勘定科目分析の項目で述べたが，手形や小切手の決済システムについても知識を有しておくことが銀行捜査を行う上で必要であるので，以下説明する[781]。なお，手形法，小切手法に基づく法的な説明ではなく，銀行が手形交換所で手形交換により決済を行うことができる商業手形に関する説明である点，また，主として約束手形について説明し，小切手については括弧内に説明する点留意願いたい。

　受取手形の項目（第2編第2章第1節A4(1)）でも引用したが，約束手形，為替手形及び小切手の見本を全国銀行業協会「手形・小切手の振出」[782]から再度引用しながら，手形・小切手の振出や決済について説明する。

　手形（小切手）を発行するためには，銀行店舗と当座勘定取引を有する顧客がその銀行店舗から統一手形用紙（統一小切手用紙）の交付を受け，これに必要な事項を記載する必要がある。統一手形用紙には，「約束手形」（「小切手」）の文言，支払地及び支払場所として，手形用紙を交付した銀行店舗が印刷されているほか，手形の記載要件ではないが，手形の連続番号，手形交換を行う手形交換所名（「東京1301」など）及び金融機関番号[783]が四角に囲まれて印刷されている。

---

779) 松本300頁，金融庁「わたしたちの生活と金融の動き」（http://www.fsa.go.jp/fukukyouzai/kiso/03_02.html）。
780) 松本300頁以下，日銀金融研究所66頁以下，池尾176頁以下。
781) 松本102頁以下，日銀金融研究所71頁以下。
782) 全国銀行業協会「手形・小切手の振出」（http://www.zenginkyo.or.jp/education/free_publication/pamph/details/pamph_04/animal03.pdf）。
783) 例えば，みずほ銀行東京営業部であれば「0001-001」など。

452　第3編　知能犯事件における帳簿捜査以外の捜査について

　振出人は，手形用紙に手形の受取人[784]，金額，支払期日[785]，振出日，振出地[786]，振出人を記入し，銀行届出印を押捺する。金額についてはチェックライターで数字を記載するか，多画漢数字で記入する必要がある。また，手形要件ではないが，約束手形は契約書に準じて金額に応じた収入印紙を貼付して消印する必要がある（小切手については不要）。

　手形の受取人又は最終の被裏書人[787]は，手形満期前であっても銀行に手形を割り引いて（すなわち，額面金額から金利や手数料を差し引いて）もらい，現金化することができるし，満期日到来後（小切手は振出後）の取立のために銀行に手形を交付することもできる。この場合，手形の受取人等は，支払地，支払場所として印刷されている銀行店舗に直接出向いて支払を求め

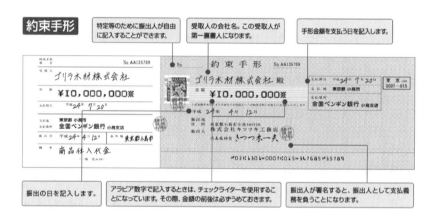

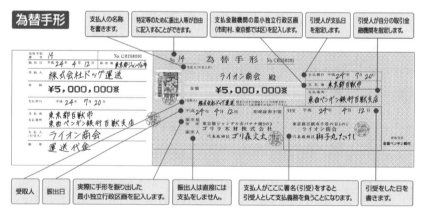

第2章 銀行捜査

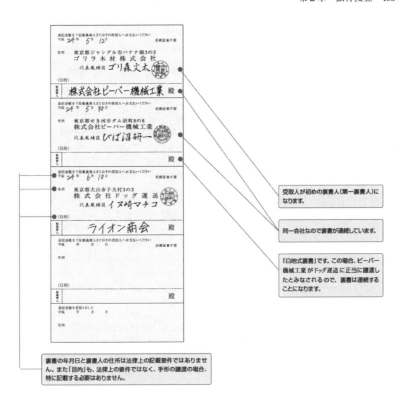

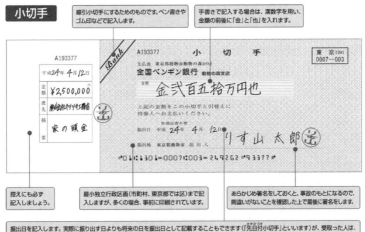

るのではなく，自分と取引のある銀行に支払のために約束手形を呈示して，手形金額を支払場所として印刷されている銀行から取り立てるように依頼することになる[788]。この場合，手形の受取人等は，手形の裏面に取立委任のための裏書をする[789]。支払のための呈示は，約束手形の支払期日を含めて3日以内（小切手は振出日を含めて11日以内）になされる必要がある。また，手形の受取人等は，取立を依頼する銀行と当座勘定取引を行っている必要はなく，普通預金口座があれば十分である。

　手形振出人は，支払期日に手形決済資金を当座預金口座に確保しておく必要がある。そのため，約束手形や小切手を振り出す際には，統一用紙のミシン目から左側の控えの部分（いわゆる「耳」）に金額や支払期日等を記入し，また補助元帳である支払手形記入帳に記帳をするなどして支払期日と金額を把握し，支払期日には必ず当座預金口座に手形金額が確保されているように資金繰りを行うことになる。これを怠り，6か月以内に2回目の不渡りとなると，銀行取引を停止され，事実上倒産する[790]。

　支払呈示を受けた銀行は，自行が支払銀行の場合には行内で支払処理を行い（行内交換），他行が支払銀行の場合には，自行内の手形センターから手形用紙に印刷された手形交換所に持ち出して手形交換所に持ち込み，手形交換を行うことになる。そのため，取立を行う銀行を「持出銀行」といい，他方，取立を受ける銀行は，手形交換所から手形を持ち帰るため「持帰銀行」という。この場合，持出銀行は，事故を防ぐために，銀行に「特定線引」をして持出銀行以外に支払ができないようにしたり，手形交換所における大量交換に資するため磁気インク文字（MICR文字）で手形金額を印字する[791]等の作業を行い，他所手形内訳票，他所取立手形委託票等を起票して手形交

---

784) 小切手は持参人払式なので受取人の記載はない。
785) 約束手形の場合には満期を意味する。小切手の場合には記載はない。
786) 約束手形の場合には，会社の所在住所を記入する。小切手の場合には銀行店舗の所在する最小独立行政区画まで印刷されている。
787) 小切手については持参人。以下，まとめて「手形の受取人等」という。
788) 支払銀行店舗が直接支払に応ずるのは，手形の受取人等がその銀行店舗と取引がある場合に限られる。
789) または，取立委任の丸印を押捺する。小切手の場合には裏面に所持人の記載をするように銀行から事実上求められる。
790) 銀行取引停止処分について松本128頁以下。なお，不渡後の資金回収につき，関沢172頁以下。

換所に持ち出す。手形交換所では，各行から持ち込まれた手形の合計金額の差額（これを「交換尻」という。）を決済銀行（日本銀行又は幹事銀行）に各行が有する当座預金口座で決済することになる。そして，手形交換所では，自行を支払場所とする手形を持ち帰り，手形金額を手形振出人の当座預金口座から引き落とす。この場合，手形振出人の当座預金残高や当座貸越残高が不足しており，その日のうちに資金手当がなされなかった場合には，この手形は不渡手形となり，持帰銀行は不渡手形を自行の手形センターを通じて翌営業日に手形交換所に持ち込み，最初の持出銀行に返還して資金の返還を受けることになる[792]。

以上のような手形交換所における集中交換の対象とならなかった手形（呈示から支払期日まで余裕のない手形等）については個別取立をすることになるが，この場合，手形の表面にその旨の押印をした上，個別取立手形送付状，勘定振替入金伝票等を起票し，受託店に手形を送付し，入金報告を受けることになる[793]。

(3) 振込決済

通常の振込手続についても，これが他行間の場合には，全国銀行データ通信システム[794]による全国銀行資金決済ネットワーク（全銀ネット）によって集中計算されて当日中に入金が行われ，金融機関ごとに受払差額が計算され，日本銀行金融ネットワークシステム（日銀ネット）によって日本銀行にオンラインで送信され，日本銀行に各行が有する当座預金によって差額の決済が行われる[795]。

振込先や振込元に関する銀行捜査要領については，上記5で述べたとおりである。

---

[791] 手形である旨，手形交換所の番号，金融機関番号，支店番号，振出人の口座番号，手形の整理番号等は既に磁気インク文字で印字されている。
[792] 日銀金融研究所78頁以下。
[793] 手形・小切手の決済については，更に松本118頁以下。
[794] 全銀システム（中島他250頁以下）。
[795] 日銀金融研究所75頁以下，松本302頁以下及び313頁以下，中島他227頁以下。なお，大口取引については全銀システムが平成23年から即時グロス決済（RTGS）に移行していることについて，日本銀行「RTGS（即時グロス決済）とは何ですか？」(http://www.boj.or.jp/announcements/education/oshiete/kess/i14.htm/)。全銀システムのリスク強化策について中島他250頁以下。

(4) 外国為替

　外国為替銀行が外国為替取引によって貸借の決済をする場合には，銀行間で外国為替に関するコルレス契約[796]を締結する必要がある。また，特に取引量が多い場合には，相手銀行に自行の決済勘定を設けて[797]，コルレス先に開設している当方勘定又は当方にコルレス先が開設している先方勘定で資金決済を行うことになる。この際の為替相場としては，電信売相場（TTS），電信買相場（TTB）等が用いられる[798]。

　更に，外国との取引を含む刑事事件の捜査を行う場合には，輸出入取引に関する次のような基本的な知識も求められる。

- ○　国際売買契約の解釈に関する国際取極(とりきめ)としては，国際商業会議所（ICC）作成の「取引条件の解釈に関する国際規則」（Incoterms）[799]，米国商業会議所作成の「改正米国貿易定義」，国際物品売買契約に関する国連条約[800]等がある（新堀42頁以下）。
- ○　輸出入取引では，代金決済のために輸出者が荷為替手形（為替手形に船荷証券等の船積書類が添付されたもの）を振り出し，輸出者の取引銀行に持ち込み，取引銀行が輸入者の取引銀行に代金の取立てを依頼し，輸入者が代金を支払うことにより（手形支払書類渡し。D/P）又は為替手形の引受けをするのと引換えに（手形引受書類渡し。D/A），船積書類を受け取ることになる[801]。なお，近時の船舶の高速化に対して船荷証券の送付速度が追い付かない「船荷証券の危機」という事態

---

[796] Correspondent Agreement の略称であり，外国為替決済に関する条件，事務手続，信用供与に関する事項等を定める契約をいう。

[797] これをデポジトリー・コルレス（Depository Correspondent Account）という。これに対して，相手銀行に決済勘定を設けない為替取引をノンデポジトリー・コルレス（ノンデポ）という。

[798] 古海282頁以下，津積261頁以下，日銀金融研究所69頁以下，外為円決済システムについては中島他239頁以下，輸出入業務のフロート作成される書面について三好266頁以下。外貨換算については河崎他328頁以下，国際財務報告基準における外貨換算について中尾261頁以下。国際商取引に関する近時の文献として，河村寛治・阿部博友『国際ビジネス法』（平成28年・有斐閣）。

[799] 最新版は2010年（http://www.iccwbo.org/products-and-services/trade-facilitation/incoterms-2010/）。

[800] ウィーン売買条約。昭和63年効力発生。平成21年に我が国について効力が発生した。

[801] 船荷証券の運送契約の証拠としての性質，権原証券としての性質，物品の受領証としての性質に言及するものとして新堀143-177頁。

が発生し，これに対処するため，海上運送状，電子式船荷証券，スタンドバイ信用状を利用するなどの手立てが講じられている（新堀 183 −200 頁）。

○ 輸入者の取引銀行が輸出者に代金の支払を確約する信用状（L/C）を発行した場合には，輸出者は，船積と同時に取引銀行に荷為替手形を買い取ってもらい（ネゴシエーション），輸出代金を早期に回収できることになる。なお，信用状の記載内容が船積書類の記載内容と相違する（ディスクレ）場合には，買取銀行は電信等で交渉したり，輸出者に保証書（L/G）を差し入れさせたりした上で，荷為替手形を買い取ることがある[802]。

○ 危険負担については，基本的には CIF 契約（Cost, Insurance and Freight）に基づいて輸出者が運賃と保険を負担するが，C&F 契約（輸出者が運賃を，輸入者が保険を負担する。），C&I（輸出者が保険料を，輸入者が運賃を負担する。），FOB 契約（船積後は輸入者が運賃と保険を負担する。）によることもある（新堀 50 頁以下）。

○ CIF 契約に基づく船積書類としては，①船荷証券（B/L。船会社又は海運会社が貨物を引き受けた際に発行する有価証券で，輸入者に郵送され，輸入者が荷物を引き取る際の引換証となる。裏書によって譲渡することが可能である。），②保険証券（Insurance Policy），③商業送り状（Commercial Invoice）が主たるものであるが，その他に，④領事送り状（Consular Invoice），⑤通関用送り状（Customs Invoice），⑥原産地証明書（Certificate of Origin），⑦検査証明書（Inspection Certificate），⑧重量容積証明書（Certificate of Weight and Measurement），⑨包装明細書（Packing List）等がある（古海 294 頁）。

---

[802] 信用状について新堀 219 頁以下。

8　貸金庫の捜査

　銀行の付随業務として保護預かり業務がある[803]。

　保護預かりの対象とするものとしては，投資信託の受益証券，投資証券，国債等の公共債，社債券等もあるが，ここでは，銀行に設置された金庫内の保護函（キャビネット）を貸与する貸金庫契約を扱う。

　貸金庫契約の開始に当たっては，貸金庫借用申込書に記名捺印して提出し，契約が成立すると，貸金庫記入帳に契約年月日，借主，正鍵番号（顧客保管），副鍵（銀行保管）保管番号，金庫種類，金庫番号，賃貸期間，使用料等を記入する。

　貸金庫の種類としては，
1. 全自動型：カードで貸金庫ブースに入室し，貸金庫ボックスが自動的にブースに搬入されるもの
2. 半自動型：カードで貸金庫室に入室し，貸金庫を正鍵で開扉する無人受付と，窓口で貸金庫開扉起票に記名捺印した後，貸金庫を正鍵で開扉する有人受付がある
3. 手動型：窓口で貸金庫開扉票に記名捺印した後，銀行員立会の下，正鍵で貸金庫を開扉するもの

がある。

　なお，貸金庫の使用料は，貸金庫の大きさ，種類，銀行によってまちまちであるが，例えばみずほ銀行東京営業部における10×25×50センチの半自動型金庫の年間使用料は約3万円となっている[804]。

　顧客が半自動型又は手動型の貸金庫を開閉する際には，貸金庫開閉票に署名押印して，印鑑の照合，銀行員の立会の上，副鍵と正鍵を使用して開扉する。貸金庫開扉票には，開扉日，開扉時刻，閉扉時刻が記入される。また，カードを使用した貸金庫室への入退室日時は銀行によって記録・保管されているので，捜査関係事項照会が可能である。また，入退室者を確認するために防犯カメラ映像を確認することが必要な場合が多いであろう。なお，防犯

---

803)　銀行の保護預かり業務について松本349頁以下。
804)　みずほ銀行「貸金庫」(http://www.mizuhobank.co.jp/useful/kinko/index.html)。

カメラ映像を確認する場合の留意点は，ATM入出金で防犯カメラ映像を確認する場合の留意点と同様である（本節5参照）。

　貸金庫契約を発見するため，捜索に当たっては，貸金庫の鍵，通帳，保護預かり料金の領収証等がないかにも十分に留意する必要があるし，取引銀行又は自宅・勤務先近辺や通勤途上の銀行支店に貸金庫契約の有無を照会することも有用であろう。貸金庫契約を発見した場合，預け主の同意と立会があればこれを開扉することができるが，同意や立会が得られない場合には捜索差押許可状によって開扉する必要がある。

　なお，捜索において貸金庫の鍵を押収することは一つの重要な目的である。貸金庫の鍵は，一見してそれとは分からないことも多いが，捜査官としては，クマヒラ，富士精工，イトーキ，オプナス，岡村製作所，サガワ等が主な貸金庫メーカーであるので，これらの刻印のある鍵については特に留意した方がよいであろう。

第3章

物読み

1 総説

　犯罪捜査において証拠物を的確に押収して分析することの重要性については，いまさら言うまでもないであろう。

　特に会社犯罪は，一般的に業務活動の過程で遂行され，かつ，計画的な犯行であることが多い。もちろん，犯罪の発覚を防ぐため，巧妙な罪証隠滅工作がなされているのが通例とも言えるが，逆に言えば，その罪証隠滅工作自体が書類の廃棄，改竄や作出によってなされることが多いため，証拠を綿密に分析して，異例な書類の存在・不存在をあぶり出すことによって，犯罪の手段・方法や罪証隠滅工作が解明されることも稀ではない。

　しかし，そのような証拠の分析を行うためには，捜査官自身が対象会社の業務の流れ，その過程で作成される文書やその作成者・保管場所等について正確に把握していると共に，十分な捜査体制を組んで必要な関係箇所を一斉に捜索し，証拠物を的確かつ漏れなく押収するように努めなければならない。

　そこで，本項では，①的確な捜索・差押えを行うための留意点，②近時特に問題となっているコンピュータ関係証拠の差押え，③物読みの実施に当たっての留意点について述べることとしたい。

2 的確な捜索・差押えを行うための留意点

　的確な捜索・差押えを行うための留意点としては次のようなものがある。

(1) 的確な捜索場所の選定

まず，的確な捜索場所を漏れなく選定する必要がある。その際，大企業であれば，本社機能を営む部署だけでも多数に上り，これに営業店や工場等もあることを考えると，全社の全部署を捜索することは現実的でない。そこで，捜査官としては，当該会社について想定される犯罪を踏まえつつ，対象会社の組織構成，業務フロー，決裁ルート，業務過程で作成される文書の作成場所・保管場所，一定期間を経過して保管される倉庫の所在地等を把握した上，適切な捜索場所を選定していくことになる[805]。

犯行に深く関与していると思料される被疑者については，その自宅だけではなく，親族宅，愛人宅等も捜索すべき場合がある。そのためにも，これらの重要被疑者については，内偵捜査の段階からその主要立ち回り先がどこかを意識して行動確認を行う必要がある。

(2) 捜索の適切な着手時期の選定

捜索は，可能な限り必要箇所を同時に着手すべきである。捜索の開始は，強制捜査の開始であり，捜査官がいわば本気で刑事事件の立件向けて動き出したと被疑者側に受け止められるのであり，逃亡・罪証隠滅その他の保身行為に出る強い動機付けを与えるものである。それ故，日を改めて順次捜索を実施するようなことをすれば，最初の捜索着手時には存在していた証拠を隠滅されることは必至であるし，また，被疑者の逃亡を招くことにもなる。被疑者が逃亡する虞れが強い場合には，捜索と同時に逮捕することも考慮せざるを得ないが，被疑者を逮捕した場合には，勾留期間中に事件処理しなければならなくなることや，被疑者の弁解内容を確認した上で逮捕の要否を決することができない等のデメリットも考慮した上，事案に応じて捜索と同時に逮捕するか否かの判断を的確に行わなければならない。

(3) 適切な捜索班の編成とロジスティクス

多数箇所にわたる捜索を的確に実施するためには，捜索班を適切に編成すると共に，捜査指示系統を確立し，かつ，秘密の保持に努めなければならな

---

[805] 太田354頁以下では，受注から仕入・生産，納品，代金回収，購買部門における仕入業者選定から職掌分掌，発注，納入品の受領・検収・計上，買掛金残高照合，出金に至るフローチャートの書き方が解説されており，参考になる。また，三好135頁以下では販売管理，175頁以下では生産管理，219頁以下では物流・在庫管理のフローチャートが解説されている。

い。捜索班は，捜索場所の広さ，重要な証拠品が存在することが見込まれる程度に応じて適切な人員を割り当てる必要がある。また，事前に打合せ会議を開いて，事案の概要，関係者の氏名，差し押さえるべき物，着手時間等について伝達するが，秘密保持のため，同会議は着手の前日に開くのが適切な場合が多いであろう。多人数を一堂に会させるとマスコミに気付かれる可能性もあるので，捜査主任から各班のキャップに指示を行い，キャップから各捜索班の班員に指示をすることが相当な場合も多い。指示においては，特に，現場への集合方法や集合場所，マスコミの動静への配意，着手のタイミングの確認，突発事態が発生した場合や予想外に時間を要すると判明した場合の連絡方法等については捜索班キャップに対してよく指示伝達しておく必要がある。また，錠前屋，段ボール，運搬車両，封筒，文具類（印鑑，携帯パソコンやプリンタを含む。更に，携帯電話のデータ抽出機器があるとなおよい。），カメラ，関係書類（捜索差押調書，立会人署名用紙，押収品目録交付書・同請書，現金確認書，任意提出書，領置調書，仮還付請書，保管請書，封緘紙，捜索証明書，カーボン，預貯金通帳明細書等）等の手配や携行も必要である。

(4) 「差し押さえるべき物」の適切な記載

捜索差押許可状請求書には，別紙として，「差し押さえるべき物」（刑訴法219条1項）を漏れなく，的確に記載する必要がある。通常，下記のような物を記載しているが[806]，当該事案において立証上どのような物が必要であるか，どのような物が存在してしかるべきであるか，立証上必要などのような物が現段階で未発見であるかについても検討した上，具体的に記載する必要がある。差し押さえるべき物をあっさりと記載して，「その他本件に関連すると思料される一切の物」という抽象的な記載に委ねるという取扱いはすべきでない。なお，「差し押さえるべき物」には含まれないが，犯罪に関連すると思料される物を発見した場合には，立会人に提出権限のある限り，任意提出を受けることが望ましいが，立会人に提出権限がなかったり，任意提出を拒否する場合には，新たに令状を取得して差し押さえるべきである。

---

806) なお，内容や分類については藤永66頁以下を大いに参考にし，これに加筆した。

第3章 物読み　463

① 主に資金の流れを明らかにするための証拠物
　○ 総勘定元帳，金銭出納帳，銀行勘定帳，資金繰表等の経理関係帳簿
　○ 入金伝票，出金伝票，振替伝票，仕入伝票，売上伝票，入出庫伝票等の各種伝票類並びに仕訳帳及び総勘定元帳等の主要簿
　○ 現金出納帳，小口現金出納帳，当座預金出納帳，預貯金出納帳，支払手形記入帳，受取手型記入帳，仕入帳，売上帳，商品有高帳，買掛金元帳（仕入先元帳），売掛金元帳（得意先元帳），固定資産台帳，前受金台帳，仮受金台帳，仮払金台帳，預り金台帳，リース資産管理台帳等の補助簿
　○ 請求書，領収証，契約書，発注書，見積書等の証憑書類
　○ 借入申込書，金銭消費貸借契約書，借用証，担保設定契約書等の貸借・融資関係書類
　○ 連結を含む貸借対照表，損益計算書，試算表，キャッシュフロー計算書，株主資本等変動計算書，個別注記表，事業報告書，附属明細書，勘定科目内訳明細書，法人事業概況説明書，確定申告書・法人税申告書等（控を含む），税務関係明細書・計算書類等の決算・税務関係書類
　○ 給与・報酬その他人件費の計算及び支払に関する書類
　○ 手形，小切手，手形帳・同控え，小切手帳・同控え，預貯金通帳・同証書，利息計算書，振込金受領書，銀行取引約定書等の銀行等金融機関との間の取引関係書類
　○ 経理処理に使用されているコンピュータ，ハードディスク，磁気テープ，磁気ディスク，フロッピーディスク等の記録媒体[807]
② 主に資産の留保・費消状態等を明らかにするための証拠物
　○ 国債，地方債，株券，社債券等の債券，信託受益証券，船荷証券，倉荷証券及びこれらの売買・受渡・保管・貸借等に関する有価証券取引関係書類
　○ 勝馬投票券，車券，勝舟投票権等の投票券，インターネット又は電

---

[807] なお，リモート差押えをする場合の記載方法については，後記(7)を参照。

話によるこれら投票に関する書類，同投票券の払戻しに関する書類
- ○ 不動産売買契約書，登記済証，登記識別情報の記載された書面，登記申請書，登記簿謄本
- ○ 現金，外国通貨，商品券，金・銀・宝石等貴金属類，書画骨董品及びこれらの保管庫・金庫
- ○ キャッシュカード，クレジットカード，デビットカード，会員券，ロイヤリティーカード等の各種カード類
- ○ ゴルフ会員権，クラブ会員権等の施設利用権利書類
- ○ 倉庫，トランクルーム，貸金庫等の契約書類，カード，鍵等

③ 主に会社内部の意思決定過程や関係者の位置付けなどを明らかにするための証拠物
- ○ 商業登記簿謄本，定款，取締役会規程，役員規程，株式取扱規程，内部監査規程，監査役会規程，委員会設置規程，規程等管理規程，組織規程，職務分掌規程，業務権限規程，稟議規程，就業規則，賃金規程，退職金規程，経理規程，有価証券管理規程，原価計算規程，連結決算規程，勘定科目処理規程，小口現金管理規程，貸付金規程，実地棚卸規程，内部監査規程，予算管理規程，仕入・外注・販売管理規程，与信管理規程，旅費規程，印章管理規程，文書管理規程等の各種規程
- ○ 役員従業員名簿，組織図，取引先名簿，連絡帳，電話番号帳，住所録
- ○ 関係者・関係機関との連絡文書，契約書，合意書，念書等の書類
- ○ 株主総会議事録，取締役会議事録，委員会議事録，稟議書，内部決裁文書，内部検討文書，会議・協議会議事録
- ○ 印鑑，ゴム印，印鑑証明書
- ○ 訴訟・示談・和解関係書類，取引先との連絡文書

④ 主に被疑者等関係者の行動やアリバイ関係及び他の共犯者等との繋がりを明らかにするための証拠物
- ○ 業務日誌，議事録，電話メモ，手帳，日記帳，
- ○ 日記帳，行動表，予定（日程）表，運転日報，出勤簿，出張関係書

類（出張命令，チケット，前渡金受領書，精算書，出張報告書等），手帳，ノート，メモ類，携帯電話その他携帯情報端末
○ 写真，ネガ，フィルム，磁気テープ，ビデオテープ，フロッピーディスク，光磁気ディスク，フラッシュメモリ，メモリカードその他電磁的記録媒体
○ 健康診断結果，診断書等の医療関係書類

(5) 「差し押さえるべき物」の発見

　捜索を実施する者は，事案の概要を念頭に置き，自分の担当箇所から必ず捜査に有益な証拠物を発見するのだという気構えを持って徹底的に捜索を実施する必要がある。その際，引き出しの奥や裏，本の間，額の中や裏，畳やカーペットの下，床下，屋根裏，冷蔵庫の中，犬小屋，水洗トイレのタンクの中，空調口，壁面，庭の築山や池の中，植木鉢の中や下等にも注意する必要があるし，関係者の視線や動静に気を配る必要がある。また，捜索場所にいる人が証拠物を隠匿していると疑うに足りる合理的な理由がある場合には，その着衣や所持品を捜索することも許される[808]。捜索差押令状の執行中は，何人に対しても，許可を得ないでその場所に出入りすることを禁止することができる（刑訴法222条1項，112条1項）ことから，捜索場所にいる人が隠匿した証拠物を持ち出そうとしていると疑うに足りる合理的な理由がある場合には，その退出を禁止し，その着衣や所持品を捜索すべきである。

(6) 立会人について

　捜索・差押えを実施する場合の立会人は，公務所においてはその長又はこれに代わるべき者，その他の場合には，住居主若しくは看守者又はこれらの者に代わるべき者とされている。これらの者を立ち合わせることができないときには，隣人又は地方公共団体の職員を立ち合わせなければならない（刑訴法222条1項，114条）。そのため，住居主や責任者等の立会ができないことが見込まれる場合には，消防署職員等を立会人として手配する必要がある。なお，弁護人には捜索への立会権はない[809]。

---

[808] 渡辺咲子『大コンメンタール刑事訴訟法第2巻（第2版）』（青林書院，平成22年）353頁以下。
[809] 刑訴法222条1項は同法113条を準用していない。

(7) コンピュータ証拠の差押え

　コンピュータ証拠の差押えについては，必要なデータを印刷させてこれを差し押さえるという従来採られていた方法によることもできるほか，平成23年の刑訴法改正により，①記録命令付差押えの新設（電磁的記録の保管者等に命じて，必要な電磁的記録を他の記録媒体に記録させて，差し押さえることをいう（刑訴法218条1項）。AコンピュータでアクセスできるBコンピュータにアクセスしてデータをAコンピュータに複写した上，Aコンピュータや記録媒体を差し押さえる場合にはリモートアクセス捜査（同条2項）となる。），②電磁的記録に係る記録媒体の差押えの令状の記載方法の整備（電磁的記録に係る記録媒体の差押えに代えて，電磁的記録を他の記録媒体に複写等して，差し押さえる記録命令付差押え（刑訴法219条1項）の他，上記リモートアクセス捜査に対応するリモート差押え（同条2項）がある。）等の整備が行われている。

　リモート差押えを実施する場合の「差し押さえるべき電子計算機に電気通信回線で接続している記録媒体であって，その電磁的記録を複写すべきものの範囲」（刑訴法219条2項）の記載方法について，文献（廣上196頁）から引用すると次のような記載例がある。

○ メール・サーバーのメールボックスの記録領域であって，被疑者の使用するパーソナルコンピュータにインストールされているメールソフトに記録されているアカウントに対応するもの

○ リモートストレージサーバーの記録領域であって，被疑者の使用するパーソナルコンピュータにインストールされている，そのサーバーにアクセスするためのアプリケーションソフトに記録されているIDに対応するもの

○ 被疑者の使用するパーソナルコンピュータにLANで接続しているファイルサーバーの記録領域であって，被疑者のIDでアクセスすることができ，かつ，上記パーソナルコンピュータで作成若しくは変更をした電子ファイル又は上記パーソナルコンピュータで変更若しくは消去をすることができることとされている電子ファイルが保存されているもの（○○課の職員がその職務上作成又は変更したファイルを記

録するために使用しているものに限る。）

(8) **押収品目録の作成・交付**

　証拠品を押収した場合には，その目録を作り，所有者等に交付しなければならない（刑訴法120条）。大企業を捜索する場合には，建物の階ごと，または各部・課等の組織ごとに押収品目録を作成する。そして，押収物を特定する者，目録を記載する者，番号を付して梱包する者，立会人に確認しながら箱に格納していく者等の担当者を決めて一貫した流れ作業を行うことにより迅速な処理を目指すとよい。その際，押収物がどこから押収されたのかについては特に正確に記載する必要がある。また，証拠品が膨大で作業の遅延が見込まれる場合には，捜索班のキャップは捜査主任官に押収物の点数と見込み時間を連絡し，早期に捜索・差押えが終わった別の班からの応援を要請することも必要となろう。

3　コンピュータ関係証拠分析に関する基礎知識

　近年のパソコン，携帯電話，モバイル通信機器等（以下，これらをまとめて「パソコン等」ということがある。）の普及と高速化・大容量化・ネットワーク化の進展は著しく，コンピュータ・データの適切・的確な取得，保存，解析，証拠化は，ほとんど全ての事件において必要とされるほどである。殊に会社犯罪においては，事業の遂行・顧客管理や経理・財務等の業務遂行・意思決定過程等の企業活動全般にわたってパソコン等が用いられている。しかも，パソコン等のデータやアプリケーションは，社内ネットワークで接続された記録装置だけではなく，インターネット（クラウド）上の記録装置に存在することも珍しくない。インターネット上のデータのやり取りの状況を把握するためにはIP（インターネット・プロトコル）アドレスやログの入手・検討が必要となる。しかしながら，IPアドレスの捜査には時間と手間がかかる上，これらのサーバーコンピュータは時として外国に存在するため，捜査共助の手続が必要となることもある。更には，記録装置の大容量化・超小型化により記録媒体を発見すること自体が困難となり，また，パスワードによるデータ保護機能の厳重化によって，発見した記録媒体からデータを取り出すことの困難性も増している。総じて，コンピュータ・データの

解析の重要性と困難性は共に加速度的に増加しているのが現状といえよう。

本書においては，これらの問題について詳細に取り扱うことはできないが，知能犯事件に関与する捜査官も，最低限，以下のようなポイントは押さえておく必要があろう。

(1) ハードディスクの基礎知識

金属製等の筐体に格納されたハードディスクは，アルミニウムやガラス製の円盤であり，これがモーターによって高速回転（一般に1分間に5000～1万回転程度）し，アーム（アクチュエータ，スイングアーム）の先に取り付けられた磁気ヘッドによって，円盤の表面（プラッタ）に塗布された磁性体の情報（NとS）を読み取ったり書き換えたりすることでデータの読み書きが行われる。

(2) フラッシュメモリの基礎知識

フラッシュメモリは，携帯電話のメインメモリとして使われるほか，USBメモリやSDメモリカード，やや旧式になってきたがメモリスティック，コンパクトフラッシュ等にも使われているメモリである。フラッシュメモリの記録方法は，膨大な量のメモリセル（浮遊ゲート）内の電子が存在する，存在しないという情報をデータの読み書きに使用するものであり，記録方法には，NOR（and-or）型とNAND（and-not）型がある。

NOR型は，データがどこにあるかの住所であるアドレスをブロック単位で指定し，このブロックのデータを直接[810]書き換えることができる。ランダムアクセスが可能でデータの読み出し速度や信頼性に優れるため，携帯電話，GPS，車載カメラ等のメモリとして使用される。他方，書き込み速度やデータの集積度ではNAND型に劣る。

NAND型は，書き込みや消去は高速であるが，アドレスの指定ができないため読み込み速度に劣る。1バイト単位でデータの書換えができるが，データを書き換える際には，直列に並んでいる一塊の情報蓄積回路のデータを一旦RAMに読み出し，フラッシュメモリ上の情報を一旦消去してから，書換え後の情報をRAMから書き込む必要があるため，書換速度は低速であ

---

[810] つまり，パソコン等のランダム・アクセス・メモリ（RAM）を経由することなく，の意である。

る。NANDメモリは安価かつ小型化が容易なため，USBメモリ，SDメモリ等に使用されている[811]。

(3) ハードディスクの複製とハッシュ値

　ハードディスクからパソコンを起動すれば，それだけでハードディスク上の多くのデータは書き換えられる。また，Windows等のオペレーティングシステム（OS）を利用してファイルを別のハードディスクにコピーした場合，新たに作成されるファイルはそのコピー時点に作成されたものとして情報が記録される。つまり，ハードディスクを捜査で分析する場合，OSを起動してディスクの内容を別のディスクにバックアップすることは禁忌であり，ハードディスクの情報を丸ごと別のディスクにコピーする必要がある。

　ハードディスクの情報を丸ごと別のディスクにコピーする方法としては，デュプリケーターに証拠物のハードディスクと分析用のハードディスクを接続してコピーする方法と，証拠物のハードディスクの内容を丸ごとイメージファイルに書き出して保存する方法がある。後者の方法でSDカードやUSBメモリ等のイメージファイルを作成する場合には，これらのメモリに書込み禁止措置を施してから[812]イメージファイルを作成する必要がある。

　作成したバックアップの内容が証拠物と同一であること（原本性）の検証をする際にはハッシュ値を使う。ハッシュ値は，元となるデータから一定の計算手順によって求められた規則性のない固定長の値であり，同じデータからは必ず同じハッシュ値が得られる一方，少しでも異なるデータからは全く異なるハッシュ値が得られる。不可逆で情報量の欠損を含む計算過程を経るため，ハッシュ値から元のデータを復元することはできない[813]。ハッシュ関数には，MD5，RIPEMD-160，SHA-1等様々な種類があるが，現在では，SHA-256以上の耐性の高いハッシュ関数の利用が推奨されている[814]。

---

811)　加藤俊夫「半導体入門講座・第13回　フラッシュメモリ」（http://www.semiconductorjapan.net/serial/lesson/13.html）。
812)　なお，SDカードには書き込み禁止スイッチがついているものも多い。これがついていないときには，書込み禁止用の機器にメディアを接続する。
813)　株式会社インセプト「IT用語辞典」（http://e-words.jp/w/ハッシュ値.html）。
814)　萩原栄幸「ハッシュ値の有効性」（平成23年）（http://www.itmedia.co.jp/enterprise/articles/1109/10/news001.html）。

(4) ファイル管理システムの基礎知識

　パソコンが起動するとき，まずパソコンのマザーボードのメモリに搭載されているプログラムであるBIOS（バイオス）が起動し，パソコンに接続されているキーボード，マウス，CPU，RAM，ハードディスク等を認識する。ハードディスクについては，まずMBR（マスター・ブート・レコード）が読み込まれてハードディスクのパーティション（仕切り）情報を読み込み，起動パーティションのブート（起動）・セクタに置かれているプログラムを読み込んでOS（Windows, Linux, Macintosh等）が起動される。

　ファイルシステムは，ハードディスクにどのようにファイルのデータを書き込み，この書き込まれたデータをどのように管理するかの方式であり，一般的には，Windows 95以前はFAT16，Windows XP以降はFAT32，Windows NTやWindows 2000以降はNTFS，Mac OSではHFS，HFS＋，Linuxではext 3，ext 4，ext 5が使用されている。ハードディスクは物理フォーマットすることにより，円盤のトラックに最小書き込み単位であるセクタが形成される。セクタの最小単位は512B（バイト）～32KB（キロバイト）などであるが，NTFSやHFS＋では通常4KB[815]である。つまり4KB（4096バイト）以下の大きさのデータを書き込んだ場合にも4KBのセクタを使うことになる。

　FATによるファイルシステムは，①システムが起動するときに使われる予約領域，②FAT（ファイル・アロケーション・テーブル）領域，③ルートディレクトリ領域，④データ領域からなる。プログラムやデータなどは基本的にはデータ領域に書き込まれているが，どのデータ領域に書き込まれているかの所番地を指定するのがFATである。具体的には，対象ファイルのデータが第1クラスタ（FATがデータを管理する基本単位であり複数のセクタをまとめたもの。例えばFAT32で512Bのセクタを8つまとめると4KBのクラスタとなる。）から第5クラスタまで書かれているとすれば，FATには，エントリー番号で2番クラスタ，3番クラスタ，4番クラスタ，

---

[815] 1バイト（1B）は，0と1の8つの組合せである8b（ビット）の容量を意味し，半角文字1文字を表すことができる。1KB（1キロバイト）は1024B，1MB（メガバイト）は1024KBで，以下，GB（ギガバイト），TB（テラバイト），PB（ペタバイト），EB（エクサバイト），ZB（ゼッタバイト），YB（ヨッタバイト）と続く。

5番クラスタを順番に読み込み，第5クラスタで終了（EOF, End of File）との情報が記録されている。ルートディレクトリにはファイル名，拡張子，最初に読み込むクラスタ（エントリー番号）が記載されている。

　従来のFAT32のシステムを容量，堅牢性，暗号化，圧縮機能等の点で改善したのがNTFSである。

　(5)　ハードディスクの削除データ解析

　上述したとおり，FATシステムでは，データ領域のどのクラスタを探していってデータをつなぎ合わせると一つのファイル（ファイル名はルートディレクトリ領域に保存されている。）になるかという情報が記録されている。

　Windows上であるファイルを削除すると，ゴミ箱フォルダにファイルが移すための書換えが行われるだけであって，FAT領域やデータ領域の記録情報に基本的な変化はない。ゴミ箱フォルダからデータを消した際にも「削除済み」という情報が付加されるだけであって，FAT領域のデータやデータ領域のデータ（クラスタやセクタに記載のもの）が上書きされない限り，データは回復可能である。これに対して，データ領域のクラスタのデータが上書きされると，ファイルを完全に回復することはできなくなるが，データ領域の他の部分には断片化した元ファイルデータが残っており，FATデータが存在する限り，この情報を元に断片化したファイル情報を回復することは可能である。これに対して，FAT領域の情報も上書きされてしまうと，どのクラスタにアクセスすればよいかの情報すら失われてしまうため，データの回復は著しく困難となるが，一つ一つのクラスタの情報を分析することによって，元データの痕跡を発見することが全く不可能というわけではない。

　削除ファイルの回復は，FATシステムにおける上述のようなファイルシステムの特徴を利用して行われている。LinuxやMac OSでは別のファイルシステムが採用されているが，消去したファイルをファイルシステムの仕組みを利用して，ある程度回復することが可能である。

　(6)　押収したパソコンや携帯電話のパスワード解除

　押収したパソコンや携帯電話，またはこれらに保存されているファイルが

パスワードで保護されている場合，捜査官がパスワードを把握していれば，これを入力してパスワードを解除することは，押収物についての必要な処分（刑訴法222条1項，111条2項）として許される。

パスワードが判明しない場合には，パソコンであれば，被疑者関連の電話番号や生年月日等から類推したパスワードを入力して解除されるか試せばよい。また，パスワードを解析するソフトウェアやUFED Touch等の解析機器によってパスワードが判明する場合もある。

これに対して，携帯電話，特にiPhoneについては，パスワードを一定回数以上入力するとそれ以上パスワードを受け付けなくなったり，全てのデータを消去する設定がなされていることがあることに留意が必要である。携帯電話については，捜査支援分析センター等のサイバー犯罪部門に解析を依頼するか，同部門を通じてメーカー等にパスワードの解除が可能かを相談するとよいだろう。

パスワードが解除された携帯電話については，UFED Touch，Cellebrite Touch等の解析機器に接続することにより，電話帳，発着信，SMSメッセージ，メール，画像，文書等のデータを取り出して分析を要する。携帯電話で撮影された写真にはGPSデータが埋め込まれていることもあり，その他にも携帯電話のアプリケーションによっては，携帯電話所在地のGPSデータを自動記録するものがあるので，使用者の行動分析をする際に活用するとよい。

なお，携帯電話が破壊された状態や水没した状態等で発見された場合には，乾燥させる等の現状変更措置を講じることなく，そのままの状態でサイバー犯罪部門に持ち込むことが基本である。

(7) IP（インターネット・プロトコル）アドレスの基礎知識

被疑者がインターネットに接続して特定のサイトを閲覧したこと，掲示板に書き込みしたこと，メール・サーバーに接続してメールを送受信したこと，インターネット・バンキングのサイトに接続して不正アクセスしたこと等が犯人の特定や犯罪の解明に重要な役割を果たすことが多い。

このような場合，誰がそのようなアクセスをしたかを特定する必要があるが，その前提として，このアクセスがどのパソコン等からなされたかを特定

する必要があり，更にその前提として，このアクセスがどのIP（インターネット・プロトコル）アドレスからなされたのかを特定する必要がある。

インターネット・プロトコルとは，インターネット上でデータをやり取りする際に使われる通信手順に関する規格である。インターネットでやり取りされるデータは，送信元IPアドレス，宛先IPアドレス等を含むヘッダ部分とデータ本体であるペイロード部分からなる。IPアドレスとは，インターネット上で送信元や宛先の住所を示す「＊＊＊.＊＊＊.＊.＊＊＊」などからなる数字の羅列である（＊＊＊は255以下の数字）。例えば，警察庁ホームページのドメインは「http://www.npa.go.jp/」であり，IPアドレスは「192.168.0.1」である。

IPアドレスは地域インターネットレジストリ（RIR）と呼ばれる5つの団体によって配分と登録が管理されており，法人等の組織には固定のグローバルIPアドレスが割り振られるが，IPアドレスの割当数には限りがあるため，個人がインターネット・サービス・プロバイダーの契約によりインターネットアクセスをする場合には，そのアクセスの都度，空いているIPアドレスが割り振られるのが通常である。しかし，ある個人が特定のIPアドレスを使っている間は，そのIPアドレスは他の人は使うことができないので，ある特定時点に限れば，IPアドレスの使用者は1人（正確には1台のインターネットアクセス機器）に限定される。

接続元のIPアドレスを特定するためには，接続先サイトの運営者やメールサーバー運営者から当該アクセスのあったアクセスログを入手する必要がある。インターネットアクセスは複数のサーバーを経由してなされているのが普通であるから，同様の作業を繰り返して，アクセス元となったインターネット・サービス・プロバイダーを特定していく。そして，このインターネット・サービス・プロバイダーを特定したら，そのアクセスログを解析して，当該アクセスを行ったネットワークのIPアドレスを特定する。このような捜査関係事項照会を繰り返すことにより，当該アクセスを行った契約者氏名が判明するわけである。

しかし，ここで注意しなければならないのは，ここで判明するのは，あくまでも当該アクセスを行った契約者氏名というだけであって，その契約者が

不正アクセスを行ったということは判明しない。卑近な例で言えば，家族で共有しているパソコンを家族が操作したのかもしれないし，自宅に出入りしていた者がパソコンを操作したという弁解が出るかもしれない。更には，無線LAN等を通じてインターネットアクセスをしていた場合には，その無線LANを隣人が乗っ取って不正アクセスしたかもしれないし，究極的には，当該パソコン自体にウイルスが仕込まれて他のパソコンによって乗っ取られ，遠隔操作がなされた可能性すら排除されない。

(8) メール・サーバーやインターネット上のデータの取得

メールやインターネット（クラウド）上のデータ（以下，単に「メール等」と略す。）をパソコンや携帯電話で読み込んでこれを解析する必要性は極めて高い。

この場合，メール等のデータが既に押収してあるパソコン等に接続された記憶装置に保存されている場合には，これを解析することは何ら差し支えないし，その際，パソコン等へのログインにパスワードがかかっていたとしても，押収物に関する必要な処分としてパスワードを解除することができることは前述したとおりである。

また，メール等のデータがインターネット・サービス・プロバイダーに存在すると判明している場合には，裁判所から捜索差押許可状を取得して同社からデータを差し押さえることに特段の問題はないであろう。但し，近時ではインターネット・サービス・プロバイダーが外国にある場合も多く，この場合，証拠とするデータを入手するためには，基本的には，捜査共助の手続によらなければならない。

更に，被疑者がパソコン等を所持している場合には，記録命令付差押えやリモート差押えをすることができる。リモート差押えは，平成23年の刑訴法改正により新設された手法で，「差し押さえるべき物が電子計算機であるときは，当該電子計算機に電気通信回線で接続している記録媒体であって，当該電子計算機で作成若しくは変更をした電磁的記録又は当該電子計算機で変更若しくは消去をすることができることとされている電磁的記録を保管するために使用されていると認めるに足りる状況にあるものから，その電磁的記録を当該電子計算機又は他の記録媒体に複写した上，当該電子計算機又は

当該他の記録媒体を差し押さえることができる。」（刑訴法218条2項）とされている。この場合，例えば，捜査官が差し押さえるべき物であるパソコン等にパスワードを入力し，インターネット・サービス・プロバイダーにアクセスし，メールデータ等をダウンロードした上，当該パソコン等を押収することになる[816]。

　これに対して，既に差し押さえてある携帯電話でインターネット・サービス・プロバイダーに接続して，メール等のデータを取得することの可否については，法律上の問題点が指摘されている。しかし，差し押さえてある携帯電話を一旦被差押え人に還付し，その直後にリモート差押令状によりデータをダウンロードして同携帯電話を再度押収することを禁じられる謂われはあるまい。そうであるならば，個人的には，一旦携帯電話を還付してこれを再度押収するような迂遠な手続によるのではなく，端的に，新たなリモート差押令状を取得してデータをダウンロードした上，当該携帯電話を再押収することに問題はないと考えるが，これを否定する説も有力に主張されているため，取扱いには十分留意し，警察庁又は担当検事と十分に協議する必要があろう。

　インターネット・サービス・プロバイダーが外国にサーバーを設置している場合には，リモート差押えを行うことができるかが問題となる。この点，サイバー犯罪に関する条約32条は，蔵置されたコンピュータ・データに対する国境を越えるアクセスについて，締約国[817]は，他の締約国の許可なしに行い得ることとして，①公に利用可能な蔵置されたコンピュータ・データ（地理的に所在する場所の如何を問わない。）にアクセスすること，②自国の領域内にあるコンピュータ・システムを通じて，他の締約国に所在する蔵置されたコンピュータ・データにアクセスし又はこれを受領すること，但し，コンピュータ・システムを通じて当該データを自国に開示する正当な権限を有する者の合法的かつ任意の同意が得られる場合に限る旨を規定している。そこで，例えば，前記条約締約国内において，ウェブサイトでコンピュー

---

[816] 「差し押さえるべき電子計算機に電気通信回線で接続している記録媒体であって，その電磁的記録を複写すべきものの範囲」の記載方法については前述の第3編第3章2(7)参照。
[817] 2015年現在，46か国が締約国となっている（Council of Europe, "Convention on Cybercrime", http://conventions.coe.int/Treaty/Commun/ChercheSig.asp?NT=185&CL=ENG）。

タ・データが公開されている場合には，捜査機関は問題なくこれをダウンロードすることができるし，利用者のパスワードで保護されたメールやクラウド上のデータをダウンロードする場合にも，利用者本人の同意があればリモートアクセスをしても問題ないことになる。利用者の同意が得られない場合には，他国の同意を取り付けるか，捜査共助の要請をするのが妥当であろう。

4 物読みの方法

証拠物を押収した場合には，早期に証拠物として受入れの手続をとると共に，証拠物の番号，品名，数量，被差押人，押収場所，証拠の内容，重要度，還付の可否，写し作成の要否，物読み担当者等を記載した一覧表（物読み帳）を作成する必要がある。そして，捜査主任官は，物読み班に属する捜査官に担当する証拠物を指定して，物読みをさせることになるが，物読みをする際の注意点を挙げれば次のようになろう。

○ 物読みは複数回行うことを前提として実施するとよい。どのような膨大な物読みであっても第1回目の物読みは1～2週間内に終え（捜索と同様に被疑者の逮捕をする必要がある場合には数日内に終える必要がある。），取りあえず，どのような証拠物にどのような記載があり，どの証拠物が重要かを分類し，随時内容を取調べ班や裏付け捜査班と共有する必要がある。捜索と共に被疑者逮捕を行う事案の場合には，特に迅速な物読みが求められる。

○ 2回目以降の物読みは，物の内容を精査することに重点を置き，現在捜査中の事件については積極・消極の双方から証拠物を冷静かつ緻密に分析する必要がある。それと共に，新たな事件の端緒を摑む意識を常に持って物読みに当たる必要がある。

○ 物読み担当者を割り当てる際には，将来の取調べ担当予定，簿記会計の知識の深さ等も考慮するとよい。また，2回目の物読みの際には，1回目とは物読み担当者を変えて新たな視点で物を読ませることも有益である。

○ 重要証拠物については物読みを行う過程において随時写しを作成して

迅速にこれを他の捜査官と共有する必要がある。そして，証拠物の写しを作成する際には，これをPDFファイル化し，かつ，文字情報を埋め込んでおくと，証拠物の迅速かつ効率的な共有に役立つし，大量の証拠物の内容を検索するのにも便利である。

○ 物読みは大変に骨の折れる作業である。また，物読みに慣れていない捜査官にとっては，表面的な物読みにとどまり，折角の有益な情報を見逃してしまう虞れもある。そのため，捜査主任官は，物読みを例えば1週間以内に行うように指示した場合には，1週間後に報告を受けるのではなく，毎日捜査会議を開くなどして物読みの進捗状況について報告を受け，物読みをする際の視点について指示をしたり，物読みの担当を柔軟に変更する等の配慮をすることも必要となる。

○ 主要被疑者の行動予定表は最重要の証拠の一つである。この内容については，重要期間については漏れなく日付ごとに内容をデータ入力する必要があることが多い。このようなことが，関係者の行動を把握してアリバイの有無を確認したり，関係者の行動が持つ意味を考察することに役立つ。もっとも，記載内容が全て真実であるとか，記載されていない行動はないなどと想定することが危険であることは言うまでもない。

○ 犯罪構築の直接の糸口となり得る最重要の証拠については，特命の物読み班によって分析することが有益であろう。この場合，この特命の物読み班は，単に証拠物を分析するだけではなく，関連する捜査関係事項照会，銀行捜査等も実施することにより，成立し得る犯罪を検討していく等の作業も求められよう。

○ 当然存在するはずの証拠が見つからない場合には，捜索漏れ又は隠匿されている可能性が大であるので，適切な場所を選定して再度又は追加の捜索を実施する必要があろう。

○ 証拠物の分析に当たっては，単に記載内容を字面で考えるのではなく，そのような記載をした真の背景は何かを考え，また，記載されている筆跡，ペンの色，汚損状況，紙の古さ，押収場所が持つ意味等についても多角的に分析・検討する必要がある。

○ 銀行から預金元帳を取り寄せている場合であっても，この預金元帳やこの内容を入力した電子データのみを分析するのではなく，実際に押収された預金通帳を確認すべきである。預金通帳には，経理担当者が備忘のために確認している資金使途や出金理由等がメモ書きされていることが多いものである。また，これとは逆に，銀行が発行した残高証明書等の書類が押収されたとしても，その内容を盲信してはならない。犯罪を実行する者は，しばしば，銀行作成文書をも偽変造する可能性があることを常に念頭に置き，必ず捜査関係事項照会により銀行の口座元帳を取り寄せて齟齬がないかを確認する必要がある。

第4章

取調べ

1 取調べの在り方全般

(1) 取調べの機能と目的

　我が国で取調べが事案の真相の解明（刑訴法1条）に果たしてきた役割の重要性はいくら強調しても強調し過ぎることはないであろう。それは，捜査官の実感であると共に，例えば，平成22年中に解決された捜査本部事件において，被疑者の取調べによって死体や凶器のような重要証拠品の発見や共犯者の解明ができたものが6割を占めるという事実からも裏付けられている。そのようなことが可能である背景として，我が国では，諸外国に比して丁寧で緻密な取調べをしていることが挙げられる。また，付随的であるが，取調べを通じて犯罪者が罪と正面から向き合い，心から反省することで，結果的にその改善更生機能を果たしてきたとされる。

　他方で，取調べが事案の真相解明に果たす役割が過度に強調され，取調官が自白を得ようとして無理な取調べをしたり，あるいは，思いこみによって無理な取調べがなされる危険が内包されているとの指摘もなされている[818]。

　以上のようなことを踏まえて，取調べの機能や目的についてどのように考えるべきかについて，筆者なりの私見を述べておきたい。

---

818) 以上について，警察庁「捜査手法，取調べの高度化を図るための研究会」による「捜査手法，取調べの高度化を図るための研究会・最終報告」（平成24年）(http://www.npa.go.jp/shintyaku/keiki/saisyuu.pdf)。

(2) 取調べは事案の真相解明にとって重要ではあるが一手段に過ぎないと認識すべきこと

　取調べの事案の真相解明に果たす役割はいくら強調してもし過ぎることはないとはいえ，捜査官として注意しなければならないことがある。

　それは，取調べによって「真相」が解明されることは重要であるが，それは，取調べ自体によって相手から「真実（自白）」を引き出すことを意味しないということである。たとえ不合理と思われる供述であっても，これを丁寧に聴取して裏付け捜査を尽くすことにより，被疑者の弁解が正しい，または少なくとも排斥できないと判明することもあろうし，逆に被疑者の供述が排斥されることもあろう。このように，被疑者の供述を丁寧に聴取し，その信用性を吟味することは，常に真相解明に資するものである。つまり，捜査官は，被疑者の供述は，真相を解明するために重要な一手段と位置付けるのが相当である。

　次に，ここで言う「自白」や「真実」とは何を意味するかを意識することも必要である。従来，「自白」とは「真実の供述」と捉えられてきた嫌いがあるように思われるが，「虚偽の自白」という言葉が自己否定でなく，「真実の自白」という言葉がトートロジーでないことからも明らかなとおり，「自白」には「真実の」という意味は含まれていないと割り切って考えた方がよい。むしろ，捜査段階における「自白」とは，「被疑事実を認めること」又は「捜査官の見立て（事件の筋）を認めること」に過ぎないと考えておいた方が，却って事案の真相を明らかにすることに資すると考える。従来この点がともすると等閑視されてきたのは，大部分の事件において，捜査が慎重かつ綿密に行われているため，被疑事実や「捜査官の見立て」がそのまま事実であると裁判所によって認定されていたことも一要因と思う。しかし，少数とはいえ，不適切に「自白」が獲得されたことが後に判明した事案が発生した経緯を踏まえれば，上述したように「自白」について一歩退いた認識を持つことが，より実体的真実に迫る適正な捜査を実施する上で重要と考える。

(3) 取調べの3段階論

　筆者は，捜査官が取調べを意識的に3段階に分けて実施することが，取調べの適正を確保しつつ，事案の真相に迫り，かつ公判における証拠としての

価値の高い供述を引き出すために重要であると考えている。その3段階とは,「聴取（Interview）」「追及（Challenge）」「説得（Persuasion）」である。

　第1段階の「聴取」とは,相手と人間関係（ラポール）を確立し,取調べの基本ルール（経験したことを全て漏れなく話すべきこと,質問が分からなければ遠慮なく聞くべきこと等）を説明し,まずは,相手に自由に最初から最後まで語らせ,必要に応じて細部をより明確化（Clarification）していく過程である。この段階では,基本的にはオープンクエスチョンで問いかけ,明確化の段階でクローズド質問をせざるを得ない場合でも,これに対する応答に対しては直ちに,「どうしてそのように言えるのか」などとオープンクエスチョンで問いかけることなどが求められる。「聴取」の技法は,英国で認知心理学を元に開発されたPEACEモデルによるところが大きい。現在では,警察庁や検察庁の取調べ研修でもPEACEモデルを取り入れた研修が行われている[819]。

　第2段階の「追及」とは,供述における不合理な点,他の証拠との矛盾点について問いただしていく過程である。いわば,法廷で行われる証人に対する反対尋問や検察官による被告人質問を思い浮かべるとよいだろう。

　第3段階は,「説得」である。「説得」とは,「否認」していると取調官が考える被疑者に対して「真実」を話すように話しかける過程である相手方に対して供述内容や供述態度（黙秘等）の変更を求め,又は迫るものと言ってもよい。「説得」の過程は,自己の犯した罪の重さや被害者・遺族の心情を話して相手に真の反省を促すこと,これまでの犯罪者や犯罪に親和的な生活から脱却して,真に更生の道を歩むべきこと等を話すこと,家族や自己の経験について話すこと等の問題ないものから,脅迫や利益誘導等の違法な手法まで様々なものを含み得る。

　ここで,これら3段階の区別についてもう少し明確化しておきたい。

　現在の供述との関係で言えば,「聴取」は,相手の言いたいことをできるだけ正確に聴き取る過程である。「追及」は,相手の供述内容がおかしいのではないかと指摘する過程である。それにより,結果的に供述内容が変更さ

819）　筆者も清野②においてPEACEモデルについて詳しく紹介したことがある。

れることはあり得るとしても,「追及」は,相手に供述の変更を迫ることを目的としていない。これに対して,「説得」とは,相手に対して現在の供述や供述態度の変更を明白に迫る過程である。

　読者には,「追及」と「説得」の相違が分かりにくいと思われるかもしれない。その場合には,法廷の反対尋問（被告人に対する反対質問を含む）で行い得るものか否かを考えてみればよい。「追及」は反対尋問で一般的に行われているものであり,「説得」は反対尋問で行うことは一般的に不相当なものである。そのことは,否認している被告人に対して,「家族のことをもっと考えて,真実を話した方がよいのではないか。」などと質問する訴訟当事者はいないことを思い浮かべれば自明であろう。換言すれば,「追及」は公開の場でも行われ得るもの,「説得」は基本的に取調室内で行われるものと考えてもよい。

　筆者が上記のように取調べの3段階を明確に意識して取調べを行うべきと考える理由はいくつかある。

　第1に,「説得」は,たとえ捜査官が善意であったとしても,そして,「説得」の手法が被疑者に真の反省を求めるなど全く問題ないものであったとしても,「説得」は相手に虚偽自白をさせる危険性を常に内包することを捜査官が認識する必要があると考えるためである。つまり,捜査官は「説得」によって相手が供述を変更した場合には,その内容が真実であると安易に考えてはならず,その信用性を慎重に吟味すべきであることを認識しなければならないと思う。

　第2に,従来,「聴取」の重要性が等閑視され,しかも,「追及」と「説得」の区別が明確に意識されていなかったと思われるためである。しばしば被疑者を逮捕したとき「警察は被疑者を厳しく追及する方針です。」などと報道されることがあったが,そこには「聴取」という言葉なく,しかも,語感からして,ここでの「追及」は「説得」を意味するのではないかと思われるのである。しかし,「聴取」や「追及」の過程を飛び越した「説得」は,真相解明に資することが少なく,逆に,虚偽自白を生む危険性が高いものと言えよう。

　第3に,敢えて「3段階論」と言ったのは,取調べは,一般的には「聴取」

「追及」「説得」の順序で進むのが相当と考えるためである。この点については，捜査の現場から異論が出るかもしれない。従来の取調べでは，いきなり「説得」から始まる取調べが行われることも珍しくなかったと思われるし，「聴取」の際に相手が不合理と思われる弁解をした場合には，「聴取」の過程を中断して直ちに「追及」又は「説得」をするというのが通常であったと思う。しかし，これでは，従来からその重要性が指摘されてきた「相手の言いたいことを全て言い尽くさせる」ための取調べはできないのである。取調官としては，相手が不合理な供述をしていると分かっていても，追及や説得をしたくなる気持ちをぐっと抑えて，相手の言いたいことを全て聴取し，かつ，その内容を掘り下げて明確化していくプロセスをまず行うことが重要と思う。そのような過程を経ることで，被疑者の供述が不合理であることが自ずから明確になることもあるし，逆に，一見不合理と思われていた供述であっても，虚心坦懐に聴けば必ずしも不合理ではないと判明したり，むしろ，裏付け捜査によって真実と判明することもあり得る。私が「聴取」の重要性を強調するのは，まずは「追及」や「説得」をせず，相手の言いたいことを一とおり聞き，更に不明確な点は掘り下げて確認するという辛抱強さを取調官は持つべきであると思うからである（聴取の技法の詳細は清野②を参照）。

第４に，取調官は，「追及」の技術をもっと磨くべきと思うからである。従来の「追及」は「説得」の要素が大きく，「追及」の在り方に関する研修や技術の向上の取り組みが十分になされてこなかったように思われる。「追及」の技術は反対尋問の技術に通じる。そして，反対尋問の技術は，当事者の訴訟活動においても最も困難な分野である。ここでは詳述する紙幅はないが，さしあたって，フランシス・Ｌウェルマン著（林勝郎訳）『反対尋問の技術』（青甲社，昭和50年）とこれをアレンジして実践すべきことの重要性を指摘するに止めたい。

(4) 適正・的確な取調べの実践

以上のような適正・的確な取調べを実践するためには，捜査主任官や決裁官が取調官を的確に指導することが不可欠である。決裁官が「自白」獲得にこだわり，「何でこんなに証拠があるのに自白させられないのか。」などと指導しているようでは，取調官は，「聴取」や「追及」を素通りして「説得」

を延々と行い，結果として，不正確な内容の調書が作成されたり，事案の真相を解明できなかったり，事件の筋が歪められたりするであろうことは必至である。

また，上記のような取調べの3段階論に基づいて的確な取調べが行われた場合には，これを正確に録取した調書や取調べ状況を録音・録画した記録媒体は有力な罪体立証手段となり得る。

すなわち，「聴取」において，捜査官の誘導や押しつけによらず，被疑者が記憶に基づいて自由に供述している状況が明らかであれば，その供述の信用性は外形からも明らかであると認定されることが多かろう。

また，「追及」において的確な追及がなされていれば，それは言わば法廷における反対尋問を先取りしたものであるから，たとえ供述の変遷があったとしても，供述調書や録音・録画記録媒体はこれに対する反証における有力な武器となろう。

もちろん，「説得」においても的確な説得がなされている状況が録音・録画記録媒体から認められ，かつ，供述内容の信用性について十分な吟味や裏付け捜査が行われていれば，説得の結果得られた供述の任意性・信用性が肯定されることになろう。

なお，近時では，被告人の捜査段階の供述の任意性が争われる事件が激減していることについて付言しておく。公表されている数字は主として裁判員裁判対象事件に関するものであるが，最高検察庁「取調べの録音・録画の試行についての検証結果」（平成21年2月）によると，平成17年から20年の4年間の裁判員裁判対象事件で供述の任意性が争われた件数は345件，供述調書の却下決定数は25件で約7％であったのに対し，法務省「取調べに関する国内調査報告書」（平成23年8月）によると，平成21年中に任意性が争いとなった裁判員裁判対象事件数は61件で任意性が否定された事件数はわずか1件にとどまる。更に，最高検察庁「裁判員裁判対象事件における被疑者取調べの録音・録画の試行的拡大について」（平成24年7月）によると，平成23年9月以降に公判請求した裁判員裁判対象事件で平成24年4月までに一審判決の言渡しのあった123件で，任意性が争われた事件自体が1件にとどまった。また，最近では，公判で否認から自白に転ずる事件の方が公判

で自白から否認に転ずる事件よりはるかに多いというのが筆者の実感である。もはや、「捜査段階の自白の任意性」は刑事公判の主戦場ではないのである。

また、平成28年5月に第190回通常国会で成立した「刑事訴訟法等の一部を改正する法律」[820]には、取調べ録音・録画の法制度化、証拠収集等への協力をした者に対する訴追に関する合意制度、刑事免責制度の創設、被疑者国選弁護制度の全勾留事件への拡大等、取調べの在り方に変化を生じさせ得る改正事項が盛り込まれ、その一部は既に施行されている。

2 財務捜査における取調べ

財務捜査における取調べにおいても、徹底的な準備が最重要であること、被疑者の供述がなければ立証できない真に重要なポイントは何かを意識すること、被疑者の来歴や性格について呼び出し段階からよく把握すること、余裕のある冷静な態度で取調べをすること等は、他の事件の取調べと同じである。

これに加えて、財務捜査における取調べでは、次のような点を意識する必要がある。

- 取調べ対象となる多くの人は、会社の中でそれなりの立場・地位にある人物である。組織に対する忠誠心や体面に対する意識は相当高いはずであり、それが真実を供述できない理由になっている場合は多い。他面、それはその相手が真面目であり、社会人としての規範意識を持っているであろうことを意味する。
- 会社内部で組織的な罪証隠滅工作や口裏合わせがなされることは必至である。時間をずらして呼び出したり、会社関係者とは事件の話をしないように警告しても、その実効性は乏しいものと考えなければならない。むしろ、複数名の供述が同時に一定方向に変わった等の変化に着目すべきである。
- 取調官にとっても簿記会計や財務捜査の基本的知識は必須である。普

---

820) http://www.moj.go.jp/content/001184610.pdf。

段から研鑽を積んでおくこと，分からないことが生じたら財務捜査官等にすぐに確認することが望まれる。
○ 物読み班，帳簿捜査班，銀行捜査班等，裏付け捜査班等における相互の緊密な連携が必須である。捜査主任官は，これらの班の捜査結果を迅速に把握すると共に，取調べに当たって有用と思われる情報のインプットを受け，取調べ結果については直ちにこれらの班にフィードバックする必要がある。通常，これらのインプットやフィードバックは捜査主任官を通じてなされることが多いであろう。
○ 企業における不正がなされるメカニズムとして「不正のトライアングル」論が提唱されている（第2編第1章第3節第4）。それは，①動機（不正行為を実行することを欲する主観的事情。借金，プレッシャー，利益，叱責可能性等），②機会（不正行為の実行を可能ないし容易にする客観的環境。監査の甘さや作業プロセスにおける盲点等），③正当化（反対動機の形成を乗り越えて，不正行為の実行を是認しようとする主観的事情。自分だけ不当な取扱いを受けている，後で返せばよい，他も同じようなことをしている人がいる，会社のためになる等）等である。取調官としても，当該被疑者にとっての不正のトライアングルは何であったのかを意識して取り調べることは有益であろう。
○ 物読み等の項目でも述べたが，財務捜査は，それが他の知能犯事件（汚職事件を含む。）の発覚の端緒となることが少なくない。取調官は，現在の捜査期間中に次の事件の端緒を摑むくらいの気構えと準備で取調べを行う必要がある。
○ 財務捜査において，事件の筋読みをすることは必須である。しかし，決して捜査の結果を事件の筋に合わせてはならない。捜査の結果に合わせて柔軟に事件の筋を変更していくことが捜査主任官に求められる。また，そのようなことを可能にするためにも，取調官は，「事件の筋」に合わない供述を被疑者や参考人がしている場合には，供述内容の変更を迫るのではなく，供述内容を掘り下げて聴取した上，事件の筋読みとの相違点も含めて取調べ内容を積極的かつ正確に捜査主任官に報告しなければならない。

第5章

国際捜査

1 総説

　経済・社会のグローバル化や科学技術の高度化に伴い，犯罪に関する人，物，金，情報の国際的流動性も飛躍的に高まっている。現在の企業は海外に連結子会社や関連会社を有していることは珍しくないし，海外に銀行口座を有していたり，有価証券投資等を行っていることも多い。情報が瞬時に国境を越えて伝達されることは周知の事実である。

　そこで，捜査の過程で，外国の法執行機関その他の機関から事件に関連する証拠や情報を入手する必要性は従来に比して格段に高まっている。その際，証拠を入手するためには捜査共助手続によることを要する。もっとも，情報を入手するにとどまるのであれば，捜査共助手続によることは要せず，実際，情報交換を可能とする国際的な枠組は多数存在する。以下では国際捜査共助及び情報交換を可能にする国際的な枠組について概説したい。

2 国際捜査共助

　国際捜査共助の嘱託については，通常の任意捜査の枠内でこれを行うことができる（刑訴法197条）。なお，国際捜査共助の受託については，国際捜査共助等に関する法律等による。

　日本から捜査共助を外国に要請する場合には，原則として，外交ルートによることになるので，警察庁であれば国家公安委員会から外務大臣を通じて，検察庁であれば法務大臣から外務大臣を通じて当該外国に外交ルートで捜査共助の要請をすることになる。捜査共助条約の締結されていない国に対

する捜査共助の嘱託は，国際礼譲に基づいて相互主義の保証の下で行うものであるから，原則として，我が国が外国から捜査共助の嘱託を受諾・実施できる範囲で相手国にも要請をするのが相当である。ところで，国際捜査共助に関する法律（昭和55年法律第69号）は，外国からの捜査共助要請を受託・実施できる要件として，政治犯罪でないこと，当該行為が嘱託国及び我が国の双方で犯罪となること（双罰性），証人尋問や証拠物の提供を要請する場合には，これらの証拠が捜査に欠くことができないものであることを明らかにすべきこと等を規定しているので，捜査共助を嘱託する場合にはこれらの要件を具備しているかどうかについても検討すべきことになる。また，国際捜査共助を受託する国はその国の刑事訴訟や国際捜査共助受託に関する法律に基づいて捜査共助の実施をするのであるから，我が国からの国際捜査共助の嘱託もこれらの相手国の法令が規定する要件を具備しているかを検討しつつ行わなければならないことは当然である。

　これに対して，米国，韓国，中国，香港，欧州連合，ロシアとの間では個別に捜査共助条約が締結されているので，中央当局である法務大臣及び国家公安委員会から相手国の中央当局に直接捜査共助の要請を行うことができ，また，要件を具備した捜査共助は条約上の義務として実施される。

　注意しなければならないのは，これらいずれの場合にも，捜査共助を要請するに際しては，いきなり外交ルート又は中央当局ルートで捜査共助要請書を送り付けるのではなく，相手国の中央当局や法執行機関と事前に十分打合せをして，相手国の法制度を含む必要な情報を入手し，的確な証拠をどのようにすれば迅速に入手することができるのかを把握し，関係機関に十分な事前の根回しをした上で捜査共助要請書を送付する必要があるということである。相手国の法制度について調査することを要するのは，双罰性の要件を確認するこのほか，相手国の刑事手続について知る必要があるからでもある。例えば，我が国であれば，刑訴法197条2項により銀行に対して対象口座の口座開設書類及び一定期間内の銀行口座元帳等の照会を求めることが可能であるが，諸外国においては，銀行口座の照会には裁判所の令状を必要とする国も多い。更には，シンガポールのように，我が国で被疑者の逮捕等の強制処分を伴う刑事手続が行われないと銀行口座の照会に応じない国もある。ま

た，香港のように取引期間を限定しない銀行記録の取寄せが困難な国も多い。そのような国に我が国と同様の捜査共助要請書を送付した場合には，捜査共助要請書の訂正又は出し直し等に長い期間を要し，結果として捜査共助要請が役立たないことにもなりかねない。

そこで，中央当局においては，普段から外国の捜査共助に関する法制等について情報収集に努めているので，捜査の過程で捜査共助を行う可能性が浮上した際には，早めに中央当局である法務省や警察庁[821]の担当者に相談をすることが望まれる。また，参考までに，筆者が議長を務めた第6回グッドガバナンスセミナー（国連アジア極東犯罪防止研修所主催）において参加国12か国（ASEAN各国及び日本，韓国）の捜査共助及び逃亡犯罪人引渡に関する制度（捜査共助に関する国内法名，条約前置主義の有無，強制捜査の可能性，国連腐敗防止条約を根拠とする捜査共助の実施可能性，ASEAN捜査共助条約締結の有無，中央当局名，捜査共助執行機関名，双罰性要件の有無，要請書の作成言語等）を次表（490頁参照）のとおり一覧表にまとめてあるので[822]，参照願いたい。

また，捜査共助が頻繁に行われる国や地域との間では，法執行機関や中央当局との会議等を定期的に開くことにより，担当者同士が顔の見える関係を構築しておくことが円滑な捜査共助要請の執行に極めて有益であることは言うまでもないであろう。我が国でも，中央当局である法務省や警察庁において，上記のような相手国の捜査共助や刑事手続に関する情報収集や国際連携の構築に努めているところである。

なお，捜査共助要請書を起案するに当たって，犯罪事実その他日本語の案文をそのまま翻訳すると，極めて冗長で分かりにくい外国語になりやすい。これは，特に法律関係の文書においては，日本語の一文が長く，かつ，正確性を確保するために「等」を多用するためである（犯罪事実の記載において

---

[821] 事務は，法務省にあっては刑事局国際課，警察庁にあっては国際捜査管理官において行っている。
[822] Kenichi KIYONO, Comparative List of Systems of MLA and Extradition in the Participating Countries, SIXTH REGIONAL SEMINAR ON GOOD GOVERNANCE FOR SOUTHEAST ASIAN COUNTRIES INTERNATIONAL COOPERATION: MUTUAL LEGAL ASSISTANCE AND EXTRADITION（http://www.unafei.or.jp/english/pdf/PDF_GG6_Seminar/07_Comparative%20List.pdf）

〈捜査共助〉

	カンボジア	インドネシア	日本	韓国	ラオス
国内法	刑事訴訟法	刑事共助法	捜査共助法	刑事国際司法共助法	無
条約前置主義	相互主義の保証の下で不要	相互主義の保証の下で不要	相互主義の保証の下で不要	相互主義の保証の下で不要	相互主義の保証の下で不要
条約非締結国による強制捜査手続	可	可	可	可	可
国連腐敗防止条約を根拠規定とし得るか	可	可	非締結	可(2008年の締結以降)	可
ASEAN共助条約加盟の有無	有	有	無	無	有
共助要請機関	法務省 条約なき場合は外務省	法務人権省	法務省、警察庁、条約なき場合は外務省	外務省を通じて法務省	法務省
相手方機関（中央当局）	法務省 条約なき場合は外務省	法務人権省	法務省、条約なき場合は外務省	外務省を通じて法務省	法務省
共助実施関与機関	法務省、検事総長、反汚職部門	警察、法務総裁、検事総長、汚職追放機関	法務省、検察庁、警察庁、都道府県警察	検察庁	外務省、法務省、公安省、人民最高裁
双罰性の要否	必要	必要	必要（条約による例外可）	必要（裁量有り）	必要
自国語以外の共助要請書言語	英語、仏語	英語	日本語のみ（英語を補助的に用いることは可）	英語	ラオス語及び英語
有罪判決によらない没収要請の可否	可	不可	不可	不可	不可

〈犯罪人引渡〉

	カンボジア	インドネシア	日本	韓国	ラオス
国内法	刑事訴訟法	犯罪人引渡法	逃亡犯罪人引渡法	犯罪人引渡法	犯罪人引渡法
条約前置主義	相互主義の保証の下で不要	相互主義の保証の下で不要	相互主義の保証の下で不要	相互主義の保証の下で不要	必要
国連腐敗防止条約を根拠規定とし得るか	可	可	非締結	不可	可
要請機関	法務省	法務人権省	外務省	外務省を通じて法務省	人民最高検
相手方機関（中央当局）	外務省を通じて法務省	外務省を通じて法務人権省	外務省	外務省を通じて法務省	人民最高検
共助実施関与機関	法務省、検事総長、プノンペン控訴院	警察、法務総裁、汚職追放機関	法務省、検察庁	検察庁	外務省、法務省、公安省、人民最高裁
双罰性の要否	必要	必要	必要	必要	必要
自国民引渡の可否	不可	裁量により可	不可（条約による例外有り）	裁量により可	不可
暫定逮捕の可否	可	可	可	可	可

マレーシア	ミャンマー	フィリピン	シンガポール	タイ	ベトナム
刑事共助法	捜査共助法	無	刑事共助法	刑事共助法	共助法
法務総裁勧告に基づく法務省の裁量により不要	相互主義の保証の下で不要	相互主義の保証の下で不要	相互主義の保証の下で不要	相互主義の保証の下で不要	相互主義の保証の下で不要
相互保証及び双罰性があれば可	不可	不可	相互主義の下で可	可	可
締結以後について可	非締結	可	不可	可	可
有	有	有	有	有	有
法務総裁	内務省等。条約なき場合は外務省	法務省，UNCAC非締結国又は条約非締結国についてはオンブズマン事務所	法務総裁	法務総裁。条約非締結国においては外務省	最高人民検察院。条約非締結国においては外務省
法務総裁	内務省等。条約なき場合は外務省	法務省。UNCAC締結国についてはオンブズマン事務所	法務総裁	法務総裁。条約非締結国においては外務省	最高人民検察院。条約非締結国においては外務省
警察，マレーシア反汚職委員会，中央銀行，マルチメディア通信委員会，税関等	特別捜査局，ミャンマー警察，内務省	法務省，オンブズマン事務所，国家捜査局，銀行捜査については反マネーロンダリング委員会	法務総裁，法務省，その他関連法執行機関	警察委員長，法務総裁，矯正局長	警察捜査部，公安省公安捜査庁，裁判所
必要	必要	不要	必要	必要（条約による例外可）	必要
英語	ビルマ語及び英語	英語	英語	英語	最高人民検察院が翻訳
可	不可	可	可	不可	不可

マレーシア	ミャンマー	フィリピン	シンガポール	タイ	ベトナム
犯罪人引渡法	犯罪人引渡法はあるが運用停止	犯罪人引渡法	犯罪人引渡法	犯罪人引渡法	犯罪人引渡法
法務総裁勧告に基づく法務省の裁量により不要	－ －	必要	必要。但し，コモンウェルス内においては不要	相互主義の保証の下で不要	相互主義の保証の下で不要
締結以後について可	非締結	不可	不可	可	不可
法務総裁審査後内務省が外務省を通じて要請	－ －	法務省	法務総裁	法務総裁。条約非締結国においては外務省	公安省
法務総裁審査後内務省が外務省を通じて受諾	－ －	法務省	法務総裁	法務総裁。条約非締結国においては外務省	公安省
マレーシア王立警察，治安判事裁判所，地方裁判所	－ －	法務省，国家捜査局，地方刑事裁判所	法務総裁，法務省，裁判官	検察官，裁判所	最高人民検察院，最高人民裁判所，地方人民検察庁・裁判所
必要	－ －	必要	必要。但し，コモンウェルス内においては不要	必要（条約による例外有り）	必要
裁量により可	－ －	裁量により可（条約による）	可	不可	不可
可	－ －	可	可	可	可

この傾向は特に顕著である。）。そのため，翻訳文の作成を委託する場合には，日本語の文章を短く区切って適宜接続詞を入れたり，「等」の必要性についても再検討する等の工夫をすることが有益であろう。

3 国際刑事警察機構（ICPO-Interpol）

国際刑事警察機構は，1956年（昭和31年）に設立された国際機関であり，国際犯罪に関する情報の収集と交換，犯罪対策のための各種国際会議の開催，逃亡犯罪人の所在発見や国際手配書の発行等の多岐にわたる任務を行っている。我が国も，昭和50年から事務総局に警察庁の職員を派遣している[823]。

ICPOを経由した要請では，証拠の入手はできないが，両国の治安機関同士が直接に情報をやり取りすることができるため，迅速な回答が期待できる。

なお，米国との間では，平成26年に日米重大犯罪防止対処協定（PCSC協定）が締結され，重大犯罪に関連すると疑われる人物の指紋情報について，相手国政府が保有する有罪判決確定者等の指紋情報に一致するものがあるかどうかについてオンラインによる照会ができることとされている[824]。

4 行政機関相互の情報交換の枠組

上述した国際捜査共助の枠組以外にも，各行政庁においては，国際的な情報共有を図るための枠組が存在する。このような情報交換は，基本的には犯罪捜査とは別の行政目的からなされるもので，情報交換の対象，範囲等の定めも，その根拠となる法的枠組如何によりまちまちであって，これらによって得られた情報は，一般的にはそのまま刑事事件の証拠として用いることができるわけではないが，証拠を入手する前提としての情報入手のために各行政庁においてはどのような情報共有枠組があるのかを知っておくことは有用である。

---

[823] 警察庁「平成17年版警察白書」（http://www.npa.go.jp/hakusyo/h17/hakusho/h17/html/G2010200.html）。
[824] 警察庁「平成26年版警察白書」（http://www.npa.go.jp/hakusyo/h26/）。

(1) 資金情報機関（FIU）間の情報交換枠組

　平成元年のサミット宣言を受けて金融活動作業部会（FATF）が設立され，マネーロンダリングの犯罪化，金融機関による顧客の身元確認及び疑わしい取引についての権限ある当局への報告等の措置をとることが要請され，我が国では，犯罪収益移転防止法8条が疑わしい取引の報告義務について規定している。FATFの参加国は，経済協力開発機構（OECD）加盟国を中心に34の地域及び2の国際機関であり，マネーロンダリング対策及びテロ資金対策に関する国際基準（FATF勧告）の作成及び見直し，FATF参加国・地域相互間におけるFATF勧告の遵守状況の相互審査等を行っている[825]。また，平成7年には，各国資金情報機関（FIU）間の交流，情報交換等の促進を目的とした非公式なフォーラムであるエグモント・グループが発足した[826]。

　我が国では，犯罪収益移転防止法に基づき，金融機関等の特定事業者による疑わしい取引の報告制度が設けられ，現在では，金融機関や不動産業者等から所管行政庁（金融庁，国交省等）に報告された疑わしい取引を警察庁犯罪収益移転防止対策室（JAFIC）に集約し，同室において整理・分析・共有業務を行っている。そして，JAFICにおいては，平成19年以降，74の国・地域との情報交換枠組を設定し[827]，各国のFIU当局間における情報共有・国際協調を進めている。

(2) 証券監督者国際機構（IOSCO）

　証券監督者国際機構（IOSCO）は，各国の証券監督当局や証券取引所等から構成されている国際的な機関で，我が国からは昭和63年に大蔵省（証券局）が加盟している[828]。また，IOSCO多国間MOU署名国・機関は，同機構の2013年年報[829]によれば101機関に上り，監督当局間の情報交換の

---

825) 詳しくは，警察庁「JAFICと国際機関等の連携」（http://www.npa.go.jp/sosikihanzai/jafic/kokusai/kokutop.htm）。
826) なお，平成9年にアジア太平洋地域のFATF非参加国・地域に対してマネーロンダリング対策を促進する国際協力の枠組として，アジア・太平洋マネーロンダリング対策グループ（APG）が設立された。
827) 警察庁「諸外国，地域との情報交換枠組みの設定状況」（http://www.npa.go.jp/sosikihanzai/jafic/kokusai/mousin.htm）。
828) 金融庁「IOSCOの沿革と我が国の参加」（http://www.fsa.go.jp/inter/ios/iosco_01.html）。

強化が図られている[830]。例えば、平成24年には、窮境に陥った企業の経営支配権を海外資本が掌握していわゆる「裏口上場」を企図したクロスボーダーの偽計事案において、海外の証券監督当局を通じた情報入手に努めるなどして実態を解明し、刑事告発するに至っており、一部被告人の有罪が確定している[831]。

なお、相手国証券監視当局からMOUにより入手した情報を刑事手続において証拠として使用する際には、相互主義の保証の観点からも慎重な検討が必要であり、当該相手国の同意を得るか、捜査共助の手続によらなくてはならない。

また、銀行については、バーゼル銀行監督委員会において、保険については、保険監督者国際機構（IAIS）において、海外の関連中央当局や監督当局間の連携が図られている。

(3) 租税条約

国税庁においては、平成26年現在、60の租税条約に基づき、80の国・地域と年間20～50万件の情報交換を行っている[832]。

経済協力開発機構（OECD）モデル条約[833]や日米租税条約[834]においては、それらの26条に情報の交換に関する規定があり、その2項では、「1の規定に基づき一方の締約国が受領した情報は、………これらの租税に関する執行若しくは訴追………に関与する者若しくは当局（裁判所及び行政機関を含む。）………がそれぞれの職務を遂行するために必要な範囲でのみ、開示される。………これらの者若しくは当局又は監督機関は、当該情報を公開の法

---

829) IOSCO, "Annual Report 2013"（http://www.iosco.org/annual_reports/2013/pdf/annualReport2013.pdf）11頁。
830) 証取委③、金融庁「IOSCO・マルチMOU（多国間情報交換枠組み）への署名について」（平成20年）（http://www.fsa.go.jp/inter/etc/20080212.html）。
831) 法務省「平成26年版犯罪白書」96頁。
832) 国税庁レポート2014・平成26年・39頁。なお、国際取引と租税上の問題点について、渡辺289頁以下。二重課税の排除については中田他54頁以下、田井15頁以下。租税条約については川田38頁以下。また租税条約の濫用については川田120頁以下。
833) OECD, MODEL CONVENTION WITH RESPECT TO TAXES ON INCOME AND ON CAPITAL, 2014, http://www.oecd.org/ctp/treaties/2014-model-tax-convention-articles.pdf
834)「所得に対する租税に関する二重課税の回避及び脱税の防止のための日本国政府とアメリカ合衆国政府との間の条約」（http://www.mofa.go.jp/mofaj/gaiko/treaty/pdfs/treaty159_1a.pdf）。

廷における審理又は司法上の決定において開示することができる。」と規定しているので，上記枠組により得られた情報を実質的に我が国の刑事裁判の証拠として用いる余地がある[835]。

(4) 税関相互支援協定（CMAA）

外国税関当局との情報交換の枠組としては，上記関税法 108 条の 2 の規定の範囲で約 27 か国との間で締結した税関相互支援協定や税関当局間取決め（CMAA）[836] があるほか，世界税関機構（WCO），同加盟国による密輸等の情報交換を促進するために設置されている地域情報連絡事務所（RILO）等がある[837]。

関税法 108 条の 2 は，財務大臣が外国税関当局に対して一定の要件の下で情報提供を行うことができる旨を規定している。一定の要件としては，相互主義の保証があること，提供された情報が刑事手続で使用されないよう適切な措置がとられていること等が掲げられている（同条 2 項，3 項）。また，外国税関当局から要請があったときには，財務大臣は法務大臣等に双罰性，非政治犯罪等の要件に該当することを確認した上，提供した情報を刑事手続に使用することに同意することができる（同条 4 項，5 項）。同条では，条約前置主義は採られていないので，我が国も条約がない国に対して同様の条件の下で情報提供を要請することができるものと解される。また，我が国が外国税関当局から入手した情報についても，我が国の刑事手続に使用することができるように環境を整備する必要性が指摘されている[838]。

(5) 独占禁止協力協定

近年の複数国の競争法に抵触する事案の増加に対処するため，競争規制当局間の協力・連携強化のために，独占禁止協力協定が現在まで我が国と米国，EU，カナダとの間で締結されている[839]。

---

835) なお，査察調査に関し外国における証拠の収集については，租税条約によって，対象税目，租税反則事件への適用の有無，交換された証拠の裁判での使用の可否等において差異がある等の問題点が指摘されている（金子基 393 頁以下）。
836) 税関「税関相互支援協定」(http://www.customs.go.jp/kyotsu/cmaa/cmaa.htm)。
837) 国際間の税務協力については川田 461 頁以下。
838) 平成 23 年 10 月に開催された関税・外国為替等審議会・関税分科会・財務省関税局作成資料「外国税関当局との情報交換の拡充」(http://www.mof.go.jp/about_mof/councils/customs_foreign_exchange/sub-of_customs/proceedings_customs/material/kana231025/kana231025g.pdf)。

例えば，日米独占禁止協力協定[840]においては，その3条2項(b)において，「自己が保有し，かつ，気付くに至った反競争的行為に関する重要な情報であって他方の締約国政府の競争当局の執行活動に関連し又はかかる執行活動を正当化することがあると認めるもの」を相手国に提供するものと規定している。また，9条では，提供された情報を刑事手続に使用することを原則として禁止し，10条ではこの禁止の解除を外交ルート等によって要請できる旨が規定されている。

なお，競争当局等をメンバーとする国際競争ネットワーク（ICN）においては，競争法執行の手続面及び実体面の収斂を目的とした作業部会，ワークショップ等が開かれている[841]。

5　外国公務員汚職

経済協力開発機構（OECD）においては，平成9年に国際商取引における外国公務員に対する贈賄の防止に関する条約（OECD外国公務員贈賄防止条約）を採択した。我が国は，同年，同条約に署名し，外国公務員に対する贈賄の処罰規定を盛り込んだ不正競争防止法の一部を改正する法律の成立を経て，平成10年に同条約を締結した。同条約では，外国公務員に対する贈賄行為の犯罪化の他，裁判権，国際捜査共助その他の共助，犯罪人引渡等の規定が置かれている（詳しくは清野③）。

財務捜査の過程で外国公務員に対する贈賄事件の端緒を摑んだ場合には，その国の汚職処罰に関する法制度を知る必要がある。そして，その汚職防止に関する処罰規定や防止規定等の情報は，国連薬物犯罪事務所（UNODC）のホームページ「TRACK」[842]に集約されている[843]。

---

839) 公正取引委員会「独占禁止協力協定について」（http://www.jftc.go.jp/kokusai/kaigai/dokusenn.html）。
840) 正式名称は「反競争的行為に係る協力に関する日本国政府とアメリカ合衆国政府との間の協定」（平成11年）（http://www.jftc.go.jp/kokusai/kokusaikyoutei/nitibeikyoutei.html）。
841) 公正取引委員会「国際競争ネットワーク（ICN）について」（http://www.jftc.go.jp/kokusai/kaigai/icn.html）。
842) http://www.track.unodc.org/LegalLibrary/Pages/map.aspx, http://www.track.unodc.org/LegalLibrary/Pages/Home.aspx
843) 同ホームページの Jurisdiction に該当する国名を入力してその下に現れる国名等にチェックを付け，更にその下に現れる「III Criminalization and law enforcement」にチェックすることで，右側の一覧表から該当の条文を見ることができる。

また，当該国の汚職に関する基礎知識は，世界銀行ホームページ「世界ガバナンス指数（WGI）プロジェクト」[844]，トランスペアレンシー・インターナショナル（TI）のホームページ「国・地域別腐敗状況」[845]等で収集することができる[846]。

---

844) http://info.worldbank.org/governance/wgi/index.aspx#home
845) http://www.transparency.org/country
846) なお，筆者が国連アジア極東犯罪防止研究所次長時代に同研修所が主催する汚職防止研修に参加した国については，清野③にもその概要を記載しているので，興味のある方は是非参照されたい。

第6章

捜査主任官の役割

　最後に，捜査主任官の役割について触れておきたい。

　他の全ての犯罪捜査と同様に，知能犯事件においても捜査主任官の役割は重要である。

　捜査主任官は，本書で述べたような財務捜査の手法を熟知していなければならない。そして，何よりもこれを実地に応用しなければならない。

　そのためには次のようなことを行い，また心掛ける必要があろう。

- 事件の端緒を摑んだら，迅速に内偵捜査に着手する必要がある。会社の概要及び沿革，業界の特徴，関係者の経歴や相互関係，犯罪が疑われる事実とその背景を把握した上，情報提供者（被害者や内部告発者等）から詳しく事情聴取してその裏付け捜査を尽くすと共に，銀行捜査，行動確認等の基本的な捜査から行うことになろう。
- 事件が立件できそうだとの見込みが高く，かつ，これが相当な規模の事件になると思われるときには，適切な捜査班態勢を整える必要がある。その際，他の部門に応援を頼んだり，他の都道府県警と合同捜査本部を立ち上げる必要があるとすれば，その調整をするのも捜査主任官の役割である。
- 事件を立件できそうだとの見込みが立った場合には，いつまでも情報提供者のみから話を聞いているわけにはいかない。比較的情報を漏らさないであろうと思われる被害関係者，銀行員，中立的な第三者，会社と対立して辞職した元社員，業界関係者等から事情聴取をしていくことになろうが，このような事情聴取を開始すれば被疑者やマスコミ

に感づかれて罪証隠滅が行われる虞れが急速に高まるから，捜索着手日程との見合いでこれら関係者の取調べを開始しなければならない。

○ 捜索・差押えについての留意点は既に述べたとおりであるが，適切な捜索箇所を漏れなく選定し，一時に捜索を開始することは極めて困難な作業であることを認識して的確に捜索・差押えを実施する必要がある。

○ 強制捜査に着手する前には，上司だけではなく，検察庁にも十分な余裕を持って事件相談をすることが望まれる。その際分かりやすいチャート，資料を作成し，事件の捜査経緯や弱点も含めて率直に相談した方がよい。

○ 捜索・差押えを行った後の物読みは取調べと並んで最も重要かつ困難な作業である。その要点は既に述べたとおりであるが，なかなか犯罪事実を構成できない場合には，時には主任捜査官自ら重要証拠物を分析検討するなどして捜査の糸口を発見することも求められる。そして，知恵を働かせてあらゆる法令の適用可能性を検討すべきである。逆に，成立し得る犯罪が多数浮上した場合には，本件の事案の特性に照らして，事案の本質を捉えた犯罪を的確に選定すべきである。

○ 捜索・差押えを開始することは，同時に被疑者を逮捕する場合を除いては，通常，任意取調べが開始されることを意味する。捜査主任官は，取調官から虚心坦懐に取調べ内容の報告を受け，事件の筋を変更する必要があるかを常に考えながら，螺旋階段を上るような捜査を実現するため，取調べ班，物読み班，銀行捜査班，裏付け捜査班の有機的連携に心を砕かなければならない。

○ 取調官からの報告を受けるに当たっては，決して，自白を取れなかったことを叱責するような態度であってはならない。捜査主任官がそのような態度をとれば，取調官は，捜査主任官の納得を得るために「事件の筋」を押しつけるような取調べになりがちである。むしろ，取調官と共に，何故事件の筋に沿った供述をしないのか，それは，口裏を合わせて否認しているためであるのか，それとも，事件の筋を修正する必要があるのかを常に自らに問いかけるべきである。

- 捜査主任官は，捜査の進展状況をリアルタイムで把握し，これを上司に報告したり検察庁に連絡し，必要な指示を受けなければならない。その際，事件着手時点での「事件の筋」に修正の必要があることを隠すようなことが決してあってはならない。また，捜査に問題が生じた場合にも，これを直ちに上司に報告し，適切な措置をとるべきである。
- 事件を処理するには，様々な決裁文書や資料を作成する必要がある。事案が複雑な場合には特に，できるだけ明瞭で分かりやすい資料の作成に心掛けるべきである。
- 起訴は捜査の最終目標ではない。公判において真相が解明され，適切な事実認定と量刑が得られることが捜査の最終目標であり，それまで捜査は継続していると心得る必要がある。特に，昨今では被疑者国選弁護の普及等に伴い，捜査段階で十分な供述や弁解が得られず，公判前整理手続や公判手続において初めて具体的な弁解がなされる事件が一般化しつつある。そのため，従来にも増して，起訴後の補充捜査の重要性が増しているという現状認識に立って，公判前整理手続や公判でなされた具体的な弁解に即応する捜査を実施することが望まれる。

あとがき

　時あたかも，東芝が巨額の不正会計問題で揺れている。

　東芝問題が発覚したのは，本書の初稿を立花書房に入稿し，最終校正をしている段階であった。そして，脱稿直前に東芝の第三者委員会の調査報告書が公表されたため，本書では同報告書の内容にも触れることができた。しかし，東芝の事例を本書に付け加えるに当たり，新たに項目を追加したり，粉飾の手段を追加する必要は全く認めなかった。東芝の第三者委員会調査結果は，他の不正会計事例と全く横並びで本書の事例紹介に取り込まれた。そのことは何を意味しているのであろうか。

　それは言うまでもなく，東芝で行われていた不正会計は，典型的な不正会計の手口によるものであり，何ら特殊な手段が弄されたものではないということである。本書では様々な不正会計の手口に言及しているが，このような手口は，過去に用いられ，かつ，現在又はこれからも不正会計を行おうとする企業や経営者，役員，従業員，外部協力者等によって用いられていくであろうということは確実に予測できる。

　読者の皆様は，本書を通読することによって，会計帳簿に関する基本的知識，財務分析の基本的な視点，個々の勘定科目ごとの不正の手段や勘定科目分析を行う際の着眼点，決算書の分析，銀行捜査，物読み，取調べ，国際捜査に関する基本的な知識を習得することができたであろうか。是非その答えがイエスであることを祈りたい。

　もし不明の点があれば，本書で引用している文献等を参照して理解を深めていただきたい。

本書で財務捜査の基本的な知識を得られた後は，実践である。日々の生活の中でも，これまで目の前を通り過ぎていた企業会計や税制の改正，企業の発信する決算短信やＩＲ（インベスター・リレーションズ）等の情報が有機的な意味内容をもって立ち現れてくるものと思う。そしてこのように獲得された知識を是非日常生起する刑事事件の捜査に応用していただきたい。これまでは気付かなかった捜査の着眼点に気付いたり，より的確な取調べにより真実をより良く解明することができるはずである。

　そのようなことの積み重ねによって，我が国の治安が保たれ，より安全で安心できるまちづくりに貢献することができれば，筆者の喜びはこれに勝るものはない。

　なお，本書の執筆に当たっては，筆者の能う限り分かりやすく正確な記述を心掛けたが，もとより浅学菲才の身であり，思わぬ誤解や見落としがあるかもしれない。また，読者の皆様から，より的確に財務捜査を実践するためのアドバイスなどもいただければありがたい。

　読者の皆様のご意見，ご批判により，本書をより良いものにして参る所存であることを申し述べ，筆を擱くこととしたい。

　平成28年1月

　　　　　　　さいたま地方検察庁公判部長　　清野　憲一

〈事項索引〉

あ

ROI ……………………………………… 316
ROE ……………………………… 34, 275, 317
ROA ………………………… 34, 267, 275, 316, 317
IR …………………………………… 34, 502
ICPO …………………………………… 492
IPアドレス ……………………………… 467, 473
青色申告特別控除 ………………………………… 12
アクチュエータ ………………………………… 468
アクルーアル …………………………………… 333
預合 ……………………………………………… 250
預け金 …………………………………… 185, 290
アセット・ファイナンス ………………………… 68
アナリスト ……………………… 65, 67, 68, 256, 257
洗替法 ………………………………………… 166
粗利益 ………… 28, 142, 219, 253, 270, 298, 312
アレンジフィー …………………… 53, 199, 200, 274
安全率 ………………………………………… 319

い

EPS ……………………………………… 314, 316
EB債 …………………………………………… 137
EBITDA ……………………………………… 320
IOSCO ………………………………… 493, 494
委託販売 ……… 73, 93, 106, 107, 148, 255, 285, 402
一時差異 ………… 159, 160, 161, 162, 163, 234
著しい改良 …………………………………… 191, 195
一取引基準 …………………………………… 104
一般担保付社債 ……………………………… 243
移動平均法 ………………………………… 141, 259
イメージファイル …………………………… 469
インカム・アプローチ …………………… 204, 205
印鑑票綴り ………………………………… 443, 444

インサイダー取引 ……………………… 53, 252
インターネット・サービス・プロバイダー
 ………………………………… 473, 474, 475
インターネット・プロトコル … 467, 472, 473
Interpol ……………………………………… 492
インタビュー …… 256, 361, 362, 363, 364, 366, 367
インタレスト・カバレッジ・レイシオ … 330, 351
インベスター・リレーションズ …………… 34

う

浮貸し ………………………………… 132, 373
疑わしい取引の報告 …………………………… 493
裏金 ……… 12, 47, 51, 56, 58, 63, 112, 143, 157, 167, 170, 185, 219, 232, 257, 270, 271, 272, 278, 279, 281, 282, 286, 287, 289, 290, 293, 295, 297, 304, 314, 381, 383, 440, 441, 445
裏口上場 ……………………………………… 494
売上債権回転率 ……………………………… 322
売上総利益 …… 28, 35, 73, 101, 142, 219, 223, 253, 255, 272, 278, 298, 312, 317, 342, 397, 406, 410, 415, 423, 428, 429, 432
売上高営業利益率 ……………………… 318, 393
売上高経常利益率 ……………………………… 318
売上高研究開発費率 …………………………… 324
売上高成長率 ………………………………… 323
売上高総利益率 ……………………… 63, 317, 318
売上高当期純利益率 …………………………… 318
売上高伸び率 ……………………… 323, 372, 417
売上高販管費率 ……………………… 319, 320
売上高付加価値率 …………………………… 325
売上伝票 ………………………… 7, 8, 78, 463
売上値引 …………………… 75, 93, 98, 255, 301

売上戻り ……………… 93, 96, 97, 98, 115, 255, 301
売上割戻し ……………………… 99, 115, 285, 301
売掛債権対買掛債務比率 ………………… 328, 392
売渡譲渡担保 …………………………… 102, 103
運転資金 ……………………………… 50, 228, 450
運転資本 ……………………………… 24, 320, 369

え

永久差異 …………………………………… 160, 161
営業外支払手形 …………………………… 128, 225, 226
営業キャッシュフロー ……… 26, 31, 64, 69, 73, 171, 320, 321, 324, 331, 332, 333, 334, 335, 336, 337, 338, 339, 342, 345, 349, 350, 351, 352, 353, 355, 356, 393, 394, 402, 412, 419, 429, 430, 433
営業キャッシュフロー・マージン分析 …… 320
営業キャッシュフロー対流動負債比率 …… 351
営業キャッシュフロー適合率 ……………… 351
営業権 ……………………… 335, 340, 346, 393
営業収益 …………… 10, 253, 254, 300, 307, 317
営業出資金 ……… 134, 306, 308, 393, 395, 399, 401, 402
営業循環過程 ……………………… 81, 170, 216
営業投資有価証券 …… 134, 299, 356, 393, 395, 399, 420, 425, 428, 429, 430
営業用不動産 ………………………………… 170, 254
営業利益対営業キャッシュフロー ………… 351
影響力基準 ……………………………………… 133
HFS ……………………………………………… 470
ATMジャーナル ……………………………… 447
益金 ………………………… 27, 40, 160, 309, 374
エクイティ・ファイナンス ………………… 68
エグモント・グループ ……………………… 493
SHA-256 ……………………………………… 469
X点 ……………………………………………… 61
EDINET ……………………………… 32, 142, 390
NAND ……………………………………… 468, 469
NOR ……………………………………………… 468
NTFS ……………………………………… 470, 471
FIU ……………………………………………… 493

FOB ……………………………………………… 107
FOB契約 …………………………………… 107, 457
MICR ………………………………………… 454

お

押し込み販売 ……… 16, 57, 93, 96, 97, 98, 107, 115, 169, 255, 258, 265, 268
オプション ………… 135, 136, 205, 207, 248, 253
オフバランス ………………………………… 76, 304
オペレーティング・リース ……………… 102, 103

か

買入債務回転率 ……………………………… 322
外貨預金 ………………………………………… 86
会議費 ……………… 10, 271, 272, 284, 288, 289
回帰分析 ……………………………………… 365
会計期間の公準 ………………………………… 57
会計帳簿 ……………… 1, 7, 8, 18, 40, 53, 88, 122, 280
会計発生高 ……… 333, 334, 335, 349, 352, 367, 393
外交ルート ………………………… 487, 488, 496
外国公務員贈賄防止条約 …………………… 496
会社計算規則 ……… 7, 20, 25, 81, 164, 170, 172, 189, 210, 213, 216, 242, 249, 295, 310, 432
回収基準 ……………………………………… 16, 112
海上運送状 …………………………………… 456
外注費 ……… 10, 15, 46, 199, 215, 230, 237, 240, 269, 271, 272, 278, 280, 281, 282, 283, 284, 285, 295, 383
回転期間分析 ………………………………… 362
書合手形 ……………………………………… 128
隠し口座 ……………………………… 88, 445, 446, 448
格付 …………………………… 243, 245, 246, 385
貸金庫 ……………………… 84, 440, 457, 458, 459, 464
貸倒損失 ………… 10, 27, 48, 56, 62, 96, 151, 152, 160, 166, 271, 275, 296, 300, 354, 397, 407, 408, 431
加重平均資本コスト ………… 25, 177, 205, 339
課税売上 …… 236, 237, 238, 239, 240, 241, 242, 290

課税仕入 ……… 186, 236, 237, 240, 241, 242, 290
課税取引 …………………………… 237, 238, 240
仮説検証アプローチ ……………… 362, 364, 366
仮想通貨 …………………………………………… 85
株価収益率 ……………………………………… 316
株価純資産倍率 ………………………………… 316
株価乗数 ………………………………………… 385
株式益回り ……………………………………… 316
株式公開買付 …………………………………… 137
株主価値 …………………………………… 204, 249
株主資本等変動計算書 …… 21, 33, 310, 367, 463
株主資本比率 ……………………………… 329, 330
かぶり屋 …………………………………… 52, 93, 143
貨幣性資産 ……………………………………… 150
下方修正条項 …………………………………… 244
借入金 ……… 3, 10, 11, 24, 26, 61, 62, 75, 83, 88,
    94, 103, 104, 123, 128, 154, 176, 177, 188,
    203, 226, 227, 228, 229, 242, 252, 302, 312,
    336, 338, 341, 348, 354, 355, 365, 370, 372,
    374, 375, 377, 381, 386, 389, 396, 400, 404,
    409, 410, 411, 412, 414, 416, 418, 419, 421,
    427, 432, 433
仮払金 ……… 10, 22, 83, 84, 89, 156, 157, 158, 159,
    189, 284, 287, 297, 369, 377, 463
為替業務 ………………………………………… 451
簡易課税制度選択届出書 ……………………… 238
簡易簿記 …………………………………………… 12
還元利回り ………………………………… 175, 176
幹事銀行 ………………………………………… 455
勘定科目法 ……………………………………… 318
勘定振替入金伝票 ……………………………… 455
完成工事原価 ……………………………… 15, 76, 261
完成工事高 ………………………………… 261, 264
完成工事保証引当金 …………………………… 261
完成工事未収入金 ………………… 92, 260, 371
間接導出法 ……………………………………… 334
間接法 ……… 14, 23, 173, 174, 175, 211, 294, 333,
    334, 339
管理会計 …………………………………… 8, 364

き

企業会計原則 ……… 13, 15, 18, 19, 30, 79, 112,
    149, 159, 160, 163, 164, 165, 167, 189, 190,
    194, 200, 211, 214, 216, 230, 233, 234, 302,
    330, 332, 387
企業が反社会的勢力による被害を防止するた
    めの指針 ……………………………………… 153
企業指針 ………………………………………… 153
期ずれ計上 ……… 12, 58, 93, 112, 222, 255, 263,
    273, 293, 295, 312
起動パーティション …………………………… 470
寄付金 …… 10, 161, 237, 240, 271, 272, 288, 289,
    291, 292, 301
キャッシュフロー・インタレスト・カバレッ
    ジ・レイシオ ………………………………… 351
キャッシュフロー・カバレッジ ……………… 449
キャッシュフロー・マージン …… 320, 321, 350
キャッシュフロー計算書 ……… 7, 8, 21, 30, 31,
    33, 35, 95, 332, 336, 337, 339, 343, 346, 349,
    352, 353, 356, 390, 393, 402, 407, 412, 416,
    419, 425, 429, 431, 433, 450, 463
キャッシュフロー対有利子負債比率 ………… 351
キャッシュフローの粉飾 …… 352, 353, 356, 429
キャッシュフロー分析 ……… 26, 31, 35, 37, 320,
    330, 331, 332, 334, 335, 338, 352, 372
級数法 ……………………………………… 211, 294
業務収益 ………………………………………… 254
記録命令付差押え …………………………… 466, 474
銀行捜査 ……… 53, 88, 225, 437, 439, 440, 441,
    442, 443, 444, 445, 450, 451, 455, 477, 486,
    491, 498, 499
銀行取引約定書 ……………… 448, 449, 450, 463
金融活動作業部会 ……………………………… 493
金融機関コード ………………………………… 446
金融手形 …………………… 126, 130, 131, 225, 226

く

クーポン ………………………………………… 243
クッキージャー ………………………………… 307

グッドウィル ……………………………………… 200
クラウド ………………………………… 3, 467, 474, 475
クラスタ …………………………………………… 470, 471
繰延勘定 …………………………………………… 378
繰延資産 ……… 10, 20, 22, 23, 57, 150, 170, 210, 211, 212, 213, 214, 271, 286, 293, 294, 295, 312, 331, 333, 340, 343, 346, 369, 378, 393, 394
繰延税金資産 ……… 10, 22, 71, 76, 159, 160, 161, 162, 163, 210, 234, 309, 312, 340, 371, 395, 396, 403, 421
繰延税金負債 ……… 160, 171, 172, 216, 242, 309, 341, 404, 411, 421
繰延ヘッジ損益 ………………………………… 249
クロスデフォルト ……………………………… 449

け

経営規模等評価 …………………………………… 61
経営事項審査 ………………………………… 60, 61
経営状況分析 ……………………………………… 61
計算書類 ………………………… 7, 21, 310, 367, 463
形式基準 …………………………………………… 133
経常利益伸び率 ………………………………… 323
継続企業の前提 ……………………………… 57, 372
継続記録法 ……………………………………… 140, 259
継続性の原則 ……………………………………… 19
ケイマン ………………………… 134, 139, 207, 248
決済基準 ………………………………………… 136
決算書類 ………………………………… 1, 7, 21, 25
決算短信 ………………………………… 34, 256, 364
限界利益分析 …………………………………… 319
現価係数表 …………………………………… 177
原価の付け替え …… 58, 198, 235, 263, 265, 266
原価比例法 ………………………… 192, 193, 261, 262
原価法 ………………………………… 135, 141, 174
研究開発費 …… 10, 71, 73, 74, 76, 190, 191, 192, 193, 196, 208, 213, 214, 271, 295, 296, 324, 344, 355
現金主義会計 ……… 12, 212, 332, 333, 334, 352
現在価値係数表 ………………………………… 177

検査証明書 …………………………………… 457
原産地証明書 ………………………………… 457
原始証憑 …………………………………………… 3
検収基準 ………………………………… 16, 112, 255
検針基準 …………………………………………… 16
建設仮勘定 ……… 10, 22, 150, 157, 170, 179, 181, 186, 187, 188, 189, 195, 211, 219, 222, 295, 308, 312, 335, 340, 343, 345, 349, 393, 394, 431, 432, 433
減損会計 ……… 24, 163, 171, 202, 203, 206, 308
減損損失 ……… 24, 162, 163, 171, 172, 203, 208, 305, 308, 395, 398, 399, 407, 408, 412

こ

考案 ……………………………………… 107, 208
公課 ……… 10, 173, 175, 271, 290, 291, 309, 325
交換尻 …………………………………………… 455
交換手形 ………………………… 127, 130, 131, 225
広告宣伝費 …… 10, 215, 232, 271, 272, 273, 274, 285, 286, 287, 288, 289, 291, 295
交際費 …… 10, 156, 160, 161, 240, 271, 272, 279, 285, 286, 288, 289, 290, 291, 296, 297, 301, 370, 380, 383
工事完成基準 ……… 15, 192, 193, 235, 261, 262, 264
工事進行基準 ……… 15, 73, 112, 168, 192, 193, 198, 261, 262, 263, 264, 265, 266, 268
公示地価 ………………………………………… 177
工事未払金 …………………………… 215, 260, 404
行内交換 ………………………………………… 454
合理性テスト ………………………………… 365
子会社・関連会社株式 ……………………… 134, 299
顧客情報ファイル ……………………………… 444
国際会計基準審議会 …………………………… 18, 295
国際競争ネットワーク ……………………… 496
国際刑事警察機構 ……………………………… 492
国際財務報告基準 ……… 15, 18, 102, 133, 135, 141, 142, 161, 165, 166, 189, 202, 203, 206, 207, 209, 213, 278, 295, 296, 308, 310, 314, 332, 456

国際商業会議所 ·· 456
国際捜査共助等に関する法律 ······················ 487
国際物品売買契約に関する国連条約 ······· 456
個人信用情報センター ································· 449
COSO ··· 359
固定資産回転率 ································ 322, 417
固定資産税評価額 ···························· 173, 177
固定長期適合率 ·· 329
固定比率 ·· 329
5伝票制 ··· 7
個別取立 ·· 455
個別取立手形送付状 ···································· 455
個別法 ·· 141
個別要因比較 ·· 175
コベナンツ ·· 449
コミットメントライン ································ 449
コム ·· 443, 444
コルレス ·· 456
コントロールプレミアム ···························· 201
コンバージェンス ························ 18, 213, 295
コンピュータ会計 ··· 8
コンピュータ証拠 ··································· 54, 466

さ

サーベンス・オクスリー法 ························ 359
在庫回転率 ·· 322
最終仕入原価法 ·· 141
最終損益 ································ 28, 29, 174, 304, 309
サイト（手形） ·· 131
再評価差額金 ···································· 171, 172
財務キャッシュフロー ··········· 26, 31, 324, 331,
　　336, 337, 338, 350, 352, 354, 355, 394, 402,
　　412, 419, 433
財務諸表 ······· 1, 8, 18, 19, 21, 22, 30, 33, 34, 35,
　　40, 45, 52, 57, 74, 80, 95, 133, 163, 171, 172,
　　226, 245, 246, 249, 252, 302, 307, 313, 314,
　　332, 334, 336, 349, 352, 353, 364, 365, 367,
　　368, 385, 387, 388, 390, 391, 411, 412, 419,
　　420, 434, 435, 450

債務超過 ······ 25, 61, 63, 160, 180, 206, 249, 251,
　　252, 253, 265, 411, 413
裁量的発生高 ·· 367
差額補充法 ·· 166
先入先出法 ····································· 141, 259
先日付小切手 ···································· 126, 133
差し押さえるべき物 ······· 4, 59, 462, 465, 474,
　　475
指図人 ·· 127, 225
雑給 ·· 271, 276, 278
雑収入 ···························· 10, 299, 300, 370, 371
雑損 ·· 297, 301, 375
3伝票制 ··· 7
三分法 ······ 9, 14, 15, 17, 140, 215, 217, 254, 257
三様監査 ·· 357
残余利益法 ·· 204

し

CIF ·· 107, 444, 445
CIF契約 ··· 107, 457
C&I ·· 457
C&F契約 ··· 457
GAAP ··· 18, 74
仕入債務回転率 ·· 322
仕入税額控除 ········ 186, 236, 237, 238, 240, 280
仕入税額控除方式 ······································· 235
仕入伝票 ································ 7, 8, 144, 463
仕入値引 ···························· 220, 221, 223, 299
仕入戻し ·· 299
仕入割戻し ·························· 99, 220, 221, 299
J-SOX法 ··· 359
仕掛品 ······ 10, 17, 61, 62, 82, 114, 140, 141, 144,
　　146, 186, 191, 196, 198, 218, 258, 259, 260,
　　265, 266, 269, 278, 333, 339, 344, 383, 392,
　　413, 417
磁気インク文字 ···································· 454, 455
事業価値 ·· 204, 205
事業税 ············· 239, 242, 290, 309, 342, 398, 407,
　　415, 423
事業利益 ·· 317

資金運用表 …………………………………… 332
資金繰表 ………………………… 5, 8, 364, 450, 463
資金使途 ………………… 139, 228, 419, 450, 477
資金情報機関 ………………………………… 493
自己宛為替手形 ……………………………… 127
自己株式 ………… 26, 33, 133, 154, 199, 283, 396, 400, 405, 410, 421, 427
自己資本比率 …………………… 251, 329, 330, 372
自己資本利益率 ……………………………… 275, 317
自己創設のれん ……………………………… 201, 208
資産調整勘定 ………………………………… 202
資産法 …………………………………… 13, 149, 204
自社利用目的のソフトウェア ………… 190, 191, 193, 194
市場株価法 …………………………………… 204
市場販売目的のソフトウェア ………… 191, 195, 196, 214, 296, 355
事情補正 ……………………………………… 175
実現主義 ………… 13, 15, 16, 29, 30, 112, 192, 255, 261
実質破綻先 …………………………………… 166
実勢価格 ……………………………………… 177
実地棚卸 ………… 109, 140, 144, 145, 148, 221, 369, 464
実用新案権 …………………………… 189, 208, 209
時点補正 ……………………………………… 175
使途秘匿金 ………………………… 10, 284, 296, 297
使途不明金 …………………………… 198, 297, 298, 308
シナジー ……………………………………… 201
支配プレミアム ……………………………… 201, 386
自白 …………… 363, 479, 480, 482, 483, 484, 485, 499
支払承諾 ……………………………………… 448
私募債 ………………………………………… 139
資本集約度 …………………………………… 327
資本準備金 …………………………… 249, 250, 277
資本剰余金 ………… 10, 18, 26, 249, 312, 341, 396, 405, 414, 418, 421
資本的支出 …………………………… 194, 293, 381
資本取引・損益取引区分の原則 ………… 18
資本費用 ……………………………………… 324

社債管理者 …………………………………… 243
社債権者集会 ………………………………… 243
社長仮払金 …………………………… 83, 84, 157
JAFIC ………………………………………… 493
収益価格 …………………………… 174, 175, 176
収益還元法 …………………………………… 174, 175
修正国際基準 ………………………………… 18
修正簿価方式 ………………………… 201, 205, 386
修繕費 ………… 10, 163, 175, 193, 215, 230, 271, 292, 293
集中交換 ……………………………………… 455
受注制作のソフトウェア ………… 15, 192, 195
出荷基準 ………………………… 16, 48, 59, 112, 255
出金伝票 ………………………… 7, 8, 90, 444, 447, 463
取得原価主義 ………………………… 171, 208, 387
主要簿 ………………………………………… 7, 463
純額主義 ………………………………… 96, 97, 98
循環取引 ………… 16, 52, 58, 76, 93, 94, 100, 105, 107, 108, 109, 110, 111, 115, 123, 131, 132, 143, 183, 195, 220, 222, 223, 226, 255, 371, 372, 434
純資産 ………… 9, 10, 11, 20, 21, 22, 24, 25, 26, 37, 63, 70, 97, 133, 134, 135, 139, 145, 162, 163, 164, 171, 198, 201, 202, 204, 205, 234, 247, 248, 249, 250, 253, 302, 308, 309, 310, 312, 316, 321, 329, 341, 369, 372, 396, 402, 405, 411, 414, 419, 421, 422, 429, 432, 449
純利益伸び率 ………………………………… 323
償却債権取立益 ……………………… 151, 296, 303
商業送り状 …………………………………… 457
商業手形 ………… 126, 130, 131, 225, 226, 448, 451
証券化 …………………… 47, 68, 104, 174, 178, 304
証券監督者国際機構 ………………………… 493
上場株価比較方式 …………………… 201, 205, 385
上場廃止基準 ………………………… 63, 118, 180, 197
証書貸付け …………………………………… 448
譲渡性預金 …………………………………… 86, 331
譲渡担保 …………………… 102, 103, 104, 119, 189
消費者金融 ………………………… 251, 302, 446, 449
商標権 ………………………………… 189, 208, 209

509

証憑書類 ······· 1, 3, 4, 5, 7, 8, 11, 39, 40, 44, 51,
　55, 79, 88, 93, 95, 96, 110, 113, 120, 125, 143,
　152, 157, 187, 313, 364, 372, 463
商品回転率 ···································· 323
商品評価損 ············ 27, 142, 218, 305, 346, 423
正味運転資本 ·································· 369
正味現在価値 ·································· 177
条約前置主義 ······················ 489, 490, 495
賞与引当金 ····· 24, 160, 163, 164, 233, 234, 271,
　276, 310, 333, 341, 344, 346, 396, 397, 399,
　404, 407
商流取引 ······································· 108
所有権移転外ファイナンス・リース ······· 82,
　102
所有権移転ファイナンス・リース ····· 82, 102
仕訳帳 ······················· 7, 8, 79, 313, 364, 463
新株引受権付社債 ······················ 243, 247
新株予約権 ······· 26, 33, 132, 198, 199, 200, 243,
　244, 248, 250, 298, 329, 409, 414, 415, 422,
　423, 427
新規株式公開 ·································· 66
シンジケートローン ····················· 449
真実性の原則 ·································· 18
慎重の原則 ····································· 15
信用状 ··· 457

す

スイングアーム ······························ 468
趨勢分析 ································· 362, 365
スタンド・アローン ····················· 387
スタンドバイ信用状 ····················· 456
ストックオプション ···· 33, 60, 65, 68, 72, 277,
　278, 279, 367
スポットレート ······························ 176

せ

税関相互支援協定 ·························· 495
税関当局間取決め ·························· 495
正規の簿記の原則 ··························· 18
税込経理 ······························ 236, 237, 290

税効果会計 ····· 28, 134, 159, 160, 161, 162, 165,
　190, 309
生産高比例法 ······························ 211, 294
正常債権仮装 ······························· 93, 121
正常先 ······································ 166, 300
製造間接費 ······························ 259, 260, 278
製造直接費 ······························ 259, 260, 278
税務上ののれん ······························ 202
税抜経理 ······························ 48, 236, 237
製品回転率 ···································· 323
製品別計算 ···································· 259
製品保証引当金 ··············· 160, 163, 233, 261
製品マスター ······· 191, 194, 196, 214, 296, 335,
　344, 355
セール・アンド・リースバック ······· 93, 101,
　102, 103, 104, 105, 121, 209, 293, 307, 354,
　434
世界ガバナンス指数 ····················· 497
世界税関機構 ·································· 495
積算価格 ······································· 174
積送品 ····························· 8, 106, 107, 375
セクタ ···································· 470, 471
折衷法 ··· 205
説得 ······· 181, 443, 445, 448, 481, 482, 483, 484
Z 点 ··· 61
設備資金 ······································· 450
設備投資効率 ······························ 326, 327
設備投資対営業キャッシュフロー比率 ··· 352
設備投資比率 ·································· 324
Cellebrite Touch ······························ 472
全銀ネット ···································· 455
全国銀行資金決済ネットワーク ········· 455
全店照会 ································· 444, 445
線引 ··· 454

そ

総額主義 ···························· 19, 20, 97, 98, 99
総勘定元帳 ··············· 7, 80, 313, 343, 364, 463
総記法 ····································· 14, 254
相互主義 ······················ 488, 490, 491, 494, 495

捜査共助 …… 467, 474, 476, 487, 488, 489, 490, 491, 492, 494, 496
捜索場所 …………………… 59, 461, 462, 465
捜査支援分析センター ………… 472
総資産利益率 …………………… 275, 317
総資本回転率 …………………………… 321
総資本経常利益率 ……………………… 316
総資本乗数 ……………………………… 386
総資本投資効率 ………………………… 326
総資本利益率 ……………………… 34, 317
相場操縦 …………………………… 53, 252
双罰性 ……………… 488, 489, 490, 491, 495
総平均法 …………………………… 141, 259
租税条約 …………………………… 494, 495
SOX法 ………………………………… 359
ソフトウェア仮勘定 ……… 154, 190, 191, 195, 196, 198, 199, 295, 296, 298, 308, 335, 340, 344, 345, 355, 393, 394, 430, 431, 432, 433
損益計算書 …… 7, 8, 10, 19, 21, 23, 27, 28, 29, 30, 31, 33, 35, 81, 92, 95, 134, 142, 193, 212, 217, 261, 262, 299, 302, 310, 311, 312, 313, 331, 332, 333, 334, 336, 339, 342, 343, 346, 349, 353, 367, 390, 391, 393, 394, 397, 406, 415, 423, 431, 463
損益分岐点比率 ………………………… 319
損益分岐点分析 ………………………… 318
損金 …… 13, 27, 28, 40, 152, 159, 160, 161, 164, 165, 171, 173, 182, 184, 190, 194, 234, 239, 272, 275, 276, 279, 281, 285, 286, 288, 289, 290, 291, 292, 296, 297, 309, 310

た

第三者割当増資 ………… 174, 180, 181, 206, 251, 252, 274, 413, 419
貸借対照表 ……… 7, 8, 10, 19, 20, 21, 22, 23, 24, 25, 26, 27, 29, 30, 31, 33, 35, 70, 81, 95, 135, 140, 142, 152, 163, 165, 170, 171, 211, 212, 237, 248, 249, 252, 257, 310, 311, 312, 313, 316, 321, 331, 332, 334, 336, 339, 342, 343, 344, 346, 349, 353, 367, 370, 373, 375, 376, 377, 386, 390, 391, 392, 393, 394, 395, 401, 403, 410, 411, 413, 419, 420, 428, 430, 431, 432, 433, 463
対照勘定法 ……………………… 129, 130
退職給与引当金 ………………… 163, 233
代表者貸付 ……………………………… 152
代理貸付 ………………………………… 448
他所手形内訳票 ………………………… 454
他所取立手形委託票 …………………… 454
立会人 ……………………… 462, 465, 467
タックス・ヘイブン …… 52, 60, 134, 137, 335, 384
脱税請負人 ……………………………… 52
棚卸計算法 ……………………… 141, 142, 259
棚卸減耗損 ………………… 10, 27, 218, 305
棚卸資産回転率 ………………………… 322
WACC ……………………………… 25, 177, 339
W点 ……………………………………… 61
為手 ……………………………………… 128
単一性の原則 …………………………… 19
単式簿記 …………………………… 11, 12
単純平均法 …………………………… 141
単独法 …………………………………… 204

ち

地域情報連絡事務所 …………………… 495
地域要因比較補正 ……………………… 175
知的財産権 ……………………………… 208
着手時期 ………………………………… 461
着荷基準 ………………………………… 112
中央当局 ………………… 488, 489, 490, 494
注記 …… 20, 35, 161, 165, 310, 339, 342, 346, 367, 372, 463
中途解約不能 …………………………… 102
帳合 ……………………………… 110, 223
超過収益力 ………………… 203, 205, 206, 209
聴取 …… 125, 198, 298, 382, 480, 481, 482, 483, 484, 486, 498
調整 …… 57, 65, 66, 68, 74, 79, 113, 135, 160, 161, 163, 164, 172, 202, 204, 233, 241, 249,

309, 335, 340, 342, 345, 346, 349, 398, 399, 407, 414, 415, 416, 422, 423, 424, 425, 432, 498
調整現在価値法 …………………………… 204
調達資本 ………………………………………… 24
帳簿会計 ………………………………………… 8
帳簿棚卸法 ……………………………………… 140
直接還元法 ……………………………………… 175
直接減額法 ………………………………… 129, 130
直接法 …… 14, 23, 173, 175, 211, 294, 333, 339
直送取引 ……………………………… 110, 111, 223
貯蔵品 …………………………… 13, 15, 185, 291
貯蓄預金 ……………………………………… 86

つ

追及 ………………… 62, 357, 481, 482, 483, 484
通関用送り状 …………………………………… 457
通査 ……………………………………………… 79
通知預金 …………………………………… 86, 331

て

DES ……………………………… 252, 312, 418
DCF ……………………………………… 201, 386
DCF法 ………………… 175, 176, 177, 204, 205
TTS ……………………………………………… 456
TTB ……………………………………………… 456
定額法 …… 14, 23, 173, 182, 189, 194, 202, 209, 211, 213, 294, 326, 343
低価法 …………………………………… 141, 172, 369
ディスクレ ……………………………………… 457
定率法 …………………… 14, 182, 211, 294, 326, 343
データマイニング ………………………… 362, 368
手形貸付け ……………… 126, 131, 151, 225, 227, 448
手形騎乗 ………………………………………… 128
手形交換所 ………………………… 451, 454, 455
手形支払書類渡し ……………………………… 456
手形引受書類渡し ……………………………… 456
手形保証 ………………………………………… 127
手形割引 ………………………………… 130, 132, 448
適格合併 ………………………………………… 202

デジタル・フォレンジック …………………… 54
デット・エクイティ・スワップ ……… 252, 253
デット・ファイナンス ………………………… 68
デポジトリー・コルレス …………………… 456
手元流動性比率 ……………………………… 328
デュー・ディリジェンス …………………… 386

デリバティブ …… 133, 135, 137, 139, 207, 253, 300
転換価格修正条項 ……………………… 244, 247
転換社債 …………………………… 243, 244, 247
転換社債型新株予約権付社債 …… 243, 244, 247
電子式船荷証券 ……………………………… 456
電信売相場 …………………………………… 456
電信買相場 …………………………………… 456
伝票会計 ………………………………………… 8

と

統一手形用紙 ………………………………… 451
韜晦筆跡 ………………………………………… 55
当期純利益対営業キャッシュフロー比率
………………………………………………… 351
当座貸越 ……………… 86, 88, 91, 228, 448, 455
当座比率 ……………………………………… 328
当座預金 …… 8, 10, 83, 84, 86, 87, 88, 89, 90, 92, 106, 125, 129, 130, 133, 172, 173, 174, 186, 203, 209, 210, 224, 225, 245, 250, 331, 374, 381, 454, 455, 463
投資キャッシュフロー ………… 26, 31, 320, 324, 331, 335, 336, 337, 338, 345, 349, 350, 352, 353, 355, 356, 394, 402, 419, 429, 433
投資組合 ………………………………… 134, 384
投資事業組合 ………… 117, 137, 139, 199, 247, 371
投資事業有限責任組合 ………… 47, 134, 137, 248
投資比率 ………………………………… 324, 352
投資ファンド ……………………… 60, 418, 419
投資目的の有価証券 …………………… 134, 299
投資有価証券 …… 133, 134, 136, 139, 299, 303, 305, 306, 308, 312, 338, 340, 342, 346, 347, 353, 356, 393, 395, 396, 399, 404, 406, 408,

409, 420, 421, 423, 425, 427, 428, 429, 430, 432, 433
トーリング契約 ································ 119
独占禁止協力協定 ···················· 495, 496
特定期間 ································ 242
特定寄付金 ································ 292
特定目的会社 ········ 47, 120, 134, 174, 244, 335
特定融資枠契約 ························· 449
特別修繕引当金 ················ 160, 163, 233
匿名組合 ············· 47, 119, 134, 304, 305, 401
特許権 ······················ 189, 208, 209, 210, 354
突合 ······ 11, 37, 45, 78, 79, 80, 95, 125, 185, 281
TRACK ·································· 496
トランスペアレンシー・インターナショナル
·· 497
取付完了基準 ·························· 16, 112
取引条件の解釈に関する国際規則 ········· 456
取引事例比較法 ···················· 174, 175
取引事例法 ································ 204
トレッドウェイ委員会支援組織委員会 ····· 65, 359

な

名宛人 ···························· 127, 225, 226
内部統制 ······ 37, 66, 67, 77, 220, 221, 223, 268, 356, 357, 358, 359, 360, 364
名寄せ ····································· 444, 445
馴合手形 ·································· 128

に

荷為替手形 ························· 456, 457
二項モデル ································ 278
日銀ネット ································ 455
日米重大犯罪防止対処協定 ············· 492
二取引基準 ································ 103
日本信用情報機構 ······················ 449
入金伝票 ············ 7, 8, 79, 125, 447, 455, 463
認定利息 ································· 157

ね

値洗い基準 ································ 136
ネガ・プレ ································ 449
ネゴシエーション ························ 457
ネットアセット・アプローチ ··········· 204
値札飛ばし ································ 75
年齢調べ ·························· 79, 326

の

納品基準 ································ 112
のれん ···· 10, 22, 60, 73, 77, 138, 189, 200, 201, 202, 203, 205, 206, 207, 208, 209, 242, 247, 248, 253, 294, 307, 308, 312, 333, 335, 336, 343, 345, 346, 371, 385, 393, 394, 395, 399, 401, 402, 404, 405, 406, 407, 410, 411, 412, 413, 432
ノンデポ ································ 456
ノンデポジトリー・コルレス ··········· 456

は

バーゼル銀行監督委員会 ············· 494
パーチェス法 ························· 70, 203
ハードディスク ·········· 463, 468, 469, 470, 471
売価還元法 ································ 141
買収事例比較方式 ··············· 201, 205, 386
買収プレミアム ······················ 201, 202
配当還元法 ································ 204
配当割引モデル ························· 177
背任罪の共犯 ···························· 227
売買価格乗数 ···························· 386
売買目的有価証券 ····· 82, 133, 134, 135, 136, 299, 300, 301, 303, 309
配賦 ······················ 259, 260, 264, 278, 381
箱企業 ································ 53, 251
パスワード ·········· 382, 467, 471, 472, 474, 475
破綻懸念先 ······················ 165, 166, 300
破綻先 ································ 166, 300
ハッシュ値 ································ 469

発生主義 ···· 13, 15, 16, 19, 24, 29, 30, 112, 192, 255, 261, 277, 332, 352
発明 ··· 208
パリティ ··· 244
犯罪収益移転防止対策室 ················ 493
反社会的勢力 ········ 53, 59, 153, 244, 251, 286, 441, 442, 443
半製品 ············· 10, 82, 140, 144, 218, 269, 392
販売基準 ······································· 16, 255
販売促進費 ··············· 100, 285, 286, 295, 301
販売手数料 ···· 10, 106, 230, 271, 273, 284, 285, 295

ひ

PER ·· 316
B勘屋 ······································ 52, 93, 143
PEACEモデル ··································· 481
P点 ··· 60, 61
引受人 ······················ 127, 252, 337, 412, 433
引渡基準 ······························ 16, 112, 119, 255
非減価償却資産 ······················ 171, 172, 186
比準価格 ······································ 174, 175
ビッグバス会計 ··························· 74, 306, 307
筆跡鑑定 ··· 54
必要経費 ································· 28, 40, 279
1株当たり営業キャッシュフロー ·········· 351
1株当たり純利益 ································ 314
1人当たり売上高 ································ 327
1人当たり経常利益 ····························· 327
1人当たり人件費 ································ 327
備忘価格 ················· 14, 147, 211, 212, 294
費目別計算 ······································· 259
評価・換算差額等 ········ 26, 249, 405, 414, 422
評価勘定法 ································· 129, 130
評価性引当金 ······························· 164, 233
費用収益対応の原則 ········· 19, 211, 212, 237
標準化補正 ······································· 175
費用性資産 ·············· 149, 150, 161, 392, 401, 431
費用法 ··· 13, 149
比率分析 ························· 314, 350, 365, 370

ふ

ファイナンス・リース ········ 82, 102, 103, 104, 410
ファクタリング ···································· 97
FAT ··· 470, 471
FATF ·· 493
プーリング法 ······························· 70, 203
プール金 ······························ 111, 185, 290
付加価値分析 ····························· 324, 325
複式簿記 ···························· 8, 11, 12, 30, 48
福利厚生費 ······ 10, 259, 271, 272, 276, 279, 280, 288, 291
負債性引当金 ········· 10, 24, 164, 166, 233, 234, 242
負債調整勘定 ································· 202
負債比率 ···································· 330, 351
不正のトライアングル ······················ 64, 486
復帰価格 ··· 175
物読み ···· 53, 437, 439, 440, 445, 460, 476, 477, 486, 499
船積書類 ······························· 72, 456, 457
船荷証券 ··············· 132, 133, 364, 456, 457, 463
負ののれん ········· 202, 307, 405, 406, 407, 411
部門別計算 ······································ 259
浮遊ゲート ······································· 468
ブラック・ショールズモデル ··············· 278
フラッシュメモリ ···················· 465, 468, 469
プラッタ ·· 468
フリーキャッシュフロー ········ 208, 320, 337, 338, 350, 450
フリーキャッシュフロー対売上高比率 ···· 350
振替伝票 ··································· 7, 8, 463
フルペイアウト ································· 102
プレミアム ························· 201, 202, 244, 386
フローチャート ········· 5, 79, 80, 191, 220, 461
プロトタイプ ··············· 191, 195, 196, 214, 355
プロファイリング ······················· 362, 365
不渡手形 ·································· 129, 130, 455
分割法 ··· 254

分記法 …………………………… 9, 14, 217, 254

へ

米国商業会議所 …………………………… 456
併用法 …………………………………… 204
別段預金 ……………………………… 11, 86, 250
返済原資 …………………………… 152, 181, 450
返品調整引当金 ……………… 160, 163, 164, 233

ほ

法人税等調整額 ……… 161, 172, 309, 342, 398, 407, 415, 424
包装明細書 …………………………………… 457
法定福利費 ……… 230, 271, 276, 277, 279, 280
暴力団排除条項 …………………………… 153
保険監督者国際機構 ……………………… 494
保険証券 …………………………………… 457
保険料 …… 90, 107, 148, 149, 156, 175, 215, 216, 218, 230, 237, 240, 259, 271, 276, 277, 279, 280, 281, 380, 445, 457
保護預かり ……………………… 86, 457, 458
保守主義の原則 ……………… 15, 16, 19, 159
補助記入帳 ……………………………… 8, 48, 82
補助簿 ………………… 8, 82, 91, 92, 364, 463
補助元帳 …………… 8, 48, 92, 140, 228, 454

ま

マーケット・アプローチ ………………… 204
前受金 …… 24, 70, 216, 261, 264, 312, 341, 347, 432, 463
前払金 …… 15, 148, 149, 150, 161, 188, 229, 312
前払費用 …… 10, 22, 82, 91, 148, 149, 150, 161, 199, 258, 298, 339, 340, 347, 378, 431
マスター・ブート・レコード ……………… 470
マネーロンダリング ………… 178, 252, 491, 493
満期保有目的債券 …………… 133, 134, 299

み

未決算勘定 ………………………………… 297
見越計上 …………………………… 216, 231

見越勘定 …………………………………… 378
未成工事受入金 …………………………… 261
未成工事支出金 …… 15, 76, 118, 186, 193, 195, 215, 260, 262, 264, 371, 392
見せ金 ……………………… 250, 251, 355, 373
未達勘定 …………………………………… 378
未達取引 …………………………………… 59
未着品 ……………………………………… 133
みなし仕入率 ……………………………… 238
未払金 ……… 10, 15, 24, 91, 215, 216, 219, 230, 231, 232, 233, 260, 284, 287, 312, 341, 347, 370, 389, 396, 399, 404, 411, 412
未払費用 ……… 10, 91, 216, 230, 231, 232, 276, 277, 312, 341, 347, 370, 378, 389, 432

む

無体財産権 ……… 10, 22, 60, 189, 208, 209, 294
無担保社債 ………………………… 243, 245

め

明瞭性の原則 …………………………… 18
メザニン・ファイナンス …………………… 68
免税点 ……………………………… 236, 241
免税取引 …………………………………… 238

も

目論見書 …………………………… 246, 253, 420
持帰銀行 …………………………… 454, 455
持出銀行 …………………………… 454, 455
持分乗数 …………………………………… 386
持分プーリング法 ………………… 70, 203

や

役員貸付 …………………………… 151, 152
役員仮払金 ………………………………… 157
役員報酬 ……… 10, 29, 230, 237, 240, 271, 273, 275, 276, 310, 370
約手 ………………………………………… 128
役務完了基準 …………………………… 16, 112

ゆ

有価証券差額金 ………………………… 249
有価証券評価差額金 ……… 133, 134, 396, 405, 422
有価証券報告書 …… 1, 32, 34, 35, 102, 139, 142, 161, 163, 169, 198, 245, 246, 247, 252, 253, 275, 285, 307, 308, 339, 358, 364, 368, 390, 391, 394, 403, 418, 420, 431, 434
有形固定資産減価償却率 …………………… 326
有限責任事業組合 …………… 47, 134, 137, 248
有姿除却 …………………………………… 306
融通手形 ……… 52, 127, 128, 130, 131, 132, 133, 225, 377
UFED Touch …………………………… 472
有報 ……………………………………… 32, 34

よ

要注意先 …………………………………… 166
予定価格法 ………………………………… 259

ら

LIBOR …………………………………… 176
ラポール ………………………………… 481

り

リース料 …… 101, 102, 103, 104, 105, 122, 148, 216, 230, 271, 293, 307, 434
利益還元法 ………………………………… 204
利益構成比率 ………………………… 321, 343
利益剰余金 …… 10, 18, 26, 249, 250, 253, 310, 311, 312, 341, 396, 405, 411, 414, 421
利益処分案 …………………… 309, 310, 311
利益ベンチマーク …………………… 65, 256
離散時間型モデル ………………………… 278
リベート …… 70, 72, 93, 99, 100, 101, 116, 220, 221, 223, 232, 273, 284, 285, 296, 299, 301, 383
リモート差押え ……………… 463, 466, 474, 475
リモート差押令状 ………………………… 475

流動化 …… 47, 104, 132, 176, 244, 304, 305, 354
流動配列法 ……………………… 22, 24, 81
流動比率 ……………… 61, 62, 327, 328, 371
領事送り状 ………………………………… 457
旅費交通費 ………………… 10, 156, 271, 287

る

類似上場会社法 …………………………… 204
類似取引法 ………………………………… 204

れ

連結消去仕訳 ……………………………… 222
連結調整勘定 …… 335, 340, 345, 346, 349, 432
連結外し ………………… 47, 52, 115, 120, 137
連続時間型モデル ………………………… 278

ろ

労働生産性 ………………………………… 325
労働装備率 ………………………………… 326
労働分配率 ………………………………… 326
路線価 ……………………………………… 177

わ

Y点 ………………………………………… 61
ワラント ……… 73, 207, 243, 244, 248, 248
割引キャッシュフロー …………………… 176
割引現在価値 ………………… 176, 177, 339
割引前将来キャッシュフロー …… 171, 202

〈会計指針索引〉

い
一括評価金銭債権に係る貸倒引当金の損金算入に関する明細書 ……………………… 165

か
外貨建取引等の会計処理に関する実務指針 …… 86
会計上の変更及び誤謬の訂正に関する会計基準 ……………………………………………… 302
会社法上の現物出資の目的となる不動産の鑑定評価に関する実務指針 ……………… 178
監査基準の改訂に関する意見書 ……………… 35
監査業務と不正等に関する実態調査 ………… 76

き
企業価値評価ガイドライン ………… 203, 205
企業結合会計基準及び事業分離等会計基準に関する適用指針 ……………………………… 201
企業結合に係る会計基準 ……………… 213
企業結合に関する会計基準 ………… 70, 201, 203
金融商品に関する会計基準 ……… 134, 136, 165

く
繰延資産の会計処理に関する当面の取扱い ……………………………………………… 213, 295
繰延税金資産の回収可能性に関する適用指針 ……………………………………………… 160

け
減価償却に関する当面の監査上の取扱い …… 294
研究開発及びソフトウェアの会計処理に関する実務指針 …………………………… 191
研究開発費及びソフトウェアの会計処理に関するQ＆A ………………………………… 191

研究開発費等に係る会計基準 ………… 190, 196, 214, 296, 355
建設仮勘定の仕入税額控除の時期 …………… 186

こ
交際費等と寄附金との区分 …………………… 291
交際費等の範囲と損金不算入額の計算 …… 288, 289
工事契約に関する会計基準 …………… 192, 261
工事契約に関する会計基準の適用指針 …… 192, 261
工事進行基準等の適用に関する監査上の取扱い ……………………………………………… 262
固定資産の減損に係る会計基準 …… 171, 181, 203
固定資産の減損に係る会計基準の適用指針 ……………………………………………… 171, 181, 202
固定資産評価基準 ……………………………… 177

さ
財務計算に関する書類その他の情報の適正性を確保するための体制に関する内閣府令 …… 358
財務報告に係る内部統制の監査に関する実務上の取扱い ……………………………………… 360
財務報告に係る内部統制の評価及び監査の基準並びに財務報告に係る内部統制の評価及び監査に関する実施基準の設定について …… 359
先物・オプション等の会計基準に関する意見書 ……………………………………………… 136

し
時価の算定に関する会計基準 ………………… 134
資金決済法における仮想通貨の会計処理等に関する当面の取扱い（案） ………………… 85
収益認識に関する会計基準 …………………… 20

修繕費とならないものの判定 ………… 293
少額の減価償却資産になるかどうかの判定の
　例示 ……………………………………… 184
上場会社の不正調査に関する公表事例の分析
　………………………………………… 74, 361

す

ストック・オプション等に関する会計基準
　………………………………………… 277

せ

「税効果会計に係る会計基準」の一部改正
　………………………………………… 160
製造原価基準 ……………………………… 259

そ

租税特別措置法に係る所得税の取扱いについ
　て ………………………………………… 12
その他有価証券の評価差額及び固定資産の減
　損損失に係る税効果会計の適用における監
　査上の取扱い ………………………… 162
ソフトウェア取引の収益の会計処理に関する
　実務上の取扱い ……………………… 191

た

貸借対照表の純資産の部の表示に関する会計
　基準 …………………………………… 249
退職給付に関する会計基準 …………… 234
棚卸資産の評価に関する会計基準 …… 27, 30,
　141, 172, 218, 305
棚卸資産の評価の方法 ………………… 141

ち

中小企業者等の少額減価償却資産の取得価額
　の損金算入の特例 …………………… 184
中小企業の会計に関する指針 ………… 234

と

投資信託及び投資法人における監査上の取扱
　い ……………………………………… 244

取引条件の解釈に関する国際規則 ……… 456

な

内部監査の実施状況の理解とその利用 …… 360

の

納付税額又は還付税額の経理処理 ……… 290

ひ

1株当たり当期純利益に関する会計基準
　………………………………………… 314

ふ

不正調査ガイドライン ………………… 4, 363
不動産鑑定評価基準 …………… 174, 176, 177
分析的手続監査基準委員会報告書第1号
　…………………………………… 362, 365

へ

平成10年度の税制改正と監査上の取扱いに
　ついて ………………………………… 165

ほ

包括利益の表示に関する会計基準 ……… 135
法人税、住民税及び事業税等に関する会計基
　準 ……………………………………… 309

も

持分法に関する会計基準 ………………… 131

や

役員賞与に関する会計基準 ……………… 310

り

リース取引に関する会計基準の適用方針
　…………………………………… 102, 103

れ

連結キャッシュ・フロー計算書等の作成基準
　………………………………………… 353

連結キャッシュ・フロー計算書等の作成基準の設定に関する意見書 ……………………… 353
連結財務諸表等におけるキャッシュ・フロー計算書の作成に関する実務指針 …… 336, 353
連結財務諸表における子会社及び関連会社の範囲の決定に関する適用指針 …………… 133
連結財務諸表に関する会計基準 ……………… 52

わ

我が国の引当金に関する研究資料 …… 163, 165

〈企業名索引〉

あ

株式会社IHI ……………………………… 246
株式会社アイセイ薬局 …………………… 181
愛知時計電機株式会社 ……………… 111, 124
ITホールディングス株式会社 …………… 284
株式会社アイレックス ……… 196, 214, 296, 355
株式会社アイロムホールディングス …… 116
株式会社アクセス ………………… 121, 281, 307
株式会社アテクト ………………………… 232
株式会社アルデプロ ……………………… 179

い

イオンフィナンシャルサービス株式会社
……………………… 84, 89, 158, 162, 169, 229
石山Gateway Holdings株式会社 ………… 120
井関農機株式会社 …………………… 150, 222
イソライト工業株式会社 ………………… 98
株式会社イチケン ………………… 162, 235, 265
井上工業株式会社 ………………………… 252
インスパイアー株式会社 ………………… 198

う

株式会社ヴィア・ホールディングス …… 162
ウチダエスコ株式会社 …………………… 265

え

AIJ投資顧問株式会社 …………………… 138
株式会社SJI ……………………… 123, 154, 230
株式会社SBR …………………………… 124
SBIネットシステムズ株式会社 ……… 63, 117, 124, 199
株式会社エナリス …………… 52, 119, 189, 207
NECネッツアイ株式会社 ……………… 85, 90

株式会社NTTデータ ………………… 210, 290
株式会社エフオーアイ ……………… 390, 413
有限会社エムケイ貿易 …………………… 239
遠州トラック株式会社 …………………… 282

お

株式会社大塚商会 …………………… 93, 118, 124
株式会社オービック ……………………… 139
オカモト株式会社 ………………………… 146
沖電気工業株式会社 ………… 97, 123, 229, 232
株式会社オリバー …………………… 110, 223, 226
オリンパス株式会社 ……… 137, 206, 247, 248, 253, 301

か

加賀電子株式会社 ………………………… 98
鹿島建設株式会社 ………………………… 111
株式会社かわでん ………………………… 148

き

北恵株式会社 ………………………… 263, 282
共同ピーアール株式会社 …………… 155, 283
株式会社協和コンサルタンツ …………… 233
株式会社近畿日本ツーリスト沖縄 ……… 90
近畿日本鉄道株式会社 ……… 62, 150, 155, 222, 258, 282

く

クラウドゲート株式会社 ……… 112, 124, 139, 153, 197, 356
株式会社クリーク・アンド・リバー …… 112
合同会社クレッシェンドインターナショナル
…………………………………………… 239

株式会社グローバルアジアホールディングス ……………………………………… 198, 298
株式会社クロニクル ………… 139, 147, 154, 390, 394, 402
株式会社クワザワ ……………… 85, 269, 284, 289

け

株式会社京王ズホールディングス ………… 117, 153, 156, 157, 158, 169, 179, 188, 199, 229, 232, 272, 273, 274, 276, 279, 287
株式会社 KYB …………………………………… 222
株式会社ゲオ ……………………………… 100, 111
株式会社幻冬舎 ……………………………………… 232

こ

虹技株式会社 ……………………………………… 146
鉱研工業株式会社 ………………………………… 105
コクヨファーニチャー株式会社 ……… 115, 263
株式会社コマツ ……………………………………… 185

さ

サカイオーベックス株式会社 ………… 115, 222
株式会社雑貨屋ブルドッグ ……………………… 145
株式会社サニックス ……………………………… 114
株式会社サンユウ ………………………… 88, 228
三洋電機株式会社 ………………………………… 246

し

株式会社ジーエス・ユアサ・コーポレーション …………………………………………………… 111
株式会社ジー・テイスト ………………………… 247
J.フロントリテイリング株式会社 ………… 117
JVC・ケンウッド・ホールディングス株式会社 …………………………………………………… 246
医療法人社団松嶺会 ……………………………… 251
株式会社塩見ホールディングス ……… 206, 390, 403, 412
株式会社シニアコミュニケーション ……… 122, 168, 197, 246, 356, 390, 420, 430
ジプコー工業株式会社 …………………………… 264
株式会社ジャパンケアサービスグループ …………………………………………………… 207
JALCO ホールディングス株式会社 ………… 119
神姫バス株式会社 ………………………………… 283

す

株式会社ストリーム ……………………… 101, 222
住友大阪セメント株式会社 …………… 144, 269
スリープログループ株式会社 ………………… 124
株式会社駿河屋 …………………………………… 251

せ

株式会社セイクレスト …………………… 63, 180
セガサミーホールディングス株式会社 ……… 224
株式会社セガトイズ ……………………………… 122
積水化学工業株式会社 …………………………… 267

そ

株式会社ソリトンシステムズ …………………… 89

た

大王製紙株式会社 ………………………………… 155
ダイキン工業株式会社 …………………………… 113
大興電子通信株式会社 ………… 80, 145, 265
株式会社大水 ……………………………………… 111
株式会社タカラトミー …………………………… 112
武田薬品工業株式会社 …………………………… 292
株式会社タマホーム ……………………………… 115

つ

椿本興業株式会社 ………………………… 110, 132
津山信用金庫 ……………………………………… 132

て

株式会社テー・オー・ダブリュー ………… 113

と

株式会社東海 ……………………………………… 239
東京相和銀行 ……………………………………… 250
株式会社東京デリカ ………………………………… 88

株式会社東芝 ……… 120, 147, 196, 262, 267, 274
東芝メディカルシステムズ株式会社 ……… 196
東テク株式会社 ……………………… 273, 284, 289
東邦亜鉛株式会社 ………………………………… 148
株式会社東理ホールディングス ……………… 155
戸田建設株式会社 ……………………… 235, 264
トランスデジタル株式会社 ………………………… 252
株式会社ドンキホーテホールディングス
 ……………………………… 63, 118, 197, 285

な

長野計器株式会社 ………………………………… 158
株式会社ナカムラロジスティクス ………… 158
那須電機鉄工株式会社 ………………………… 185
奈良先端科学技術大学院大学 ……………… 288

に

ニイウスコー株式会社 ……… 104, 111, 195, 339, 355, 391, 431, 434
西鉄電設工業株式会社 ………………………… 269
西日本鉄道株式会社 ………………… 269, 289
西松建設株式会社 ………………………………… 282
株式会社ニチリン ……………… 107, 144, 224
株式会社日興コーディアルグループ ……… 52, 137, 301
日創プロニティ株式会社 ……………………… 125
日特建設株式会社 ………………………………… 105
日発販売株式会社 ………………………………… 223
日本アセットマーケティング株式会社
 ……………………………………………… 197, 285
日本エネルギー建設 …………………………… 207
日本交通技術株式会社 ………………………… 284
日本コンベヤ株式会社 ………………………… 226
日本道路株式会社 ……………………… 267, 289
日本バイリーン株式会社 ……………………… 111
日本ビクター株式会社 ………………………… 246

ね

株式会社 NESTAGE ……………………………… 180
ネットワンシステムズ株式会社 ……… 272, 283

の

野村マイクロ・サイエンス株式会社 ……… 235, 264
株式会社ノリタケカンパニーリミテド …… 132

は

株式会社パスコ ……………………… 196, 307
株式会社ハマキョウレックス ………… 100, 117, 124, 273
林兼産業株式会社 ……………………………… 272
株式会社ハヤナカ ……………………………… 239

ひ

東日本ハウス株式会社 ………………………… 187
株式会社光通信 …………………… 156, 158, 169
日立工機株式会社 …………………… 62, 116, 222
株式会社ビックカメラ ………………………… 246
株式会社平賀 ……………………………………… 131
広島ガス株式会社 ……………………………… 111

ふ

株式会社フォーバル ……………………… 147, 272
株式会社 fonfun ……………… 154, 199, 282, 286
株式会社富士通ビー・エス・シー … 198, 266
扶桑電通株式会社 ……………………………… 112
フタバ産業株式会社 ……… 131, 157, 187, 295
ブックオフコーポレーション株式会社 …… 100
株式会社プリンシパル・コーポレーション
 ……………………………………………………… 247
株式会社フルスピード ……………… 112, 123, 222

へ

ベッコアメ株式会社 ……………… 112, 123, 222

ほ

北越紀州製紙株式会社 ………………………… 91
北海道大学 ………………………………………… 185

ま

真柄建設株式会社 …………………… 234, 263
株式会社マキヤ ………………………… 144
株式会社増田製粉所 ….. 89, 124, 125, 159, 224, 280
丸石自転車株式会社 …………………… 251

み

三菱製鋼株式会社 ……………………… 232
三菱電機株式会社 ……………………… 200
株式会社ミネルヴァ・ホールディングス
……………………………………… 147

め

明治機械株式会社 ……………… 97, 169, 265
メルシャン株式会社 ……………… 108, 143

ゆ

株式会社雪国まいたけ …… 181, 188, 273, 287

ら

株式会社ライブドア …………………… 139

り

株式会社リソー教育 ……………… 99, 114
株式会社リミックスポイント … 122, 167, 200
株式会社リンコーコーポレーション …… 168

れ

レイホウ株式会社 ……………………… 239

ろ

株式会社ローソン ……………………… 107

わ

ワールド・リソースコミュニケーション株式
会社 ………………………………… 246

〔著者略歴〕

清野　憲一（きよの　けんいち）

　平成元年司法試験合格，平成3年東京大学法学部卒業，司法修習生（45期），平成5年検事任官，以後，東京・大阪地検特捜部を含む各地検勤務，法務省刑事局付，在英国日本国大使館一等書記官，法務大臣秘書官，警察庁組織犯罪対策部暴力団排除対策官，国連アジア極東犯罪防止研修所次長，東京地検公判部副部長，さいたま地検公判部長，法務省法務総合研究所研究第一部長，東京地検公判部長，千葉地検次席検事，松江地検検事正，最高検検事，前橋地検検事正等を経て，令和6年3月より高松地検検事正。

〔主著〕
- 「裁判員裁判時代の公判―訴訟指揮上の諸懸念」（令和5年）判例時報2536号
- 「責任能力判断の責任論的・心理学的基礎と実践」（令和3年）判例時報2494～2497号
- 「平成28年刑訴法改正の位置付けと今後の展望」（令和2年）刑法雑誌59巻3号
- 「録音・録画下の供述立証に関する一考察」（令和元年）判例時報2415号
- 「正当防衛判断枠組の再構築―4ステップ論と「やむを得ずにした行為」への焦点化―」（令和元年）『刑事法の理論と実務①』
- 『警察小六法』（平成31年版～令和5年版）
- 「座談会 法曹と精神医学の対話」（平成30年）臨床精神医学47巻11号
- 「座談会 検証「8ステップ」」（平成30年）季刊刑事弁護93号
- 「『調書を示す反対尋問』に関する一考察」（平成29年）判例時報2323号
- 「捜査段階の供述立証に関する問題解決に向けた一考察」（平成29年）判例時報2312号
- 「公判前整理手続の在り方」，「裁判員裁判における証人尋問・被告人質問の在り方」，「裁判員裁判が捜査に与える影響」，「裁判員裁判における冒頭陳述と論告・弁論」『新時代における刑事実務』（共編）（平成29年）
- 「『刑罰目的論』から『刑罰淵源論』へ」（平成28年）アルフォンソ七部法典第7部序論
- 「裁判員裁判が警察捜査に与える影響について：取調べ及び供述調書作成の在り方を中心として」（平成28年）警察学論集69巻12号
- 「公判前整理手続の在り方」（平成28年）刑事法ジャーナル47号
- 「遺言相続と信託形成過程に関する一考察」（平成28年）アルフォンソ七部法典第6部序論
- 「売買契約と危険負担に関する一考察」（平成28年）アルフォンソ七部法典第5部序論
- 「全ての捜査官のための財政経済事件捜査手法（上）（中）（下）」（平成27年）警察学論集68巻8～10号
- 「『被告人質問先行』に関する一考察」（平成27年）判例時報2252号
- 「時効制度の統一的理解について」（平成27年）アルフォンソ七部法典第3部下巻序論
- 「英国における供述弱者の取調べ（1）（2）（3）」（平成25年）捜査研究62巻1～3号
- 「海外の刑事政策のいま：アジ研国際研修レポート（1）（2）（5）（6）」（平成24～25年）罪と罰50巻1～2号，51巻1～2号
- 「現実で実現可能な目標としての暴力団壊滅に向けた取締り・暴力団排除」（平成23年）警察公論66巻1号
- 「暴力団の資金獲得活動に対する介入としての取締り及び暴力団排除」（平成23年）捜査研究60巻2号
- 「震災復興への暴力団の介入・資金獲得を阻止せよ」（平成23年）金融財政事情62巻24号
- 「暴力団排除条項のフロンティア」（平成23年）MS&AD基礎研REVIEW第10号
- 「英国における組織犯罪対策：没収制度を中心として（上）（下）」（平成22年）警察学論集63巻3～4号
- 「座談会 暴力団排除条項の実効性，情報収集態勢を中心に」（平成22年）金融法務事情58巻15号
- 「英国刑事法務事情（1）～（73・連載中）」（平成18年～）刑事法ジャーナル（3号～）
- 「米国における刑事脱税事件の捜査・公判について（1）（2）」（平成12年）検察月報522～523号

等著作多数（https://researchmap.jp/kenichi_kiyono/を参照）

★本書の無断複製（コピー）は，著作権法上での例外を除き，禁じられています。また，代行業者等に依頼してスキャンやデジタルデータ化を行うことは，たとえ個人や家庭内の利用を目的とする場合であっても，著作権法違反となります。

実践・財務捜査

平成28年2月1日	第1刷発行
令和7年3月1日	第8刷発行

著 者 清野憲一
発行者 橘　　茂雄
発行所 立 花 書 房
東京都千代田区神田小川町3-28-2
電話　03-3291-1561（代表）
FAX　03-3233-2871
https://tachibanashobo.co.jp

©2016 Kenichi Kiyono　　　　印刷・製本　倉敷印刷
乱丁・落丁の際は本社でお取り替えいたします。